综合卷

典藏版

上海教育丛书

为了未来
——我的教育观

吕型伟

著

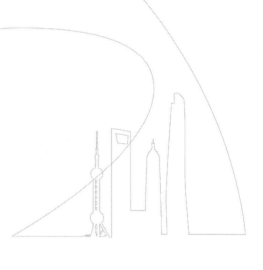

上海教育出版社
SHANGHAI EDUCATIONAL
PUBLISHING HOUSE

《上海教育丛书》历届编委会

洪利德

02.6.7.

总　序

　　建设一流城市，需要一流教育。办好教育，最根本的是要建设好教师队伍和学校管理干部队伍。

　　在长期的教育实践中，上海市涌现了一大批长期耕耘在教育第一线呕心沥血、努力探索，积累了丰富经验的优秀教师；涌现了一批领导学校卓有成效，有思想、有作为的优秀教育管理工作者。广大优秀教育工作者教育教学和管理工作的经验，凝聚着他们辛勤劳动的心血乃至毕生精力。为了帮助他们在立业、立德的基础上立言，确立他们的学术地位，使他们的经验能成为社会的共同财富，1994年上海市领导决定，委托教育部门负责整理这些经验。为此，上海市教育局、上海市中小学幼儿教师奖励基金会组织成立《上海教育丛书》编辑委员会，并由吕型伟同志任主编，自当年起出版《上海教育丛书》(以下称《丛书》)。1995年上海市教育委员会成立后，要求继续做好《丛书》的编辑出版工作。2008年初，经上海市教育委员会领导同意，调整和充实了《丛书》编委会，并确定夏秀蓉同志任执行主编，协助主编工作。2014年底，经上海市教育委员会领导同意，调整和充实了《丛书》编委会，确定尹后庆同志担任主编。《丛书》的内容涵盖了基础教育和中等职业教育的各个方面，包含有较高理论水平和学术价值的著作，涉及中小学教育、学前教育、师范教育、职业教育、校外教育和特殊教育,以及学校的领导管理与团队工作,还有弘扬祖国优秀文化、促进国际教育交流等方面的著作,体现了上海市中小学教育改革与发展的轨迹,体现了上海市中小学教育办学的水平与质量,体现了优秀教师和教育工作者的先进教育思想与丰富的实践经验。《丛书》出版后,受到广大教师、教育工作者及社会的欢迎。

　　为进一步搞好《丛书》的出版、宣传和推广工作,对今后继续出版的《丛书》,我们将结合上海教育进入优质均衡、转型发展新时期的特点,更加注重反映教育改革前沿的生动实践,更加注重典型性、实用性和可读性。希望《丛书》反映的教育思想、理念和观点能起到抛砖引玉的作用,引发大家的思考、议论和争鸣;更希望在超前理念、先进思想的统领下创造出的扎实行动和鲜活经验,能引领当前的教育教学改革工作,使《丛书》成为记录上海教育改革历程和成果的历史篇章,成为广大教师和教育工作者的良师益友。限于我们的认识和水平,《丛书》会有疏漏和不尽如人意之处,诚恳地希望广大读者提出宝贵意见,帮助我们共同把《丛书》编好。

《上海教育丛书》编委会

一本有新意有力度的教育著作

上海市中小学幼儿教师奖励基金会

上海市教育局、上海市中小学幼儿教师奖励基金会决定从 1994 年起,编辑出版《上海教育丛书》,以荟萃本市优秀教师和教育工作者的先进教育思想和丰富的实践经验,使他们的室贵经验得以流传。吕型伟同志的《为了未来——我的教育观》作为《上海教育丛书》中的一本,将同广大读者见面,是令人高兴的。

吕型伟同志的这本著作是 1985 年以来,本市相继出版《杭苇教育文集》《段力佩教育文集》《赵宪初教育文集》之后的又一本教育家文集。

吕型伟同志早年毕业于浙江大学师范学院,一生从事教育工作。他当过中小学教师、校长,担任过上海市教育局的领导工作。离休之后,他继续为教育事业的改革与发展执着追求,在更大的范围内开展了教育实践和教育理论的研究工作。吕型伟同志在教育园地里辛勤耕耘了半个多世纪,硕果累累,是一位有影响的老教育家。

这本文集收集了吕型伟同志自十一届三中全会以来公开发表过的文章,是一本有新意、有力度的教育著作。他站在时代潮流的前列,着眼于 21 世纪经济、社会发展对教育的要求,分析现行教育的弊端,提出改革教育、发展教育的主张,对当代教育思想、教育结构、农村教育、学校管理、课程教材、学生德育、课堂教学、学科教学以及师资队伍建设等均有论述。吕型伟同志教育思想活跃,勇于探索。他的文章常有新意。他积几十年,特别是近十多年来研究探索的成果,形成了对教育的一些基本观点。文集的第一篇《半个多世纪的回顾》对这些观点作了概述。

吕型伟同志的这本著作,文笔流畅,含义深刻,富有哲理,具有理论性、可读性,是一本有益于推进教育改革的好书。我们热忱地向广大教育工作者推荐这本书。希望大家在教改实践中加以研究,并总结出自己的成果来,为完善具有中国特色的社会主义教育学作出自己应有的贡献。

1994 年 9 月

自　序

这本文集所收集的文章，都是我自十一届三中全会以来在各种书籍、报刊上公开发表过的。这次仅仅在个别地方和文字上作了点修改，没有大的改动。

几个月前，我还没有考虑要编辑出版自己的文集。好心的朋友曾劝说过我，说到了这个年龄，该把发表过的东西整理整理了，但我总是下不了决心。主要原因是这些文章基本上是近年来在教育事业的发展和改革中，针对当时当地的情况与问题发表的一些意见，大都是有感而发，纯属一孔之见，既不成体系，更缺乏理论深度，没有出版的价值。同时，也因为我有一个不好的习惯，文章写了，发表了，就随便往书橱或抽屉里一丢，与别的书籍、资料混在一起。如今要把它找出来，实在太费时费力，近期工作又很忙，当前的事还顾不上，哪有时间去整理过去已经发表过的东西呢？

现在文章是基本上找出来了，可是因为要赶教师节出书，实在没有时间修改。这样，我只好基本保留稿件原样，保留了原来的观点。其中不妥当、不正确之处，自然就在所难免，只能请读者自己去评论了。文章中有些观点还可能前后不一致，甚至互相矛盾，这次我也没有改动。我想，思想总是在不断发展，这是正常的事，留着可以看出我思想变化的轨迹，也有好处。好在文章都注明了原来发表的时间，读者可以比较。也有一些观点、内容在几篇文章中重复出现，这次也来不及修改了。

关于近十多年来我对教育究竟形成哪些基本观点，我在文集的第一篇"半个多世纪的回顾"中，已作了提纲挈领式的概括，读者可在阅读其他文章时参考。

这本文集之所以取名为《为了未来——我的教育观》，是因为我所论述的一些观点，着眼点都是为了未来。这不仅是从一般意义上说教育是未来的事业，而且是我确确实实经常在思考即将来临的21世纪，考虑21世纪人类特别是我国面临的挑战。这些挑战既十分具体，又十分严峻。从这一点出发，我分析现行教育的弊端，提出教育应如何改革的主张。现在的中小学生是跨世纪的一代，如果我们今天的教育不从这一点来考虑，致使他们在进入 21 世纪时难以适应，那么我们将受到历史的谴责。因此，为了未来，就成了我们考虑一切的出发点与归宿。我的许多观点也许是错误的，但如果能引起广大教育工作者的讨论，那么也算是起了作用了。

最后，我要感谢上海市教育局和上海市中小学幼儿教师奖励基金会的领导。没有他们的鼓励、鞭策与支持，我是不会去着手整理出版这本集子的。我还要特别感谢马联芳同志，是他协助我收集散见在各种报刊上的文章，并加以编辑的。没有他的帮助，在短短两三个月的时间里，这本书也是不可能出版的。

我期待着读者的批评与指正。因为我虽已年逾古稀，可是我对教育事业仍然一往情深，仍然在探索我国的教育改革之路。

1994 年 5 月 7 日于上海

目　录

半个多世纪的回顾

一生中，我还从未写过自己。我以为，写文章最起码的是要言之有物。回顾自己从 1936 年开始参加教育工作以来，几十年都是那么平平淡淡，似乎没有什么太值得回忆的东西。

我选择教育这项工作，完全是出于自愿。那是在国难当头，民族危机深重的年代，我受到"教育救国论"的影响，怀着满腔热情作出的选择。1935 年，我初中毕业，放弃了升学的愿望，与几个志同道合的人，不自量力地分头到穷乡僻壤宣传教育，创办学校。我所去的地方叫白岩村，在浙江省新昌县的一个山沟里。经过一番宣传，我居然招到了 81 名学生，并借到了一座破庙作为校舍。对这个小小的山村来说，这是有史以来的第一所新型学校。1936 年学校开学。我因为是创办人，自然就当上了校长。说是校长，实际上全校只有我一个工作人员，并没有别的教职员工可让我领导。学生年龄也相差很大，从六七岁到十几岁，反正全是第一次上学，也就不分年级了。记得年龄最大的是一个女学生，18 岁，比我这个校长还大一岁呢！学校全天上课，81 个学生，济济一堂。晚上，我就睡在破庙的边屋楼上，楼下放着几口空棺材。村里的老年人怕我寂寞，找了两个年轻人来陪我。我订了几份报纸，都是有人进城时给我捎来的。晚上总有一群村民来听我讲外面世界的新闻，我总是向他们宣传学习文化的重要性，也宣传形势，如东北沦陷，华北危急，国难深重，只有奋起抗日才是唯一的出路等道理。常常高朋满座，倒也热闹得很。村里的男女老少并不因我只有 17 岁而瞧不起我。相反，对我十分敬重。村里有什么婚丧大事，都要请我这个娃娃校长去参加，并且奉为上宾；有什么重要的事情，也常来找我商量。这使我第一次深深地感到"尊师重教"是我们这个民族的优良传统。

　　怎么办教育？怎么上课？怎么组织学生活动？我当然是全然不懂的。唯一的办法是边干边学。我开始看了一些教育书籍，其中印象最深的是陶行知的作品。我被他的主张深深吸引了，也第一次认识到教育还有那么多的学问，认识到要真正当好一名称职的教育工作者，不能只凭热情。于是又萌发了继续学习进修的念头，而且在实践中也处处觉得自己这个娃娃校长当得不大像样。不过，从事教育工作的思想、教育救国的愿望却更加坚定了。一年以后，我辞去职务，去报考师范学校，结果被杭州师范学校录取了。那是 1937 年的夏天，全面抗战已经开始。

　　离开白岩小学以后，几十年来我东奔西走，一直没有机会再回去看看，但心中一直想着这块自己开垦的处女地。直到 1992 年，一次难得的机会使我重返故地。当初的破庙已焚于大火，校舍是新建的。学校已是一所完小。山村依旧，可是由于停留时间太短，我没有见到一位当年的学生。谁知返回上海后不久，白岩小学全体少先队员写来一封信，说他们放学回家，向爷爷奶奶说起此事，爷爷奶奶们一听就说，这是我们的老师。于是，他们赶到学校，又赶到县城，想见我一面。结果我已离开，他们非常失望，要他们的孙子特地写信，说无论如何希望我再去一次。看了这封信，我的心情久久不能平静。

　　杭州师范学校在浙江省是一所有名的学校，名师汇集，校风严谨。能进这么一所学校学习，我是十分满意的。可是不到半年，杭州沦陷，学校停办，不得已回到家乡，又当了半年小学教师。我的经历中唯一与众不同的一点就是先当校长，后当教师。第二年杭州师范学校迁至浙东丽水复校，我又回校复学。三年中不仅学了一些教育理论，而且从好教师的身上学习到不少治学精神与师德修养，可以说是终身受益。其中有几位老师如教育学教师祝其乐、音乐教师顾西林、数学教师唐敏生、美术教师周天初等，是我一辈子也忘不了的。

　　师范毕业，当了两年小学教师。我学到的教育理论得到了实践的检验。两年后我考进了浙江大学的师范学院。学校没有教育系，我选择了中文专业。因为是师范学院，所以仍然有一些有关教育理论的课程。另外，我在初中和高中阶段尽管各门功课（体育除外）都学得不错，但比较偏重文学与音乐。初中二年级时写过一首新诗向报社投稿，居然给发表了，当时还萌发了当文学家的愿望。对音乐我下过一番功夫,民族乐器都会一点,还苦练了几年钢琴,学过作曲。师范毕业时与另外一个同学合编过一本小学音乐教材,并正式出版发行,其中就有我作的词曲。因此,我受到语文教师与音乐教师的特别宠爱。特别是音乐教师,一心希望我去考当时国内唯一的音乐最高学府——国立音专,见我没有同意,还大大地生了我的气。因此,学习中文专业,也符合我的心愿。

1946年我大学毕业,到了上海。可人生地不熟,在这个冒险家的乐园,像我这样的书生,不会钻营,找个教师的职位可难了。有一个同乡帮助我,在他当校务主任的一所私立学校里给我安排了一个位置,教初中语文。我总算有了个落脚点。安定下来之后,我渐渐感到这所学校的背景有问题,后来才了解到校长是个特务头子。我当时是一个进步青年,对国民党的反动腐败极为不满,讲话又比较随便,还订阅了几份进步刊物。不久,那位同乡就警告我,要我注意自己的言行。这样的环境当然非我久居之地。于是我又四处寻找学校,希望早日离开这个地方。

天无绝人之路,不久幸运降临到我的头上。一次在一个师范时期的老同学家里,遇见了一位年轻人(他叫董思林,以后是我的入党介绍人,"文革"中被迫害致死),交谈十分投机。我就向他吐露了苦恼。不久,他来对我说有一所中学需要一位代课教师,校长是陈鹤琴,那里环境会好一些,问我是否愿意去。陈鹤琴是有名的教育家,与陶行知齐名。我当然十分高兴,欣然同意。这就是现在的省吾中学。这是一所地下党办的私立中学,陈鹤琴是挂名校长(我很久以后才知道,请他出面是为了掩护校内一批年轻的共产党员)。学校里的气氛同我原来那所学校完全不同,民主、进步,同事之间相处融洽,师生平等,简直是另一个世界。代课两个月之后,第二学期学校就正式聘用我了。

到1947年下半年,学校人事有些变动。可能由于我学的是师范专业,又有那么一些实践经验,还当过"校长",因此他们同我商量,要我担任教务主任。这样,我在省吾中学一直工作到1949年上海解放,并在那里加入了中国共产党。这是我人生道路上的一个重大转折。

其实,我与共产党的接触,开始于1937年。那是在家乡,我与当地的地下党,以后是与四明山根据地的新四军始终保持联系。他们为我提供一些学习资料,也要我为党做一些工作。我都能认真去完成。但对于是否加入党的组织,我没有下这个决心。这一方面说明我觉悟不高,另一方面说明作为一个知识分子,我对待这样重大的问题态度慎重。

在这期间还有一件事值得一提。1947年初,地下党同我商量,是否愿意共同发起创办一个以中学生为读者对象的刊物。那时我正精力旺盛,又没有结婚,毫无牵挂,就高兴地答应了。经过几个月的筹备,这个取名为《中学时代》的刊物在这年的5月份正式出版了。我担任主编,半月一期,以中间偏左的面目出现。直至1949年春被国民党勒令停刊,共出了50多期,最高发行量曾达到5000份。这在当时是很不错的了。我经常为刊物写评论,也写点杂文。我当教务主任,又当主编,还要教两个班的语文,生活紧张而丰富。当时的政治环境十分恶劣,上海完全笼罩在白色恐怖之下。为了刊物的事,我曾收到国民党警察局的警告与传讯。回忆这段经历,回忆同这些年轻的朋友与同志(包括其中的不少学生)的战斗生活,至今仍觉得有些怀念。

上海解放后的第三天,我奉命去当时的军管会市政教育处报到,参加接管工作。6月30日,我与段力佩同志一起,在舒文同志的陪同下,去接管缉椝中学(后改名市东中学)。段力佩同志担任校长,我任教导主任。半年后,段力佩同志调离,我接任校长职务,这才真正地当了校长。

我在市东中学一直工作到1956年底。回忆起来,主要做了四件事。一是把一所原为国民党政府直接控制(原来的校长还兼上海市三青团政治部主任)的学校,改造成为由中国共产党领导的社会主义新学校,改变了学校的性质。二是改革课程、教材、教法与学校管理制度,以适应我国的社会主义改造与建设。突出的是学习苏联的教育理论与实践经验。在这方面,市东中学是上海的一所先行试点学校,经验成熟了再向全市推广。三是贯彻执行教育向工农开门的政策,创造条件,尽量多地吸收劳动人民子弟入学。由于学校地处上海工业区,工人子弟要求入学的人数甚多,但学校容量有限。为此,我费尽了脑筋,最后创造了一种“三班二教室”的办学模式:以30个教室招收45个班级的学生,每个学生一周有两天全天上课,另有四天是半天上课,半天活动。这是一种既可以保证教学活动正常进行,保证教育质量,又能最大限度地发挥校舍功能的好办法,得到市政府的充分肯定,并在全市推广,为国家节省了大量建设资金与建筑材料。全市在不建造校舍的情况下,几乎多招收了近1/3的学生。当然,这样做,校长、学校管理人员的工作量是大大增加了,但我们干得很愉快。四是正确贯彻执行党对知识分子的政策,团结、改造旧知识分子,使之转变思想,更新观念,全心全意为人民服务,为社会主义服务,并在业务上有所提高。我在市东中学7年,总计向上级机关、兄弟学校、出版部门输送干部、校长、教导主任、编辑四十多人,并培养了一批优秀教师,其中有不少年轻的新教师。一次,一个由苏联教育专家组成的代表团来校参观,听了化学教师杨国英的课,赞叹不已。团长(苏联教育科学院的领导人)对我说,这样出色的课,在莫斯科也不易听到,并当场向杨约稿。稿子不久在苏联杂志上发表了。他们不知道,杨国英在三四年前,还是一个从未参加过工作的家庭妇女。

那时我才30出头,年富力强,工作与学习的干劲都很足。当了7年校长,我几乎没有过一个安稳的假日,晚上也住在学校里,只有星期六晚上才回家一次,尽管学校与家相距步行不过半小时的路程,还有公共汽车可乘。

1956年底,市教育局调我担任局教研室主任,负责全市中小学的教学研究工作。以后我还先后兼任过普教处处长与政教处处长,一直工作到1963年底。在这期间,我碰上了轰轰烈烈的教育大革命、反右斗争与1960年以后的大调整三件大事。其中只有反右斗争,我只是参加一般干部都要参加的活动(当时全局以反右为中心,但也需要有人分管正常的业务工作,我就是被安排管理业务的),其他两项我都积极参加了。

1958年的教育大革命,我认为主要是要解决使教育符合国情的问题。当时我已认识到,50年代初开始的教育改革,主要是将教育纳入社会主义轨道,而学习苏联是一条捷径(我也赞成)。但这种教育模式过于正规化、程式化、单一化,教育难以有更大发展,实现不了更快普及,使劳动人民尽快提高文化水平的目标,不利于优秀人才的脱颖而出。我学过教育,对西方的教育历史、教育理论知道一些。凯洛夫的有些理论明明来自西方的某一学派,却硬要贴上"社会主义"的标签;老解放区从实际出发,灵活多样的办学模式,却被扣上不正规的帽子,否定了。这些不符合我国国情。因此,1958年教育大革命一开始,我非常赞成,执笔写了一篇题为《打破陈规,革新教材》的文章。经市委同意,这篇文章作为《解放日报》社论发表。这篇文章不仅对上海的教育改革运动起了较大作用，而且影响全国，一家全国性的报纸也转载了。可是不久，我又渐渐发现改革失去了控制，不少做法走过了头，走到了另一个极端，否定课堂，否定课本，也否定了教师的作用，而且劳动过多。反对正规化、单一化的结果，一切必需的统一规定也全被推翻了，仿佛越不正规越好，胆越大越好，人们干了不少完全违背教育规律的蠢事。

这一段经历对我的教育很深。我懂得了一个道理，教育改革不能搞群众运动。因为群众运动有它自身的规律，一经发动起来就难以控制；而教育的规律需要在继承中发展，在稳定中发展。教育只能改革，不能革命。

不过，对1958年的教育大革命，也不能全盘否定。其中的确有不少合理的因素，也有大量的创造。这些创造可以说是群众智慧的结晶。在纠正群众运动中不少过头做法时，不能否定一切，完全回到1956年以前的旧模式中去。在这个认识的基础上，我参加了全日制中学、小学和城市幼儿园工作条例的起草工作。

"条例"是以毛泽东思想为指导，在中央和市委的领导下制定的，既吸收了1958年以前学习苏联时被实践证明了的好经验，也总结并吸收了1958年教育大革命中群众创造的有益做法。起草工作花了一年多的时间。我们逐章逐节、逐字逐句地斟酌，不知道送走了多少个夜晚，时常讨论或修改到第二天清晨。几经上下讨论，几经文字推敲，"中学50条""小学40条"以及"幼儿园教育30条"终于完成，并颁布试行。当时我们称为中国的教育学，至少，它们代表了我们当时对教育规律的认识。

在这段时间内，还有一件事值得一提，就是1958年教育大革命以后不久开始的语文学科的文道之争。这是由人民教育出版社刘松涛同志的一篇题为《不要把语文课教成政治课》的文章引起的。这场争论前后十余年，几经反复，条例中也专门写了一段文字，可是"文革"中又被推翻。这个问题本来十分简单，语文就是语文，文以载道，有文有道，两者统一。争论的实质是政治与业务的关系，已经超出了语文学科本身的问题。粉碎了"四人帮"，批判了极"左"思想之后，大概是在1979年的一次全国中学语文研究会上，大家要我作个专题发言。我分析了这个问题的实质与产生的时代背景，并讲了看法，大家基本上同意。

就在人们进行文道之争的时期，中苏之间的论争已经开始，并进入了白热化阶段。我们连续发表评论，批判赫鲁晓夫在国际共产主义运动中鼓吹的修正主义路线。当时中央认为修正主义路线在哲学、文艺、政治经济学以及教育理论等领域中问题比较突出，需要写些专题评论。因此除了总的评论（通称"九评"），还要分别组织专题评论来完成批判任务。对教育思想的评论由陆定一同志负责，在全国范围内抽调了 14 位专家，组成一个写作小组。其中有刘佛年、张焕庭、陈学恂、阮镜清等著名学者。我这个搞实际工作的人也参加了。此外，还有一个材料组，负责收集材料与翻译工作。

这样，1964 年 1 月，我到了北京。

这不是写一般的评论文章，不是一般的任务，我们十几个人都深感责任重大。要完成任务，先要下苦功努力学习。我们学习了马克思、恩格斯与毛泽东同志有关的教育论著，又认真研究了苏联当时的有关重要文件、资料（后来编印出版，共五大本），将两者对照起来进行分析，找出其中的问题。不仅如此，为了挖出修正主义教育路线的老根，我们还参阅了一些老修正主义者如伯恩斯坦的有关著作，进行对照研究。这件事一共花了整整 10 个月的时间。最后，我们分成 3 个小组分工执笔，着手撰写。正在这时，赫鲁晓夫垮台了，苏联出现了新情况，中央认为论争应该暂时停止，看以后的发展再说。于是，写作小组解散，各自返回原单位，但是我和厦门大学的潘懋元同志被留下，安排在中央教育科学研究所担任研究员。当时中央正考虑要在中央教科所的基础上，筹建中国教育科学院，需要抽调骨干力量。这样，我被正式调离上海，并且"改行"，由从事实际工作改为从事理论研究工作。

纯理论研究、书斋式的研究，既非我所愿也非我所能。因此在这期间，我带了一个小组到南京师范大学附中蹲点调查。那里正在进行一场深刻的教育教学改革，有不少理论问题与实际问题需要研究。我全力支持他们的这场改革，尽管反对的人不少。

"文化大革命"开始不久，1966 年 10 月，我被上海市教育局的造反派"揪回"上海。他们还来不及"清算"我，大火已开始往上烧了。于是他们把我搁在一边，忙去批更大的目标了，不过又不放心，不愿让我在那里"逍遥"，于是给我一个任务，管教育局的传达室。名为叫我看门，实际上是拴住我，便于看管，免得我"乱说乱动"。

一天晚上，全局开大会，通知我必须参加。尽管会场气氛十分紧张，杀气腾腾，口号声此起彼伏，勒令有问题的人赶快交代，我还不知道大祸就要临头，笃悠悠地坐在会场内。哪想到矛头原来都是对着我的！5分钟一过，马上有两个人从后面冲过来，一下子把我架到中间，说已掌握确凿罪证，要我坦白。我再三申辩自己历史清白，毫无问题。他们当然不饶，一直斗到半夜，接着是小组轮番批斗，直至天明。最后宣布"命令"：隔离审查，将我关进了小屋。几个月后，我被转移到农村"五七干校"，一关就是4年。出来之后才知道，就在批斗的晚上，我家遭到毁灭性的抄家。他们连天花板、抽水马桶里的水球都要敲开，寻找密码。原来他们认定我是潜伏的特务。我八十多岁的老母亲，就是在我被隔离那天去世的。可他们把电报压着不告诉我，造成我的终身遗憾。

"文化大革命"剥夺了我参加教育工作的权利，整整浪费了我最精华的10年时间。当然，受损失的不是我一个人。这是全党、全国人民的惨痛教训，是一场无法估量的民族灾难。

粉碎"四人帮"后，我恢复了工作，参与领导上海市普通教育战线的拨乱反正与整顿恢复、平反昭雪等工作。大约经过两年时间，上海的普教战线基本上恢复了正常。

1978年党的十一届三中全会召开，中国的社会主义革命进入了一个新的阶段，中国的教育事业也进入了一个新的阶段。十一届三中全会制定的党的基本路线，极大地解放了人们的思想，调动了人们的积极性。全国工作重点的转移，坚持四项基本原则与改革开放两个基本点的贯彻执行，使人们对教育的功能及其在社会主义现代化建设中的地位和作用有了新的、更为全面、更为深刻的认识。就个人而言，我感觉到这期间认识上有一些新的发展，萌生了不少对教育的新想法与新观念。主要有以下几点。

认识到凯洛夫教学论中宣传的"双基"观点不全面，与一些同志交换了意见，在1978年提出"加强基础，发展智能，提高素质"的思想。

认识到中等教育结构单一，弊病严重，提出"中等教育结构改革势在必行"的观点，主张大力发展中等职业技术教育，并写成文章，在1979年初的《人民教育》杂志上发表。这可能是全国就这个问题发表的第一篇文章。

认识到仅仅通过课堂教学与课本来传递知识的教学模式，同正在来临的信息化社会的现实极不适应，我用信息论的观点，在1983年提出"改革第一渠道，发展第二渠道，创建两个渠道并重的教学体系"的观点。这种教学体系可为教育界长期争论的学科本位、社会本位与儿童本位找到最佳结合点。

在如何看待学生的问题上，我主张要面向全体学生，教育好每一个学生，相信"天生其人必有才，天生其才必有用"，"人人有才，人无全才"。我们要扬长避短，使人人成才。根据这个认识，在学科教学上我主张"允许落后，鼓励冒尖"，反对门门功课都是高要求，我们既要着眼于提高全体学生的素质，又要在此基础上培养出类拔萃的优秀人才。两者不能偏废。

有人提出迎接新技术革命的挑战以后，一段时间来，教育工作中存在偏重开发学生智力，忽视德育的现象。我主张，培养人应该要求他"先成人，后成才；不成人，宁无才"，在德育内容上要继承与弘扬中华传统美德。

我认为像中国这样一个幅员辽阔的大国，地区之间的发展如此不平衡，在课程设置上、教学大纲制订上、教材编写上，实行"一纲一本"的高度统一的制度是不可取的，应该在统一方针的指导下，采取"多纲多本"的制度。允许并鼓励各省市自编教材，中央可加强宏观指导，并建立全国的审定制度。为此我较早提出基础教育地方化与多样化的主张。

我认为，"一方土地养一方人"，小气候可以起大作用，因此，我们要树立大教育的观念，要"教育社会化，社会教育化"，加强社区教育的建设，优化教育环境，从根本上克服学校与社会脱离的顽症。我认为，这是人类教育发展史上的第三个阶段，是教育发展的高级阶段。

我认为领导教育工作，不能只强调管理，因此提出"科学管理，领导艺术，感情联系"是领导工作的三要素，特别要重视教育思想的领导。校长应当是一个学者、一个专家，而不仅仅是一个管理人员。

我不反对办重点学校，因为学校总是有差别的。即使到了共产主义时代，学校也还会有差别，也还会各有特色。所谓"平等教育"或是要求把所有学校办成一模一样，那只是幼稚的幻想。应当把重点学校办成"精神文明建设的模范与教育科学研究的基地"，出人才，出思想，出经验，出理论。

我主张学校领导干部(包括各级教育行政人员)不仅要懂得教育,成为教育的行家里手,而且要熟悉国情,熟悉当地的政治、经济、文化与科技等各方面情况,也要了解世界,用宏观思想来指导教育这个微观,努力克服就教育论教育的缺点。

我主张学校让每位教师都当班主任。这样,他们才会真正体会到当教师的光荣和乐趣。

我强烈反对现在把体育学科变成单纯竞技性体育的偏向,主张将体育学科改称"健身科",真正着眼于增强一代人的体质。

主张初中开始职业指导或方向指导的工作,克服听任学生盲目发展的缺点。

主张"基础分流",中小学阶段既要打好基础,又要体现分流,要多办一些普教与职教相互渗透的综合高中。

主张在中学阶段实行两张证书或三张证书制。即除了证明其文化水平的证书以外,还要有证明其特长的证书,或反映其心理素质的证书。

等等,等等。

上面说的这些思想和观点,大都散见在我最近10多年来发表的文章或讲话中。这些文章与讲话稿,总计已不下上百万字。这些思想与观点是从哪里来的呢?考虑下来是由于我一直紧抓四件事。做好这四件事,新的想法就会不断产生。

第一,我从不放松学习。除了经常阅读多种报纸杂志之外,还看各方面提供的资料,有什么好书、新书,也总想办法弄来看看。除了看书,我别无爱好。参加各种国内和国际的学术讨论会,也是极好的学习机会,我不轻易放弃。

第二,我从未停止过调查研究工作。最近10多年来,我几乎跑遍了除西藏、台湾以外的大半个中国。城市与农村,发达地区与落后地区,沿海地区与边远村寨,汉族地区与少数民族地区都去,看学校,也看企业;看工业,也看农副业。每年都要去几个省市。在位时我几乎跑遍了上海绝大多数的乡镇,退下来以后每年几乎有一半时间在各地考察。另外,我还有幸多次去国外考察,美国、日本、东欧及西欧的国家都去过,有的还去了多次。

第三,我从未停止过教育改革实际工作。上海、北京、深圳、昆明等地区,都有我直接指导或联系的实验学校。"七五"期间,我就承担了一个国家的重点科研项目:

普通教育整体改革的实验与研究。这是一个面向 21 世纪办学模式的实验研究,完成中期成果以后,"八五"期间还在继续进行,并且已扩大到 11 个省市近 20 所学校。

第四,我每年都有不少讲学与写稿任务。近年来每年一般要在本市或外省市的高等师范院校等单位讲学 40—50 次,为报刊写稿 20—30 篇。这都要开动脑筋。

我在几年前已经离休,实际是离而不休。我为自己取了个外号:云游和尚。四处云游,而且当"和尚"就得念经,不能只撞钟不干事。因此,我常常走到哪里就把"经"念到哪里,人们似乎也欢迎我念"经"。我念的是什么"经"呢? 回顾起来,念的无非是两本"经":一本是劝人信"教",就是劝人相信教育,关心教育,支持教育,为教育出钱出力,这是对教育界外部的人念的;另一本是改革"经",就是劝人改革,说明教育要改革,不改革就不能适应社会主义现代化建设的需要,就不能适应挑战,这是对教育界内部的人念的。

这一些新思想与新观念能够产生与发展,根本原因在于得益于党的十一届三中全会制定的思想路线。它使我敢于接触实际,并敢于从实际出发思考问题,解放思想,不唯上、不唯书、只唯实,人云亦云不云,老生常谈不谈。同时也得益于改革开放的政策,它使我有机会接触国内外的教育思想,了解国内外的教改动向,可以进行比较研究,拓宽思路;得益于党的"双百"方针,它使我在各种学术会议上能听到各种不同的观点与主张;得益于我始终与沸腾的社会生活保持紧密的接触,与我国政治、经济、社会的改革浪潮保持接触。

记得我国农村经济体制改革一开始,我就专程去实行承包制最早的安徽滁县地区考察。人们对苏南模式、温州模式议论纷纷时,我也作过调查研究。特别是苏南地区,近年来我几乎每年都要去看看。设置深圳经济特区是一件大事,会对教育提出什么新问题? 在面对香港的地理环境中,怎么办才能使教育坚持社会主义方向? 我不仅去调查,而且应深圳市政府的邀请,曾协助他们在那里办了一所实验学校。我总认为,教育离不开社会,教育必须为社会服务,社会提出的问题就是教育应当思考并予以认真解决的问题。可以说,唯实,首先是唯社会现实这个"实",离开中国社会这个"实",教育就成为无源之水、无根之木。

说到底,我的教育新观念的基本指导思想是什么呢? 开始时我也不十分清楚。当然，马列、毛泽东的教育思想是根本指导思想，教育方针也是根本指导思想，但总觉得还不够具体，应当按时代精神对它们加以具体化。那么到底怎样体现时代精神呢？我说不清楚。1983年下半年，一次在报上看到了邓小平同志对北京景山学校的题词"教育要面向现代化，面向世界，面向未来"，我一下子豁然开朗。我们教育改革所追求的不正是这个目标吗？"三个面向"，概括得多好啊！我认为应当很好地宣传贯彻这个指导思想，为在教育战线奋斗的所有同志所掌握。于是马上召开座谈会，组织学习讨论。原来只打算开个小型的会议，想不到到会的有数百人，不但有中小学的领导干部，还有不少高等学校的领导干部，济济一堂。原来只准备开一次，结果是连续开了三次：一次在上海中学，一次在华东师大，一次在复旦大学。可见这个题词是多么得人心，多么受欢迎。我见过不少讨论领导人讲话的座谈会，就没有遇到过这么热烈的情况。现在"三个面向"已成为全国教育工作者共同的工作方针、指导思想了。可以说，我的教育思想的根本指导思想是小平同志的"三个面向"。

大家都认为60年代初期是我国教育工作的较好时期。我要说，十一届三中全会以后的十几年，无论是事业的发展，还是改革的深度与广度，都要大大超过那个时期。

最近我有机会参加联合国教科文组织召开的中国与印度基础教育比较研究讨论会。从提供的调查材料看，两国原来的基础差不多，同样是40年左右的时间（印度独立与新中国成立后的时间），同样是富于文化传统的大国，但中国的基础教育各方面都已超过印度。究其原因，可以明显地看出，社会制度的不同是造成差异的主要原因。新中国成立以后教育事业的成绩是谁也不能否定的，尽管有过失误，有过曲折。但世界上有哪件事情总是一帆风顺的呢？现在我们也讲教育工作中的问题，甚至讲教育出现危机或处于困境，等等，那是从教育要适应我国正在迅猛发展的社会主义建设的需要，适应反和平演变与新技术革命的需要，迎接即将来临的21世纪的挑战而提出的，是更高的要求。从这个角度讲，我们当前的教育问题还不少，这是事实，但世界上又有哪个国家可以自吹，他们的教育已没有问题了呢！据我了解，一个也没有。不然，为什么近一二十年来，教育改革几乎已成为世界各国议论的热点？他们同样感到教育问题的严重。

曾有人问我,什么样的教育才算是第一流的教育?我认为能适应未来挑战的教育,才能称为第一流的教育。而这样的教育,目前世界上还没有。如果不讲这个,单从现状讲,那么我国也有相当数量的中小学,在世界上也可以称得上是第一流的。这不是自吹自擂,而是许多外国专家在参观我们这部分学校以后的共同看法。

应当说,十一届三中全会以来,产生一些新思想、新观念的不只是我一个人,而是很多人,不少观点是教育界的共识。人们不仅有此共识,而且正以此为指导思想,改革教育,进行探索或实验。因为我们处在同一个时代,生活在同一个社会里。

从1936年开始从事教育工作,至今已半个多世纪。从"娃娃校长"到古稀老人,我经历的风霜雨雪,是难以用一篇文章来说清楚的。我一开头就说:我选择教育这个工作,完全出于自愿。最后似乎还要回答一下同一个问题:半个多世纪过去了,现在又怎么想?我的回答是:如果还给我一次选择的机会,我仍然选择教育工作。我深深地认识到,教育不只是一种职业,更是一种事业。职业可以讲代价,讲报酬,而事业只能讲意义,讲献身。我认为教育工作的意义是其他工作不能比拟的。

我是学中文专业的,读过不少诗词。我最喜欢的有两首诗。一首是郑板桥的诗《竹石》:

咬定青山不放松,

立根原在破岩中。

千磨万击还坚劲,

任尔东西南北风。

另一首是龚自珍的《己亥杂诗》第五首:

浩荡离愁白日斜,

吟鞭东指即天涯;

落红不是无情物,

化作春泥更护花。

我之所以喜欢这些诗章,大概是因为它们与我的心灵有些相通吧!

《在教育史册上》第一集,上海教育出版社1992年版。

论基础教育

1986年，在中国教育发展史上是应当大书特书的。这一年的4月12日，全国人民代表大会六届四次会议通过了《中华人民共和国义务教育法》。这意味着经过若干年艰苦努力之后，在进入下一个世纪之初，整个中华民族的基本素质将大大提高一步，将与世界发达国家基本接近。这样，一个有悠久文化历史，有强大的凝聚力，有11亿人口的大国，加上社会主义制度的优越性，由于智力开发而可能释放的能量，将使地球为之震撼！

一个长期把教育仅仅看作是福利事业甚至是消费事业的国家，终于认识到教育是立国之本，是建设和发展现代化国家的基础；在目前百废待举而又财力薄弱的情况下，下决心实施九年制义务教育。这不仅是认识上的一个飞跃，而且可以看作是民族的觉醒。

1990年是鸦片战争150周年。人们都在反思：我们这条东方巨龙为什么近百年来老是受人欺凌？新中国成立后，屈辱的历史是过去了，但在经济上仍然比较落后，这一切原因究竟何在？

英国著名历史学家汤因比有一句名言："在教育和灾难之间存在着激烈的竞争。"就是说，不重视教育就意味着灾难，而重视教育则意味着振兴。

日本和德国两度振兴的突出事例是众所周知的。正如德国名记者施赖贝尔在《世界面临挑战》这本畅销书里说的：日本这个岛国"没有任何其他的自然资源：没有石油，没有煤，没有铁，没有铀，没有铝矾土，没有耕地——真是一无所有"。但是日本起飞了。为什么？这位记者写道："在日本人取得的每一项成就中，在他们获胜的每一个领域里，人们发现起作用的总是同一种材料、同一种'爆炸物'，即智力。"他又说："并不存在什么日本人的智力，人类只有一种智力。日本唯一的独到之处,是他们率先决定彻底利用人的智力。"他们即使在战败后国家处于十分困难、十分贫困的境地时,还是下决心把义务教育的时间从六年延长到九年,使全体国民受到良好的教育。几年之后,教育的作用不仅仅体现在培养了一批优秀分子,也体现在一般职工身上,使国家拥有一支训练有素的、令人羡慕的劳动大军。

德国人在战败后也说,他们可以割让土地,但是不能割让教育。

反观不少第三世界的国家,这些国家的领导人也曾雄心勃勃地希望实现现代化。他们引进了外国先进的设备,也引进了先进的管理制度,甚至还重金聘请了外国专家。但是他们没有重视教育。广大的职工素质低下,适应不了现代化的要求。结果,先进的设备几乎成为一堆废铁,先进的管理制度成为一堆废纸,现代化的目标成了空中楼阁!别的可以引进,职工队伍是不可能引进的啊!

中外历史对我们来说都是一面镜子。我国的近代史之所以成为一部屈辱史,当然首先要从政治上找原因。但从根本上说,在于国民的愚昧。我国直到20世纪初,才废止禁锢国民智慧的科举制度,兴办近代学校,比西方晚了两三百年,比日本也晚了几十年。而且实行近代教育之后,并没有立即实行义务教育,受教育的只有少数人,广大的劳动人民仍然被关在学校大门之外,结果是文盲充斥,人民仍然陷于愚昧状态。这不能不说是挨打的根本原因所在。

近百年来,不少爱国爱民的志士仁人曾提出过"教育救国"的主张。他们奔走呼号,身体力行,在农村、城市,筚路蓝缕,兴办学校,然而收效甚微。原因是他们没有认识到政权的重要性。在政权问题没有解决、人民还处于无权的地位时,单凭教育确实是救不了国的。然而后来对"教育救国"论的批判,似乎又走过了头。好像教育救国是欺人欺世之谈,等于在反对革命。这是绝对的错误、绝对要不得的。这样,又极大地影响了人们对教育重要性的认识。教育既然救不了国,又何必重视教育呢?致使在政权问题解决之后,我国仍然没有及时把教育放在十分重要的战略地位来认真抓起来。观念未变,行动就不可能坚决有力了。直至十一届三中全会,邓小平同志第一个提出教育的极端重要性,第一个提出教育是现代化的基础,第一个把教育放在战略重点的地位并认真抓起来。终于,我国教育发展史上第一次通过了义务教育法,提高整个民族的基本素质的任务第一次放到全党全国人民的面前。

我们当然希望有更多的高级人才，有世界第一流的领先人才，但正如一位著名学者说的，光有高级人才而群体素质不高，也实现不了现代化。美国拥有世界上数量最多的出类拔萃的人才，是获得诺贝尔奖人数最多的国家，还拥有一批世界第一流的高等学校。可是1983年的一篇由美国教育质量委员会经18个月调查研究提出的震惊全美的调查报告，主要根据美国的基础教育大面积质量低下，"受到日益增长的庸庸碌碌的潮流的腐蚀"的现象，指出，"它威胁着国家和人民的未来"，"美国在这一世界上要么站住脚跟，要么被压垮"，甚至说什么"如果不友好的外国列强试图把目前存在的平庸的教育成绩强加于我们，我们可以把它视为一种战争的行动"。这份报告将基础教育情况上纲上线到了这么高的程度，真是少见。它的总标题就叫作"国家处在危险之中，教育改革势在必行"。这是在危言耸听吗？显然不是，事实上它反映了调查报告的作者们具有何等的远见卓识，能如此一针见血地指出基础教育的重要性，指出基础教育不仅是各类教育的基础，而且是整个国家立国的基础。

现在，我国的义务教育法是通过了，但要全面实现这个目标仍然是困难重重。有人认为，困难之中最大的困难在于没有钱。我不完全同意这种观点。日本战败时何尝不是民穷财尽，可是他们不是咬咬牙把义务教育的时间从六年延长到九年，并且终于在短短的时间里实现目标了吗？我们现在的财力物力，无论如何要比当年日本的处境好得多。君不见，我们在某些方面花起钱来不是比西方的大老板还阔气吗？关键仍然在于对基础教育的认识。认识上去了，钱也就有了。

中国大概是世界上口号、标语最多的国家。口号喊了，标语贴了，倒也不要完全相信真的是有这样的认识，是在以此为行动指针了。教育兴国、教育兴省（市）、教育兴县，这个口号不少干部也都会讲，可是行动起来，仍然是一工交，二财贸，剩下多少办教育。教育被排在末位，顶多是略占地位，而不是战略地位。所以，还是要从提高认识着手，在提高认识上下功夫，特别是要在提高各级领导干部的认识上下功夫。不然，义务教育法虽然通过了，真正实现却不知要到何年何月！

孙中山先生致力于国民革命四十年而未成功。到最后，他在遗嘱中深有感触地写了这么一句话："深知欲达到此目的，必须唤醒民众。"孙中山讲关键在唤醒民众，可谓抓住了问题的真谛。针对我国目前的情况，我还要补充说一句，首先要唤醒我们的干部,唤醒那些手中有权的领导干部,这才是关键的关键。什么时候我们的同志有美国这份调查报告的作者那样的认识,我看问题就解决了一大半。这样,我们就会千方百计地,甚至牺牲一点物质建设的速度来增加教育投资;会在解决"一无所有"的最起码的办学条件的基础上,进一步充实办学设备;会在教师待遇已经有所改善的基础上,进一步调整教师的工资,真正做到使教育工作成为令人美慕的职业,吸引优秀的知识分子来加入教师的行列。要知道,目前的状况是优秀教师还在不断流失。因为教师有形的工资可能已同其他行业职工差不多,甚至已在中上水平,但其他行业的职工还有各种名堂的"隐形"工资,而教师没有。实际上教师的收入还低于不少其他行业。对教育工作稍稍懂行的人都会知道,如果教育经费严重不足,校长们还在为"创收"而奔走,姓"钱"不姓"教",如果学校仅仅有几间教室、几张课桌而毫无其他教学设备,如果学校没有称职的教师,那么,这个学校是无论如何也办不好的。

当然,办教育要钱,没有钱是不可能办好教育的。但这仅仅是问题的一面。问题的另一面是有了钱也不一定就能办好教育。就是说,钱不一定能买来一个好教育,还要看怎么办教育,要看教育的指导思想、教育的目标、教育的模式、教育的体制,以及教育内容、教育方法、评估制度等教育内部的所有问题。这些问题不解决,即使增加了教育投资,也达不到我们预期的目的,无助于四化建设。美国不是有很多的钱吗?可是并没有搞好基础教育。不然,他们何必要如此大声疾呼呢?

我国基础教育存在的问题,不仅仅在于缺钱。在教育内部,从指导思想到评估制度各个方面也都存在着严重的问题,突出的是办教育的指导思想不对头。

小平同志高瞻远瞩,提出教育要面向现代化,面向世界,面向未来。这应当成为我国办教育的根本指导思想。事实上在我们的学校里,真正起指导作用的是另一个"面向",即面向升学率、面向高一级学校。在农村,学校所追求的目标是使更多的人跳出"农门",面向城市。不仅学校如此,家长、社会、各级领导也如此,他们是一条心的。还有更厉害的,即所有的政策导向、所有的竞争机制也都是如此。就这样,成千上万的学生挤向独木桥。升学不成者成为竞争的失败者,是差等生,被打入"另册",受人鄙视。他们或是情绪低沉,或是牢骚满腹,或是自认无能,自暴自弃。这种严重情况难道不值得我们所有人深思吗?

我们坚信教育可以兴国。但如果是上面说的这种情况，又不思改革，教育能兴国吗？

衡量教育成功与否的唯一标准，只能是看社会效益，看对四化建设所起的实际作用，其他的标准都不是真正的、最后的标准。

我认为所有教育工作者，包括家长，都要树立两条信念：第一，要坚信"天生其人必有才，天生其才必有用"，第二，要坚信"人无全才，扬长避短，人人成才"。任何一个孩子，只要不是白痴，如果能帮助他发现自己的长处，然后提供条件并加以引导与鼓励，使其不断获得成功，从而树立信心，那么他就可以在不同的领域、不同的层次上取得成就。

我的观点是，在学习上应当采取"允许落后，鼓励冒尖"的原则。允许学生在某些学科领域落后，鼓励他在另一学科领域冒尖。这样人才就出来了。何必强求一位文学家有这么多的数学知识呢？当然，通才也是有的，但那是少数。

作为基础教育，作为一个现代公民，在文化科学知识方面都应达到最基础的要求。现在的问题是这个基础要求有些偏难偏高了。人们似乎有这么一个指导思想：每一门学科都是在为培养这一方面的专家打基础。语文为培养作家打基础，数学为培养数学家打基础。其他学科也是这样，门门学科都是高标准。这么一来，集中到一个人身上，怎么受得了呢？减轻学生过重负担的呼声已响了不知多少年，毛泽东同志在世时也曾为此发表过几次"最高指示"，可是孩子们的书包却越来越重。要减轻学生负担，要把金色的童年还给学生，就得降低一些学科的高度与难度。可是要专家们做到这一条，甚至比要求超级大国裁军还困难。不应当对专家们的用心有什么怀疑，他们的用心是好的，是为国为民也为孩子的未来着想，但结果是事与愿违。中国有句古语：吾虽不杀伯仁，伯仁因我而死。不是一切好心都会有好结果的。所以，必须下决心把不少学科的难度与高度降下来。欲高先低，退一步，可以进两步，这也可以说是一种辩证法吧！

现在，我们搞的是一种扼长补短的教育：要求学生用大量的时间去补他的短处，而不给时间让他去扬他的长处。基础教育不应是铁板一块。建筑师都知道，造三十层楼与造二层楼的基础是不一样的。世界上不少国家并不是等学生初中毕业后才分流。德国在小学四年级后就分流了。所以，我主张采取"基础分流"的制度,在基础教育阶段采取多次分流的办法,使学生各得其所,扬长避短。

几年前我曾提出,通过改革,创造两个渠道(课堂)并重的教学体系,坚决改革第一教学渠道,压缩课时,调整课程,积极发展第二渠道,让学生个性特长得到充分发展。经过不少学校、地区几年来的实践,这已被证明是可行的,效果是好的。

教育界的问题,首先是不重视对人的研究,如对人的个性、人的潜能、人的成长规律等的研究。教育者既很少了解人,又不去探究,凭主观、凭经验进行工作。其次是不重视对社会的研究。教育者没有把外部世界的知识融汇进自己的思维,不了解世界正在发生的变化,也不了解国情,不了解学校所在地的情况,就教育论教育。我曾接触过许多教育界的同行,其中局长、校长、教师都有。如果向他问一些有关当地的社会、政治、经济的情况,常常得不到明确的回答,甚至是一问三不知。一不了解学生,二不了解社会,教育陷入了极大的盲目性状态。教育必须为社会主义建设服务,社会主义建设必须依靠教育的方针,成为一句漂亮的口号,脱离学生实际,脱离社会需要的弊端就必然难以避免,教育改革也就失去了方向,改来改去只不过是花样翻新,跳不出原来的圈子。

长期以来,我国中小学的教育改革,主要着力于教学方法的改革。当前在研究如何减轻学生过重负担时,也只是在改革教学方法上下功夫。教学方法的改革当然重要,那种死记硬背、满堂灌、题海战术、考试成灾的方法不改革,只能起摧残儿童心智的作用,是培养不出人才的。但教学方法终究是比较微观的事,如果教学计划、课程设置、教学内容不改革,仅仅在方法上进行改革,搞得再好也难以从根本上解决问题。课程、教材是中小学教育改革的核心问题,因为培养目标主要是通过课程、教材来体现的。培养什么样的人,就开设什么样的课程,这道理很浅显。长期以来,我国中小学的课程、教材是全国统一制订的。不管是城市还是农村,是黑龙江还是海南岛;也不管是经济、文化比较发达地区还是落后地区,反正一样。念的是一本书,考的是一样的题,叫作一纲一本。下面无权改动,因而也就没有改革的积极性。其实,只要稍稍考虑一下我国的国情,问题就显而易见。我国幅员辽阔这一点不说,各地区之间的经济、文化发展如此不平衡,如此千差万别,这是众所周知的事。而中小学学生毕业后,其中的绝大部分今后是留在当地,为当地建设事业服务的,这也是实际情况。一纲一本的做法,只为高等学校选拔学生提供工作上的方便，难怪地方干部要认为中小学只是为了选送几个大学生，而对当地建设并无太多实际作用。这也是地方对管好基础教育不那么热心的原因之一。

现行的课程、教材的另一个问题是与目前世界性的新技术革命发展的需要不相适应，即某些课程的内容比较陈旧。为了使教育真正实现三个面向的要求，课程、教材现在是到了非改不可的时候了。这当然不仅仅是我国的问题，世界许多发达国家的教育改革，重点也在这里。

总之，要使基础教育真正起兴国的作用，改革势在必行。改革不能只停留在教学方法上，而要从指导思想开始，重点应当放在课程、教材的改革上。现在，国家教委已改变一纲一本的做法，允许一纲多本，甚至允许在中央宏观指导下实行多纲多本，鼓励各省市自编大纲教材。这解决了改革中的一大问题，是大好事。可以预见，多种课程、教材既体现全国统一的基本要求，又切合各地的需要，既继承过去的成功经验，又有各自创新的、现代化的、地方化的特点。教育必须为社会主义建设服务，社会主义建设必须依靠教育的目标，在基础教育中将进一步得到体现。

近年来，全国已有部分地区与部分中小学正在这个目标指导下对基础教育进行整体性的改革实验。在农村，以燎原计划为指导思想的教育改革正在扎扎实实地开展；城市的社区教育也正在推广。少数面向未来的、改革步子更大的学校，工作也进行得很扎实。有的已取得初步成效。有关部门要对上述改革采取鼓励与扶持的政策，支持他们，并及时总结经验，推动更多的地区与学校参加到改革实验的行列中来，逐步形成燎原之势。

基础教育的改革是一个世界性的潮流。目前不少发达国家正在紧锣密鼓地研究改革，各种方案纷呈。英国的撒切尔夫人声称，要有地震与火警一样的紧迫感来抓教育改革，布什自称是教育总统。可以说这是一场争夺未来的、不流血的世界大战。谁改革得早，改革得好，改革得成功，谁就主动，谁就拥有未来。这确是摆在我们面前的严峻的挑战。

1990 年

现代化建设与普通教育

1983 年国庆前夕,邓小平同志为景山学校题词,指出"教育要面向现代化,面向世界,面向未来"。教育必须重视智力开发,大力加强人才的培养教育。未来的工业革命突出地说明了智力的重要性,掌握知识的重要性。有人把它称为"知识革命",这不是没有道理的。我们的企业要现代化,关键是要提高人的素质。要发展现代化的信息系统,要普遍运用电子计算机等,没有相当高的科学文化水平是不行的。在就业人口中,不仅要中学水平的,大学毕业的也要有一定的数量,要培养大量的硕士、博士。提出这样高而广泛的智力和知识要求,是人类历史上前所未有的。所以,我们对培养人才,教育人民,一定要作为百年大计,加以重视,积极搞好。

在这以后,改革教育的呼声就进一步高涨起来了。各种建议、设想、观点纷纷提出,各种试验也在热烈进行。

一

"四人帮"被粉碎后,教育阵地一片废墟,满目疮痍。面对这个情况,我们着手进行整顿、恢复、调整等一系列繁重的工作,拨乱反正。到 1980 年左右,学校工作才大体走上正轨,教学秩序也才大体建立。党的十一届三中全会提出全党工作重点要转移到搞经济建设上,那么学校工作的重点是什么呢?我当时的理解是应该转移到以教学为中心上来。教学秩序现已逐步建立,以后的工作就是按部就班地抓好教学这个环节,努力提高教学质量。以后,教学质量是逐步提高了,但是有两个矛盾开始突出起来了:一个带有普遍性的问题就是片面追求升学率;一个是发生在农村的流生现象越来越严重。针对这个情况,我们提出了全面贯彻方针,面向全体学生，全面安排好学生的学习、活动和休息，以此作为办学的指导思想。但是问题并没有得到解决，特别是农村流生问题。一些家长不愿送孩子上学，学生自己也不愿上学，有的学校也不愿做流生工作。我到一个乡去调查。在那里我们为一所中学新建了教室大楼。原定招两个班100名新生，结果报考的仅19人，报到的18人。学校办不下去。我去找乡领导，想同他研究一下这个问题，他推说有事不出来见我。我碰了一个钉子。这件事，我曾对《光明日报》记者谈了，他整理成一篇标题是"为什么生产上去了，教育却下来了"的文章发表了。我还听到一个村在新建养猪棚之后，把旧猪棚改为幼儿园的故事。当时我们总是一味责怪农村干部、农民缺乏远见，看不到教育同发展生产的关系，看不到人才的重要性。以后我们到另外一个县的一个乡，听到了农民群众对我们的意见。他们说：发展农村经济一靠政策，二靠科学，而你们培养的学生，一不懂政策，二不懂科学，读了书，架子大了，反而不好安排，这样的学校我们不欢迎。另外一个村支部书记对我讲，他们这个村每年出生的小孩大体是20来个，能升上大学、中专的不过几个人，大部分要留在本村。他现在发展了村的农、副、工业，有了比较现代化的养鸡场、养猪场。这些企事业将来都要交给他们。如果不把他们教育好，将来怎么能放心地交给他们这些企业呢？所以，办现代化的养鸡场、养猪场，首先要办一个现代化的"养囡场"。他又说，你们办教育的，如果100个孩子教好了99个，就认为学校办得很好。那么你们可知道现在都是独生子女了，这个没有教好的孩子，在学校里不过是1％，而这个1％在家庭中就成了100％了。所以村一定要投资把学校办好，你们应当把每一个学生都教好，使之能接村农、副、工业的班。这个村是上海第一个实行免费教育，第一个为学生做校服，第一个投资改善办学条件的。我们在那里开了现场会。隔了半年多，到1981年，另一个县的乡抓得更全面了，提出四教一起抓（幼教、普教、职业教育、农民教育），并且集资改善了全乡各类学校的办学条件。我们又在那里开了现场会，并报请市委发了文件。这一件件的事实教育了我们。虽然确实也有一部分农民或干部不重视教育的问题，但目前在广大农村，已经有一部分农村干部和农民开始认识到了教育的重要性。从教育部门来看，还存在着办学指导思想不端正、教学内容与方式不对头，没有树立起服务、服从于当地经济建设需要的思想等问题。

从那时起,我组织力量,花了近三年的时间,对上海 10 个县、206 个乡进行了全面的调查。我自己也到过不少乡。过去调查,往往是一头钻进学校,基本上不找乡、村、乡镇工厂的厂长,不调查教育的外部关系。现在是既调查教育的内部关系,也调查教育的外部关系。从外部关系看内部问题,就看得比较清楚。我国的改革是从农村开始的,急需人才的紧迫感在农村首先感觉到,教育上的矛盾也是首先从农村开始暴露。不调查则已,越调查就越觉得教育的重要、责任的重大、改革的必要。

举一些例子。

上海郊区共有 10 个县,人口占上海全市的一半。近几年来生产发展非常快,社会结构、劳动力的结构、人民生活都发生了巨大的变化,出现了一大批离土不离乡的农民,从事农业的人口比例已从 80%—90% 下降到 50% 左右,还有下降的趋势。1983 年上海全郊区工农业总产值相当于新中国成立初期全上海的产值,国家财政收入中工业占 70%,农副业大约各占一半。上海郊区的工业大部分是为大城市服务,为外贸服务的。我看了一些乡镇企业,上千人的工厂,设备相当好,与国营工厂区别不大,如冰箱厂、空调器厂、照相纸厂、平板玻璃厂、服装厂,等等。但这些厂基本上都没有自己的技术人员,要进一步发展很困难,产品不能更新换代,缺乏竞争力。工人大部分只有小学、初中水平,没有经过技术训练,素质较低。他们迫切需要解决两个问题,一是提高职工中技术人员的比例,二是提高工人文化技术素质。副业也是这样。嘉定的草编几十年一贯制,影响出口,要求培养美术设计人员,而就在乡附近的工艺美术学校对此毫不关心。农业就更不行了,上海纯农户已很少,有一点文化的壮劳力都进了厂,从事农业的是妇女、儿童,产量老是徘徊不前,粮、菜产量高而不稳,棉花产量高低悬殊,禽、蛋不能完全自给,鱼、奶供需差距很大。我查了一下几个主要农产品,与世界先进水平相比,都相差一大段(同样面积的产量,水稻为 80.4%,小麦为 33.6%,棉花为 39.6%,油菜籽为 24.1%),说明潜力还大得很。之所以如此,就是因为农民的文化素质低,上不去。以上海县为例,现有农艺师、助理农艺师、农技员共 81 人,占农业人口的万分之二,全县需要乡一级的农技人员 540 人,村一级的 2380 人,希望教育部门提供。我们应该关心,应该考虑。我们在几个学校稍稍作了点改革,增加了技术课,开展了适合农村特点的课外科技活动，就大受农民欢迎，流生都回来了。可见不是农民不要学，而是我们的办学方向不对头。我还访问了几个专业户。他们基本上都具有初中以上文化水平，不仅懂得一些专业知识，而且会经营，注意市场信息。一个专业户说，过去在农村读书，只要求识几个字，能看看信，记记账就可以了。现在觉得不但要学语文、数学，而且要学物理、化学、生物，最好懂一点外文。我曾想，如果把所有农民都提高到目前专业户的水平，农村的面貌就会进一步大变。这就是教育部门的责任。上海吃鱼难，牛奶订不到，过去只责怪别人，现在看，首先得问自己，我们什么时候培养过养鱼、养奶牛的人才？上海教育部门没有办过这一类学校，没有为有关部门提供过这方面的人才。面对这样紧迫的实际问题，我们的教育部门还只是盯着少数升学的人。一句话，要实现农业现代化，教育部门责任重大。

城市也是如此。不久前我去金山石化总厂调查，这是一家完全现代化的大型企业。职工中，工程技术人员只占 9.4％，而其中高级工程师占 0.8％，技术员占 7.9％，两头比例太低，结构不合理；3 万多名工人中，文化程度低、素质差也是普遍的情况。这个厂的二期工程已上马，到 1990 年将要新进职工 15000 人（到时还有 1700 人退休）。预计到时要净增科技干部 3760 人，平均每年增 540 人，使科技人员从现在的 9.4％增加到 12.6％。这还比世界先进企业中的科技人员比例差一大截。他们还要求所有新职工都初中毕业，经过 2—3 年的培养再进厂。从我们对全市 50 万专业人才的调查看，经委系统相对说是知识比较密集的系统，目前专门人才占职工总数的 8.5％，其中有高级职称的占专门人才的 0.8％，而其中 61 岁以上的占 44.5％，55—60 岁的占 32.3％，两者合计，共 76.8％。这意味着五年内要有这么多的高级技术人员退下来。还有一个情况，就是专门人才中，专职搞科研的只有工程技术人员的 1/50，说明搞基础研究和开发性研究的力量十分薄弱。这是讲的中专以上的专门人才，是高等学校、中等专业学校的任务，但基础还在普教。而且光有专门人才还不行，人才是要配套的，要有合理的比例，要提高全体职工的素质，这更是普教的任务。我们还对商业系统，以及其他系统作过一些典型调查。处处都提出人才问题、职工的素质问题，因此，我们感到教育部门责任的重大及改革的必要。有位在国外工作的学者，分析了中国职工的文化水平，得出结论说,中国全民所有制单位现有职工的教育水平是 8 年左右,如果在未来 20 年里职工的水平没有提高,那么我国工农业总产值就只能达到 1.7 万亿元,完不成翻两番的任务;如果职工教育水平能提高到 10 年,那么工农业总产值就可达到 3.6 万亿元,超过翻两番。

同要求实现农业现代化一样,要实现工业现代化,教育部门也同样负有直接的责任。农业上不去,牛奶吃不到,教育部门有责任。工业产品不能更新,出次品,出事故,商业部门服务态度不好,教育部门也有责任。

四化建设是由党领导下的人民来干的,三中全会制定了正确的政治路线和思想路线,十二大指出我国四化建设的宏伟目标的实现归根结底要靠人。因此,从某种意义上说,人才问题、人的素质问题决定着四化的进程与成败。中小学是培养人才的基础工程,关系极大。中央要求上海能成为四化建设的重要基地和开路先锋,在"化"字上为全国作贡献。我们在教育系统工作的同志责任更重,必须时刻关心和了解我国经济建设的进程,时刻想着总目标、总任务,端正办学思想。作为教育部门的领导干部,光懂得教育内部的规律,懂得教育学、心理学、管理学等还是不够的,还要懂得教育的外部关系,学一点教育社会学和教育经济学。这样才能真正端正办学思想。从上海经济发展需要看,上海教育工作者面临如下具体任务。一、使所有人达到初中水平;力争一至二年内普及初中教育;进而争取普及高中阶段教育。二、使所有人在就业之前接受一定的职业训练。因此要积极发展职业技术教育,不仅要改革中等教育结构,发展中专、职业技术班、校,采用多种层次、多种形式、一校多用的方针办学,还要改革普通中学的课程设置,开设职业技术选修课,试办分科高中或综合高中。我赞成普通教育要同职业技术教育互相渗透的设想,甚至赞成普通教育适当职业化的口号。一些发达国家在经济开始起飞前后都有普通教育与职业教育渗透的一个过程。

以上是从工农各业要实现现代化,经济要起飞这一角度对普通教育提出的改革要求。还有第二方面的问题,就是新技术革命问题。这个问题,全世界都十分关心,在普遍地议论。现在我国各条战线都在研究新技术革命对本部门、本领域可能发生的影响及其对策。一切对策最后都要归结到人才培养的问题上。中央把教育作为经济建设的三个战略重点之一,这是对社会主义建设在认识上的一个飞跃。

二

如何培养出能适应新技术革命的新人才？这种人才应当具备什么样的素质？如何培养这种素质？这是应当着重研究的问题。

美国英克尔斯的教授在一篇报告中说："我特别注意到了这样一个严酷而又带有国际性的事实：许多急切寻求现代化的国家，虽然采用了国外卓有成效的最先进的科学技术，仿效过最完善的经济管理制度和方法，但结果都成效甚微甚至失败，浪费了大量的人力物力。先进国的设备、仪器、技术资料和管理制度，形同废铁和空文。我发现，造成这种现象的一个很重要的原因，在于那些国家中执行管理制度的人和运用着最先进科学技术的人还不是'现代人'，他们还没有实现由'传统的人'到'现代化的人'的转变，而这种转变，正是现代经济制度和科学管理所必需的。"他认为一个现代人至少是具有 12 种特质的综合体。在这 12 种特质中，他列举了诸如乐于接受新思想、新观念，能适应各种改革和变革，头脑开放，不囿于成见，不因循守旧等。

日本为适应新技术革命的形势，对中小学生的素质也在进行研究。1983 年11 月，日本中等教育会议强调了 7 点，其中强调了探究精神、灵活选择及运用知识和处理信息的能力，等等。

我们是抽象地讲德智体，对于不同时期德智体的内容应当有什么发展，研究甚少。强调德智体，或者再加上美育，都是对的。一个人应当全面发展，特别是德育，要强调共产主义理想、坚持社会主义道路、爱国主义，等等。一个学生如果智育不好，是一个次品；体育不好，就成了废品；德育不好，则是危险品。所以我们讲素质，德育应当放在第一位。在对外开放、国际交流频繁的情况下，这个问题应当专门研究。就智育而言，应当培养学生怎样的素质，我看值得结合新技术革命的形势加以讨论和研究，列出若干条，在教学工作中有意识地加以培养，不能老是捧住凯洛夫讲的"双基"。不管讨论后列出多少条，我认为培养创造才能这一条是必不可少的，甚至应当将它放在特殊的重要地位。

把应当培养的学生的素质开列出来之后，再对照一下现行的教学工作指导思想,课程教材以及教学方法、考试制度、升留级制度等,我们就会发现许多弊端,就会产生改革教学工作的紧迫感。

现行教学工作中的弊端,我认为至少有这样几条。一是教学工作的指导思想是以传授知识为主,不是以培养和发展智能为主,更缺乏培养现代人的素质的思想。二是教学方法上,死扣课本、满堂灌、死记硬背、分数第一等一套盛行。日本东京都立大学副教授小泽有作在《中国的教育情况》一文中说,通过实际观察,他感到,现实是把孩子们圈起来,学校以填鸭式教育为主,要求学生死记硬背,他们分数第一的意识已经很普遍。令人感到:旧学校的形式正在复活。在"这种老师只管教,学生只管记的教学关系中,教师的权威恢复了","提高教育水平的方针在实际上表现为恢复了学校的填鸭式教育"。我认为这个批评是有道理的。

有人告诉我,中国学生有一个长处、四个短处。长处是能应付考试,短处是动手能力差、知识面窄、独立思考能力差、自学能力差。我看这个评价也是很中肯的。

这种教学可以称为培养"应试秀才"。明代有个叫董说的,在他写的《西游补》一书中,把这种学生写的文章叫作"纱帽文章",意思是除了应付科举之外别无他用。用今天流行的话来说就是"高分低能",或"有文凭无水平"。我们的教育如果只是培养出这样一些学生,那么不仅不能适应今后新技术革命的需要,也不可能适应当前四化建设的需要。

怎样改变或改革掉这个弊端,真正培养出现代化需要的、适应新技术革命需要的人呢?就教学工作来说,我认为,必须改革第一渠道,发展第二渠道,创建两个渠道并重的新的教学体系。这个看法,我在1984年《上海教育》一月号上写了一篇文章,系统地谈过。文章是两年前写的。为什么压了两年呢?一是自己觉得没有把握,写好放在那里再想想;二是想先按照这个思想在部分学校搞点试验,看看是否可行。三年来我采取征求志愿兵的方法,在部分中小学进行不同的改革试验。当然,这个想法还不成熟,还不成体系。文章发表后引起了一些反响,有人赞成,有人反对,有人赞成其中部分内容,不全部赞成,也有人认为做不到,等等。目前还在议论中。最近北京有些同志问我,为什么不叫第二课堂而叫第二渠道,二者有什么不同?第一渠道与第二渠道是什么关系?第一渠道要怎样改革?第二渠道要怎样发展？下面我想就这几个具体问题说说我的想法，求教于同行。

现在实际上存在三种提法。

一种是传统的提法，叫课外活动。有人认为课外活动是课堂教学的延伸与补充，处于从属的地位。凯洛夫教育学上就是这么写的。在科学技术发展缓慢的时期，在知识更新速度不快的时期，我认为这种提法与做法大体是可以的。

第二种是近几年才有的提法，叫作第二课堂。这同前一种提法的区别，主要在于提高了课外活动在教学工作中的地位。课外活动从从属地位排到了"老二"的地位，具有了一定的独立性，内容也扩大了，即不限于对课堂教学或教材的补充或延伸。我认为这种提法还没有冲破传统观念，沿用了"课堂"二字，是不很确切，不大科学的。所以，我不赞同用第二课堂的提法。目前上海用这种提法的还很多，有的把它同第二渠道的提法搞在一起随便使用，概念上有点混乱。

第三种提法就是我说的第二渠道。我是从信息论的角度提出的。从信息论的观点来看，教学工作实际上是一个信息传递的过程（这里讲的是教学工作，不是指全部教育过程）。现行的教学工作就是运用传递信息的两个载体，语言（教师的讲述）、文字（课本）把信息传递给学生，其主要形式就是课堂教学。这种教学体系开始于第一次工业革命之后，到现在已有300年历史，经过千千万万教育工作者的实践和概括，已逐步形成了一个严密的体系，保证了大面积地提高一代又一代人的文化科学水平。应当充分肯定，它在历史上直到今天都起着巨大的作用。在今后相当长的时期内，它还要继续发挥作用。但是随着新技术革命的出现，传递信息的第三个载体——电磁波开始被越来越广泛地应用。有了电子计算机这种脑力劳动的优良辅助工具，信息量成倍增长。在这种情况下，已经延续了近300年的现行教学体系，就显出了不少弊端。例如，课本不能及时反映最新信息，班级制教学这种标准化、同步化的组织形式限制了优秀人才的发展，等等。这些弊端靠不断改编教材或改进教法是难以完全克服的。同时，由于电磁波越来越广泛应用，报纸杂志的大量发行，加上被称为"第二课堂"的各种活动从内容到方式越来越发展，对事实上已经存在的传递信息的第二渠道，如果再借用"课堂"二字就更加显得不确切了。所以我采用了"渠道"二字。这是比较恰当的提法。

第一渠道不能废弃，第二渠道要不断发展。所以我提出"改革第一渠道，发展第二渠道,创建两个渠道并重或并行的新的教学体系",来取代传统的教学体系。

第一渠道不改革,第二渠道的发展就很困难。因为学生的精力有限,目前光第一渠道就已负担过重,再加上第二渠道怎么受得了?怎么改?一是课程、教材要精简,降低难度;二是教学工作的指导思想要改变,从以传授知识为主改为以发展智能、提高素质为主,即加强基础,发展智能,提高素质;三是改进教学方法;四是改革考试制度和升留级制度,允许跳级;五是允许免修某门学科;六是开设选课,选课可以是提高或扩大知识领域的,也可以是职业技术性质的。

发展第二渠道,一是要创造条件,充分利用电磁波;二是要充分利用报刊图书;三是积极发展各种课外活动。

两个渠道并行,既自成体系,又互相补充,互为基础,互相渗透,相得益彰。

要创建这样一个体系是不容易的。有些条件今天还不具备,例如,没有专门的教育电视台、教育卫星;图书经费有限,书刊不多;精简课程、教材不容易,叫了多少年,反而越减越多。西方教育家建立起目前的这个教学体系,花了上百年的时间。我想,只要方向对头,坚持努力,积以时日,新的教学体系是可以建立起来的。

当然,不能一提要创建新体系,就不要试验,甚至一哄而起。这样搞肯定要坏事。三中全会以来,人们思想上有一个很大的进步,就是懂得一切事情都要从实际出发,实事求是。既然承认教育是一门科学,就得采取科学态度。科学就是老老实实,不能有半点虚假。要允许有不同的试验方案,也要允许反对。教育的周期很长,不要匆忙下结论。教育改革应当是一个渐变的过程,积小改为大改,最后达到大改的目的,而不是也不能采取大砍大杀的办法,更不能大轰大嗡。教育工作需要有一个稳定的秩序,破坏了这个秩序,教育质量就会下降,这方面我们是有许多痛苦的教训的。30多年中两次搞乱,虽然性质不同、程度不同,后果也不完全相同,但都导致质量下降,这教训应当记取。但是改革一定要进行,一定要解放思想,开阔思路,要及时了解社会信息,要研究教育自身的规律,更要了解教育的外部关系,这样才能医治好就教育论教育的职业病,也才能克服片面追求升学率的顽症。

现代化建设在向教育提出要求,世界新技术革命也在向教育提出挑战。全世界都在研究教育改革的问题。这里可以借用欧洲共同体在一个文件里谈到新技术革命的挑战时用的一句话:"现在为时还不晚,但时间已有限。"

本世纪末和下世纪前三四十年的宏伟任务将要由今天坐在中小学课桌旁的人来承担,他们将要在我国四化目标初步实现之后,接我们的班,继承革命前辈已经开创的事业,沿着社会主义道路,朝着进一步现代化的方向,承担起新的历史重任。我们要按照这样的任务为他们打好基础。我认为,今天的中小学教育将极大地决定我们国家未来的命运;我们战斗在普教战线上的人,要对 21 世纪负责。当然不是说我们的工作只是在未来才起作用,在社会主义精神文明建设方面,今天就在起着作用,起着移风易俗、改造社会的作用。

小平同志对景山学校"三个面向"的题词,使我们在认识上豁然开朗,思想上产生了一个飞跃。题词含义深刻,我还没有很好学习,理解不深,还要进一步学习。

《教育研究》1984 年第 8 期。

新技术革命与普通教育

一、迎接新技术革命的挑战，关键是人才问题，也就是教育问题

未来的工业革命突出地说明了智力的重要性，掌握知识的重要性。我们对培养人才，教育人民，一定要作为百年大计，加以重视，积极搞好。教育的改革，应当抓紧进行。现在，发展和改革教育的讨论和试验正在热烈进行。

其实，面临新技术革命挑战的，并不只是中国。世界各国都在面临这一挑战，都在紧张地研究对策，其中也都涉及教育改革的问题。因为大家都认识到迎接挑战的关键是人才问题，也就是教育问题。

1983 年 4 月，美国教育质量委员会发表了一份报告，题目叫作"国家处在危险之中，教育改革势在必行"，主要是讲美国在科学技术等方面的创造发明本来处于领先地位，而现在正被世界各国竞争者赶上，原因是美国的教育质量降低了。报告认为"教育是美国未来力量的主要基础"，甚至认为"教育比发展最好的工业体系或最强大的军队都更为重要"。据说这份报告在美国引起了很大的震动。同年 9 月，美国国家科学委员会也提出了一个报告，题目是"培养美国人，迎接 21 世纪"，指出美国的领先地位已面临强烈的挑战，美国儿童可能在技术世界里掉队，美国将成为工业的"恐龙"，说美国现在用"60 年代的教育去迎接 21 世纪"。

1984 年 1 月，苏联向全国公布了一个《普通学校与职业学校改革的基本方针》（草案），提交全国讨论。文件中明确讲："本世纪和下世纪初的宏伟任务将要由今天坐在中小学课桌旁的人解决，……他们对国家的历史命运、社会的全面进步和沿着共产主义建设道路前进肩负着重任。"

加拿大在 1983 年 11 月召开名为"加拿大的明天"的讨论会，会议强烈要求政

府"为确保在这场新的产业革命中求得主动,必须增加智力投资",并呼吁改变目前的教育制度,认为"迫切需要培养有知识的、有适应能力和富于创新的一代人"。

日本首相中曾根在 1983 年 12 月也发表了教育改革的 7 条设想。

法国、瑞典以及印度等许多国家也提出了智力投资与教育改革的问题,并正在热烈讨论中。

我接触到的国外研究教育改革的材料,似乎比较集中在以下几个问题上。一是新的技术革命对人才的素质提出了崭新的要求,许多学者提出了许多新的素质的具体内容。当然他们讲的都是科学素质方面的内容,没有讲政治素质方面的要求。这是与我们不同的。二是研究现行学校教育体系与培养所需要的素质的矛盾,即找出现行教育体系的弊端。三是种种改革的设想。对提早入学、延长学制、终身教育等观点,各国基本是一致的。其他改革方案,各国由于国情不同而不同。

二、普通教育如何迎接挑战

普通教育按中央文件的说法叫作"培养人才的奠基工程"。从幼儿园到高中,要为每一个人奠定基础,也是为一代人奠定基础,为四化大业奠定基础。

普通教育的改革,我认为主要要解决以下几个问题。

一是要端正办学指导思想,改变片面追求升学率的思想。教育部门长期来有一个很大的毛病,就是往往只是从教育的内部关系谈教育,很少考虑教育的外部关系,表现为既不了解全国和当地政治、经济、社会的需要,不了解四化建设进程与对人才的需求,又不作调查研究,甚至矛盾已发展到十分突出了,仍然不闻不问。我国的改革是从农村开始的,教育同经济发展的矛盾也首先在农村暴露。例如上海的农村,近年来正在发生着深刻的变化,从单一的农业变为农、牧、副、渔、工、商等多种经济的综合经营,变为包括科技、流通等多方面的经济网络,商品生产日益发达,已经出现并将更多地出现专业户、重点户,迫切需要大量的政治文化素质较高、有专业知识、有劳动技能的新型农民和大批离土不离乡的技术人才,需要我们培养大批懂政策、有文化、有技术、会经营的农村专业化劳动的后备力量。但是,教育部门十分迟钝,对此毫不关心。我最近去川沙、松江、金山、南汇、奉贤等县调查。这几个县近三年来每年高中毕业生升入高一级学校的,平均为 800—

1000 人,占同年龄青年的 1/10。学校只对有 1/10 的人能升学、能跳出农门而高兴,对 9/10 留在本县参加当地建设的人不加关心。实际上这些县今后几年特别是到 90 年代,农业产量能否翻两番,主要要看这部分人的素质。从南汇县 662 个乡镇工厂的 12.8 万名务工农民的文化水平调查看,大专程度的占 0.04%,高中生占 9.4%,初中生占 13.8%,高小生占 25.9%,初小程度的占 21.9%,还有近万名文盲、半文盲。就是其中的初、高中生,还有相当大的部分是"文革"期间毕业的"双补"对象。在农业生产上,近几年粮油亩产虽有提高,但增长不快,基本上还属传统农业。还可以举上海县的例子,上海县现有农艺师、助理农艺师、农技员共 81 人,占农业人口的万分之二。全市工程技术人员 17.85 万人,而农业类只有 2500 人,结构也不合理。我曾说过,过去订不到牛奶,吃不到鱼只怪有关部门,现在认识到要怪教育部门,什么时候我们曾为这些部门培养、提供过这方面的人才?

大工业也是如此。以金山石化厂为例,共有职工 43431 人,其中工程技术人员 4102 人,占职工总数的 9.4%,其中高级工程师仅 36 人。34000 名工人中有 15963 人需要"双补",而 1563 名技工中,三级以下的占 83%,高级工只有 81 人。在 399 名工段长、值班长中,初中以下的占 70%。现在二期工程已上马。到 1990 年要新进职工 15000 人。他们要求新进职工都有初中文化水平,再经 2—3 年的培训才能进厂。这些问题都要求教育部门解决。

今后大学还要发展,升学率高当然是好事。但升学的毕竟是少数,而且人才要有一个合理的结构。有了工程师,没有技术员、技工是不行的;工程师水平高,工人素质不好也是不行的。据了解,全市企业职工的传统工艺水平已从平均 4.2 级降为 3 级,优势正在丧失。能否培养出素质较高的职工队伍,创造新的优势,迎接新的挑战,关系到上海到底能不能上去,情况十分紧迫。这都涉及奠基工程。所以,教育部门一定要对此有一个清楚的了解和正确的认识,把办学思想搞端正。

二是一定要在普及小学教育的基础上力争普及初中教育,实行九年义务教育或强迫教育,使所有人的文化水平达到一定的要求,也即提高全民族的文化水平。否则不能适应 90 年代的振兴。目前,上海小学阶段的教育才普及,初中阶段的教育只普及了 50%。市政府提出要从 1984 年起用两三年或稍长一点时间内普及初中阶段的教育,使今后上海劳动力至少提高到初中文化水平。这个工作还十分艰巨,涉及经费、校舍,特别是师资。当然首先是认识,领导与群众都有一个认识问题。

三是大力进行中等教育的结构改革,发展职业技术教育,使所有人都经过职业训练。具体设想是:1.发展中专,特别是在农村。目前全市有中专以上学历的共 38.89 万人,中专仅 13.51 万人,结构不合理。2.发展 2—3 年制的正规职业学校(或职业班)和适当发展技工学校。3.在农村办"三加一"或实行初中三年分叉的职业教育。4.在部分中学设分科高中,去年起在少数中学试办外贸、文科及理科(电子),初步反映是好的。5.在中学普遍开设职业选修课。6.在中学普遍开设劳动技术课。

四是研究人才的素质要求,在明确现代人的素质要求的基础上改革教学工作的体系、指导思想、课程、教材和教学方法。总的设想是把以传授知识为主改为以发展智能为主。我提出要改革传统的教学体系,创造两个渠道并重的教学体系。这个建议已在全国引起注意。

五是逐步在中小学普及微电脑知识。上海市在中小学搞这项工作已两年。今年发展很快,仅仅几个月已武装了二三十所学校及全市少年宫、少科站。今后采取逐步普及的办法。

六是师资培训工作。中央领导指出,教育部门要做的事情很多,而培养师资则是第一位的工作。

此外,还有领导体制、管理体制上的改革问题。要打破"大锅饭",学习交大改革的精神,结合中小学的实际,先搞试点再逐步推开。

1984 年《上海科技报》。

必须充分认识教育对经济发展的作用

一、民族的觉醒——百年大计，教育为本

中国是一个文明古国，历来十分重视教育，从孔夫子收学生开始，已有两千多年教育的历史，是世界上少有的。

可是，对教育是干什么的这个根本问题，人们的认识一直存在问题，不清楚、不全面。有人认为教育是为了培养国家干部——读书做官。有人认为教育是福利事业，同修桥铺路一样，是造福子孙的好事，可使子孙不做睁眼瞎子。有人认为教育是消费事业，只是花钱。有人认为教育是阶级斗争的工具，等等。但一直没有人将它同发展生产、发展经济联系起来，同国家富强、人民富裕，同实现现代化的大业联系起来。一直到十一届三中全会前后，人们才逐步对教育的功能有了比较正确的认识。

是小平同志第一个提出现代化的关键是科技、基础是教育这样一个观点，把经济、科技、教育三者联系起来。在这以后，党中央的重要文件中几乎都要讲这个观点。如，把教育称为现代化建设的奠基工程、第一个战略措施，最后提到了"百年大计，教育为本"这样的高度。党中央不仅这样说，而且这样做。首先是制定了九年制义务教育法，要求在本世纪末前后，使全国公民起码受过九年教育。这就可以同世界上发达国家的公民基本素质处于同等水平了。其次又大力发展职业技术教育与成人教育。这两类教育是同国民经济联系最直接的。

经过十多年的努力，我国教育已取得很大成绩。基础教育已超过印度。职业技术教育与成人教育对近年来的经济发展已经发挥了重要作用。这几年乡镇企业之所以发展得这样快，同教育的发展是分不开的。据我了解，乡镇企业的骨干

起码是初中毕业的。没有文化科学水平,企业能发展快吗?

但是,将小平同志的观点、党中央的观点转变成所有干部、群众的认识并不容易。下面并不是一讲就通,而是口头上也会说说,在实际工作中并不见得就这么执行,而是把教育与经济发展分割开来。常常有人会说,等我有了钱,再向教育投资。这仍然把教育与经济分割开了。先经济后教育,这叫一工交,二财贸,剩下多少办教育,对教育采取剩余原则。十多年来,我经常到全国各地调查,以此来指导教育工作。

我每年要到苏南地区去调查,那里的农村经济跑在全国前面,那里的干部对教育重要性的认识,对教育在进一步发展经济中的作用的认识也常常跑在全国前面。例如,几年前一次在无锡县一个村办铝合金厂里,年轻的厂长对我说,他们厂一共 300 个职工,大都是初中毕业生,他自己是老三届高中毕业。这样的文化水平,对引进的两条流水线,只能维持转动,无法更新产品。出了事故,要设计新产品,还得请外国专家。如果要做到完全靠自己,工人起码要高中文化。另一次去丹阳,一位乡党委书记对我说,他要再办一所普通高中,目的是应对激烈的市场竞争,尤其是同国营企业的竞争。去年我去河南兰考县调查,那里的群众为了进一步脱贫致富,集资办教育的热情之高,使我感动。在山东、辽东半岛,甚至在云贵、甘肃、宁波等地区,我也看到了群众办学的积极性。我认为这是民族大觉醒的表现。我看到了中国的前途与希望。

这也使我想起八九年前一位来上海帮助我们研究上海郊县农业现代化问题的日本专家的一句话。他首先问上海郊县从事农业的劳动力是什么文化水平。当时郊县农民的平均文化水平为小学 5.5 年。他马上就说:如果你们不能在 90 年代以前使从事农业劳动的人文化水平达到 9 年以上,要实现农业现代化是不可能的。以后我们了解到,日本从事农业生产的人,50 年代时,70% 是初中毕业,30% 是高中毕业,以后逐步提高;现在是 70% 高中毕业,30% 大专毕业。我们讲要同国际接轨,要参与国际竞争,要打进国际市场,单这一条我们就比不过别人。

二、发达国家重视教育、发展经济的经验启示

举几个最发达国家的例子。

日本，自称是教育立国的国家。一无资源，二无土地，人口众多，靠的是什么？是教育。在明治维新时，他们就抓了教育。当时是普及小学教育，在此基础上发展了经济，一举战败大清帝国，再一举战败沙皇俄国。当时论功行赏，他们一致认为首功是小学教师，是他们提高了全民族的素质。二战以后，日本陷入十分贫困的境地。大家看过《阿信》这部电影。当时日本全国就是这个状况，吃不饱、穿不暖。可就在那种十分困难的情况下，日本在 1946 年决定把义务教育延长到 9 年，同时为全国初中以下学生免费提供一顿午餐。当这一代成为国家主要劳动力时，即 50 年代中期，日本经济就开始起飞。世界上都知道，日本之所以起飞，是因为他们拥有一支训练有素的令人羡慕的劳动大军。现在他们在考虑普及 12 年义务教育。他们不是等国家富了才抓教育，而是抓了教育，才使国家富起来。

我多次去日本考察，参观过他们的工厂、农村，更多的是学校；接触过他们的官员、学者、教师、学生、家庭妇女。感受最深的是他们人的素质比我们高，有文化、责任心强。这些都是教育的结果。所以说，教育立国，名不虚传。

从 80 年代起，他们一再大抓教育改革。因为他们发现日本的教育虽然十分普及，教育质量也很高，但只是提高了整个民族的基本素质，没有培养出十分出类拔萃的尖端人才。日本全国只有 4 个人得过诺贝尔奖金，在各个科学领域，尤其是在重大的理论上，几乎没有重大的突破，没有成为世界的学科带头人。国际上有一个说法：英国人在理论上突破，美国人把理论变成技术，日本人把技术变成产品而自己没有大的突破。现在各国都要自己发展，要求保护知识产权，进行技术保密。一个国家如果自己不能在理论上创新，人家一封锁，你就不能再与别人竞争了。为此，他们的目标是在普遍提高水平的基础上，培养出一批尖端人才，以对付未来的竞争。

又如德国，两次战败，两次兴起。他们自己说，其中的秘密武器是大力发展职业技术教育。他们的职工普遍经受过严格的职业技术训练，所以德国的产品工艺特别好，质量居世界第一，经久耐用，深受国际上的赞许。德国人在"二战"战败时曾说过：可以赔款，可以割让土地，但不能割让教育。

再说美国，美国的人才主要靠引进。他们的高等教育水平高，社区学院与地区的建设扣得很紧。这是他们的武器。但他们的中小学办得不好，质量不高，尤其是学生的数、理、化水平低。为此,他们从 1984 年起就在大声疾呼,说国家处在危险之中,如果现在不抓,到 21 世纪时就要同恐龙一样在世界上被消灭了。所以近年来,美国的各种教育改革方案纷纷出现,最主要的是 1989 年的 2061 计划与 1990 年的总统方案。

总之,各发达国家都把教育作为战略重点,把教育同生产、经济的发展紧密联系起来,把它看作一本万利的产业,抓得很紧很紧。美国苹果公司董事长约翰·斯卡利说,在"资源是从土地上开掘出来的那个时代,美国是个富国,但是现在是资源从人的头脑中开发出来的时代,我们是一个发展中国家"。

中国土地面积虽然很大,地下资源也不少,但人口太多,一平均,土地、资源都很贫乏。如果我们再不认识到教育的重要性,不去开发人的头脑,那么中国就不可能真正富强起来。尤其是上海,耕地越来越少,发展的前途主要应当依靠开发智力。打个通俗的比方,教育与经济好比是鸡同蛋的关系,鸡多蛋多,蛋多鸡多,不可分割。这就是发达国家对我们的启示。杀鸡取蛋不利,要养鸡生蛋。

三、办教育要花钱,世界上没有不花钱就可以办好的教育,尤其是现代教育

这个道理是十分明显的。造校舍要钱,添教学设备更要钱,没有一定的待遇,请不到好教师,甚至教师队伍也保不住。尤其是在市场经济的条件下,人才可以自由流动,人往高处去,哪里钱多就往哪里去。教师待遇不解决,优秀人才就留不住。没有教师,谈什么教育事业,尤其是没有好教师,教育就办不好,有名师才能出高徒。我多次参观过英国、日本、法国等国家的各类教育,对他们学校的设施及师资队伍状况真有点眼红。对比之下,我们还在解决危房问题、"三泥"学校问题、好教师流向问题,等等,实在感触很深。上海情况是最好的,这几年又造了不少新校舍,有的还相当漂亮。可是进去一看,设施又少又陈旧,我称之为"赤膊穿西装"。而要培养适应现代化建设的人才,单单有房子还是不行的。我认为,实验室、图书馆、电化教室中的设备甚至比房子还重要,可我们很少。

另外还有教师待遇,人家是保证教师无后顾之忧的。日本还有法律规定,如果当教师,他的工资就要再提高 15%—30%。难怪每年有 14 万大学毕业生争当

中小学教师，却只有 4 万人能当上。发达国家的幼儿园教师都是大专毕业生。美国是要大学本科毕业后再进师范学院进修一年才有资格当教师。我们现在是师范无人考，在校的好教师纷纷流出去，总不能到有一天学校无人上课了才着急。

这一切说来说去是教育经费太少。那钱从哪里来？我们是只盯着国家。这是 50 年代从前苏联学来的做法。别的国家就大多不是这样，特别是中小学，主要是地方出钱。美国中小学的教育经费，中央政府只出其中的 5％，省县出 40％多，近 50％是当地学区（相当于我们的乡镇）出的。过去我们既没有这个观念，也没有这个办法。这几年群众集资办学的风气逐步形成。山东最好的房子是学校，他们说再苦不能苦孩子，再穷不能穷学校。

总的来说，现在我国的办学条件同时代的要求差距还很大。学校姓穷，教师姓穷，所以有人说中国教育处于危机之中。这逼得学校自找门路，破墙开店，出租场地，教师搞第二职业，最后影响了教育质量，吃亏的还是学生，还是当地的经济发展与现代化建设。

对教育的投资也有三种不同的态度。一种是超前，先投资办教育，然后发展经济，像日本那样；一种是同步，教育投资与经济建设投资同步进行；再一种是，把教育放在经济建设后面，等经济上去了再办教育。从长远来看，第一种态度是最好的。看起来似乎影响了经济的发展，实际结果是不慢的，而且能持久，后劲足。采用第三种态度初看起来经济发展可能会快些，但无后劲，最后反而慢了。可惜现在我国有些人采取的正是第三种态度，不重视教育投资。劳动者素质不提高，永远只能生产一些初级产品，进不了国际市场，最后现代化的目标就实现不了。即使一时上去了，也不可能持续发展。

四、教育要为经济建设服务就必须改革

要使教育产生经济效益，还要看我们如何办教育，办什么样的教育，并不是不论什么教育都能有效地促进经济发展的。

首先，是看办教育的指导思想。是为发展经济服务，围绕经济这个中心转呢，还是为片面追求升学率服务，围着升学率转？或是像"文革"期间那样为阶级斗争服务？指导思想不一样，效果也不一样。

其次，是看能否围绕为经济服务这个中心，对教育结构、学制、课程、教学内容、教学方法、评估标准等，进行一系列的综合改革，动点大手术。这样做的目的是使学生进入社会时不是只会做题目，而是会做人、做事，适应社会的需要。其中职业教育、成人教育应直接进入市场。

第三，是看是封闭式办学，还是教育部门、科技部门、经济部门紧密结合，统筹协调，形成一个拳头来办学，从而发展经济。几年前国务院批准实施的燎原计划，就是要求教育同科技部门的星火计划、农业部门的丰收计划配套的方案，要求教育为当地服务，持续向国家输送人才。几年来，燎原计划在全国各地推广后，凡是认真执行的地方，都已收到良好的效果，既出了人才又发展了经济。一所小学富了一个村，一所中学富了一个乡的例子已经不少。过去讲学而优则仕，现在应当讲学而优则富，富国富民。去年联合国教科文组织还在山东召开了一次国际会议，向全世界推广中国的经验。为此，教育部门的同志要懂得一点当地的经济、生产情况，当地的领导与群众也要懂得一点教育。我们认为这样的教育才是我们所希望的教育，才是好教育。

《中学教育》1993 年第 1 期。

方向、纲领、里程碑

——学习《中共中央关于教育体制改革的决定》札记

《中共中央关于教育体制改革的决定》已经公布了。这是继关于经济体制改革、科技体制改革的决定之后的又一个建设有中国特色的社会主义，使我国消灭贫穷，走向富裕，消灭落后，走向现代化的重要文件。

文件正确理解和处理了社会主义物质文明建设与社会主义精神文明建设的关系问题；正确理解和处理了教育事业这个局部同四化建设这个全局的关系问题；确立了"教育必须为社会主义建设服务，社会主义建设必须依靠教育"的根本指导思想。

从我国的现状看，不论是"社会主义建设必须依靠教育"，还是"教育必须为社会主义建设服务"的思想，在相当多的同志，包括一些领导同志中，并没有真正确立起来。重要的原因在于这些同志的认识问题没有解决，或者说是认识不统一。

就前者来说，"生产是硬任务，教育是软任务"，"教育是教育部门的事"，"向教育投资是一平二调"，"是加重农民不合理负担"等思想，在不少同志中还不同程度地存在。因此，他们"整天为经济发展速度发愁，盖办公楼劲头很大，唯独对办教育不够重视，以至把学校场地占用了，把好教师调走了，教育经费也挪作他用"。他们"宁肯把钱花在并非必要的方面，对于各种严重浪费，也不感到痛心，唯独不肯为发展教育而花一点钱"。在有些郊县，可以看到这样对比明显的现象：在漂亮的机关办公楼边上，是破烂的校舍。有一个村庄，花钱造了一所比较现代化的养猪场，而把原来养猪棚的地拨给幼儿园。在这些人的心目中，人不如猪。他们根本不懂得也没有认识到教育投资是效益最大的投资。这个例子可能是十分个别的，但这种现象却是相当普遍的。

教育部门不少人口头上也会说"教育要为社会主义建设服务"这句话，实际上却对全国特别是当地社会主义建设的现状，对全国特别是当地社会主义建设的人才需求情况，对教育如何才算为社会主义建设服务等问题，了解不多、不具体，有时虽然知道了一些情况，但没有将它们同自己的工作联系起来，缺乏责任感和紧迫感。实际上他们只有为高一级学校服务的思想。突出的证明是片面追求升学率的思想，始终没有从根本上得到解决。有些人口头上也在说教育要实行"三个面向"，实际上做的却是另一个"面向"，就是面向升学率。正因为如此，他们对于改革教育结构，发展职业教育，改革陈腐的传统教育思想、教学方法缺乏紧迫感。

《决定》以及中央领导同志在这次全国教育会议上的讲话，把这些道理都说清楚了，说得比过去任何一个文件、任何一次讲话都要透彻。《决定》指出："党的十二届三中全会关于经济体制改革的决定，为我国社会生产力的大发展，为我国社会主义物质文明和精神文明的大提高，开辟了广阔的道路。今后事情成败的一个重要关键在于人才，而解决人才问题，就必须使教育事业在经济发展的基础上有一个大的发展。""社会主义现代化建设的宏伟任务，要求我们不但必须放手使用和提高现有的人才，而且必须极大地提高全党对教育工作的认识，面向现代化、面向世界、面向未来，为九十年代以至下世纪初叶我国经济和社会的发展，大规模地准备新的能够坚持社会主义方向的各级各类合格人才。"

小平同志指出："中央提出要以极大的努力抓教育，并且从中小学抓起，这是有战略眼光的一着。如果现在不向全党提出这样的任务，就会误大事，就要负历史的责任"，"一个地区，一个部门，如果只抓经济，不抓教育，那里的工作重点就是没有转移好，或者说转移得不完全。忽视教育的领导者，是缺乏远见的、不成熟的领导者，就领导不了现代化建设。"

他说，要抓，就必须"抓紧、抓好，严格要求，少讲空话，多干实事"，如果不彻底改革不适应社会主义现代化建设的陈腐的传统教育思想和教学方法，"即使国家增加很多经费，仍然培养不出大量的适应新时代需要的新型人才，特别是第一流的人才"。

综上所述，说明认识问题是何等重要！认识问题解决了，没有钱会挤出钱来，没有办法会想出办法来；认识问题不解决，有钱也不会花到教育事业上。许多明明应该办、也能够办的事，由于认识不一致，可以没完没了地打扯皮战。这种事例是多得不胜枚举的。所以，在学习中央这个《决定》的时候，应当把提高认识、统一认识的工作放在第一位，要广为宣传，把全党全民对教育的认识，统一到文件的精神上来。不要以为宣传工作是"唱唱高调""说漂亮话"，没有实际作用。要知道，人的行动是受思想支配的，而人们长期受"左"的思想影响，还没有认识到知识的重要、教育的重要。在教育部门内部，也由于长期受传统教育思想的影响，人们还没有确立起教育要为社会主义建设服务的思想，没有认识到陈腐的传统教育思想的危害。如果我们不愿宣传，或者不愿意多宣传，那么这种状况到何时才能改变呢？现在中央有了文件，小平、万里同志又作了如此深刻而透彻的讲话，这就给了我们锐利的武器。如果我们不抓住这个有利时机，不抓住一切机会进行宣传，我们就失职了。

《决定》不只是对办教育的根本指导思想作了深刻的阐述，还为实现上述根本指导思想、进行教育改革指明了方向，制定了纲领，为我们新时期的教育事业描绘了可以施工的蓝图。我们不是经常讲要创建有中国特色的社会主义教育体系吗？实现这个蓝图，也就实现了这个愿望。正如小平同志所说："现在，纲领有了，蓝图有了，关键是要真正重视，扎扎实实地抓，组织好施工。"

这个方向、纲领、蓝图是什么呢？

这就是《决定》指出的以下几点。

一、把发展基础教育的责任交给地方，有步骤地实行九年制义务教育

实施义务教育，是现代文明的一个标志。在世界 199 个国家和地区中，宣布实行义务教育的有 168 个，占 84.4％。没有实行的仅 26 个，包括中国。这同我国在世界上的地位实在太不相称了。据了解，世界上最早颁布义务教育法令的国家是德国。1763 年，普鲁士颁布普通学校规程，规定 5—13 岁的儿童必须接受义务教育。以后许多国家或迟或早都相继制订了有关法令，只是年限有所不同。一般都是先从初等教育开始，逐渐延长。为了普及 9 年义务教育，美国花了近 70 年时间，日本用了 48 年，法国用了 30 多年。英国普及 5 年义务教育用了 25 年。现在

这几个国家已把义务教育的时间延长到 9 年以上。如苏联,普及 4 年义务教育用了 15 年时间,1975 年普及了 10 年制义务教育,1984 年 4 月新法令公布后,将普遍实行 12 年义务教育。为了保证义务教育的实施,这些国家都实行了免费制度,有的还供应午餐,免收课本及学习用品费。西德还对农村的重点学校和特殊学校实行免费乘车制度。这些国家对实施义务教育都很重视,决心很大。因为他们都认识到这是关系到提高整个民族素质与国家兴旺发达的大事。

我国自从废科举兴学校以来,多少仁人志士都曾梦寐以求地希望我国也能实行义务教育,有的还为之奋斗一生。可是他们的这个愿望始终未能实现。现在中央终于下了决心,要在我国分步骤地实行义务教育,规定年限为 9 年,而且将这个决心向全世界公布了。这不仅是我国教育史上的一个重要里程碑,也是我国历史上的一件大事。为了保证义务教育的实施,《决定》还对建立教师队伍、经费来源等规定了一些具体措施。

二、调整中等教育结构,大力发展职业技术教育

由于历史的原因,职业技术教育在我国始终未能有所发展,更未形成体系。因此,在我国,无论是工人还是农民,就业前都未经过严格的职业技术训练,素质不高,也没有形成人才的合理梯队与结构,严重影响经济的发展。近年来,虽然有关部门一再号召改革中等教育结构,发展职业技术教育,也采取了一些措施,职业技术教育有了一定的发展,但局面没有真正打开,观念也未完全改变。《决定》不仅批驳了鄙薄职业技术教育的错误思想,而且指出,一定要采取切实有效的措施改变这种状况,使职业技术教育有一个大的发展。例如要改革有关的劳动人事制度,实行"先培训,后就业"的原则,制定法规,规定一切从业人员,都要像汽车司机经过考试合格取得驾驶证才能开车那样,必须取得考核合格证书才能走上工作岗位,等等。《决定》要求"逐步建立起一个从初级到高级、行业配套、结构合理又能与普通教育相互沟通的职业技术教育体系"。

世界上许多国家都认识到职业技术教育能够直接为经济发展服务,因此普遍重视职业技术教育。在联邦德国,职业技术教育被看作是"经济发展的柱石"和发展经济的"秘密武器",被看作是"一个民族能否生存的基础"。一些日本政治家认

为："职业教育挽救了日本的一个困难时期，对国家作出了直接的贡献。"据联合国教科文组织 1983 年统计，在整个 70 年代，世界范围内职业技术教育的增长超过普通教育的增长。近年来还出现了职业教育普通化，普通教育职业化，即两者互相渗透、互相接近乃至合为一体的趋势。

所以，《决定》用相当多的篇幅指出了我国发展职业技术教育的重要性与紧迫性，规定了具体措施，要求逐步形成适应我国国情的职业技术教育体系。可以断言，这不仅是我国教育发展史上的一件大事与新事，而且是关系到我国生产发展、经济起飞、贫穷落后面貌改变的主要一着。

三、改革高等学校的招生计划和毕业生分配制度，扩大高等学校办学自主权

目前，我国高等学校体制上存在的主要弊端是政府统得过多，学校既缺乏压力，又缺乏动力与活力。所以高等学校改革的重点就在改变政府统得过多的管理体制上，即在国家统一的教育方针和计划的指导下，扩大高等学校的办学自主权，加强高等学校同生产、科研和社会其他方面的联系，使高等学校具有主动适应经济和社会发展需要的积极性和能力。

当然，高等教育中要改革的还有其他内容，如系科类比例不合理，本、专科比例不合理，以及招生制度、毕业生分配制度不合理，等等。我们要通过这些改革，打破我国从 50 年代起形成的高等教育僵化、凝固的模式。

四、改革不适应社会主义现代化建设的教育思想、教育内容和教学方法，按照新时代的要求培养新时代需要的人才

当前我国正面临着两个新的形势。一个是对外开放、对内搞活、经济体制改革全面展开；一个是世界范围的新技术革命正在兴起。这两个新的形势对人才的素质或者说是对培养目标，提出了新的要求。对于这个问题，近年来我国教育界、学术界都发表过不少议论。《决定》对此作出了明确的回答。《决定》指出："所有这些人才，都应该有理想、有道德、有文化、有纪律，热爱社会主义祖国和社会主义事业，具有为国家富强和人民富裕而艰苦奋斗的献身精神，都应该不断追求

新知,具有实事求是、独立思考、勇于创造的科学精神。"这四个"有"、两个"热爱"和两个"精神"是对新时代人才基本素质的要求,也就是新时代我国教育的培养目标。

为了实现这个新的培养目标,我们必须改变陈腐的传统教育思想,固定的、僵化的教育内容和灌输、注入式的教学方法。对于这个问题,由于《决定》的重点是解决教育体制问题,文章当中只是提了一下,没有展开。但是万里同志讲话的第三部分,对此作了深刻的剖析。他指出这是今后教育改革中必须进一步探讨的一个重大问题。因为教育改革的根本目的在于要多出人才、出好人才。什么叫好人才,怎样才能出好人才,这是教育思想、教育内容和教学方法的问题,必须搞清楚、搞正确,并且要统一认识。我认为在教育体制改革的目标逐步实现之后,这个问题必然会越来越突出,越来越处于头等重要的地位。特别是对于在教育部门工作的人,这是天天要碰到的迫切需要解决的问题。

我们常说人多力量大,其实确切的说法应当是人才多才力量大,符合新时代要求的人才多,力量才更大。现在党中央把新时代人才的标准明确告诉全党,这对教育改革的进一步深入开展,将发生难以估量的深远作用。在我国封建社会,有人相信"半部《论语》治天下",以是否熟读四书五经为衡量人才的标准;在第一次工业革命以后的时期,人们信守"学会数理化,走遍天下都不怕"的信条;现在这也不够了,不仅要学会数理化,有扎实的基础知识,还必须着重发展智力,培养能力,必须具有勇于思考、勇于探索、勇于创新的精神和民主作风。

为了保证上述蓝图的实现,必须有强有力的、具有更大权威性的领导。中央决定成立国家教育委员会,负责掌握教育的大政方针,统筹整个教育事业的发展,协调各部门有关教育的工作,统一部署和指导教育体制的改革。

也许有的人会认为,无论是教育的重要性,还是普及义务教育,改革中等教育结构,发展职业技术教育,以至高等学校的自主权等问题,都是过去听说过的,有的近年来一直在宣传,并没有什么惊人之笔,也没有重大的理论突破。我却认为,这样全面、系统地指出方向,规定纲领,绘制蓝图,并以中共中央的名义作出决定,把改革和发展教育事业的大事提到全党全国人民的面前,在我国教育史上还是第一次。正如小平同志说的,只要"扎扎实实抓它几年,中华民族教育事业空前繁荣的新局面,一定会到来"。若干年后,我们再来回顾这个文件,一定会感到这是我国教育史上一个重要的里程碑,也是我国实现经济起飞、民族振兴的重要一着。

《上海教育》1985 年第 7—8 期。

谈谈有中国特色的社会主义教育

对于什么是有中国特色的社会主义教育,我有几点基本的看法。

第一,有中国特色的社会主义教育,无论是理论体系,还是实践体系,在目前来说,它还是一个进行式,还在不断改革、探索的过程之中。它是一个实践、认识,再实践、再认识的过程,真正要把它说清楚,可能要到社会主义建成之日。这是因为有中国特色的社会主义建设本身还在发展之中,在当前乃至今后相当长的一段时期内,还处于社会主义的初级阶段,我们不能先于此而有一个完整的社会主义教育体系。当然,我们可以讨论,可以研究,也可以设想。这样做也是必要的。但设想毕竟是设想,究竟如何,最后还得通过实践的检验,这就需要时间。

第二,建设具有中国特色的社会主义教育体系,不能割断历史。在新中国成立以后30多年的教育工作实践中,我们尽管有这样那样的挫折,也做了不少今天看起来是错误与愚蠢的事,但毕竟是做了更多正确的事,成绩是主要的。从主观愿望上来说,我们总是力图用马列主义、毛泽东思想来指导,力图沿着社会主义方向前进。因此可以说,我们现在的教育思想与教育实践中,已经包含了一些有中国特色的社会主义教育因素。尤其是十一届三中全会以后的这几年,这方面的因素就更多了。今天我们并不是从零开始的,也不可把这个问题看得太神秘。其实,实践也好,理论也好,是天天在发展的,所以,我们既不可把问题看得太简单,好像一讨论就能把它说得清清楚楚,也不可把它看得太神秘,仿佛我们目前还是一无所知。

第三,对于有中国特色这一点,我觉得用不着太担心。历史经验证明,任何事情,凡是能在中国行得通,取得成功的,总带有中国特色,离开了中国特色,任何事情都搞不成。佛教传入中国,就被中国化了,就被改造成为有中国特色的佛教流派。马列主义的普遍真理与中国的实际相结合了，革命才从失败走向胜利。教条主义是行不通的，全盘西化更是荒谬绝伦。华侨定居异国几十年甚至几代，全盘西化了没有呢？没有。我觉得中国人身上有两个"统"字是摆脱不了的。一个是血统，炎黄子孙，身上流着中华民族的血；另一个是"文统"，这个名字是我取的，可能是杜撰，指的是文化传统。中国几千年来形成的文明，已深入到每个中国人的心灵深处，虽然几经强烈的外来文化的冲击，经过改造、吸收、消化，还是带有中国特色，在中国流传。教育也一定会这样。我们可以引进西方的教育理论或实践经验，也可以办一点这方面的实验学校，但最后成功的一定是被改造成带有中国特色的教育，不会同西方完全一样。如果不按中国的实际对它加以改造，最后肯定是不会成功的。所以，在吸收引进外来教育思想、教育理论时，我是赞成胆子大一些，步子快一些的，用不着前怕狼后怕虎，怕被他们"化"掉。十亿人口的大国，几千年的文明历史，就那么经不起冲击？现在的问题倒在于开放得不够，吸收得不够，了解得不够，特别是系统研究得不够，实验得不够，而不是太多了，太快了。

第四，有中国特色的社会主义教育体系或教育理论，很可能在中国的农村教育中发展起来。从历史看中国革命，两次都是从农村取得突破，然后包围城市，取得成功的。民主革命是这样，三中全会以后的改革也是从农村开始的。这可以说是中国社会主义革命的最大特色。我认为中国教育改革的成败，很大程度上也将决定于农村教育的改革，所谓中国特色也可能体现在农村教育中。我国教育目前存在的最大弊端之一，在于高校、中专从农村招走了最优秀的中学毕业生，而经过培养的专门人才流向农村的渠道又不畅通。农村的基础教育完全是一个升学机制，没有为地方服务的思想，也没有为地方服务的措施。农村教育城市化，与城市搞成了一个模式。我曾经提出过基础教育的改革目标，一是现代化，二是地方化。经过调查，农村的中小学生中90%以上今后是要留在当地，为当地建设服务的；只有10%甚至少一点的人今后可能流向全国。而我们目前的基础教育，从学制、课程、教材到培养目标、思想教育等各个方面，都没有根据这个实际情况采取任何措施。我认为基础教育应当带有浓厚的"泥土味"，不仅有中国特色，而且有地方特色。所以，教育只考虑现代化是不够的，还要强调一下地方化。三中全会以后我国农村的面貌发生了极其深刻的变化，而为之服务的教育，改革的步子不大，其不适应的状况已显得十分突出,到了非改革不可的地步。农村教育改革搞好了,必将促进农村建设的进一步发展,也必将对建成有中国特色的社会主义教育体系,发展有中国特色的社会主义教育理论,奠定坚实的基础。这丝毫也没有轻视或忽视城市教育的意思。中国80%的人住在农村,农村教育改革成功了,不是80%的地区的教育改革成功了吗?因此,一切有志于教育事业的人,一切关心中国发展的人,都应当来关心农村教育的改革。教育科研增加研究农村教育的课题,《教育研究》杂志增加讨论农村教育的篇幅,从而一定会引出新的理论、新的体系。

《教育研究》1987年第10期。

要为创建有中国特色的教育体系而努力

一、创建有中国特色的社会主义教育体系，使教育适应我国建设的需要，是 30 多年来教育改革的总目标

教育改革的问题不是今天才提出来，也不是今天才开始的。新中国成立初期的改革旧教育，就是一次规模很大、范围很广的改革。第一个五年计划期间学习苏联，是又一次改革，目标是想建立起一整套社会主义教育体系。但是限于各种主客观原因，没有注意我国自己的特点，也没有研究苏联教育体系本身存在的弊端，结果并不理想。1958 年的"教育大革命"，从主观意愿上说就是想解决上述两个方面的问题。但是当时已经发生了"左"的问题，忽视了教育本身的客观规律，不注意教育科学，改革也不成功。发展到后来，这种"教育革命"越来越被纳入"以阶级斗争为纲"的轨道，完全服从于政治运动，越来越"左"。至于"文革"期间"四人帮"搞的那一套，就不仅是"左"的问题。"四人帮"为了实现他们的政治阴谋，摧毁教育，否定知识，实行愚民政策，结果当然是一场大破坏、大倒退。粉碎"四人帮"以后，开始几年主要忙于恢复、整顿，顾不上改革。随着学校正常秩序的恢复，改革教育，创建符合我国国情、符合教育科学的社会主义教育体系的问题又一次提上议事日程。特别是三中全会以后，工作的重点转移到以经济建设为中心的现代化建设上，教育的问题、人才的问题，就突出地放在全党、全国人民的面前。十二大又十分明确地指出：教育是实现四化建设的三个战略重点之一。1984 年的十二届三中全会，制定了城市改革的文件，小平同志讲最重要的是知识的问题、人才的问题。接着党中央立即着手制定科技体制改革与教育体制改革的文件。现在科技体制改革的文件已经公布，教育体制改革的文件正在抓紧拟订，教育将在

更大范围内与更深刻的内容上进行改革。这是之前教育改革的大致经过。30 多年来，一次又一次的改革，总目标是想改变中国教育长期以来抄一套拼一套的做法，建立有中国特色的社会主义教育体系。过去由于政治上的原因与主观上认识不足，实践中产生了许多曲折，虽然也有一些经验，但教训甚多，目标没有实现。现在条件已经具备，预计教育改革将可较为顺利地进行下去，30 多年来我们为之奋斗的目标肯定能够实现。

现在具备了哪些条件呢？

一是有了正确的政治路线、思想路线与组织路线：政治上安定团结，不再有人为的折腾，大家一心一意搞四化；思想上坚持了实事求是、一切从实际出发的科学态度；组织上重视内行领导。

二是随着四化建设的发展，越来越多的人开始认识到知识与人才的重要性，认识到党的开放、搞活的政策为我国社会生产的大发展，为两个文明建设的大提高，开辟了广阔的道路。今后，事业成败的关键，在于人才。因此，大家更加重视教育。中央，特别是小平同志最早提出这个问题。他有过一系列的精辟言论，问题在于各级领导与各生产部门开始对此认识不深，直到现在才或先或后逐步有了认识。中央正在起草的关于教育体制改革的文件即将定稿，我看了第五稿，觉得写得很好。可以预见，这个文件公布后，教育的形势将会更好。同其他战线一样，教育的春天已经来到，改革将会更加顺利地开展。

三是大家懂得了教育是一门科学，要重视教育自身的规律，要用教育科学来指导教育改革，而不是像 1958 年那样蛮干，也不会搞一阵风、一刀切了。

四是随着对外开放，有关各国教育改革的信息多了，知道我们已面临新技术革命的挑战。近年来不少国家都十分重视教育改革，纷纷提出各种改革方案与新的教育理论。从中，我们可以得到有益的启发，加上过去的经验教训，在研究国外经验或教育思想的时候，既不会盲目照搬，也不会一律排斥。

五是有 30 多年的经验教训，可以避免再犯过去的错误，少走弯路，少遭挫折。

可能还有别的条件。但是单这 5 条就很重要，可以保证教育改革顺利发展。

二、教育改革是一项系统工程,要从宏观上考虑,进行全面改革,不是枝枝节节、就事论事的小改小革

教育改革是一篇大文章,总题目是前面说的改变教育与四化建设不适应的情况,建立与四化相适应的教育体系。建立有中国特色的社会主义教育体系,或是教育要服从、服务于总目标,或是小平同志讲的教育要"三个面向",我理解它们都是一个意思。

1983 年中央一号文件指出,目前我国教育存在严重脱离四化建设的弊端,这个状况到现在也并没有完全解决。

要使教育与四化建设相适应,需要改革的问题很多。从指导思想、领导体制到教育结构、学制课程、教育内容、教学方法,从幼儿园到研究生院,从全日制学校到业余学校,从宏观到微观,都有很大的改革任务。所以,教育改革不是小改小革,而是系统改革。

我对全国情况了解不多,没有发言权,就以上海为例。从上海在全国的地位、作用来看,中央要求上海成为全国的经济中心、科学中心、信息中心与金融中心,成为全国最大的港口。为此,上海原有工业要改造、扩散,新兴工业要发展,第三产业要有更大发展,基础设施要大大改善,农村要按贸工农的方针改造。上海将不是 340 平方公里的上海,而是 6100 平方公里的上海,城乡差别将要消灭。要进行这样大规模的改造与振兴,需要解决的问题很多,其中最大也是最困难的,是人才问题。因为这一切都得靠人才。人才问题也就是教育问题。如何使上海的教育适应这个需求,是上海教育改革必须解答的总题目。

现在上海专业人才只有 48.6 万人,占劳动力总数的 6.3%。这中间还有许多问题,如高级专业人才奇缺(只有 7400 余人),每千名职工中只有两人,而且年龄结构老化,平均年龄达到 58 岁;25—35 岁是个低谷区,结构失调,等等。上海职工中高级工 2%,中级工 30%,初级工 68%。工人的情况是:平均受教育年限 8年,技术平均 3 级以下。农民的情况是:平均受教育年限 6 年。

在 25—34 岁的人口中,美国有 76% 的人高中毕业,24% 的人大学毕业;上海有 20.7% 的人高中毕业,2.3% 的人大学毕业。这个状况不改变,上海改造不了,

更振兴不了。这是上海的教育工作者在研究教育改革时必须考虑的第一个问题。

另外一个情况,从 1985—1990 年,上海全市新增劳动力 901531 人,退出 852120 人,净增 5 万人。其中市区进入 34 万,退出 53 万,减少 19 万;农村进入 558024 人,退出 312550 人,增 24.5 万人。就是说,上海今后发展生产只能靠提高人的素质,不能靠增加劳动力,这叫提高素质,以质取胜。研究这 90 万人如何培养,形成怎样的人才梯队,这是要考虑的第二个问题。

今后原有工业要改造,新兴工业要发展,要增加人;第三产业的大发展更要增加人,其中不少人要从第一、第二产业的劳动中转移出来。对转移出来的人如何进行转业或提高培训,这是要考虑的第三个问题。

这三个必须考虑的问题还仅仅是劳动力的层次、规格、数量、品种问题,劳动力还有质量问题、素质问题。因此,从大的方面来说,教育改革中有以下几个问题是必须考虑的。

第一,要考虑所有劳动者的最低文化要求。我们的目标是要在短期内使所有人达到初中毕业的水平,即实行九年义务教育,越快越好。

第二,要考虑使所有劳动者在就业前都经过职业技术训练,取得合格证书,做到像汽车驾驶员必须持有驾驶证才能开车那样。这就要在初中以后实行分流,除约占同龄人 1/3 的人进入普通高中以外,对其余 2/3 的人要普及职业技术教育。对已经就业的,也要进行补课或提高。

第三,要培养一大批高级专门人才,使专门人才在就业人数中的比例接近先进国家的水平。

第四,要努力提高教育质量,使学生的文凭与水平一致。这就涉及师资、投资等问题。

举上海的例子,只是为了说明教育改革内容很多,是一项系统工程。上海如此,全国、一个省、一个市、一个县,乃至一个乡也是如此。教育改革必须考虑本国、本省、本地的建设需求,并为之服务。否则,三个面向就会成为一句空洞的口号、一条写在墙上的标语,成为一句空话。

总之,教育改革是全面的、系统的,不只是教学体系的改革。就是教学体系的改革,也要先在宏观上树立一个与四化建设相适应的大目标,才不致偏离方向。

三、关于教学改革

教育改革的由来与总目标,上面已经说了。就教学改革的背景来说,还要补充三点。一是新技术革命的挑战与信息社会的到来,对人的素质提出了新的要求。学校不仅要为学生传递信息,而且要教给他们获取信息的方法,教会他们怎样学习,培养他们的自学能力与自我更新能力;不能只让学生掌握前人已经创造的文化科学知识,还要让他们在此基础上再发展、再创造,培养他们的创造才能。二是传统的教学工作体系的弊端已越来越明显。突出的表现是培养目标与课程几十年一贯制,内容陈旧,教学方法死板,不适应经济和社会发展的需要,落后于当代科学技术的发展;教学管理制度搞同步化、标准化,忽视因材施教,教育结构单一化,办学形式封闭、僵化,妨碍人才的培养。"千军万马争过独木桥"的现象已越来越不能适应信息社会的要求。三是电磁波出现,应用越来越广泛,成为除语言文字以外的第三种传递信息的载体。有了这种新的现代化手段,教学工作就有了较大的改革的可能。目前国内虽已采用电脑,但应用不普遍,而且没有有计划有领导地进行。

现代社会对人的素质提出了新的要求,中学就得按照这些要求,研究并确立新的素质观与新的基础观;有了现代化的教学手段,学校就得研究并用来改革传统的教学组织形式与教学方法;看到了传统教学体系的弊端,教育工作者就得下决心改革,来克服其弊端。这就是教学改革的出发点或根据。近年来,我们正是按照这个思路来改革教学的。

从我个人来说,认识到上述各点并着手在上海进行改革,开始于 1979 年。大体的过程如下。

1979 年,在加强基础,发展智力,提高能力的教学工作思想指导下,我着手研究如何培养与发展学生的智能问题。主要从两个方面着手:一是改革课堂教学,改革教材与教法;二是发展课外活动,形成课外活动体系。

1980 年,在电视开始普及、报纸杂志大量增加的情况下,如何利用电磁波及报刊传递社会信息? 我考虑要建立专门的教育频道,充实图书报刊设施,进一步发展课外活动,形成传递信息的第二渠道。

　　从我的思想来说，这时已初步形成改革第一渠道，发展第二渠道，建立两个渠道并重的新的教学体系的设想，并已按这个设想进行实验，不过没有明确提出就是了。到 1982 年，我把设想已写成文章，1984 年 1 月发表。这样，就把教育改革从小改小革推进到对教学体系的全面改革。文章发表后，在全国不少地方引起了一定反响。广东出了专门刊物，福建已编出一套丛书，还影响到部队教育工作。不少省市向我提供了实践中的具体方案或经验，深圳特区还希望我去办一所实验学校。

　　当然，从整体来说，上述情况都仅仅是开始，还没有形成体系。首先是第一渠道的改革还没有系统进行。对课程、教材及教学管理，仅仅是少数学校作了一些小改小革的试验，例如选课、免修、跳级、自编教材等，不系统、不全面。为什么不能或者说不敢进行系统、全面改革呢？一是高考这根指挥棒在起作用。上海争取从今年起不参加全国统考的唯一目的，就是想解除大家的顾虑，着手改革第一渠道。我们对此已有一个初步设想，今天不可能详细介绍。二是在师资条件、编教材的力量等方面也有不少困难。所以，这件事不能急，要花几年时间逐步进行。其次是第二渠道目前还有不少条件未具备。第二渠道有三个方面的内容。只有第三方面的内容——课外活动，经过几年努力，已初步形成气候，有了一点物质基础与人力配备，积累了一些经验。第二方面的内容——图书、杂志、报纸，也开始被重视了。有的学校搞得很好。但从大方向来看，还差得很远。这里有物质条件问题，也有主观认识问题。第三方面的内容——电磁波的利用还较差，视听中心没有建立，学校的收录放设备基本缺乏，不成系统。微电脑的活动开始于 1980 年，到 1984 年才大大前进了一步；全市中小学中配备了近三千台微机，但还未普及。另外，还想筹建一个青少年科技馆，这些都在筹划中。

　　无论是第一渠道，还是第二渠道，都还有大量工作要做，目前仅仅是开了一个头。1984 年下半年，上海提出要实现教学体系的四个转变，即从封闭式转变成开放式，从单一转变成多样，从信息灌输式转变成信息处理式，从单一信息渠道转变成两个渠道并重。

　　总的认识是现在的中小学生是 21 世纪的人才，要按照 21 世纪的要求来培养他们，使他们具备比我们更能适应的素质。现在世界上许多国家都在研究教育改革。他们的目标也在瞄准 21 世纪。可以说,21 世纪的竞争已经开始。谁对中小学教育改革得好,对中小学生培养得好,谁就拥有 21 世纪。从这个意义上讲,中小学教育工作者是在为 21 世纪而工作,为未来而工作,是十分有意义、有价值的。

《中共中央关于教育体制改革的决定》中有一段话讲得好:"解决人才问题……,不但必须放手使用和努力提高现有的人才,而且必须……面向未来,为 90 年代以至下世纪初叶我国经济和社会的发展,大规模地准备新的能够坚持社会主义方向的各级各类合格人才。要造就数以亿计的工业、农业、商业等各行各业有文化、懂技术、业务熟练的劳动者。要造就数以千万计的具有现代科学技术和经营管理知识,具有开拓能力的厂长、经理、工程师、农艺师、经济师、会计师和其他经济、技术工作人员。还要造就数以千万计的能够适应现代科学文化发展和新技术革命要求的教育工作者、科学工作者、医务工作者、理论工作者、文化工作者、新闻和编辑出版工作者、法律工作者、外事工作者、军事工作者和各方面党政工作者。"这是一幅十分宏伟的蓝图,是广大教育工作者的光荣任务,也是我们这一代教育工作者应当完成的历史使命。要完成这一使命,一定要改革教育,创建新的教育体系。作为一个有理想、有抱负的教育者,应当有这样的雄心壮志与献身精神,在我们这一代完成这一光荣使命,并且以自己能为实现这一光荣使命出力而感到自豪。

1985 年

社会主义初级阶段教育特点初探

学习关于社会主义初级阶段的理论，并在这个理论的指导下来研究社会主义初级阶段教育的特点，对于深化教育改革具有重要的意义。

社会主义初级阶段的理论，是经过 30 多年的实践，花了极大的代价所得出的科学结论，是对马克思主义的重大发展。它使我们清醒地认识国情，认识什么是社会主义以及我国目前所处的历史阶段，为我国今后社会主义建设的顺利发展提供了理论保证，因而具有划时代意义。对于教育工作来说，它既为深化教育改革指明了方向，也为总结过去教育工作中的经验与教训提供了分辨是非正误的准则，是创建有中国特色的社会主义教育体系的理论指导。

正如党的十三大报告中所说："社会主义初级阶段是很长的历史发展过程。我们对这个阶段的状况、矛盾、演变及其规律的认识，在许多方面还知之不多，知之不深。我们的许多方针、政策和理论还有待于完善，要随着实践的发展，不断经受检验，得到补充、修正和提高。"在这种情况下，要全面、准确无误地认识社会主义初级阶段教育的特点，是很不容易的。但是我们的教育改革又不能等待，也不能企望有一个什么天才来为我们提供一个初级阶段教育的完美纲领、蓝图，或者指南。只能在实践、认识、再实践、再认识这样一个循环往复的过程中持续改革。

初级阶段的理论是在总结新中国成立以来的经验教训的基础上得出的结论。我们对初级阶段教育的特点，也可以以此为指导，从这方面去寻求，尤其是可以从十一届三中全会以来的改革实践中去寻求。同样，研究初级阶段教育的特点，也可以从这一时期教育改革的实践中去探求。在这一时期，教育思想、教育观念都有了极大的更新与发展。在这些新思想、新观念指导下进行的教育改革，正在形成初级阶段教育的某些特点。所以，我们不能离开这些客观现实去寻找什么特点，也不能凭空设想。

应当承认，新中国成立以来我们在主观愿望上始终是想以马列主义、毛泽东思想为指导，改造旧教育，建设和发展社会主义新教育的。正因为如此，新中国的教育事业，无论在办学方向上，还是在事业发展的规模上，同之前相比，都可以说取得了无与伦比的成就。如果没有"文化大革命"这一场人为的浩劫，我们的成就一定更大。

但是，我们还必须研究由于脱离实际的主观愿望而造成的种种失误。首先是由于我们对马克思主义采取了教条主义的态度，无视世界已经发生的深刻变化，人类文明的突飞猛进，新技术革命的深刻发展，也无视中国既是一个大国，又是一个穷国，生产力十分落后，内部的发展又极不平衡，广大的农村依然是小生产的汪洋大海等实际情况，对如何在这样的时代、这样的国家里，建设和发展社会主义教育，我们研究得甚少。其次还由于我们对教育作为一门培养人才的科学，采取了极不郑重的轻率态度，任意贴上政治标签，将一些不是社会主义本质属性的东西看作社会主义教育本质而加以固守（例如划一化），而把一些并非资本主义所专有的东西当作资本主义而加以批判（例如双轨制）。特别是不重视对人的研究，抹煞人的个性，甚至视教育心理学为伪科学，如此等等。这导致多年来没有出过一本有中国特色的高水平的教育理论专著。

十一届三中全会以来，在正确的思想路线的指引下，我们对历史经验进行了深刻的反思，教育思想、教育观念有了重大更新和发展。从大的方面看，似乎可归纳为以下三个方面。

首先是对教育职能的认识。过去我们认为教育仅仅是上层建筑，而且主要是为政治服务的，是政治的仆人，因而忽视对人自身发展规律的研究。现在我们认为教育作为一种社会现象，要为经济建设和社会发展服务。教育的这种职能主要是通过培养人来实现的。而人，作为自然的社会的与思维的存在物，相对于浩渺无际的大宇宙，可以称之为一个小宇宙，同大宇宙一样蕴藏着无穷的奥秘，至今还有许多问题未被认识，还有许多复杂而奇妙的现象有待我们去探索。实现人的发现、培养、发展、完善，是教育的又一个职能。这两种职能统一起来，用一句话来概括，就是通过实现人的发现、培养、发展、完善，服务社会，推动社会前进。

这个职能主要体现在培养目标上。培养要有目标，发展要有方向，完善要有标准，而这个目标、方向与标准，决定于社会，决定于社会的今天和明天。当前我国正处于这样一个时代：我们正在紧张地进行社会主义现代化建设，世界正在开展激烈的竞争，面临新技术革命的严峻挑战。这就要求我们在培养目标的问题上必须更新观念、树立新的人才观。近年来，关于"四有""两热爱""两精神"的人才基本素质要求的提出，关于加强美育与劳动教育要求的提出，关于在重视知识传授的同时，要重视智力的开发与能力的培养要求的提出，关于要重视人才的多层次、多门类、多规格与人才的合理结构问题的提出，等等，都是在培养目标的问题上，观念更新与发展的具体反映。

其次是对教育模式的认识。这主要是由于我们对在教育模式上任意贴政治标签的错误做法有了认识，对国情有了新的认识，对新技术革命的严峻挑战、信息时代的到来等情况有了认识，解放了思想，产生了紧迫感，我们才在观念上有了很大的更新与发展。这种新观念大致可以归纳为以下几点。

一是多样化。划一化的僵化模式，既不是社会主义教育的本质属性，也不符合我国国情与人的个性差异。在这一认识的基础上，我们树立了教育模式应该也必须多样化的观念，懂得了基础教育可以实行地方化，教材可以采取"一纲多本"，德育也应有不同层次的要求，等等。

二是社会化。改变传统教育的封闭模式，学校与社会沟通。社会参与学校的建设，学校也参与社会的建设。

三是信息化。打破"三中心"教学模式，充分利用大众传播媒体。即改革以课本、课堂为主的第一渠道，发展由电磁波、图书报刊与课外活动组成的第二渠道，建立两个信息渠道并行的新的教学模式。

四是个性化。重视学生个性，让学生的个性得到充分、自由、全面的发展。发展特长，鼓励冒尖，反对把学生铸造成为没有个性的"标准件"。

五是国际化。扩大对外交流，在教育内容中充实有关的国际知识，开展有关活动，让学生了解世界，培养学生参与国际社会生活的能力。

除此以外，还有教育的终身化与教育的民主化，等等。这些都是教育现代化的重要标志，也是当前各国教育发展的共同趋向。

再次是对教育管理体制的认识。人们在观念上已认识到,过去的教育管理体制强调中央的高度集中管理,现在应转变为权力逐级下放,特别是学校必须有一定的自主权。

以上三个方面已成为当前深化教育改革的指导思想,并很可能逐步形成我国初级阶段教育的主要特点。

这里有一个问题是需要讨论的,就是除了在办学方向上必须坚持社会主义,在培养目标上必须重视社会主义思想教育以外,其余特点都很难说是社会主义所特有,也不是初级阶段所独有的。那么,社会主义初级阶段的教育是不是还有什么别的本质特征呢? 我认为应当是有的,但现在还说不清楚,有待于进一步研究。

《人民教育》1988 年第 10 期。

要宣传教育的重要性

中央提出教育要发展优势,扬长避短这样一个重要方针,书记处对教育工作又作了重要指示。听了之后,很受鼓舞。上海是全国一个比较大的城市,应该说是比较发达的地区,有利的条件多。但优势、劣势只是相对来说的,上海有长处,也有短处。如何扬长避短,把上海的教育搞得更好,这个问题我们正在研究。

目前,上海的教育同全国一样,十年浩劫后,问题成堆。但是这三年来进步也是很快的,解决的问题不少,特别是教育工作的重要性现在已越来越被大家所认识。这个情况在三年前是不能想象的。有一些术语,什么"智力投资"呀,"人才开发"呀,已经被比较多的人采用了。有的教师也说,今年是教育的"出头年"。就是说,教育已从被忽视,甚至被轻视、被压制的状况下,开始出头了。最近我到上海郊区奉贤县四团乡夏家村小学去看了一下。这所学校的校舍修得整整齐齐,院墙围起来了,绿化搞起来了,操场上运动器械也添置了一些,而且免费,教育质量也有明显的提高。村里还准备给每个学生发一套校服。为什么能这样?主要是领导重视。支部书记老张同志对我说,他考虑了一下,现在本村每年出生的孩子大约 20 人左右,能升大学、中专的总是少数,大多数人要留在本村。就是说今后村的面貌、发展前途怎样,要看今天对他们的教育怎样,要舍得在他们身上花钱。这样的村庄,这样的乡,上海已有几个,不收学费,不收书费,实行免费教育到初中毕业。这说明教育的重要性一旦为人们所认识,特别是为各级党委的领导干部所认识,他们就会对教育加以支持和关怀。可以说,认识到什么程度,就会关怀、支持到什么程度。现在教育的重要性已开始为越来越多的人认识了。这是三年来最大的一个变化。当然,这只是开始,很不平衡,也还有人把教育当作消费事业,所以还要继续宣传，要大造舆论。

经过三年的整顿，从上海来看，多数学校可以说已经走上轨道了。根据我们的估计，现在小学三年级以下学生的文化水平已开始超过文化大革命以前的最高水平。这就为今后进一步前进创造了一个很好的基础。所以我觉得对三年来情况的变化应该有足够的认识，否则我们工作就没有信心，老是钻在困难堆里想困难，工作就没有信心了。

由于实行了"一孩"的计划生育政策，上海的出生率降低，学生人数开始大幅度下降。我们今年高中毕业生人数有 20 多万，是历史上最高的一年；明年还有 18 万多，也是相当多的。但从 1982 年起，高中毕业生就比较少了，这个情况大体可以稳定到 1990 年。这样我们就可以有一段相当长的时间稳定地有计划地办我们的教育了。30 年来，由于没有及时采取措施控制人口增长和政治运动不断等原因，我们从来没有连续十年有计划地稳定地办教育事业，工作忽上忽下，曲曲折折，虽然费力不少，但收效总是不大。现在这种情况过去了。

现在上海市区每年出生的小孩大约是五六万人，农村 10 个县，大概是每年出生八九万人。我们将根据市区和农村的不同情况，在普及初中教育的基础上，有计划地让学生分别进入普通高中、中专学校、职业学校和技工学校学习。在农村，当然还要有相当一部分人初中毕业后就直接参加工农业劳动。这也是农村的需要。总之，学生人数少了，我们就更要对他们个个负责，精心规划，精心培育，因材施教，使之成材。有的学校提出"科学育人""为学生精心设计 15 年"的口号，这是很好的。

要实现这个规划的难题在哪儿呢？就是高中阶段的结构改革。虽然经过一年多的努力，但进展还不大。中专还需要发展一些，各类职业学校更需要有较大发展，目前路子还没有打开。这个问题单靠教育部门的积极性还不够，要全党全民和社会各方面来办，要广开学路，才能做到做好。现在找到这么一条路子，看来可以走，就是生产部门委托教育部门办学。他们出技术设备，出技术课教师，也出点钱，其他由教育部门负责。毕业生不包分配，由他们择优录用，可以先签订合同。我们有一个区已有两所职业学校，就准备这样办。

当前要做的事情，第一是还要造舆论，宣传教育的重要性；第二是要广开学路,把教育办活;第三是要首先办好一些重点学校,不仅出人才,而且要出经验,出理论,出教育思想,培养骨干队伍。

《教育研究》1980 年第 4 期。

10 年教育回顾有感

回顾十年来的教育,感慨万千!

曾记得在 10 年前,一个"考"字,推动了万人竞学,民风大振。环顾现在,又出现了学生厌学,老师倦教,流生成群,情况严重。与许多国家近年来抓教育的发展与改革的劲头相比,反差就更为突出。

党的十一届三中全会开辟了一个新的历史时期,我国的教育取得了举世瞩目的成绩。在党的关于坚持"一个中心,两个基本点"的路线的指引下,社会主义现代化建设的大好形势为教育的发展与改革提供了一个极好的机会,但是我们没有好好加以利用,坐失良机。这是非常值得我们深思的。

我认为造成今天教育困境的主要原因有三个方面。

一是现代化建设的布局中有失误,就是没真正把教育放在战略重点的地位。"政策就是拨款"。政府对教育的拨款,始终没有改变"一工交、二财贸、剩下多少办教育"的剩余原则。教育经费虽逐年有所增加,但顶不上物价的上涨,结果是名增实减。办教育是需要钱的,没有钱或是钱太少是不能办好教育的,而且教育也不能搞"自救"。无区别地要求学校搞创收"自救",其结果是必然削弱教育的根本职能,甚至扭曲学校的社会主义办学方向。这是规律。违背规律,自然要受到惩罚。

二是教育脱离社会的需要,没有生命力。教育的生命力在于能有效地适应社会,服务社会,推动社会前进。而现行教育从指导思想到体制、结构、内容与方法往往同社会需要相脱离。教育理论贫乏,观念落后,模式单一,内容陈旧。对于这样的教育,仅仅满足于抓一个"考"字是解决不了问题的,必须进行整体性的改革。然而 10 年来教育改革进展迟缓。上海曾对近年毕业的大学生和 1209 名 1984 届中学毕业生进行过跟踪调查,调查他们离校后各方面的适应情况。结果很令人失望。他们在许多方面不适应社会的要求,现行教育体系没有为他们走向社会作好充分准备。有人说这样的教育只能培养出《儒林外史》中的范进,或是鲁迅笔下的孔乙己,甚至培养出一些社会主义的"掘墓人"。这并不是危言耸听。因此,教育如果不改革,投资再增加,也是解决不了问题的。所以,我曾在一篇文章中说,办教育需要钱,没有足够的投资办不好教育,但是,钱不一定就能买来一个好教育。

　　三是现在的改革导向不是鼓励人们向学。教育不是孤立的,办教育有一个大环境的问题,有一个整个社会的导向问题。"文革"期间有一个流行的口号,叫"知识越多越反动"。这句话现在当然没有人说了,但现实生活在告诉人们另一个教训,就是"读书越多越吃亏"。现在不是提倡竞争吗?竞争的结果却告诉人们"劣胜优败",越有学问越穷,越倒霉,越被人瞧不起。前些日子我在温州考察,一位校长给我看了一封匿名信。我不妨把它抄在下面,供大家欣赏。

　　校长同志:我们为了繁荣市场,扩大摊位,为什么你们这些老九出来横加干涉,与我们过不去?我做我的生意,你教你的书,各走各的道,泾渭分明。是不是个别穷儒看别人做生意赚钱红了眼,挖空心思想出冠冕堂皇的理由:影响学生听课。你是校长,能不能出面弹压一下,让我们合作,利润分成好说。

　　老九,穷儒,何等熟悉的名词!这样的社会心态,这样的导向,能鼓励年轻人去读书吗?所以,要办好教育,还要有一个正确的社会导向,而这,单靠教育部门是远远不够的。

《教育研究》1989 年第 8 期。

开创学校教育的新局面

什么是新局面？新局面要有一个标准，有一个要求。生产部门的标准和要求很明确：工农业的年总产值翻两番，实现"小康"。这是生产上的新局面。10亿人口的国家要达到小康水平，这是我们有史以来没有做到过的。教育与生产不一样，教育的新局面究竟是什么，我想谈些个人意见。

第一，凡是过去已经达到的水平，因为十年动乱的破坏，现在要使它恢复。这不能叫新局面，只能叫"恢复"。新局面，应该是我们历史上没有达到过的水平。我们已经做到过的，现在把它恢复过来，这是应该的，但仅仅是"恢复"。做过去没有做过的事，或者是过去做过的事，现在又达到了新的水平，这才叫新局面。我们要为开创这样的新局面而努力。例如，小学阶段实行义务教育，上海要普及初中乃至高中阶段教育，如果实现了，才能叫开创了教育工作的新局面。

第二，凡是仅仅照搬外国的东西，即使是我们过去没有做过的，没有体现中国特点，我看也不能叫作新局面。譬如说，从西方传统派的理论转到西方现代派的理论这个轨道上去，算不算新局面，我看不算。因为西方现代派的一些教育理论，他们在30年代，甚至20年代都做过，有的现在还在做。我们把它全部搬过来，在这里做了，算不算我们所希望和要求的新局面呢？恐怕不能算。譬如说，凯洛夫这一套我们不用了，全部学布鲁纳的一套，我觉得这不能算新局面。因为它没有体现中国的特点，也没有体现社会主义的性质。而我们所希望所要求的，是建立一个有中国特点、具备社会主义性质的教育理论和实践体系。总之，不能照抄照搬，要研究我们自己的东西。

第三，世界科学发展很快。"知识爆炸"这四个字用得是否对，可以不管，但知识成倍增长，日新月异是事实。我们培养的人是要在将来起作用的，就是说，现在的中学生是 10 年后派用场的,现在的小学生真正派用场还要晚一些。那么我们就要想一想,本世纪末科学技术发展到什么水平,下一个世纪初科学技术发展到什么水平,我们要给他们打这个基础,使他们不管将来科学技术怎样发展,都能适应。中国这样一个 10 亿人的大国,在很多方面应该是领先的,不但乒乓球领先,排球领先,在科学上、文化上、技术上也都应该领先。因此我们要考虑到怎样为这一代人按照这样的要求打好基础。按照现在这样的做法,恐怕不能完成这个任务。我们的教育要考虑一系列的改革。段力佩同志有许多精辟言论,我是赞成的,要从根本上想一想我们的教学计划、课程、教材、教学方法是否切合。否则的话,按照现在这样搞,恐怕不能完全培养出我们所希望的人才。所以,根据这个设想,我们教育的一系列改革能够实现的话,这就叫作新局面;没有按照这个要求考虑,不能算新局面。

第四,教育毕竟要为我们的现代化建设服务,要同生产劳动相结合。现在我们的国民经济要有一个比较大的发展,生产总值要翻两番,各行各业都需要人才,这个人才又是多层次、多结构的。就是说,高级的、中级的、初级的都是人才,而每一个行业所需要的人才的结构又是不一样的。重工业、轻工业、手工业、农业都有各自所需要的人才结构。这就要求我们教育部门为各行各业培养多层次多结构的人才。社会需要什么人才,我们能够经过职前培训提供,不要等人到了工作岗位再从头培训。因此,我们的教育也应该是多层次多结构的,要根据这个要求进行改革,不能像现在这样办得那么"一刀切"、一律化。教育的结构要有很大的变化。这个工作做好了,叫新局面;这个工作没有做好,就不能叫新局面。这条说的就是教育要为四化提供人才,要把教育办活。

我把最近脑子里想的问题整理出这样四条,作为对学校教育新局面的要求,或者说是开创新局面的几条标准。可能提得不完整、不确切。这四条都要我们调查研究,弄清情况,破除不符合上述要求的老框框、老办法,从实际出发,坚决、有步骤、有秩序地改革,不能像 1958 年那样蛮干,一哄而起,要讲科学。

我们现在应该做些什么事呢?要开创新局面就要搞调查研究。我们教育局的一些同志到农村搞调查已经一年了。我有这么个感觉,看来农村教育改革要走在城市前面了。现在农村的生产形势出乎意料的好,对文化知识的需求非常紧迫,迫切需要科学技术。上海郊区,过去一直使我们伤脑筋的流生问题,目前情况一下子好转了。有个 50 年代的初中生,念书时参加过一个课外动物饲养小组,培养了饲养动物的兴趣,也具备了一些知识,喜欢养各种各样的鸡。每次"割资本主义尾巴"都轮到他,因为他的鸡养养就要多起来。但他始终没放弃养鸡的兴趣。三中全会以后,养鸡的限制没有了,他靠养鸡成了万元户。他总结说:"我就是在中学里培养了一点养鸡的兴趣和知识。如果没有三中全会,我这点知识要带到棺材里去了。现在我放开手脚养鸡,不但自己养,也帮助别人养。"有个养兔的万元户说:"生产要发展,党讲要'一靠政策,二靠科学',对我来讲是'一靠勤劳,二靠科学'。"

农村的生产一发展,就促我们教育部门,向我们要人。嘉定县自己选拔了 207 个青年,送到上海各大学。县里出钱,实行委托培养,或叫合同培养,学生毕业后,回县工作。这是一条新路子,对我们很有启发。他们还准备投资 20 万,在上海农学院里面造一幢"嘉定县学生公寓"。农村向我们要人,我们拿不出来,我们的学校还在那里搞片面追求升学率;农村需要各种各样的人才,而我们培养出来的都是一般的一不懂农村政策,二不懂生产知识的普通劳动者,与生产很不适应。现在许多县委领导、乡领导都来关心教育、抓教育了。农村教育出现了几个"多"字,就是办学要采取"多种渠道,多种形式,多方联合,一校多用"的办法,把教育办活。农村的这个教育新局面将推动我们城市教育的改革。农村教育的局面打开了,经验积累了,这对于我们长期搞教育的同志来说,打破一些保守思想,打破一些传统观念很起作用。因此,我们要研究一下新局面的标准,在农村教育改革搞开之后,再好好考虑一下城市教育的改革。

《中学教育》1983 年第 2 期。

艰苦探索的 40 年

我国自本世纪初正式宣布废科举、兴学堂,开始兴办近代教育以来,至今不到90 年。前 40 多年,我国一直处于战乱频繁、军阀割据、外敌入侵的政治大动荡、社会大剧变的环境之中,近代工业得不到大的发展,人民在生死线上挣扎,根本没有近代教育发展的基础。也就是说,在 90 年不到的时间内,前 40 多年只能说是中国实施近代教育的序幕,而全国统一、有领导的近代教育,是从新中国成立之日才开始的,是在中国共产党领导下,在马克思主义、毛泽东思想指导下实施的。所以,回顾与研究新中国成立后 40 年的教育,在中国教育史上是有其特殊的重要意义的。

现在,40 年过去了。在人类历史的长河中,40 年不过是短短的瞬间。而作为个人,作为 40 年来一直奋斗在教育战线,并且执着地为新中国的教育事业付出了毕生心血的人,作为 40 年来与党和国家分享教育工作欢乐与忧虑的人,在回顾过去的时候,难免要感慨万千而不能克制自己的感情,难免带有感情色彩与主观成分。

40 年来,我国的教育一直处在不停顿的改革探索的动态之中,从来没有放下过改革的旗子。有时叫改造,有时叫改革,有时叫革命,有时甚至叫大革命。总之,大大小小的改革一天也没有停止过。可以说,这 40 年是改革探索的 40 年,不断发展的 40 年。经过 40 年的艰苦奋斗,我们可以自豪地说,我国的教育事业已经取得了巨大的成就,有了长足的进步,是以前无法比拟的。广大教育工作者无愧于党的信任与人民的厚望,应当受到党和人民的尊敬。尽管在 40 年的改革过程中,我们也干过不少错事或蠢事,但既然是探索,要做到事事都正确,步步都稳妥是不可能的,总得付一点学费吧。现在有些同志不大喜欢听"成绩是主要的,错误是难免的"这样一类的话,但我还是要这样说。因为这是事实,也因为这样说才是公正的。

40 年来,我们教育系统的同志含辛茹苦,呕心沥血,进行了这样的探索,那样的实验。其中,有热烈的讨论,有深刻的反思,也有激烈的争鸣,甚至有严肃的批判;有胜利时的喜悦,也有挫折时的痛苦。这一切的一切,为的是什么呢?是在追求怎样的目标呢?就我个人来说,不论每一次改革的具体口号是什么,具体目标是什么,就总体来说,我越来越明确地认识到总目标是:从理论到实践,创建一个符合中国国情的、社会主义的、现代化的教育体系,为我国的社会主义建设源源不断地、有实际效益地输送人才,并提高整个民族的素质。40 年来,无论是新中国成立初期的接管改造旧教育,第一个五年计划期间以学习苏联为中心的全面改革,"大跃进"期间开始的所谓"教育大革命",及紧接着的调整与制订条例,还是从十一届三中全会开始到目前正在进行的改革,我认为,为的就是希望实现这个总目标。

创建符合中国国情的、社会主义的、现代化的教育体系,一共 22 个字,说起来明白,做起来不容易,要真正理解也不是容易的事。中国有五千年的文明史,有世界少有的悠久的文化传统。这个传统深深地印在每个中国人的思想之中。但要弄清这个文化传统,正确对待这个传统,是一个难题。中国幅员之大,也是世界少有的,而且地区之间无论文化或经济发展又是如此不平衡。要真正了解它,认识其不平衡的程度与各自的特殊性,也是一个难题。中国有 56 个民族,11 亿人口,这也是世界少有的。虽然身为中国人,但要真正了解中国情况,又谈何容易!面对这么一个复杂的国情,教育应该怎么办?照搬外国,即使是社会主义国家的,也肯定是不行的。譬如说,既然是一个国家的教育,必须有统一的指导思想,统一的教育方针,统一的基本要求,这是没有问题的。但如果什么都统一,什么都一刀切,肯定也是不行的。那么,哪些地方可以不统一,允许按照地方的、民族的特点,采取地方的、民族的特殊政策与特殊做法?中国原来是一个文盲充斥的国家,现在文盲数字也相当惊人,因而迫切需要发展教育。但中国又是一个穷国,办教育需要大量投资,因此教育发展应当以什么样的速度与规模才合适,这也是一个难以掌握好的实际问题。总之,在国情问题上,40 年来我们有经验,但教训也不少。

总的看是研究得太少,了解得不够,有时,甚至根本不重视。

我国是中国共产党领导的社会主义国家,最终目标是实现共产主义。这是历史的选择,是中国发展的必由之路。但要真正认识什么是社会主义,什么是社会主义发展阶段,什么是社会主义建设规律,40年的实践说明,这不是一件容易的事。前30年我们是犯了急于求成,盲目求纯的急性病;后10年则有过放松思想政治教育,放松四项基本原则教育的情况。一些年轻人对建设中国为什么一定要实行社会主义制度,为什么一定要中国共产党来领导,以及什么叫社会主义等根本问题都不了解了。搞了40年的社会主义,还会面临两种命运、两种前途的严重斗争吗?杜勒斯已经死了多年,国际交往频繁,无非是握手、干杯、友谊、合作,社会主义的敌人还会在中国搞和平演变吗?这些问题早已被淡忘了。前几年上海政府曾对学校领导提出过,学生"智育不好是次品,体育不好可能成废品,而德育不好则会成为危险品",要求学校重视德育。但在实际工作中,有人往往只强调新技术革命的挑战,不讲资本主义国家对我们的政治挑战。一切政策导向,都在促使学校强化智育。加上国际国内的大气候,学校德育工作面临许多新情况、新问题,难度的确很大。这就使德育工作成了软任务,甚至是空任务。现在大家认识到了,不抓德育,的确会出危险品;如何加强德育,有许多同五六十年代不同的新情况需要研究,要在总结过去经验教训的基础上创造新鲜经验。

教育现代化问题也是一个不容易解决的问题。当前世界许多发达国家都在抓教育改革。英国的撒切尔夫人说政府要有紧迫感,像抓火情、抓地震那样来抓教育改革。当然,各国的改革都有其特殊性,都是从他们的国情出发,针对他们国家的教育存在的问题而提出其改革的方案的。尽管方案不同,但有一个基本的观点与目标是共同的,这就是通过改革,使教育同他们国家的进一步发展,进一步现代化相适应,也就是说要通过教育的现代化来促进与保证国家的进一步现代化。这些国家都把教育改革看作是参与国际剧烈竞争的一个重要战略措施,都是由国家的主要领导人来亲自领导、亲自过问教育。在我国,小平同志高瞻远瞩,几年前就发出教育要面向现代化,面向世界,面向未来的号召。在小平同志的号召下,近年来国内的教育改革加快了。一些地区与学校已从单项改革发展到整体改革,从一门学科的改革发展到一所学校的改革。从一所学校的改革发展到一个县,一个市的改革,从短期改革发展到长期的战略研究,并且有的已取得了一定成效。但是,教育要真正实现"三个面向",困难还很多。一方面是涉及的面太广了,诸如培养目标、教育内容、教育方法、评估制度与评估标准、教育设备、教育经费、师资培养、社会教育等,还涉及如何看待传统教育与传统观念,如何看待外国教育的经验等一系列的问题;另一方面,教育现代化,教育要实现三个面向的问题是近年来才提出来的,时间还很短,经验与教训都不是那么多,那么深刻,还需要广大教育工作者与领导部门以更加积极的态度,加快对改革的探索。

总之,40 年来,我们改革的总目标是清晰的,但在实践中走的是一条艰苦曲折的探索之路,取得了巨大的成绩,也付出了不少代价。到目前为止,总目标并未完全实现。我们相信,我们确定的总目标是一定能够实现的。40 年来,尽管大大小小的错事、蠢事我们做了不少,但都是由我们自己发现、认识,并较快地纠正的,甚至像"文化大革命"那样的大错误,也是我们自己纠正的。近年来,尽管我们又犯了忽视思想政治工作,坚持四项基本原则的教育做得不够的错误,但是,我们认识了之后,也一定会自己解决的。所以,我们不应丧失信心,而是应当振奋精神,像小平同志指出的那样,坚持对的,纠正错的,不足的加一把劲,满怀信心地继续朝着教育改革的总目标开拓前进。

《教育研究》1989 年第 10 期。

繁荣教育思想是时代的呼唤

当前,我国正处在改革的新时期。作为社会主义事业的奠基工程,我国的教育工作也正面临着改革的迫切任务。而任何改革,必须以思想的改革作为先行。因此,如何在教育领域里坚持党的"双百"方针,开展教育思想的大讨论,以活跃思想,繁荣事业,是时代对我们每一个教育工作者的呼唤。

一、当前是我国教育思想最活跃的时期

新中国成立以来,我国的教育思想是有所发展的,但也几经曲折。50 年代"一边倒"学苏联,所谓教育理论主要便是凯洛夫的《教育学》一本书;"文革"期间是一本"语录",更是典型的"舆论一律"。这样,中国传统的教育思想从孔夫子到陶行知被全盘否定了,西方的教育思想被否定了,甚至老区的教育思想也被认为"不正规"而抛弃了,就剩下了一本"语录",形成了教育思想与教育理论上的凝固观念和僵化的模式。

党的十一届三中全会开辟了一个新的历史时期。全党的工作重点转移后,人才问题被突出地提了出来,教育被摆到空前重要的地位。在这种情况下,人们开始研究我国的教育历史和现状,深深感到不仅"文革"破坏造成的损失要挽回,即使全部恢复到"文革"前的样子,也仍然不能适应现代化建设的需要,不能适应世界性的新技术革命的挑战,于是产生了教育必须改革的紧迫感。同时,由于对外开放政策的实现,各种外国资料、书籍进来了,专家学者进来了;出国考察、留学、参加国际学术讨论的我国教育工作者多了。一句话,教育的信息渠道畅通了。因而出现了教育思想空前活跃、生机勃勃的新局面。的确,目前是我国的教育工作者,包括理论工作者、实际工作者可以大有作为的年代。可以预见,到本世纪末、

下世纪初，一个崭新的教育体系将会诞生，从而取代已经统治世界达300年之久的传统教育体系。

从根本要求来说，目前教育思想还只能说是刚刚开始活跃。这种活跃，同过去任何一个历史时期比，是空前的；同其他理论界、思想界比，是不如的；同今后的发展比，更是远远不够。教育改革也是这样，目前还是刚刚开始。就上海市来说，真正在改革方面迈出步子的学校仅占10％左右。所以教育战线还不能像经济战线那样着手做巩固、消化、补充、改善的工作，而是仍处于积极开拓，勇于探索的阶段。当然，不是说教育战线没有巩固、消化、补充、改善方面的要求，是说它主要的还是要振奋精神，放下各种包袱，继续开拓前进。进行教改，上海有着不少有利条件，不应当有升学率的包袱。上海有几条在全国是特有的：（一）初中已接近普及，凡是小学毕业生都可以升入初中。今年起初中又取消了重点。（二）高中阶段的结构改革已有很大进展，市区及城镇的初中毕业生，已基本上可以升入高中阶段的各类学校，得到进一步培养。（三）高中毕业生除了升大学以外，还有相当一部分人可以升入招收高中毕业生的中专、技校，最后剩下的每年不到10000人，而这一部分学生也能充分就业，并在工作中受到继续教育。（四）就业问题已基本解决，今后相当一段时期内是劳动力不足的问题，没有就业的压力。（五）高考由本市自己命题，能够充分地从实际出发，促进中小学的教育改革，逐步体现加强基础、发展智力、培养能力的教改指导思想，而不是着眼于拉差距，选拔少数人，从而减少了广大学生的心理压力。（六）本市成人教育不断发展，在职职工已有接受高等教育的可能，不是一次高考定终身。

这六条，上海是得天独厚的。是花了几年时间的努力，才争取到的。如果说过去由于竞争十分激烈，压力实在太大，有些学校不得不做出一些违背教育规律的违心事，还情有可原，那现在再那样搞，就不可原谅了。当然，不是说现在没有压力了。现在也有来自社会、家长或少数不了解教育情况的领导的压力。但一是这种压力比过去要小得多，二是我们只要说明情况，是会改变他们的认识的。事实上，不少同志已经在逐步认识这个问题。如有的区县已认识到如果让学校只着眼于抓升学率，结果留下来的学生恰恰是建设本地区的后备力量，因此正确对待差生，就是正确对待本县的未来。家长或社会评估学校也不再是只看升学率一条,还关心校风和师资水平。

上海市教育局早就一再强调学校领导要指挥若定,坚持向教育科学要质量,坚持争取"大面积丰收",坚决反对仅仅凭升学率来评估一所学校,反对宣传什么"高考状元"。所以,我认为目前的任务是要进一步放下包袱,轻装上阵,把教育思想进一步活跃起来,把教育学术活动进一步繁荣起来,把教育改革进一步深入下去。这是时代的呼唤。

二、教育思想要在争鸣中丰富,在实践中得到验证

一段时间来,不少同志对前一时期教育系统提出的一些改革设想和口号产生一些疑虑。对此,我们应采取什么态度呢?

根据上述想法,我认为基本态度应当是在坚持四项基本原则的前提下,坚持"双百"方针,鼓励、提倡和引导,而不是泼冷水、搞压制。允许批评,也允许反批评。批评与反批评,都应当是充分说理,以理服人,特别是领导,要注意这一点。

我们不是要求培养不断追求新知,实事求是,独立思考,勇于创造,具有科学精神的下一代吗? 作为上级领导、学校领导与教师,应当以身作则,以自身的模范行动来创造良好的学术空气,既有宽容的气度,又有敢于坚持真理的勇气;不唯上,不唯书;不盲目排外,也不盲目崇洋;提倡自由探讨,允许流派并存,坚持在真理面前人人平等;坚持实践是检验真理的唯一标准的科学原则。"文革"留给我们的坏风气之一,就是看风,遇事先要看看领导的眼色与态度,而不问上面说得是否真有道理,是否符合实际。要知道,在学术问题上,在科学上,领导与被领导者、专家与一般工作人员是平等的。他们也只是百家中的一家,并不一定是地位高了,学术水平也一定高。彻底否定"文革",我看也得把这一条唯上唯书的坏风气否定掉,不然"双百"方针就会成为一句空话,改革也会举足不前。

最近,有的领导对教育改革中某些提法提出商榷意见。这本来是很正常的事。在教育思想的讨论中,领导可以,而且应该在讨论中发表自己的意见。一般地讲,领导总是站得高些,看得远些。他们的意见应当受到重视,但也未必句句是真理。所以,对于他们的学术见解,可以同意,也可以不同意,可以开展争鸣。可是,现在有那么一些同志听到领导发表意见,不问是否符合实际,却忙着打听这些

讲话有什么背景？有什么新精神？甚至把明明很有成效的改革也停下来了。这就是看风行事。自己没有主见，又不敢实事求是，独立思考，这说明思想没有真正解放，也缺乏科学精神。我认为目前教育战线的主要矛盾仍然是陈腐的传统教育思想还相当牢固，凝固的观念与僵化的模式远未打破，改革的志愿兵与积极分子还不是太多，改革只是刚刚起步，学术讨论也有待进一步活跃，绝不是改革已经过了头，思想已经太混乱。在这种情况下，批判陈腐的传统教育思想是我们的首要任务。

活跃教育思想与改革的过程中，必然会出现一些新鲜的名词概念或改革的设想，有的可能不十分恰当，或不太精确，这是难以避免的。这只能通过讨论、争鸣，特别是通过实践，逐步使之更加恰当，更加精确，更加合乎科学，而不能动辄批评、指责，更不能禁止。语言当然要力求精确、科学，但有时不仅允许也需要用一些模糊语言。譬如说"现在外面在下大雨"，就是一句模糊语言，不必说成"现在正在下24小时内雨量累计达4至79.9毫米的雨"。在教育改革方面，有些同志喜欢用"培养创造型人才"这个概念。这也是一种模糊语言，意思就是指培养具有创造才能的人，而绝不是说这个人已经定型。反正大多数人都明白它的意思，我看这个概念可以用。又如"知识爆炸"这个概念，意思是知识量增加极快，新知识层出不穷，同"人口爆炸"的概念一样，是一种带有夸张性的语言。"知识爆炸"并不是知识炸掉了的意思，是不会引起误解的。当然，今后如果有一个更为确切的词汇来代替它，更好，但现在只要大家接受，也可以，不必批评指责。我曾经提出"要改革第一渠道，发展第二渠道，创造两个渠道并重的新的教学体系"，这是一种设想，意图是想打破僵化的模式，以适应时代的发展。根据这个设想，一些学校正在进行实践。到目前为止，效果是好的，没有发生什么偏差，不妨坚持试验，不必急于反对。总之，学术讨论，理论探索，改革试验，都要坚持实事求是，独立思考，对的就要坚持，不对的就要改正，一时吃不准的不妨再实践一段时间，让实践来作结论。对于改革过程中的一些提法和设想，即使有些不很准确，也要通过讨论，特别是要通过实践来逐步使之准确起来，而不是简单地否定。

三、当前有哪些问题需要进一步探索？

思想刚刚开始放开，改革刚刚起步，教育工作上要探索的问题很多，德、智、体、美、劳,每一方面都有不少问题要研究。教育体系、领导管理体制、师资培训等也都有问题要研究。教育思想、教育改革是整体性的,用一句新名词来说,叫系统工程。这些问题的讨论或改革,集中起来是两大问题,一是教育如何为"四化"服务,与四化建设相适应;二是教育工作如何符合客观规律,按规律办事。如何为"四化"服务,对中小学来说,主要是一个提高民族素质的问题,这是教育思想的核心。这个问题不解决,教育工作就会失去方向。这里还涉及中国传统文化的继承与批判,有一定难度。如何符合客观规律,主要是指怎样使人本来就可能发展的聪明才智,不被摧残、不受压制,得以充分、自由、全面发展。我们要发现并掌握这个规律。传统的教育体系既有培养人的才能的一面,又存在压制人的才能,甚至摧残人的才能的一面。所谓对传统教育的继承、改革,就是继承其有利于人的成长发展的一面,改革妨碍、压制人的成长的一面。在这个问题上需要采取科学的态度加以具体分析。

人的智力到底有多大潜力?这个问题目前还是一个未知数。中小学这点课程、教材内容,应当是人人可以学好的。从理论上讲,中小学不应存在学习上的差生,成绩可以有差别,但不存在学不好的学生。这就是我们提出的要教好每一个学生,大面积提高教育质量的科学根据。对于非智力障碍的所谓差生,问题是教育者还没有找到打开他们心灵之窗的窍门,没有找到打开他们智慧之门的钥匙。

现在世界上脑科学正在发展,人们对人类思想的物质基础——大脑功能的了解越来越清楚了。例如人们已开始注意右半脑功能的开发,甚至有人已在研究通过某种方法,如复制基因,使智力遗传的问题。有人预计,到 2000 年,"人将变成自己指导自己进化的唯一动物"。通过这种进化造就的未来人,在智力上不同于今天的人。这种不同,程度"大于我们和大猩猩、黑猩猩的差别",使人类走向智力的顶峰。

使人的智力得到充分、自由、全面的发展,是马克思和恩格斯提出的共产主义教育的理想。我们应当向这个目标前进。我们只有使教育思想进一步活跃起来,打破凝固的观念与僵化的模式,才能逐步实现这个终极目标。

《上海教育》1986 年第 7—8 期。

重温毛泽东教育思想，深化教育改革

在当前深化教育改革，努力探索并力求创建有中国特色的社会主义教育体系与教育模式的时候，重温毛泽东同志的教育思想，是可以得到极大的启示与教益的。

毛泽东同志对传统教育一贯十分不满，对其中的种种弊端不断进行揭露与批判。其用词的尖锐与深刻，在教育史上是极少见到的，可谓一针见血，入木三分，发人深省。1920 年，他就说："我一生恨极了学校。"为什么不是一般地不赞成而是"恨极"？为什么不是恨一时而是恨"一生"？他讲了两点。一是"学校大弊"在于与社会脱节，不仅于社会无益，而且导致学生不能就职于社会，"学生近之，社会远之，学生亲之，社会离之，永无联结契合之日"。一直到晚年，他还说"在学校是全优，工作上不一定就是全优"，说这样的书读得越多越蠢。二是传统的学校教育扼杀了学生的个性发展。教师待学生如"仇寇"，如"奴隶"，如"囚犯"，旧学校是用划一的机械的教授法和管理法去"戕贼人性"，"自有划一的教授，而学生无完全的人性。自有机械的管理，而学生无完全的人格"。说旧学校"坏的总根，在使学生立于被动，消磨个性，灭掉性灵"。新中国成立后，教育虽然经过几次改革，但他所痛恨的弊端，仍然没有得到根本解决。他说"现在学校课程太多，对学生压力太大。讲授又不甚得法，考试以学生为敌人，举行突然袭击。这三项是不利于培养青年们在德、智、体诸方面生动活泼地主动得到发展的"。为此目的，从 50 年代初他即不断提出要减少课程、改进教法与考试制度，以减轻学生负担，可是每次都收效甚微。直至今天，问题依然存在，甚至愈演愈烈。

毛泽东同志鉴于这种枝枝节节的批评没有解决问题，于是亲自发动、亲自领导了几次大的教育改革运动，试图从整体改革着手解决问题。

第一次是 1942—1944 年之间，局限于革命根据地，又处在十分艰苦的战争年代，而且改革的重点是在干部教育与成人教育方面，因此规模与影响都不是很大。

第二次是 1958 年，矛头针对从苏联照搬过来的、被大家理解为社会主义教育理论然而又基本上继承了正规传统教育的体系。这一次的所谓"教育大革命"，由于伴随着反右倾、"大跃进"等群众运动，提倡"先破后立"，"破字当头，立在其中"，大轰大嗡，结果破是破了，立却未立，干了许多严重违背教育规律的蠢事，导致教育质量严重下降，教学秩序混乱。这次改革基本上没有获得成功。但是其中某些积极因素的十分重要的作用是不能否认的。例如，主张教育与生产劳动相结合，重视思想政治教育，提倡多种形式的群众办学，用"两条腿走路"的精神发展教育事业，以及加强地方管理教育的权力，等等，都对我国今后的教育改革起着长期的指导作用。

第三次是 1964 年的"教学改革"。1963 年全日制大、中、小学工作条例公布后，全国教育工作正在纳入"条例"规定的轨道。这个"条例"基本上是 50 年代中期学习苏联经验与 1958 年"教育大革命"经验相结合的产物。尽管这个文件是党中央公布施行的，看来毛泽东同志还是颇为不满。所以，1964 年初，他发表了"春节谈话"，发动了又一次改革。这一次改革由于紧跟而来的"文化大革命"，最终成为一场空前的灾难，一场史无前例的浩劫。

毛泽东同志发动的旨在改变传统教育体系与模式的多次改革之所以未能成功，原因是多种多样的。

首先是传统教育势力强大。传统教育经过几百年的发展，已经从理论到实践形成了一整套完整而严密的体系，不少传统教育观念已经深入人心，要改变它是非常不容易的。

其次是传统教育经过多少个教育家与千百万实践者的研究、发展、修改，已经相当完善，其中不少是符合教育规律的，也确实培养了一代又一代的人才，开发了人类的智慧，促进了社会的进步、科学技术的进步与文化的进步，并非一无是处，不能全盘否定。否定一切的做法是不妥当的。教育只能改革，甚至是改良，而不能革命。

再次，正因为如此，教育改革必须谨慎，必须实事求是，从实际出发，有领导、有计划、分步骤地进行，不能凭主观意志、凭感情，不宜采用群众运动的方式，喊口号、定指标、限时间、大轰大嗡。在政治压力下强制推行一种教育思想，并把它不适当地提到"两条路线斗争"的高度，改革是不可能成功的。

第四，毛泽东同志是伟大的革命家、政治家，同时是一位伟大的诗人，因此他的教育主张中，既有十分深刻的思想内容，又有一些诗人的浪漫色彩。有浪漫色彩的言论，可以给人以启示，发人深省，但不好据以操作。几次改革不成功，其中不折不扣地照此办理，"理解的要执行，不理解的也要执行"，可能是一个原因。

从根本上说，教育改革本来就是一件十分不容易的事，国外教育改革完全成功的例子也不是太多。

毛泽东同志对传统教育的批判，既是一贯的，也是相当全面的。从教育方针、教育体制，到学制、课程、教学内容、教学方法，乃至考试制度，等等，他几乎无一没有抨击过。

这些批评与指责对不对呢？我认为是对的，或基本上是对的。传统教育确实存在这种种严重弊端，而且今天依然存在，严重妨碍教育为现代化建设服务。今天我们正在进行的教育改革，基本上正是为克服这些弊端。什么"愉快教育""成功教育""差异教育"，以及课程教材改革，等等，无一不是如此。

毛泽东在猛烈抨击传统教育弊端的同时，也提出了教育改革的方向与原则。在这方面，近年来不少人作过分析与归纳，有的归纳为 10 条，有的归纳为 4 条、5 条不等。我个人的意见，其基本思想似乎可归纳为以下几点。

1. 从政治、经济、军事、文化等方面出发，为教育定位，并提出教育思想、主张。主张教育要紧密联系社会发展的需要，反对脱离社会，就教育论教育。

2. 教育要着眼于人民大众，尤其是占大多数的工农群众，要为他们服务，不能为少数人服务。教育应着眼于全体。在普及与提高的关系上，他更着眼于普及。

3. 把坚持坚定正确的政治方向放在第一位，十分重视思想政治工作；主张德与才、红与专的统一（德才兼备，又红又专）。

4. 主张"古为今用，洋为中用"，对古今中外人类创造的文化，要批判地继承。

5. 坚持理论联系实际，重视实践，学以致用，反对从书本到书本；培养学生分析问题与解决问题的能力；重视社会大课堂的作用。在这方面，他的言论最多，五七指示、七二一指示，等等，都充满了这一思想，是一种大教育观念。

6. 尊重学生的人格、人性、灵性，主张发展学生的个性，鼓励创见，为此，要改革课程、教材、教法与考试方法，减轻学生负担，使学生得到生动、活泼、主动的发展。这里我特别注意到，毛泽东的教育言论中，从未使用过"全面发展"四个字。

7. 教育事业的发展要坚持两条腿走路的方针，贯彻群众路线，提倡群众办学，不赞成由政府包办。

8. 坚持党对教育工作的领导。

还可以再列举一些，如知识分子问题，关心学生健康问题，重视对校长的选择问题，教育方针问题，等等。

这些教育改革的方向与原则，我认为到今天仍然有生命力。从总体来说，无论是毛泽东对传统教育的抨击，还是他提出的教育改革的方向，都是我们的宝贵财富。

当然，在一些问题上，他也有一些不正确的观点。例如对中国知识分子似乎不够信任，但又不能不依靠与使用。所以，知识分子要改造思想，没完没了地改造，成为历次政治运动的对象。这当然是错误的。

他的教育思想，更多的是从政治上考虑，从阶级斗争上考虑，较少从发展生产、发展经济来考虑。即使从经济上考虑，也似乎缺少现代化的思想。如教育要与生产劳动相结合，主要是与传统工农业结合，没有考虑现代工业与现代农业，似乎对当今世界新技术革命的发展大趋势很不在意。师生参加生产劳动实践，也着重在改造思想，向劳动人民学习，拜工农为师，改造思想。

他还有一些更具体的改革设想，如课程要砍掉一半，上课可以打瞌睡，考试可以交头接耳，等等。这明显地属于过头话，就是我上面说的是浪漫色彩的、理想主义的东西。

人无完人这句话对毛泽东也是适用的。毛泽东是人不是神，我们不能要求他"句句是真理，一句顶一万句"。

现在教育改革正在深化，人们正在为创建有中国特色的社会主义教育体系或模式进行着各种各样的探索，教育思想空前活跃，教育科研空前繁荣。在这个时候重温毛泽东同志的教育思想，总结过去 40 多年来教育改革的经验教训，理解毛泽东教育思想的精神实质，尤其是结合邓小平同志的教育思想，这样对教育改革的健康发展必将有着十分重要的、必不可少的作用。

《上海教育》(小学版)1994 年第 6 期。

学习邓小平教育思想的体会

邓小平同志的教育思想是建设有中国特色的社会主义理论的一个十分重要的组成部分。学习和领会小平同志的教育思想，必须同学习与领会建设有中国特色的社会主义理论联系起来。孤立地学习他的教育思想，是很难掌握其教育思想实质的。

一

小平同志教育思想的出发点与落脚点集中到一起，是围绕经济建设这个中心，使教育为社会主义现代化建设服务。它完全体现了全党工作重点转移的思想，也完全符合当今世界发展的总趋势。有别于过去教育主要为政治服务，为阶级斗争服务的思想与路线。

从这点出发，他提出了一系列鲜明的观点与主张。

1. 在现代化建设中，"科技是关键，教育是基础"，"社会主义现代化建设要依靠教育"，"百年大计，教育为本"。

小平同志把教育提高到如此重要的地位，这在我党的历史上是从来没有过的。

小平同志1978年在全国科学大会上说："人是生产力中最活跃的因素。这里讲的人，是指有一定的科学知识、生产经验和劳动技能来使用生产工具、实现物质资料生产的人。……劳动者只有具备较高的科学文化水平、丰富的生产经验、先进的劳动技能，才能在现代化的生产中发挥更大的作用。"1985年在全国教育工作会议上说："我们国家，国力的强弱，经济发展后劲的大小，越来越取决于劳动者的素质，取决于知识分子的数量和质量。一个十亿人口的大国，教育搞上去了，人才资源的巨大优势是任何国家比不了的。有了人才优势,再加上先进的社会主义制度,我们的目标就有把握达到。"

中国是一个人口众多、人均资源并不太丰富、人均耕地很少的国家。一位法国人曾对我说,从资源与土地的绝对数来说,中国是一个富国,但拿人口一除,就是一个穷国。过去讲人多力量大。现在看来,这句话不十分确切。只有人多素质又高,才能力量大。而要提高人的素质,唯一的途径是抓教育。抓了教育,就能使我国沉重的人口负担转化成雄厚的人才资源优势。

小平同志是首先认识到这一点的。所以,他说:"一个地区,一个部门,如果只抓经济,不抓教育,那里的工作重点就是没有转移好,或者说转移得不完全。忽视教育的领导者,是缺乏远见的、不成熟的领导者,就领导不了现代化建设。"正是从这个认识出发,他才得出"百年大计,教育为本","不抓科学、教育,四个现代化就没有希望,就成为一句空话","要把教育摆在优先发展的战略地位"等结论的。

我认为这与过去提的"人多力量大"的口号相比,有着质的飞跃。

2. 教育要为社会主义现代化建设服务。

这是与现代化建设要依靠教育的指导思想相对应的教育工作的方针。如果只有前者而没有后者,事情还是没有解决好。因为教育是一种社会现象,要为社会各行各业服务的。为政治服务是教育的职能,为文化服务也是它的职能,等等。在不同的国家,不同时期,教育主要为什么服务,是完全不同的。我们一直讲教育为无产阶级政治服务。这在一定的历史阶段是有道理的。但是,到了社会主义建设阶段,阶级斗争已经不是主要矛盾的时候,教育还没有转移到为经济建设服务上来,而且在"左"的思想支配下,教育成为阶级斗争的工具,阶级斗争成为学校的主课,这就成了问题。小平同志改变了这个方针,可以说是扭转了教育的大方向。前几年我们宣传教育要转轨,就是要转这个轨。

3. 尊重知识、尊重人才。

小平同志把知识分子提到如此高的地位,这在我们党的历史上也是没有过的。原因与上面说的一样,是为了发展生产力,为了实现现代化。

4. 教育与生产劳动相结合。

这主要是指"整个教育事业必须同国民经济发展的要求相适应……使教育事

业的计划成为国民经济计划的一个重要组成部分……制订教育计划应该与国家的劳动计划结合起来，切实考虑劳动就业发展的需要。"这个思想同过去马克思、毛泽东讲的学生在学习期间要参加一些劳动相比，内涵是大大地扩展了。马克思讲的主要是使学生既有知识，又有技能，今后既能脑力劳动，又能体力劳动；毛泽东讲的主要是使知识分子劳动化。邓小平的教育思想并不是排除这些内容，而是把它们大大地扩展了，是从发展生产力、发展经济来考虑的。

5. 教育要面向现代化，面向世界，面向未来。

我们长期把教育看作是政治的工具，为政治服务。而所谓政治，到后来又仅仅指阶级斗争。这实际上也是一种面向。现在提面向现代化，体现了重点转移，以经济建设为中心的思想，当然社会主义现代化也包括精神文明建设。特别值得重视的，是小平同志不是提一个面向，而是提三个面向。这反映了小平同志的高瞻远瞩，也体现了时代精神。中国不是孤立的中国，不可能再闭关自守，世界已经联成一体，不可分离了，中国要走向世界，世界也要走向中国；教育不能只考虑当前，要为迎接即将来临的 21 世纪，培养适应未来世界的生存与发展的一代新人。

小平同志在提出这些观点的同时，始终注意提醒大家，我们要实现的现代化不同于资本主义的现代化，所以，要始终注意坚持社会主义方向，坚持四项基本原则，坚持两手抓，两手都要硬，教育学生有理想、有道德、有文化、有纪律，十分重视思想教育工作，等等。他还提醒我们，要警惕右，但主要是防左，提醒我们不要什么问题都去分姓资还是姓社，等等。

二

从教育本身来讲，目前是一个难得的机遇。

面临道德、伦理、价值观的挑战，新技术革命的挑战，信息化的挑战，世界各国自 80 年代开始，都在研究教育改革的问题，而且已提出了一些改革的方案。但是，从总体来说，这些方案都还不是很完善。有的刚刚开始在小范围内实验，有的还停留在纸面上。一句话，都只是刚刚起步。搞得好，我们完全可以超过他们。

我们到国外去考察，往往是走马看花，只能看到他们办学的物质条件。从这方面讲，他们由于经济实力雄厚，一般都比我们好，而且好得多。但是，看教育，归根到底要看教育质量,看培养出来的人素质怎样,能否适应未来的挑战。教育质量主要决定于办学的指导思想、教育理论、教育内容、教学方法,就是说要看软件。在这方面,我们同他们处在同一起跑线上。在有些方面,例如在对道德、伦理、价值观的挑战上,西方几乎感到束手无策。"上帝之死"使他们失去了精神支柱,失去了理想与约束。所以,他们要到东方来寻找答案,向有5000年文明史的中国寻求智慧。西方学者对中国的方块字也在发生极大的兴趣。这不仅因为他们看到中国人口众多,即将进入世界强国之林,而且因为他们发现方块字有利于右脑的开发,是一种双脑字,与西方的拼音文字不同。所以,在教育方面,中国在某些方面还有独有的优势。

总之,实现现代化,现在是最好的机遇。这种机遇历史上不多,有过几次,我们都错过了。抓教育改革,现在也是最好的机遇,不应错过。我们要从这个高度来认识邓小平的思想,也要从这个高度来认识邓小平的教育思想,大力把教育搞好。教育不上去,经济发展持久不了,科技也发展不了。所以,教育要对这个机遇负重要的责任。抓教育也是硬道理。

没有一流的教育,就没有一流的城市。什么叫一流的教育?不要去国外找样板,世界上还没有完全理想的教育。实现三个面向的教育,才是世界上一流的教育。

今年是1994年。回想100年前,就是1894年,中国历史上发生过一件大事。大家可能一时想不起来,但这是不应忘记的,就是甲午战争,小小的日本打败了庞然大物满清帝国。当时也是世纪之交,中国人的心情,用康有为的话说,是"精华已竭,膏血俱尽,坐而垂毙";用孙中山的话说,是"强邻环列,虎视鹰瞵","蚕食鲸吞","瓜分豆剖"。人们是以忧伤、焦虑、失望、悲愤的心情迎接即将来临的20世纪的。100年过去了,现在又到了世纪之交。中国人民正以高昂的情绪,意气风发地建设有中国特色的社会主义现代化伟大事业。这引起世界的瞩目与钦佩。同一个中国,同是世纪之交,人们的心情与精神状态完全不同。

中国之所以有今天的进步,是花了巨大代价的。但从洋务运动、维新变法、辛亥革命,到中国共产党领导的新民主主义与社会主义革命,都没有人提出提高民族素质的问题。一直到党的十一届三中全会,我们才把这个关系到综合国力的根本问题提出来。"百年大计,教育为本",就是这 8 个字,反映了民族的真正觉醒。处在教育工作岗位上的人,确实是责任重大。我们一定要下决心在我们这一代人手里,把这个问题解决好。

《中学教育》1994 年第 9 期。

贵在真干、实干

——纪念"三个面向"题词 10 周年

　　小平同志是我国社会主义现代化大厦的总设计师。对于如何建设这座大厦，他明确指出：经济是中心，科技是关键，教育是基础。然而不同时代、不同国家，有不同的教育，并不是任何教育都可以成为这座大厦的基础的。小平同志进一步指出，教育要面向现代化，面向世界，面向未来。就是说，在这个瞬息万变、教育日益受重视，人们都在考虑如何改革教育以适应时代要求的世界里，只有体现了这三个"面向"的教育，才是我们所需要的教育。这就为我国教育事业的发展与改革指明了战略方向。

　　"三面向"是小平同志建设有中国特色社会主义理论的重要组成部分，是他的教育思想的精髓，是一句高度概括的语言。我们要真正理解它并不容易，要按照"三面向"的要求，创建有中国特色的社会主义教育的理论体系与教育模式，就更为不易。

　　我认为，要真正理解它，或是要按此要求创建新的教育理论体系与教育模式，归根到底要通过实践。只有通过实践，才能感受到指路明灯的珍贵，也只有通过实践，才能逐步加深理解。所以，"三面向"题词是行动的指南，贵在真干、实干。

　　毛泽东同志曾经批评一些同志老是把马列主义这个"矢"拿在手里，搓来搓去，口中念念有词地称赞"好箭！好箭！"，就是不去射中国革命这个"的"。毛泽东同志指出：这样的同志对中国革命毫无好处。现在大家都说"三面向"题词好得很，但如果不去实践，不拿这个"矢"去射中国教育这个"的"，题词再好也是没有意义的。

一、解放思想，更新观念，是行动的先导

"三面向"是对传统教育观念的革命。

对教育功能，传统教育观念是片面的。它主要面向高一级学校，面向升学，面向"学而优则仕"，目标是脱离劳动，脱离劳动阶层，脱离生产。我国有一段时间，教育仅仅面向政治，甚至面向阶级斗争，成为阶级斗争的工具，人们不考虑教育的其他职能。面向现代化，是全面考虑教育的职能：既为政治，也为生产；既为提高全民族的素质，也为多出各种人才；既考虑为物质文明建设服务，也考虑为精神文明建设服务。总之，为实现社会主义现代化这个总目标服务。

传统教育观念基本面向国内。我国曾闭关锁国，自我封闭，甚至夜郎自大。面向世界，就是要教育年轻一代立足本国，放眼世界，培养他们具有参与国际社会生活与竞争的知识与能力，既能够与我国真诚友好的人士合作，也能同伪装的魔鬼打交道，既善于吸收人类创造的文明成果，又能抵制种种西方现代瘟疫的侵袭。中国要走向世界，关键在人的素质。

传统教育观念虽然也承认教育是未来的事业，实际上只满足于以过去社会所需要的知识去教育学生，结果是引导他们面向过去。面向未来是预测未来社会人类将面临的种种挑战，以未来社会所需要的知识教育学生，使他们在进入未来社会时能完全适应，不致惊慌失措。

总之，"三个面向"是一种崭新的观念。它与传统教育观念，出发点不同，目标也不同。不实现思想上的转变，就不可能有真正意义上的、体现"三个面向"精神的教育。

传统是一种强大的力量。解放思想，让思想冲破传统教育观念的牢笼，这是当前要实现的第一位的任务。

二、实现"三面向"必须进行以教育内容改革为核心的整体改革

"三面向"既是对传统教育观念的一场革命，是我国教育发展与改革的根本战略指导思想，就必然涉及教育事业的所有领域，体现在整个教育体系之中。因此，局部的或是单项的改革，都不可能完成这个任务，必须进行教育的整体改革。其

中,教育内容的改革是整体改革的核心。

无论哪个阶级,在掌握了教育的领导权,确定了教育方针与培养目标之后,必然要着力抓好教育内容的改革。新中国成立后,我们也是从改革教育内容着手来改造旧教育的。因为教育思想、教育方针、培养目标等,最终都是要通过教育内容来落实、来体现的。有不同的教育指导思想,就有不同的教育内容。其中包括课程设置、课程结构、教材、教法以及考试评估制度,等等。

新中国成立以来,我国对教育内容进行过几次改革。其中影响最大的是 50 年代学习苏联的教育经验。以后虽然也进行过多次调整,但基本模式没有大的变动,缺点是封闭、划一、陈旧,与经济、社会脱离,落后于科学技术的发展,不利于学生个性生动、活泼、主动发展。

教育内容的改革是一项难度极大的系统工程。美国 1989 年公布的《普及科学——美国 2061 计划》,是由几百名知名专家和部分教育实际工作者,花了四年时间潜心研究而制定的教育内容改革方案,目标是培养能迎接 21 世纪挑战的美国人。其内容仅仅是科学、数学和技术领域方面的,不包括社会科学,也不包括德育、体育等方面。要按这个方案编写出教材,培养出新的师资,还不知道要花去多大的人力和物力,可见其难。

要实现教育的"三个面向",我们也得下这样的功夫,要制定适合我国国情的教育内容改革方案,并且编出教材,培训教师。不如此,"三个面向"难以真正实现。目前,我国的教育改革似乎在教育体制、机制上考虑较多,而在教育内容上着力不够,应当有所改进。

三、贵在真干、实干

"三个面向"的题词发表后,一些地区和学校已以此为指导思想开始了深入改革的行动,边领会,边实践。上海、浙江抓住课程、教材改革这个核心问题,设计了各有特色的新的课程方案,编写了全套教学大纲(课程标准)与教材,已在相当大的范围内着手试验;《二十一世纪中小学教育模式的研究与实验》被列为国家级的重点科研课题,承担子课题的 20 所中小学遍及 11 个省市,其中北京景山学校、上海实验学校、上海建平中学、杭州市天长小学、昆明市春城小学等都已迈出了坚实的改革步伐,有的已坚持 10 年之久,形成了不同于传统学校的新模式的雏形,在国内外已有一定影响。尽管从总体来说,实验工作只是万里长征跨出了第一步,取得的成绩仅仅是初步的,但已十分可贵。

然而不容讳言的是仍然有相当多的地区和学校,"三个面向"的题词仅仅是挂在墙上、写在书面上的口号,他们并未按此去实践。一部分同志的心中实际上存在着另外三个面向:一是面向升学率,二是面向竞赛率,三是面向创收率。用他们的话来说:升学率是立校之本,竞赛率是扬名之本,创收率是稳定之本。有的同志坦率地说:有了这三个本,学校就办得不算差了。至于要进一步按照小平同志的"三个面向"的指示去进行改革,费力太大,困难太多,弄得不好,在开始一个时期会连三个"本"都保不住。任何改革都不可能是一帆风顺的,遭受一些挫折是常有的事,没有高度的责任感、使命感与不怕挫折的勇气,人们是不敢轻易尝试的。稳妥的办法是等别人有了经验之后再着手去做改革的事。如果都是这样的思想和做法,"三个面向"的教育思想要到何时才能落实呢?

之所以出现这样难以令人满意的情况,原因是多方面的。有主观上的原因,也有客观上的原因。对于中小学来说,客观上的原因是更主要的。其中尤其是高考制度的因循守旧与对中小学教育经费投入的严重不足这两条,极大地束缚了改革的手脚。这是两条又粗又大的绳索,一条是精神上的,一条是物质上的,捆得人们不敢动弹,也不能动弹。要解开这两条绳索,关键是领导,尤其是高层领导。所以,讲实现"三个面向",贵在真干、实干,既针对基层学校,更针对上级领导,领导不要满足于开会、发号召,而要实干。

1994 年

谈谈如何端正教育思想

严格讲起来,我们能长时间地真正按照教育规律办学,还是十一届三中全会以后的事情。几十年间,我们走曲折的路和走正确的路是交叉进行的。30多年中经历了三次大的整顿、两次大的搞乱。第一次是整顿国民党留给我们的烂摊子,花了两年左右时间,把这个烂摊子整顿好,纳入到我们社会主义政治制度的轨道上来。我们的教育有了些发展,培养了一批人才。可以这样讲,我们50年代培养的这批青年现在是各个方面的骨干力量。但是时间不长,1958年我们用大革命的办法进行教育改革,把自己辛辛苦苦建设起来的好的教学秩序搞乱了。这是第一次搞乱。幸而我们比较早地意识到办教育不能搞大革命,开始了第二次整顿。结晶就是中学50条,还有幼儿园30条,小学40条、大学60条,简称三、四、五、六"共180条"。这些条例融合了在当时的认识水平下所能认识到的规律。从1960年开始的整顿,使我们的教育又走上了轨道,到1966年文革之前,教育工作是不错的。可惜这段时间又不长,就来了"文化大革命"。这次是把自己建设起来的东西、自己承认的东西都否定掉了,彻底摧毁了、搞乱了教育。10年浩劫破坏搞乱的程度是史无前例的。特别是把思想搞乱了。这是第二次搞乱。粉碎"四人帮"以后,又开始了第三次整顿,到现在又是10年。这个10年走得还是不错的,比以往任何一个阶段都要好。不但整顿、恢复、调整,而且有了发展。当然也不是没有问题。

教育思想端正的四条标准

最近,胡耀邦同志就北京一个女中学生自杀一事,作了批示,提到大多数学校办学思想不端正。教育思想不端正的具体表现是什么?教育思想端正又应该怎么样？这些问题大家都在研究。今天就这个问题谈一点意见。

上海有 800 多所中学、3000 多所小学、600 多所幼儿园。这些学校办学思想是不是大多数不端正，我没有做过全面调查。我觉得上海的办学思想好像经常犯冷热病，时而端正时而不端正，时而清醒，时而糊涂，恐怕扣上一顶大多数不端正的帽子也不算冤枉。例如，重点中学一个班只允许两个人考不上大学，一般学校要求有百分之几十的人考上大学，片面追求升学率，似乎办学校就是为了升学。这种错误的办学思想不是普遍存在吗？

什么叫办学思想端正？我从几年的实践中得到了一些认识，觉得衡量一个学校教育思想是否端正，可以有四条基本标准。

第一个标准是看学校领导班子和教师的主要精力是不是在办教育上。

用我的话来说，你这个学校的校长是不是姓"教"，支部书记是不是姓"马"。校长的主要精力应该放在教育上，要思考怎样把这个学校办好；支部书记头脑里想的应该是怎样用马列主义思想来领导这个学校。两个人配合起来，学校的办学思想是基本正确的、端正的。现在，据说有相当多的校长姓"钱"，是"钱"校长；相当一部分支部书记姓"奖"。学校由"钱"校长、"奖"书记办，肯定是办不好的。我在全国重点中学校长会议上讲过这个观点，引起强烈反响。有人说现在校长姓"钱"的多，书记姓"奖"的多，这是不得已。校长不姓"钱"，日子不好过。因为教育经费太少，教师待遇低，不"创"点"收"，教师队伍就稳不住，学校也办不下去。我说这也是事实，我们要从实际出发，但是校长无论如何要姓"教"。可不可以有一个总务主任姓"钱"，或者有一个副校长姓"钱"。我的意思是说校长主要要办教育，要在教育思想上把关。我觉得，一个学校的校长主要抓什么，想什么，这对学校关系重大。书记也一样，你是共产党的书记，就一定要姓"马"。

我最近到一个郊区中学调查。这个学校的校长家在市区，每天来去要花近四个小时。我问他为什么不住校？他回答说留在学校里没事干。我很奇怪，校长晚上在学校里会没事干？学校附近有教师宿舍，不能家访吗？有学生住宿，不可以找学生谈谈吗？不可以利用这些时间学一些教育理论吗？校长是很难保持 8 小时工作制的。我以前也当过校长，哪有什么白天、晚上、星期天！就是把全副精力放进去，也没有把学校办好。所以我讲校长要把主要精力放在办教育上，这是教育思想端正不端正起码的一条。

第二个标准是看是不是真正在考虑使我们的教育为"四化"建设服务。

教育为"四化"服务,这是《中共中央关于教育体制改革的决定》(简称《决定》)中讲到的两个"必须"中的一句话,叫作"社会主义建设必须依靠教育,教育必须为社会主义服务"。这实际是我们的方针。这句话谁都会讲,问题是真正在考虑,还是口头上说说而已。关键在这里。你如果真正在考虑,那么要做的事情是很多的。首先要考虑如何服务。中小学为"四化"服务,不是那么直接的。《决定》中讲教育要多出人才、出好人才。但普通教育培养的还不是人才,再拔尖的学生也不能说是人才。严格地讲,大学生也还不是人才。《决定》里的另外一句话,叫"要提高整个民族的素质"。普通教育要为提高整个民族的素质服务,这是应该的,也是可以的。出人才,是在这个基础上实现的。而要提高整个民族的素质,就要面向全体学生。普通教育为四化建设服务的着眼点正在这里。因此我们要相信每一个学生都是可以成才的,并按这个要求为他们打基础。如果你这个校长是这么想的,也是这么做的,那么你就达到了第二个标准。校长是抓一小部分尖子,还是抓全体学生,这是办学思想端正不端正的分界线。

上海这几年一再提出要面向全体学生。我们曾提出要加强小学、办好初中、提高高中。这三句话的意思实际就是要办好所有学校。最近,我们又提出要淡化重点。什么叫"淡化重点"呢? 就是说我们不能满足于把几所重点学校办好,而要把所有学校都办好,将它们都提高到与重点学校差不多的水平。我们不主张把重点中学拉下来,而是主张大面积地提高一般学校的水平。所以这几年我们老是在提倡要改变薄弱学校的面貌。我们最近宣传了杨浦区二十五中的经验。我与国家教委的同志以及刘佛年同志不久前去看过二十五中,他们是满口赞扬的。为什么要宣传二十五中那样原来基础不算好、质量不算高的"第三世界"学校? 我们就是希望全市所有的学校都这样办。上海当然不止一所二十五中,而是有一批这样的学校近几年上来了。最近,市政府下决心要改造弄堂小学,也正是出于这个思想。要尽可能地办好所有学校,才能够提高整个上海市民的素质。

现在,要实行义务教育了。实行义务教育就应该把所有的小学、初中都办好,取消升学考试,孩子们都能就近入学。但是现在还不好办。因为我们有的小学、初中没有办好，没有取得社会的信任。学生不愿来，家长也不愿送孩子来。在这种情况下，我们不能硬来，要给家长一定的选择权。家长有了选择权，就等于学校有了选择权。将来所有学校都办好了，就不会存在这些问题。上海第一个目标是普及初中义务教育，使所有上海人起码是一个合格的初中毕业生；第二个目标是普及高中阶段的教育。实现这些目标，是普通教育为"四化"建设服务的具体表现。所以，我们不满足于搞什么升学率，得几个奖，出几个尖子。这不是我们的主要目标。当然，我们并不是反对有人得奖、冒尖，相反我们还很高兴。但是这必须是在大面积办好教育、提高质量的基础上实现的。如果牺牲多数人，搞几个尖子，就是大方向错了。

面向全体学生，提高全体学生的素质，用形象的说法，叫"包开西瓜只只甜"。当然这个话可能讲过头了，总会有一些次品的，但要力求减少。从主观愿望来说，最好不要出次品。好多年前有一个村的支部书记对我说的话，到现在我仍然印象深刻。他说现在都是独生子女，在家里都是宝贝，家长都望子成龙。你们老是说学校基本办好了，95%的学生都教育好了，觉得很满意了。这种想法是不对的。就是99%的学生教好了，还有1%的学生没有教好。这个1%落到哪个家里面，就是100%，因为一家只有一个孩子。所以你们学校要100%教育好学生。有的学校升学率达到70%就开庆祝会，留下的30%你是怎么考虑的呢？我们要达到100%的合格，我们的出发点、指导思想和愿望以及工作都要按照这个思想办。我们如果在指导思想上只准备30%—50%的人达标，那思想就不端正了，不符合为上海的"四化"建设服务这个总目标的要求。这是第二个标准。

第三个标准是看你是注意全面提高学生的素质还是只注意提高学生一方面的素质。

所谓全面，一般是讲德、智、体，现在加上美与劳也可以。即注意一个人的文化素质、思想素质和身体素质。有一个通俗的说法：文化不好是次品，身体不好是废品，思想品质不好是危险品。次品还可以用，废品没有用处，危险品不但没有用处而且有害。因此不能只顾一个方面。我们最近特别强调加强思想品德教育，就是考虑到在目前开放搞活的情况下，各种思潮影响着学生，应帮助学生做到四个坚持，重视精神文明建设。这是有国际教训的。日本就有这个问题。青少年物质生活丰富了，犯罪率也高了，而且愈来愈严重。学生文化素质上去了，但道德水平下降了。我们是社会主义国家，不止一个道德问题，还有一个政治方向问题。我们假如真正经常注意德、智、体全面发展，就无所谓这个时期强调这个，那个时期又强调那个，不会老是弯过来又弯过去。

在智育方面，对学生不能满足于传授知识，还要发展学生的智力，培养学生的能力。上海提出："加强基础、发展智力、培养能力。"这是根据时代特点提出来的。德智体全面发展，有许多学问可以研究，是办学思想端正的标志。

第四个标准是看是不是按照教育规律培养人。

培养人是有客观规律的，这是一门科学，而且是比较复杂的科学。我们必须寻找规律、研究规律并按规律办事。要达到这个标准，难度是最大的。我们已经知道一些规律，例如培养人要循序渐进，不能跳跃，要从小抓起。具体地说，一定要把小学、初中、高中都办好。同时各级教育都要打好基础。一年级基础打好了，二年级不放松，到三年级毕业班才能出成绩。反之，一年级不管，二年级放松，到三年级拼命抓，这么搞是什么都抓不好的。

还有其他规律，如要调动学习者自己学习的积极性，让他们自己要学。违反了这条规律，就会事倍功半。现在还要研究什么时候学什么最好，最有效。艺术、音乐教育要从小抓起，15岁以后学是不太可能成为艺术家的。这是智力发展规律所决定的。现在我们在研究什么时候学数学最好，什么时候上什么课最有效。这个规律如果被我们所掌握，教学效果将会大大提高。现在这方面任意性很大。教学时间表如何安排，有什么科学依据，谁也说不清楚。为什么在这个时候开这门课？为什么这个学期要开这几门课？这里面是否有智力发展阶段性的因素？由于没有掌握这个规律，因此我们经常在做违反规律的事情。

教育思想不端正的十大表现

前面我讲了评价一所学校教育思想是否端正的四个标准。下面谈谈什么叫教育思想不端正。胡耀邦同志在批示里讲了几句，如只顾智育不顾体育、德育，搞题海战术、死记硬背、满堂灌等。万里同志在全国教育工作会议上所说的陈腐的教育思想大体也指这些方面。我在华东师大的一次讲话中谈了教育思想不端正的十大表现：1.重智育，轻德育、体育；2.重尖子，轻全体；3.重知识，轻智力、能力；4.重灌输，轻启发；5.重课内，轻课外；6.重记忆，轻思考；7.重共性，轻个性；8.重讲授，轻自学；9.重书本，轻实践；10.重毕业班，轻基础班。这十条基本倾向为重前者轻后者，但不等于说反过来，教育思想就端正了。反过来做也是不对的。

学习顾泠沅教改经验　大面积提高教学质量

最后谈一下改革问题，介绍一些改革信息。教育改革正在起步，其间涌现出了一批改革积极分子和学校。但从总体来说，多数学校搞改革还不太积极，基本上还在按传统的方法办学校。所以我们还要努力，把改革推向前进。另外，搞局部改革的比较多，搞整体改革的比较少，即从学制、教材、课程等方面整体考虑改革的，全国还不多。如果我们的改革不从整体考虑，仅仅是局部的，是不够的，是不可能达到改革目的的。我们希望有越来越多的改革积极分子，按照上述指导思想，特别是按照第三、第四个标准，把改革推向前进。

为了推动改革，有几件事情想做。

1. 推广青浦县顾泠沅数学教改实验组的经验。他们的基本经验符合我讲的几条，着眼于大面积提高质量，探索提高质量的规律。青浦县的教育水平原来是全市各区县中最差的，现在学生的数学成绩大幅度地赶了上来，名列全市第二，总平均分高出市总平均分 10 分。教师还是原来的教师，学生也是原来的学生，条件一样。但是通过教改，他们迅速地提高了质量，在全县范围内获得普遍丰收。我们准备在全市范围内，像当年推广育才经验一样，以同样的深度、广度，花同样的力气去推广他们的经验，以期几年以后达到上海普教质量大面积提高的目的。顾泠沅的教改实验充满了改革的精神，找到了提高质量的科学规律。

2. 端正业务指导思想。我们准备举办几个教育思想讲座。同时准备召开全市教育思想研讨会。关于教育体制改革的决定公布以后，一幅教育改革的蓝图已出现在我们面前。现在是在扎扎实实地组织施工，一件一件地搞。这里只讲到教育改革的一面，师资培养等问题也是蓝图中提出要做的事情，也要办。可以说我们正在一步一个脚印地实践《决定》提出的设想、要求和目标。改革中会出现一些问题和困难，如有人埋怨生源不好，地区不好，学习了青浦经验以后，就没有理由再埋怨了,也没有理由埋怨教师水平不高了。青浦还是原来的条件,教师和学生都没有变,但是方法对头了,没有搞加班加点,学生负担不重,质量也上去了。对于改革中出现的问题,我是不赞成批评的,可以引导,改了就好。

现在的条件比过去要好,不会再有"文化大革命",不会有大的折腾了。现在的主要矛盾还是传统的、陈旧的教育思想,这需要改革。我相信我们的工作可以取得更大的成绩。

1986 年

让思想冲破牢笼

小平同志视察南方的讲话,大家都认为是继真理标准讨论之后的第二次思想解放。胆子要大,步子要快,关键在于思想解放。我们常说,观念的更新是改革的前提。更新观念就得解放思想,《国际歌》中唱得好,"让思想冲破牢笼",要敢于从束缚我们的旧思想、旧观念中跳出来。就教育工作来说,到底有哪些旧观念在束缚我们呢? 似乎有以下三条绳索。

第一条绳索是长期形成的"左"比右好的思想,一件事情,不管是否符合实际,是否有道理,先要问一下是姓"资"还是姓"社"。但是什么是资本主义,什么是社会主义,社会主义是不是完全不能从资本主义那儿吸取些什么。这些问题我们没有仔细想过:我们吃不准是姓"资"还是姓"社"时,就要一看、二慢、三通过。我们常常打听上面有什么新精神,而不去考虑自己有什么新思想。例如,关于个性问题,不少同志总认为教育中强调个性是资产阶级教育观点,个性就是个人主义,就是自由化,就是反对共性,反对集体主义,反对全面发展。因此,多年来,我们的教育、教学工作,从总体上来说,是忽视个性的。教学工作在全面发展的口号下,搞平均主义或划一主义,是"制造标准件"。这几年各地都在编写新中国成立以来的教育史志,不约而同地发现并提出了一个问题,就是新中国成立以来为什么很少培养出出类拔萃的人才,这与教育忽视个性,搞平均主义是否有关系? 我认为提出这个问题是有道理的。其实,个性是客观存在的,它既不姓"资",也不姓"社",而是姓"科",姓科学。马克思、恩格斯这两位导师非常重视个性发展。他们认为,共产主义的教育就是让每个人的个性得到充分自由的发展。毛泽东同志的著作中,没有用过"全面发展"四个字,只是讲在德、智、体诸方面都得到生动、活泼、主动发展。资产阶级教育家也十分重视个性发展问题。所以,我说它既不姓"资"也不姓"社"，而是姓"科"，是合乎科学的。把个性说成姓"资"，我看就是左的思想的反映。解放思想，就要承认个性，强调个性。

小平同志明确指出：要警惕右，但主要是防"左"；又对姓"资"、姓"社"问题发表了他的看法。这确实是极大地解放了我们的思想。因此，我认为教育工作中应该理直气壮地提出重视个性发展的问题，明确提出反对平均主义，反对划一主义的做法，这将大大地有利于提高教育质量，有利于优秀人才的脱颖而出。

上海新的课程结构是三个板块的结合，这是大大地进了一步。如果要更加重视个性发展的话，还有许多文章好做。如还可以开设微型课程，开设必修课中的选修课，可以建立多种证书制度，在普通高中阶段实行学分制，实行"基础分流"，开设适应开放的新学科，等等。要从长期束缚我们手脚的"左"的思想中摆脱出来，个性问题是个根本性的大问题。

智育如此，德育工作中有没有"左"的问题呢？我看也有。突出的表现是教条主义，又要求过高，搞划一主义，似乎要求所有学生都成为共产主义者，按照先进分子的标准来要求所有学生。我认为，共产主义教育是必须进行，必须坚持的，但是我们不能要求人人都成为共产主义者。对多数人来讲，德育工作就是要使他成为一个人：一个文明的人，区别于野蛮的人；成为一个现代人，一个讲民主、讲法律、讲责任感、讲效益、讲竞争的人，区别于古代的人；成为一个中国人，一个区别于外国人，爱国、为国出力、献身，至少不应该卖国的人，成为一个社会主义的人，一个遵守四项基本原则的人。成"人"，有基本要求，有最高要求。这是有层次的。譬如，在处理个人与集体的关系上，至少有五个等级。第一类：毫不利己，专门利人，这类人不多，但确实是有的；第二类：先天下之忧而忧，后天下之乐而乐，先人后己也是很高尚的；第三类：公私兼顾，这类人也是合情合理的；第四类：损人利己；第五类：害人又害己。对学生进行教育时，要求学生最起码做第三类人，最好做第一、第二类人，不能做第四、第五类人。这样的教育就比较合乎实际，不会是空话。

德育中有很多是人类创造出来的共同的精神财富，对社会主义国家的公民道德来说，当然有姓"资"姓"社"的问题，但不要什么都去问一个姓"资"姓"社"。资产阶级社会里有没有公德？是不是也讲一点个人的道德？恐怕得承认也是有的。

所以,教育的现状证明了小平同志的那句话:要警惕右,但主要还是防止"左"。

第二条绳索是 50 年代从苏联引进的凯洛夫的教学模式,其中包括课程结构、教材体系、课堂教学的模式、教学方法、评估制度,等等。

凯洛夫的教育理论体系来源于 17 世纪夸美纽斯创造的理论,属于传统教育的体系,不过是用了一些马列的词句加以解释。我们由于没有经验,不能准确把握社会主义的教育本质,就把它当作唯一的社会主义教育体系引进来了。虽然它经过一些改革,我们自己在实践中也有一些创造,但是从教学工作的总体来说,我们还没有从凯洛夫的体系中摆脱出来。这个模式的弊端在哪里呢? 第一是搞划一化,课程划一、要求划一、教材划一,忽视个性;第二是保守,忽视科学技术的迅猛发展,忽视世界的深刻变化,用 17 世纪建立起的教学体系来培养 20 世纪的学生,希望其适应 21 世纪的需要,这显然是不行的;第三是封闭,脱离社会、脱离生产,只培养学生应付考试的能力;第四是片面强调教师的主导作用,忽视学生在学习过程中的主体地位,这在课堂教学的模式与教学方法的选择上尤为突出。在整个教学过程中,学生基本上处于被动地位。如果说把教材比作剧本,教师比作导演,学生比作演员,那么教师的备课、教学是一次再创造的过程,学生的学习也应是又一次再创造的过程。现在的情况是我们很少甚至根本不注意学生的再创造。反映在听课或观摩教学时,我们也只注意教师的创造,不注意学生的再创造。如果我们看戏时,只看导演的表演,而不看演员的表演,大家就会觉得可笑。但听课时,大家只看教师的教,不注意学生的学,而且习以为常,甚至视为当然。

课堂教学的模式是多种多样的。国外从 70 年代以后,比较多地开始了教学模式的改革与研究。美国的乔以斯和韦尔一共研究了 80 多个理论与学派,从中归纳出 15 种模式。我国这 10 年来也有少数同志着手这方面的改革实验,但比较偏重教学方法的改革,如尝试教学法、反馈教学法、引导教学法、情境教学法,等等。这方面的改革还没有形成一种体系,成为一种模式。

第三条绳索是大家都知道但又很难摆脱的片面追求升学率的问题。这个问题的思想基础是"学而优则仕"。这种思想已经深入人心,不仅反映在教育工作上,也反映在人事制度、劳动工资制度,乃至户口制度上,所以也不是教育部门所能完全改变的。有人认为只要招生制度一改,例如取消竞争,对号入座,实行所谓平等教育,这么一来,问题就可以解决。我看这未免把问题看得太简单了。人的智力差别客观存在,学校的差别也客观存在,是消灭不了的。世界各国都有一部分特别好的学校,选择优秀学生加以培养,保证参与世界竞争的能力与水平。这就是所谓的精英教育,成效十分显著。我们要不要搞,值得研究。

我认为,解放思想就要从这三条绳索中解脱出来,思想解放了,才有可能做到胆子大一点,步子快一点。解决问题的办法总是从观念转变开始的,包括领导部门的观念。领导对所属部门不是管而是服务,要真正做到领先、指导、引导。

小平同志重申了一个中心、两个基本点,而且加强了语气:一百年不变。这个问题是很值得思考一下的。教育的中心是什么? 我主张学校工作以教学为主,培养为经济建设这个中心服务的人才。按照这个思想,我们的教育工作还有许多东西要改革。十年来我们是不是已经做到了为经济建设服务? 职业教育、成人教育、高等教育的目的都比较明确,是为经济建设服务,唯独我们中小学教育不清楚。近几年来,我们的农村教育改革有了很大的发展,引起了全世界的重视。农村教育是为当地经济建设服务的,在当地推广先进的农业技术。目前的难点是城市的普通教育如何为经济建设服务。世界各国都在根据未来的需要更新观念、改革教育,我们也要胆子大一些,冲破旧思想的束缚,闯出一条教育改革的新路来。

《上海教育》(小学版)1992 年第 10 期。

"人云亦云不云，老生常谈不谈"

近一时期，我走了不少地方，看到、听到不少东西，深深感到教育陷入了一种困境，面临着一个前所未有的转折关头。如何从这种困境中解脱出来？我感到要重唱《国际歌》。《国际歌》中有这样两句话："从来就不靠什么神仙皇帝，全靠我们自己"，"让思想冲破牢笼……"。重要的是后面一句："让思想冲破牢笼！"我们的教育工作者如果还死抱住老框框不放，不让思想冲破牢笼，不解放思想，就很难突破目前的状况，也就无法搞好教育。在这样的形势下，《教育参考》创刊正适应了深化改革的需要，可以说是应运而生了。

那么如何办好这本刊物？办刊的人首先要"让思想冲破牢笼"，做到"人云亦云不云，老生常谈不谈"，要敢为天下先，要有新意。

要做到这一点很不容易。这来不得半点私心，要有胆略。小平同志提出要建设有中国特色的社会主义，要发展社会主义市场经济，这就是胆略。我们的刊物不能要求自己发表的句句是真理，这谁也办不到。毛主席的许多话是真理，但并非句句是真理。无论谁的文章，都可以让人提出反对意见。如我在《教育参考》试刊号上写的那篇认为当前影响思想解放的障碍主要是"左"的文章，就肯定有人很不赞成。但如果我的话可以刺激一些人反对，激起讨论，这本身就是好事。我们办刊时思想要再解放一些，胆子也要再大一些。但是无论何时何地，我们都要信守一条原则，这就是：对党的教育事业真正赤胆忠心，对教育事业充满爱心。

《教育参考》1994 年第 1 期。

开展百家争鸣　繁荣教育科学

——纪念"双百"方针提出 30 周年

　　1986 年是"双百"方针提出 30 周年。人们常说三十而立。在这个时候,对"双百"方针提出以来的贯彻情况作一番回顾与展望,是十分有意义的。

　　新中国成立以来,我国的教育理论研究工作有了较快发展,取得了不少成绩,但毋庸讳言,"唯书""唯上"的情况也比较严重。在"左"的思想、政治路线起支配作用的时候,学术问题与政治问题之间画了等号,学术讨论变成政治批判;"百家"成了"两家"——无产阶级一家与资产阶级一家,"百家争鸣"的指导方针是"兴无灭资"。百家既已成为两家,而且是要一兴一灭的两家,怎么可以在平等的地位上开展争鸣呢?

　　有人用"好景不长"四个字来形容"双百"方针提出至十一届三中全会前这段时期我国理论界、思想界争鸣的状况。就教育理论战线来说,确是如此。结果是,建国 30 多年几乎没有出过一本有中国特色的、社会主义的、高水平的教育理论书籍,也没有产生过一位国内外有影响的、有很高理论水平的教育理论权威。凝固的思想与僵化的模式仍在一些方面禁锢着我们的观念和行动。

　　十一届三中全会开辟了新的历史时期。全党工作重点的转移,使人才的问题、民族素质的问题突出起来。从过去常说的人多力量大到要求多出人才、出好人才,再到重视提高整个民族的素质,这在认识上是一个极大的飞跃。正是由于认识上有了这种飞跃,教育才被提高到四化建设战略重点的地位,基础教育才受到空前重视。例如,我国刚通过了《义务教育法》,而且下决心要实施,这就是令人欣喜的大好事。

　　正是在这样的认识下,人们开始对 30 多年来的我国教育进行反思,深深感到陈腐的传统教育思想所造成的某些凝固的观念与僵化的模式,严重阻碍了理论和实践的发展与人才的培养。这种状况难以适应我国四化建设的要求,更难以适应世界新技术革命的挑战。教育思想必须发展,教育必须改革,成了人们共同的呼声,使人有一种强烈的使命感与紧迫感。于是各种主张、观点和设想纷纷出现;各种改革的实验和探索在积极开展;各种学术团体纷纷建立;以教育思想、理论探讨和教育教学改革为内容的各种讨论会、研究会、交流会、讲习会纷纷举行,有的规模还很大,可谓盛况空前。教育理论界以至整个教育界出现了前所未有的活跃局面。有人说,现在是教育的春天到了。是的,教育的春天到了。

但是,这是同过去比;如果从时代的要求来说,这还只能说是开始。即使同其他战线的理论界比,教育思想的活跃程度也有差距。首先是教育界内部还没有形成"家",没有形成学派,没有形成各种有特色的教育理论体系。论文不少,但从总体来说,是研究微观的多,研究具体方法的多,引进外国理论的多;而研究宏观的少,探讨整体改革的少,理论结合实际的少。真正有水平、有分量的论文不是很多。这种状况在开始阶段是难以避免的。但如果我们满足于现有的开始阶段的繁荣状况,就不好了;如果不仅满足于现状,还认为现在教育思想已经是太活跃,已经出问题了,因而想急于出来统一思想,甚至出来说不要再出什么新思想了,这就更不妥当了。

我认为现在教育工作中陈腐的传统教育思想的影响仍然相当深,片面追求升学率的现象只是其突出的表现而已。上海现在市区小学生升初中,初中生升高中已不成问题,高中生升高等学校的比例也很大,几乎有 3/4 的人可以继续升学(包括大学、大专、中专等),每年留下的不到一万人。就是这近万人,也被各方面争着录用。录用后,相当一部分人又通过各种途径(如合同培养等形式)被送出去继续培养。在这种情况下,按理不应再有追求升学率的问题了。可是满堂灌、死记硬背、题海战术、模拟考试、重智轻德等违背教育规律的错误做法,仍然屡禁不止。据最近对三个区两个县的调查,真正在不同程度、不同方面坚持改革的学校,不过占这五个区县中小学的 10% 左右,研究整体改革的学校就更少。这说明改革并不过头,教育思想并不算活跃了。

我们如果不把主要的注意力用于改革陈腐的传统教育思想,不打破凝固的教育观念与僵化的教育模式,不用新的思想、新的理论来改革教育,那么,正如万里同志说的,即使增加了教育经费,也难以培养出时代需要的人才,特别是第一流的人才,我们就可能犯历史性的错误。而新的教育思想与理论没有现成的模式,也不可能由什么天才教育家发明出来。只有创造一个宽松、和谐的政治环境,一种自由讨论的学术气氛,也就是真正贯彻好"双百"方针,鼓励人们提出各种观点,引导人们开展不同思想的讨论、争鸣与反复实践,新的教育思想与理论才有可能最后形成。也只有这样,才能培养和锻炼出我国自己的理论和实际相结合的教育家。所以,我们不能满足于现在已经出现的教育思想比较活跃的局面,要放手让大家去探索,去实践,进一步繁荣教育科学研究。这是时代的呼唤。

要做到这一点,领导者与被领导者都要有一个正确的态度。我觉得,由于历史的原因,我们有些领导同志长期习惯于用行政手段进行领导,而不习惯于领导学术讨论,对"百家争鸣"可能还有点担忧。有的同志往往听到一种新的观点、新的见解,就急于表态,做裁判员。而有些被领导者也有这种心理状态,就是小心翼翼地提出一种新的意见之后,也急于想听听领导的看法,或者看看领导的眼色,被认可了,胆子就大一些,不然,就赶紧缩回去。这种不利于学术讨论的不正常状况,今天并未完全消除。例如,前不久有的领导对"培养创造型人才""知识爆炸""知识老化""学生为主体"以及"第二课堂""第二渠道"等正处于研究、讨论中的提法,发表了不太同意的见解,于是一些人就十分紧张,打听有什么背景,有什么新精神,等等,有的正在试验的改革也停了下来。

如果我们现在已经形成了"百家争鸣"的宽松、和谐的气氛,在学术理论问题的自由探讨中,领导作为百家中的一家,当然可以而且应当发表自己的意见,甚至带头参加讨论,以促进对一些问题的深入研究。上面提到的一些名词、概念、主张,有的是从外国引进的,有的是我们的同志自己提出来的,是否准确,是否科学,本来是可以讨论的。可是今天,领导者与被领导者中都有一些人还不能完全适应新的时代的学术讨论,领导在某些人心目中并不是学术上平等的一员,而是百家之长,是百家的裁判。所以,领导讲话就是结论,谁也不敢再争。结果只可能又是万马齐暗、舆论一律的旧局面。百家争鸣成了一句空话,学术繁荣的局面就难以形成,改革也就难以取得突破性进展。

我认为，要避免这种可能出现的状况，领导与被领导者都要重新学习。领导同志要学会领导学术讨论的本领。时代要求我们的领导者要有高瞻远瞩、兼收并蓄的宽容气魄。只要不违背四项基本原则，不违反宪法，就应允许探索，允许突破，允许标新立异。不仅允许，还要多做一些鼓励、启发、引导工作，不要急于表态，急于当裁判员，特别不要在探索的道路上设置禁区。同样，作为被领导者来说，也要培养自己的胆略，在学术、理论问题上敢于争鸣，包括敢于同领导者争鸣；要坚持不断追求新知，坚持实事求是、独立思考和勇于创造的科学精神；坚持真理面前人人平等、实践是检验真理的唯一标准的原则态度。要知道，在科学面前，领导者也仅仅是百家中的一家。当然，被领导者也要虚心听取批评，认真考虑别人的意见，但在没有想明白之前，不必盲目接受，轻易放弃自己的观点。在这方面，我们特别要学习伟大的人民教育家陶行知。他不受古今中外的书籍所束缚，不被名家学说所吓倒，不拜倒在权威的脚下，不把前人的学说奉为教条，而是自由地去运用各种学说，辨别其真伪，不断提出创造性的新观点、新理论。陶行知处在那样的时代能这样做，处在教育的春天的当代广大教育工作者当然更有条件这么做了。伟大的时代应该产生比陶行知更伟大的教育家，而且不是一个。

一花独放不是春，万紫千红才是春。教育的春天现已来到，万紫千红的日子也不会远了。让我们大家都来努力灌溉，使教育百花园早日繁花怒放。

《教育研究》1986 年第 8 期。

试论新的基础观

《中共中央关于教育体制改革的决定》对我国新时期的人才标准提出了新的内容，这就是文件里说的："所有这些人才，都应该有理想、有道德、有文化、有纪律，热爱社会主义祖国和社会主义事业，具有为国家富强和人民富裕而艰苦奋斗的献身精神，都应该不断追求新知，具有实事求是、独立思考、勇于创造的科学精神。"可以说，《决定》提出的新的人才标准也就是新时期各级各类学校的培养目标，或者说是新时期的教育方针。

这个新的培养目标，不仅体现了我国教育事业的社会主义性质，把社会主义觉悟的内容具体化了，而且把社会主义现代化建设对人才的要求也具体化了，有着鲜明的时代特征，体现了时代的要求。

我曾经说过，应当把教育思想的领导放在学校领导工作的首位，而教育思想的核心就是人才观。不同的时代，社会制度不同，政治、经济形势不同，就有不同的人才观，也就有不同的教育思想。因此，研究并确立正确的人才观，是每一个教育工作者所必须解决的问题。不解决这个问题，就等于一个人没有灵魂，没有主心骨，教育工作就失去方向。

我们常讲要努力提高教育质量。什么是我们所需要的质量？怎样才算高质量？不同的人才观有不同的标准。万里同志在中央召开的全国教育工作会议上呼吁，要大家彻底改变陈腐的传统教育思想、教育内容和教学方法。他指出：如果不改革，即使国家增加很多经费，仍然培养不出大量能适应新时代需要的新型人才，特别是一流的人才。这就把这个问题的重要性讲到底了。

对于新时代的人才标准，近年来国内外议论很多，说法也很多。现在，党中央已作出了决定，对人才标准提出了明确的要求。今后我们就要以这个人才观来统一思想，以这个人才观来改革教育，来衡量教育质量的高低，评判一所学校的好坏，鼓励所有学校朝这个方向去努力。

中小学是基础教育，一般地说还不能马上或直接培养出人才。中央过去在一个文件里把中小学教育称为"奠基工程"，这是非常恰当的比喻。好比造大楼，中小学施工的还不是大楼的本身，而是大楼下面的基础工程。基础工程当然也是构成整个建筑物的一个部分。基础工程的规模要根据大楼设计的需要决定。需造多高多大的大楼，就要打与之相适应的多宽多深的基础。但是基础的结构与大楼本身的结构是不同的，它要按基础本身的特点与要求来确定，不能简单地照搬大楼的结构。上面大楼造18层，下面基础也分18层，上面大楼每层分几个房间，下面基础也依样画葫芦，这样照搬是不行的，也是不必要的。所以，我们必须按照与上层建筑既有联系又有区别的原则对基础工程的结构进行相对独立的研究，制定出基础工程的方案。

因此，确立了新的人才观之后，还得研究并确立新的基础观。在封建社会，统治者鼓吹半部《论语》治天下，把熟读四书五经作为基础，要求学生"一心只读圣贤书，两耳莫闻天下事"。在资本主义社会，生产技术迅速发展，资本家需要掌握一定生产技术知识的人才为他们生产利润，所以，学生学一点数、理、化知识就是必不可少的基础。"学会数、理、化，走遍天下都不怕"，就是这种基础观的概括。可以说，从17世纪以来逐步形成的中小学封闭式、划一化、同步化的教学体系和课程结构，基本上反映了这种基础观，教学工作以传授知识为主的指导思想，也反映了这种基础观。

现在人才观变了，基础观也得变。那种不管人才观如何发展变化而基础观可以永远不变的所谓"基础不变论"显然是不对的。

本文仅就中小学如何为培养具有不断追求新知、实事求是、独立思考、勇于创造的科学素质的人才打好基础的问题，说几点不成熟的看法。

首先，概括地说，传统的人才观与新时代的人才观的根本不同处在于，前者是一种守业型、知识型的人才观，后者是一种创造型、智能型的人才观。为培养创造型、智能型的人才打好基础，就要设计一种新的基础结构，建立体现新的基础结构的教学体系与课程结构，特别要改变以传授知识为主的教学工作指导思想。有人说,以传授知识为主还是以培养发展智能为主,是传统教育与现代教育的分水岭。这话是否完全正确,似可研究,但也不无道理。因为传统的教学工作总是重书本,轻实际;重灌输,轻启发;重记忆,轻思考;重知识,轻智能;重接受,轻创造;重共性,轻个性;重划一,轻灵活;重教师的讲授,轻学生的自学,等等。而现代教育在处理这些矛盾关系时,指导思想就应不同。当然我们不是主张要从一个极端走向另一个极端,而是说要讲点辩证法。例如,不能把知识同智能完全对立起来或割裂开来,世界上似乎还没有可以离开知识的智能。不能一讲重点要放在发展智能上,就可以忽视甚至否定知识的重要作用了。但是,指导思想上侧重点不同,就会在教学工作的一系列问题上显出区别。重视智能,就会在课程结构、教材编写,以至教学方法上重视减轻学生负担,重视启发,重视自学,重视实践,重视创造,重视个性,重视开辟第二教学渠道;就会在考查一个学生的质量的时候,不是只看他掌握知识多少,而是着重看他智能的发展,看他是否能运用知识去进一步发现问题,提出问题,分析问题与解决问题,等等。我觉得有的同志之所以不赞成我提出的两个教学渠道并重的建议,实质就在于基础观不同。

其次,单就知识结构来说,传统观念与现代观念也是不同的。现在中小学课程设置的模式是在第一次工业革命以后逐步形成的,各国大体差不多。在以传授知识为主的思想指导下,随着科学技术的发展,学科愈分愈细,新学科层出不穷,中小学的课程也就愈来愈多。精简课程的问题已提出多年,但是,课程从来没有真正减下来。可以说现在已经到了要从根本上研究,从根本上改革中小学的知识结构的时候了。我的粗浅看法是,作为人的知识结构,主要是三个部分:第一类是基本的工具学科,是指语文、外语、数学三科;第二类是艺术学科,主要是音乐、美术两科,当然,所有学科、所有学校的一切活动,包括校园文化建设,都有美育的任务;第三类是科学学科,包括社会科学和自然科学。工具学科是不可缺少的,只能加强,不能削弱。艺术学科现在是太不重视了,传统观念把它仅看作一种休闲课,用以调剂调剂生活。其实,人们远远没有认识到这两门学科在培养观察能力、思辨能力、想象能力、创造能力,即在培养与发展智能中的特殊重要作用。脑科学证明,人的大脑的左半球是管语言、逻辑、运算的,右半球是管音乐、艺术、情感的(日本角田忠信教授1981年公布他的科研结果,宣称只是西方人的大脑才这样,日本人不完全是这样。这可能因为西方采用的拼音文字是单脑字,归左脑管,日本的文字大多采用汉字,是双脑字,左右脑都管)。如果真是西方人说的这样,岂不是我们的教育只重视了大脑左半球的培养与发展吗?音乐、美术还是人类交流信息的重要工具。它们不仅同文字一样能传递具体感情,还有深邃的思想内容,能起语言文字所不能起的作用,可以不通过翻译就能直接交流。有人称之为"国际语",是有一定道理的。所以,我认为这两门学科的重要性在中小学阶段要大大加强。成问题的是第三类学科。知识愈来愈多,造成学生不堪负担的正是这一类学科,今后要着力研究并加以改革的也是这一类学科。改革的方向是合并、精简,走综合化的道路。有人说60年代的趋向是分科,70年代是综合,80年代是超综合,是有道理的。特别是初中以下阶段,要避免过早分科,把本来完整的东西分裂成一块一块,以免学生觉得仿佛科学就是这么几门,不能从小形成科学是一个十分广阔的天地的观念。我们可以考虑把自然学科并起来作为一门,把社会学科也并起来作为一门。深度可以降低一些,以免学生负担过重;重点放在拓宽知识面,以开阔学生的视野,增加常识性、兴趣性的内容,以引发少年儿童探索的兴趣与欲念。

第三,要研究并掌握儿童某一方面智能发展的最佳期。每一种智能发展的最佳期并不都相同,有的在这一个年龄段最容易培养和发展,有的在另一个年龄段最容易培养和发展。掌握住最佳期,就可以事半功倍;错过了,就会事倍功半。例如学习语言(不是指文字),幼年和少年期最容易学会。在这一年龄段,孩子往往可以同时学习几种语言而毫无困难;错过了,就终身难以弥补,不可逆转了。发展艺术才能也有类似情况。少年儿童时期是发展形象思维的最佳时期。有一些学科,幼小时花了很大力气成效甚鲜,而到一定年龄时再学,就容易得多。现在既然把基础工程的重点放在发展智能上,那么什么时候设什么课程,哪些先设,哪些后设,哪些加强,哪些减轻,也得重新安排。

另外,我们既然承认学生的智力有差别,每个人智力发展的先后也有不同,那么就得改变同步化、划一化的做法,升留级、毕业、课程设置要有点弹性与灵活性,以适应各人的特点,使每个人得到充分、自由的发展。这样,第一教学渠道的改革,第二渠道的发展就势在必行。要为不同的人打不同的基础,实行基础分流。

　　总之，基础观要受人才观的指导，又要有相对的独立性。基础阶段有自己需要考虑的问题。中小学是基础教育，是培养人才的奠基工程。研究并制定奠基工程的知识、智力、能力等新的结构与模式，是所有教育工作者都必须十分重视的问题。不要以为基础工程的结构模式是永远不变的，特别在面临世界新技术革命与我国正在为实现现代化而奋斗、迫切需要教育部门提供大量适应时代要求的新型人才的时候，传统的基础观必须改变，传统的基础模式必须打破。

　　据联合国教科文组织提供的资料，现在世界上有95％—97％的科学技术发明权与享受权在发达国家。这说明在享受科学成果方面，国家间是极不平等的。如果一个国家、一个民族到21世纪还不能改变这种状况，还不能在科学技术方面在世界上站住脚，那么这个国家，这个民族就难以在世界上立足。21世纪的国家建设者现在正在中小学受教育。这就要看我们是怎样对他们进行教育，进行什么样的教育。如果现在还不着手按照新的人才观与新的基础观来抓基础教育，就不可能培养出适应21世纪的人才，也就不能在21世纪自立于世界民族之林。小平同志在最近召开的全国教育工作会议上说："如果现在不向全党提出这样的任务，就会误大事，就要负历史的责任。"我们一定要从这样一个战略角度来确立新的人才观与基础观，理解中央提出的新时期人才标准的深刻意义。

《上海教育》1985年第10期。

心要热，头脑要冷

对于当前的教育改革，我认为应当坚持两条：一是心要热，二是头脑要冷。

心要热，这是因为从我国教育的现状看，无论是教育体制、教育结构、办学指导思想，还是教学内容和教学方法等各个方面，同"四化"建设所要求的，的的确确存在着许多矛盾，存在着不适应的问题，已经到了非改革不可，不改革就没有出路的地步。如果再考虑到适应新的技术革命的需要，考虑到今天的中小学生将要生活在 21 世纪，将要在那个时候承担起进一步发展两个文明建设的重担，就更会产生改革的紧迫感和责任感。

其实，面临新技术革命挑战的，并不只是我国，而是全世界所有国家。无论是发达国家，还是发展中国家，都面临这一空前广泛、空前深刻的挑战，都在研究对策。对策可以有千条万条，归根到底，就是人才的培养，也就是教育的问题。谁重视教育，谁就有未来。因而，重视教育，重视教育改革，就成为全世界有识之士的共同认识。对我们来说，新技术革命既是一场挑战，也是一次机会；现在时间还不晚，但时间已经不多了。历史上我国已多次错过振兴的机会，这一次如果再错过，我们将永远受到历史的谴责。所以，抓住机会，改革教育，培养人才，振兴中华，这是历史赋予当前教育工作者的责任。要早考虑、早动手，决不允许再拖延。心一定要热，要满腔热情地去考虑改革，研究改革，支持改革，实践改革。

这个认识并不是今天才产生，改革的实践也并非今天才开始。从上海来说，改革中等教育结构是从 1979 年开始的，以"加强基础，发展智力，培养能力"为指导思想的改革也是从 1979 年开始的。发展第二渠道的口号虽是今年才正式提出，但实际工作已经进行了 3 年以上，单在建立中小学科技活动的网络方面，已组成了一支 3000 人左右的专、兼职辅导人员队伍，物质设备和活动投资已达一千万元。中小学学习微机的活动也已经进行了 3 年，当然规模还很小。几年来，有一部分中小学在改革中已取得了可喜的进展。育才、友爱中学，一师附小和静安区第一中心小学仅是其中的几个例子。上海实验学校与青浦顾泠沅小组的改革，内容更为深刻。如果没有必须改革的认识与热情，能这样坚持数年也是不可能的。这种热情必须保持下去，直至成功。改革可以有多种模式，不要强求统一，以便于比较鉴别，有利于繁荣教育事业。

头脑必须冷静，这是因为教育是综合性的、十分复杂的、周期很长的事业，是一门科学。对待科学，就得采取科学的态度，来不得半点轻率、虚假与浮夸。这也是因为 30 多年来教育改革工作中有过许多教训，突出的就是不从各自的实际出发，不经过科学试验，或者仅仅经过短期的试验，未经足够时间的检验或足够数据的证实，就采用搞政治运动的办法加以大面积推广，一哄而起，一阵风，一刀切。结果把事情搞坏，改革也就烟消云散。这种教训实在太多，也太深刻了。而我们一些同志并没有认真记取这种教训，还习惯于采取这种办法。所以，在改革高潮起来之后，要特别强调一下这个问题，要保持清醒的头脑，要打点预防针，免得重犯过去的错误，影响改革的顺利进行。

保持清醒的头脑不是一句空话。作为领导部门，要鼓励改革，热情支持改革，科学地指导改革，但不能施加政治压力，扣政治帽子，如什么改革派、保守派、反对派之类；不要限期改革，允许改革有先有后，推广也要有个过程；要采取"志愿兵制"，不能"拉壮丁"，搞"摊派"，要相信我们的同志，只要实践证明是好的，改革取得了成效，大家就一定会心悦诚服地学习、贯彻，或迟或早地会跟上来。从我国的实际出发，创建一整套有中国特色的社会主义教育体系，并不是一件容易的事。资产阶级花了 300 年的时间，经过千千万万人的实践与成百上千次的大小实验，才形成目前世界各国普遍采用的教学体系。即使这样，它也还有许多弊端或缺点，并不那么尽善尽美。当然，我们不能说也要用 300 年时间才能搞成。我们应当也可以比他们少花些时间，但是总不可能一蹴而就，企图用一个早晨就把事情办成。改革还可能碰到挫折，可能再走点弯路，也可能有局部的失败。那也不要紧，不要求全责备，不要埋怨，不要泼冷水。

作为学校，首先要在思想上明确，自觉自愿地搞改革，不是"奉命改革"。就是奉命，也要在自愿的基础上接受，不要再搞"理解的执行，不理解的也执行"那一套。其次要从各自的实际出发，因地制宜，根据自己的主客观条件，实事求是，一步一个脚印。应提倡三个"实"字：从实际出发，实干，讲求实效，尽量避免大起大落，从一个极端走到另一个极端。对教师不要施加政治压力，可以采取滚雪球的办法：先由少数积极分子形成改革的核心，用示范的办法，逐步吸引更多的教师来参加。学习人家成功的经验要采取科学态度，要了解他们是在什么条件下，采取了哪些具体措施，碰到过哪些困难或矛盾，是怎样克服与解决的，还有哪些问题没有解决，等等，再比一比自己的条件，然后决定怎么学，学什么。不照抄照搬，不盲目推广，要自己动脑筋。

这样做，看起来比较慢，也不轰轰烈烈，其实并不慢，甚至最后可能是比较快的。现在改革的高潮正在兴起，势不可当。但在大好形势之下，强调一下这方面也是必要的。既然承认教育是一门科学，就得采取科学的态度与科学的方法。

1984 年 9 月 4 日《中国教育报》。

改革中等教育结构势在必行

为了适应我国实现四个现代化的需要,我认为中等教育结构应该进行改革。

我国是一个有 11 亿人口的大国,幅员辽阔,农业人口比重极大,经济发展很不平衡,全民所有制和集体所有制并存;自动化、半自动化、机械化、半机械化和手工劳动并存;老的行业亟待发展,新的行业还要建立,社会结构十分复杂。在这样的基础上搞"四化",就必须从我国的实际情况出发,搞中国式的"四化"。我们的教育就是要为实现中国式的"四化"培养多种多样的建设人才,培养德、智、体全面发展的一代新型劳动者,以适应我国国民经济的发展和社会结构变化的需要。

目前一个突出的问题是我国社会结构的复杂性、"四化"要求的多样性与教育结构的单一性之间的矛盾。现在我国除高等学校和极少数中专、技校培养高、中、初级专业技术人才之外,中等教育基本上是普通初中和高中。普通教育与专业教育比例严重失调。以上海为例,近几年每年有十几万的普通高中毕业生,而大学招生每年不过 2 万人左右,大量的普通高中毕业生需要安排就业。一方面,这些待安排的毕业生除了有一些文化知识之外,没有任何专业知识和技能,到生产岗位以后,要从头学起,造成极大的浪费。另一方面,生产部门迫切需要的初、中级技术人员,11 年来没有得到补充。据有关部门统计,不少工业部门技术人员在职工总数中的比例极低,最高的不到 10%,低的甚至只占 3.4%。而工业发达的国家一般都在 20%、30% 左右。目前,不少行业急需补充的初、中级技术人员如电子技术、机械制图、财务会计,等等,需求量都很大,却苦于没有来源。在农村,情况更严重。如上海郊县,如果要实现农业现代化和发展农工商联合企业,所需要的人才,如建筑、财经、农机、农业、农副产品加工、卫生等技术人员,数量非常大。而目前培养这些人才的学校却基本上没有。教育结构单一化与国民经济发展严重不相适应，矛盾十分突出。这是教育部门亟待解决的一个重大问题。

目前，世界各国普遍都重视教育，注意研究教育同国民经济和生产发展的关系。他们把教育看作是一种重要的生产投资，把人才的培养放在比物资的开发更为重要的地位。这是因为：第一，劳动者是生产力的基本因素之一，只有掌握了先进的生产知识和技能，才能适应现代化的生产，并在生产中发挥更大作用；第二，科学技术是生产力，而科学技术的提高也必须依靠教育。所以劳动者教育水平的高低和掌握生产技术的状况必然会直接影响经济的发展。

因此，世界各国都很重视教育结构的研究与调整。

法国是一个比较发达的资本主义国家，他们的中等教育结构也是多样化的。他们的学制是小学五年，初中四年，高中三年。据介绍，初中二年级结业后，约有20％的学生进入职业学校，学制三年，毕业后获得职业技能证书，可以做一般工人，如面包师、制鞋工人、服装工人、打字员，等等。其余80％的学生继续升入初中三、四年级学习。初中毕业生中，约有44％进入二年制职业技术学校，毕业后获得职业教育证书，成为技术工人或管理人员；约有18％进入三年制的技术高中，毕业后同时获得中学毕业会考证书和技术人员证书，既可以升学，也可以就业，做技术工人或管理人员。约有30％的人进入普通高中，通过毕业会考后升入大学。另外还有极少量学生经过短期训练后直接就业。

日本则采取另一种办法，除设置职业高中以外，对所有高中学生都进行职业教育，即在普通高中设置农业、工业、水产、家政、福利等158个选修学科，教给他们一定的专业知识，使他们毕业后苦不能升学就可以就业。

法国、日本都是资本主义国家，不可能完全做到有计划地培养人才。但是教育与经济之间的关系，存在着不以人们意志为转移的客观规律，迫使他们随着经济的发展对中等教育的结构作出相应的改革。

我们是社会主义国家，完全可以做到自觉地、有计划地进行调整，改革中等教育的结构，使教育为无产阶级政治服务，与生产劳动相结合。

前些时候，我们去罗马尼亚考察，也受到很大的启示。他们认为教育同生产劳动相结合，除了应该有计划地组织学生参加生产劳动外，更重要的是要在教育制度、教育结构以至领导体制上，使教育同生产劳动紧密地结合起来。他们从

1973 年起，在完成八年制普通教育的基础上，将高中阶段全部改为分科专业教育。高中阶段有两种类型的学校。一类是四年制的分科高中，分为工业类、农业类、经济和行政管理类、卫生类、师范类、自然科学类、文史类、艺术类等。这类学校学生所学的基础文化知识是相同的，另加不同的专业知识课程。这样，毕业后既能升学，又有一技之长，便于就业。另一类为职业学校，学制一年到一年半，主要学习有关工农业的实际知识和技能。据罗马尼亚教育部介绍，1978—1979 学年度，全国学生中约有 44％进入分科高中，42％进入职业学校，14％直接就业。分科高中的毕业生中，数理中学毕业的升学率约为 80％，其余各类约为 40％。罗马尼亚是社会主义国家，全国劳动力不足，各类学校的学生比例是国家根据生产发展的需要制定的，有严密的计划。不仅如此，他们在学校领导体制上也作了相应的改革。在分科高中中，除数理、文史、师范等少数几类由教育部门领导外，其余都实行有关生产业务部门与教育部门双重领导，以生产业务部门为主的领导体制。这样，教育在每个环节上都同生产劳动紧密结合起来。

改革中等教育结构是一件涉及面很广，影响深远的大事，势在必行，刻不容缓，要抓紧进行，又要持慎重、认真的态度。总结我国教育的历史经验，调查国民经济和社会结构的现状和发展的趋势，借鉴外国经验，通过广泛的讨论，提出各种方案进行比较，才能制订出符合我国国情的切实可行的改革方案。下面就城市中学结构改革谈一点个人的看法，抛砖引玉，以期引起讨论。

结合上海的情况，我认为改革城市中等教育结构，要考虑两个方案：一个是奋斗目标，即最终要实现的方案；一个是从现状出发的过渡方案。

对于最终要实现的方案，似乎可以设想，城市小学、初中学制不变，可以合起来作为每个公民必须经过的普通教育或基础教育阶段。但初中阶段，尤其是农村初中，可以适当分流，渗透职业技术教育。

完成基础教育以后，就应该开始分流。高中阶段的学校大体可分三大类：一类是三年制普通高中；一类是三至四年制的技术高中（包括现在的中专学校）；一类是一至二年制的职业技术学校。三年制普通高中人数不宜过多。这类学校也要设置一些专业性的选修科目，以便学生未考上大学就可以就业。技术高中和职业技术学校必须实行生产部门和教育部门双重领导、以生产部门为主的领导体制。

大量发展技术高中和职业技术学校，迫切需要培养一大批专业技术学科的教师。这就要改造现在的高等师范院校，增设这些方面的科系，或者另办高等技术师范院校。不作这样的考虑，中等教育结构改革的步伐将会受到很大的影响。

全部实现这个结构方案，需要一个过程，需要做好许多准备工作。这就要制订一个过渡方案。今年下半年，可以在部分条件较好的高中开始试招中专班，招收初中毕业生。两三年后，这所普通高中就改为技术高中。明年再扩大一些，逐步达到一定的比例。另外，今年高中招生时可以招一部分三年制学生。同样也是经过两三年之后，所有普通高中全部改为三年制。至于职业技术学校，也应及早开始试点。

《人民教育》1979 年第 7 期。

改革传统教育　实现四个转变

我国的现行教育体系是本世纪初从西方传入的,到现在还不足一百年的时间。这段时间可分成若干阶段:先是完全搬用西欧、美国的一套,以后又照搬苏联的一套。就是说,这几十年来,我国教育基本上是抄一套,拼一套,很少有自己的东西。

多少年来,我国教育界的仁人志士怀着一种强烈的愿望,迫切要求从中国的实际出发,建立起一套合乎国情、合乎时代、合乎科学的教育体系。不少人曾为此作过种种努力,进行过这样或那样的试验。但是,由于政治、社会、经济等方面的原因,这个任务一直没有完成。十一届三中全会为我们提供了创建有中国特色的社会主义教育体系的有利条件,我们应当为此献出自己的全部智慧和力量。

创建于 300 年前、现仍在全世界占统治地位的旧的教育体系,正面临着重大的改革,一种适应时代的新的教育体系正在世界范围内孕育着。当前,无论是资本主义国家还是社会主义国家,都把教育改革的问题提到自己的议事日程上。资本主义国家的教育改革也是刚刚起步,还没有成熟的经验。从这一点讲,我们与他们是处在同一起跑线上。中国应当也有可能在教育方面为人类作出贡献。

从整个教育来说,我认为至少要实现四个方面的转变,才能真正建立一套合乎时代潮流的新体系。

一、从封闭式转变为开放式

目前的学校教育基本上是从课堂到课堂,从书本到书本。学生实际上是被禁锢在学校的小圈子里,与沸腾的社会脱离。这样一种教育体系,过去早已遭到过非议。列宁在《共青团的任务》一文中对此进行过严厉的抨击。新中国成立以后,我们曾多次进行过改革,收到一些成效,但从整个教育体系来说,改变不是太大。十年动乱期间,"四人帮"鼓吹的所谓"开门办学",把事情推向极端,纯属蓄意破坏。粉碎"四人帮"以后,在肃清流毒的时候,由于没有很好分析,再加上其他方面的原因,目前的学生实际上已经回到了闭门读书的状况。一个日本学者在来我国访问之后的一篇文章中说:"通过实际考察,我感到,现实是学校把孩子圈起来,学校中以填鸭式教育和死记硬背为主,分数第一的意识已经很普遍。令人感到,旧学校的形式正在复活……"

这种封闭式的教育体系,是不可能培养出具有真才实学的人才的。特别是今天,科学技术的迅猛发展,对人才的要求比过去任何时期都高。现在不少人已经看到学生中普遍存在的高分低能问题。究其原因,就在于我们的教育是封闭式的。

当今的社会已经开始走向信息化,这为我们把封闭式的教育转变成开放式的教育提供了有利条件。我们要引导学生充分利用电视、广播、录音、录像、报刊、图书等现代化传递信息的工具学习知识,了解社会。也可以用"走出去,请进来"的办法,组织学生进行社会调查,为社会服务;请专家、学者、生产能手、劳动模范来校与学生接触,等等,使学生从修道院式的学习中解放出来,与沸腾的社会生活紧密相连。

二、从单一化、划一化,或称标准化、同步化,转变为多样化、灵活化

所谓单一化,突出表现在教育结构的单一。普通教育与职业教育不成比例,职业教育还没有形成体系,其数量与品种都还太少。特别是普通教育与职业教育之间界限分明,没有互相渗透。这个问题在一些国家已引起重视,被列为教育改革的主要内容,而在我国还没有受到应有的重视和注意。因此,相当多的中学生一旦考不上高中或中专,依然身无薄技,缺乏就业的准备。

所谓划一化,是指什么都划一:划一的学制,划一的教材,划一的教学大纲,划一的考试制度,连答案也有划一的标准。一切都一刀切,齐步走,这种做法不利于学生个性、特长的发展。用一个统一的模式把人的才能框起来,不利于创造才能的培养。

爱因斯坦自称是一个"离经叛道的怪人"。正是这种"离经叛道"的创造性思维,首先冲破了当时把牛顿力学视为终极真理的迷信,使科学界的思想发生了一次重大的革命,促进了自然科学的发展。按我们现行的考试制度,爱因斯坦很可能升不了大学,大概也成不了三好学生。

马克思主义教育思想的核心是使人的聪明才智得到自由、充分的发展。划一化的教育制度不符合马克思的教育思想,应该进行改革。改革的目标是多样化、灵活化,使每个人的才能得到充分的发展。

三、从信息灌输式转变为信息处理式

教育的过程在某种意义上讲是信息传递的过程。如何传递信息是一个非常复杂的问题。学习过程和思维过程不是一个简单的物理过程,不能像传递一件物品那样,你递过来,我传下去。人的脑子也不是一个简单的容器,像瓶瓶罐罐那样,把东西往里面一装就可以了。人们获得信息,运用知识,是一个十分复杂的系统工程。目前的教师讲,学生听、记、抄、背、考的教育方式,实际上是一种信息灌输。这种教育体系不能培养出"四化"建设需要的、能适应新技术革命要求的人才。说轻点,这是在压制人才的成长;说重点,这简直是在摧残人才,把人教"死"。

信息处理式的教育,是让学生成为学习的主体。教师的责任主要不在于向学生灌输信息,而在于指导学生学会自己去吸收信息,选择信息,运用信息。将信息灌输式的教育转变为信息处理式的教育,不是一件简单的事。它涉及教材的编写、教学原则与教学方法等一系列重大问题,当然是不容易的。

今后教育普及了,可能不会再有"文盲"这个概念了,但是可能会有不少"学盲",即离开了教师,自己不会学习的人。新的教育体系主要不是为学生提供完整的、系统的科学知识,而是为学生一生的自学奠定基础和提供方法。信息处理式的教育正是为了这个目的。

四、从单一信息渠道转变为两个渠道并重

这个观点已有专文论述,这里从简。要补充的一点是,目前教育界已越来越

重视这种观点，实践也证明这样做是有好处的。当然，这个观点不是十全十美，还有待于进一步探讨、研究、补充、修正。要形成一个较为完整的教育体系，有大量的工作要做，急于求成是不行的。

《深圳特区教育研究》，武汉大学出版社 1986 年版。

传统·现代·未来

打破传统教育思想的枷锁

当前,我国教育战线面临如何与传统教育思想决裂,使教育为社会主义现代化建设服务的问题。这是教育战线一切改革的总目标。

什么叫传统教育思想?什么叫陈腐的传统教育思想?概括当前的理论,主要有如下几种说法。第一是特定概念——从夸美纽斯开始形成的教育思想体系(称为传统派)。这个学派到本世纪30年代又发展成为"要素主义""永恒主义""新托马斯主义"等。它们吸收了赫尔巴特奠基的传统教育的某些经验,并吸收了杜威现代教育的某些合理因素,形成了"新传统教育"或"新赫尔巴特派"。第二是泛指概念——不管原来什么派,凡是几年来在教育实践中产生的经验、思想、理论,并已形成一定的程式,又与当前的要求不相符合,仍在影响着人们的教育思想。第三是来自中国自己的、从孔夫子开始长期形成的教育思想。

总而言之,传统有别于现代,有别于当前。传统教育最大的弊端,主要有四点:一是封闭式,二是划一化、同步化,三是单纯传授知识,四是信息渠道单一。

教育思想的核心,是培养目标问题。正如《中共中央关于教育体制改革的决定》所提出的,教育为"四化"服务,主要任务是"提高民族素质,多出人才,出好人才"。

"提高民族素质"的提出,证明了我们认识上的一个飞跃。它与中小学关系特别密切,应是中小学的主要任务。因为中小学还不可能直接培养出社会上可用之人才,只是奠定造就人才的基础。

什么叫作"好人才"?《中共中央关于教育体制改革的决定》也作了明确的回

答,那就是"四有""两热爱""两种精神"。这是新时期的培养目标,是德、智、体、美、劳在新时期中主要的和具体的内容。

概而言之,凡是有利于培养这类素质的人的教育思想,就是正确的教育思想,应当发扬;凡是不利于培养这类素质的人的教育思想,则属陈腐的传统的教育思想,不管它们原来属于哪一家哪一派,都要抛弃。

教育改革的春天

现在正日益广泛、深入开展的教育改革,不论是中国的,还是外国的,大体上是针对上述四个弊端进行的。目前,我国的教育思想研究和教育改革实践,都处于历史上最活跃的时期。

据了解,全国当前正在进行整体改革试验的学校,不下 40 所。其中,改革步子迈得比较大的,是上海师大办的实验学校。这个实验学校的改革指导思想,是让学生在德、智、体、美几方面得到充分自由的发展。他们打破划一同步的旧做法,采取弹性的新学制;打破封闭、单一渠道的传统做法,让学生从多条渠道中吸收信息。此外,他们还采取了充分发挥学生在学习上的主体作用的新手段,自编教材,自订进度。经过八年的坚持实验,他们已初步取得了成绩。

从单项改革的情况来看,上海青浦县顾泠沅教改实验小组的经验,也引起了普遍的注意。他们经过八年艰苦奋斗,初步取得成效后方才公开经验。这个经验推广之后,该县的初中数学成绩逐年提高。1977 年,全县初中毕业班数学平均成绩仅 11.1 分,零分的比例高达 23.5%。改革后的 1985 年,全县初中毕业班的数学成绩提高到 79.1 分,高出上海市平均成绩 10 分之多!著名教育家刘佛年教授认为,该经验水平之高,可与美国著名教育家布鲁姆相媲美。

其实,现在教育系统主要的矛盾,是由根深蒂固的传统教育思想所引起的。最引人注目的片面追求升学率,但这也只不过是其中突出的表现之一。有人戏称现在的教学工作是"贝多芬"(背、多、分)体系,即背得越熟,记得越多,分数就越高。其实,知识多并不一定才能高,记忆力强也不等于思维能力强。有人认为,单纯传授知识,还是在传授知识的同时注意培养学生的智能,这是新旧教育思想的分水岭。当然,新旧教育思想的区别,并不仅仅是这么一条。

教改中的禁区

教学改革似乎还有些禁区。特别是思想政治教育,禁区就显得更多。那么现在的思想政治教育完全恢复到 50 年代那一套,按当年那个模式进行,行吗?

回答是否定的。首先,我们党在十年动乱期间犯了错误,威信已不如 50 年代。照胡耀邦同志的说法,现在是马列主义处于低潮时期。其次,现在对外开放,国外各种思潮都会渗透进来,不同于 50 年代闭关自守的情况。第三,现在的对内搞活政策,允许甚至鼓励一部分人先富起来,不同于 50 年代事事搞集体、事事搞平均主义的那一套。这种时代的变化,我们还可以再列举出第四点、第五点……所有这些,都是新背景、新环境、新条件,我们绝对不能视而不见,墨守老套套。

另外,就思想教育本身而言,50 年代的做法在当时也不是没有缺点。尤其是"文革"期间,路越走越窄,最后只剩下"阶级斗争",许多人际之间应当共同遵守的准则,都被扣上资产阶级道德而加以否定了。例如人道主义、文明行为、民主、自由、平等……均被冠以资产阶级的帽子而遭摒弃。

中国历来被誉为礼仪之邦。中国是世界文明发源地之一。中国文化过分偏重人际关系,西洋文化着重人与自然的关系,中东、印度文化则注重人与神的关系。由于中国文化不重视研究人与自然的关系,因此我国的自然科学一直发展不起来。这正是我们今天经济落后的一个重要的历史原因。中国传统文化中确实有许多陈腐的、封建的内容,成为当今我们接受和适应以商品经济为中心所形成的许多观念(如竞争的观念、发展的观念、改革的观念,等等)的思想障碍,不利于现代化建设。但是,我国传统文化的主体是非常优秀的,应当加以继承与发展。因此,思想教育的内容和路子,应当开拓得更宽些、更广些。

教育的布局和结构

1978 年,我们到法国考察时,曾向法国教育部和某省的主要教育官员提出过一个问题:你们是怎样根据需要来设计学校的布局与教育结构,做到有计划地培养人才的? 这两位官员都不约而同地回答:"你们所提的问题,正是我们朝思暮想,希望解决而又永远得不到解决的问题。"

因为法国是资本主义国家，经济不能有计划地发展，人才需求不可能有计划，教育也当然不可能有计划了，只能随行就市，需要了就办，不需要就关门，事先无法策划筹谋。我们是社会主义国家，以计划经济为主，人才的需求是可以预测的。这方面的工作，由于种种原因，我们过去没有去做。现在，各地都在努力改革。

例如上海，它是个老城市，人口多，学校也多。长期以来历史所造成的不合理状况，要一下子改变，谈何容易。

粉碎"四人帮"之初，上海的学校，布局、结构都不合理。一是"四人帮"强调把学校办到家门口，学校布局十分分散，规模却很小，质量很低。二是近1000所中学中，竟有800多所是"完中"。一般学校在片面追求升学率的压力下，采取丢初中保高中，在高中又丢一二年级保毕业班的权宜措施。结果是高中保不住，毕业班也保不了，大量不合格的高中毕业生流入社会，成为社会不安定的因素。三是教育结构单一，中专全部停办，职业学校也名存实亡，社会需要的初、中级人才无处培养，用人单位只好先招工后培训，造成人力物力上的浪费。

针对这些情况，上海花费了很大的力气，用了几年时间进行调整和改革。一是把过于分散的小学撤并，保留了目前的3500所左右。二是大幅度压缩"完中"，从800多所压缩到目前的320多所。三是大力发展职业教育：第一步恢复和发展中专，目前已有100所左右；第二步把部分中学全部改为职业中学，也有近100所，另有200多所中学初中保留，高中改为职业班。经过这番努力，从去年起，初中毕业生升普通高中的仅占40％，而升各类职业学校的占60％。经过这样的调整、改革，上海的教育结构和布局大体上可以稳定10年。

学制的改革

在粉碎"四人帮"之后的好几年中，上海等大中城市的中小学一直实施"五四"制。大约1982年，中央规定中小学要恢复"六三"制。最近，国家教委的想法有所改变，提出两种学制并存，且倾向于"五四"制。几年来学制波动较大，令人颇有难以适从之感。

深圳比起上海等地来好办多了。一来学校少，二来反正都在新建，没有包袱。因此，深圳应当下决心去改，改为"五四"制。当然，这也需要逐步进行。譬如说，新建的初中一律按四年制建设；已建的，则能改的先改，一时不能改的放后一点。

花几年时间去完成学制改革是值得的，以后也许不会再折腾了。因为这件事酝酿已久，现在该是瓜熟蒂落的时候了。

改初中为四年的好处很多。一是原来的六三制，小学太松，初中太紧，初中延长一年，有利于学生德智体全面发展。二是在一个人的成长道路上，无论是思想、学业或体质，初中都是转变阶段（国外称为危险的年龄段）。学生在这一阶段分化最大，初中延长一年有利于减少分化，提高教育质量。三是从义务教育的角度来看，有些课程是必要的，要加强，如劳动教育、青春期教育等。可是，现在初中只有三年，实在无法加插这些内容。如果增加一学年，问题就容易解决。四是"五四"制符合目前世界教改的趋势。

在领导体制上，教委领导反对把学校管理权放得太低。这有过历史教训。他们认为，即使要放，也不能将所有权力都下放，用人权、业务领导权，不能放得过低。

深圳特区计划把义务教育作为一个阶段下放给区，高中阶段则由市直接领导。这个考虑是比较稳妥的。

《特区教育》1986年第1期。

对浦东新区教育的思考

没有第一流的教育，就不能算第一流的城市。这句话非常深刻，也非常精辟，高度概括了教育与社会诸方面的关系，包括同经济的关系、科技的关系、文化的关系，以及与精神文明建设的关系。

什么是第一流的教育？发达国家美国、日本，他们的教育算不算第一流？恐怕只能说又算又不算。说算，因为他们的教育的确是目前世界上最发达的，水平最高，办学条件、师资水平等也是最高的。尤其是日本，历来十分重视教育。它的两次振兴，完全是以智取胜，靠的是教育。说不算，因为他们目前也正在大声疾呼要改革教育。美国甚至认为目前教育上存在的种种问题，已使国家处于危险之中。日本也认为他们的教育已适应不了时代的挑战。于是改革的方案一个又一个出笼，这是我们都知道的。如果他们的教育已经是第一流了，已经能适应时代的挑战了，又何必要改革呢？又何必要国家的领导人、政治家们来抓这件事呢？中曾根的方案，布什的方案，都是亲自抓出来的。另外，这几年开放了，出去考察的人很多。比较一下，我们也有一部分中小学，无论是办学条件，还是教学质量，都不差。这几年各种国际学科竞赛，我们不仅不差，甚至还处在领先地位。美国人非常钦佩中国学生的学习质量，尤其是数学水平。那么，是不是说我们的教育也可以算是第一流了呢？

教育是人类历史的产物，是随着历史的发展而发展的。昨天的第一流不等于今天的第一流，今天的第一流也不等于明天的第一流。我们有的同志迷恋于光荣历史，迷恋于优良传统，就是没有去注意时代的变化，以为仅仅依靠传统的经验把学校办好就可以应对一切变化了。这种以不变应万变的想法是不行的。对教育事业来说，传统是十分宝贵的，必须继承。否定传统，丢弃传统，一切推倒重来，肯定是一场灾难,不会有好结果。但默守成规,抱住传统不放,恐怕也是不行的。

我的观点是传统要继承,也要注意吸收国内外新鲜的好经验、好观点,在此基础上加以创造和发展。继承、吸收、发展缺一不可。

那么,究竟什么是今天第一流的教育呢?用简单一句话来概括,第一流的教育就是从指导思想、办学模式、运行机制到教育内容、教育质量等方面都能适应时代挑战的教育。这个问题,目前世界各国都还没有解决好。所以,教育改革才成为当前世界性的潮流。各国都在企图通过改革,创造第一流的教育。就是说,大家的起跑线不是相差太远,尤其是上海。所以,既是挑战又是机会这句话,对教育来说是适用的。

作为浦东新区的教育,我们的着眼点应该放在这里。要把立足点放得高一些,看得更远一些,真正用邓小平同志提出的"三个面向"来指导我们的设计。希望在 50 年以后,我们的子孙不会埋怨我们在设计浦东教育时是如此缺乏远见。

总之,设计浦东新区的教育,不能只着眼于研究浦东,还要研究世界,研究未来。因为浦东是面向世界,面向未来的。浦东未来的经济是第一流的,教育也应当是第一流的。

研究未来教育的一个热门话题——世界面临哪些挑战,教育应当发挥什么作用

世界究竟面临什么挑战?联合国教科文组织研究教育如何适应未来挑战的问题,并不是从 80 年代开始的,早在 70 年代,就已经提出了这个问题。那时他们组织了一个以法国前总理富尔为首的专家小组。经过多少年的调查研究,他们写出了一份著名的报告:《学会生存》,提出了一个著名理论:终身教育。这个理论已经为全世界所接受。就是说由于科学技术的日新月异,一个人不能只在青少年时期受一次教育。那种受一次教育就可以终身受用不尽的时代已经过去了,人要不断地受教育,直到老死。这个理论当然是对的。但是这个理论并没有解决这个一次教育应当怎么办的问题,就是说没有解决从小学到大学这一次教育应当为终身教育奠定什么样的基础的问题。终身教育没有否定基础教育的重要性,但也不是什么基础都能有利于终身教育的。所以,在这以后,人们又回过头对现行的大中

小学教育进行研究。研究的结果是发现了不少弊端,从指导思想、教育内容、教学方法到评价制度,都有不少问题。苏联把过去的"双基"称为"臭名昭著的双基",美国把过去大中小学的教学内容贬为"庞杂而又营养不良"。于是教育改革问题才被提到重要的议事日程,也才有种种方案的出笼。

但是,这些方案也并没有完全解决目前面临的挑战。从 1988 年、1989 年开始,教科文组织又酝酿召开新的会议,研究对策,经一年多时间准备,于 1989 年 11 月,在北京召开了"面向 21 世纪教育国际研讨会"。参加的成员中不仅有教育家,也有政治家、科学家、军事家、企业家,人员覆盖面应当说是比较全面的,因而也是比较权威的。据会议的分析,未来世界面临的挑战有四个方面:

一是道德、伦理、价值观的挑战;

二是新技术革命的挑战,包括由此而引起的生态的挑战与资源的挑战;

三是交通与信息的挑战及由此引起的语言、文字的挑战;

四是劳动世界的挑战。

会议认为,如果我们今天培养的人不具备应对上述挑战的素质,就会出大问题。所以,教育就要按照这个思路来改革。也可以说,要培养出能够应对上述挑战的人,而且不是少数人,是全体。

这样的教育,才是第一流的教育。会议提出了"学会关心"这个口号,号召全世界从只关心自己、关心个人、关心本国、关心本民族的狭隘圈子里跳出来,要关心全人类、全球的命运。挑战是全球性的,对付挑战也要全人类齐心合力。会议认为要教育孩子不仅关心人类,还要关心自然界一切生命。会议批判了"征服自然"的口号,认为人类只能适应自然,利用自然,改造自然,而不能征服自然。"征服"的结果,只能导致生态的破坏、资源的枯竭、环境的污染,最后是人类自己的毁灭。这实际上已属于思想教育的范畴了。会议认为这么一件关系全人类命运的大事,只讨论一次是不够的,今后还要开会进行更深入的讨论。我认为这确是很必要的。

在联合国教科文组织进行研究的同时,一些发达国家也根据本国的情况,包括政治的、经济的、科学技术的、社会的情况,着手研究本国教育的改革问题。令人注目的是日本、苏联、美国的改革。日本在中曾根时代就组织了一个临时教育审议会,由中曾根直接领导。他们花了几年时间,前后写了四份报告,提出了改革日本教育的基本指导思想。重点是一要加强德育,提出"回到东方"的口号,二要使日本教育国际化、个性化。这些指导思想的针对性是很强的。苏联近年来也在着力研究教育改革,接连提出了好几个改革方案。其中,普通教育与职业教育互相渗透的设想,合作教育等已为我们所了解。

美国在前年和去年先后提出了两个改革方案。一个叫《2061 计划》,一个叫布什方案。《2061 计划》的全称叫《2061 计划——全体美国人的科学》,由著名美国民间科学团体——美国科学发展协会,在全国科学技术教育委员会等机构和企业的资助下,聘请了国内外科学界、教育界 400 多位专家,从 1985 年起花了四年时间,在调查研究的基础上提出来的。除一份总报告之外,还有五份报告,详细地论述了全面改革美国初中等教育体系的设想、步骤、目标及科学依据。美国舆论界称这个详尽的计划为"最雄心勃勃"的教育改革方案,认为这项规模空前、目标远大的计划一旦成功,不仅将使美国的基础教育发生根本的变化,而且将对国民素质和社会经济、科技、文化等许多方面产生难以估量的深远影响。据我看,这确是到目前为止,世界各国已经提出的各种教育改革设想中最大胆、最深刻、最有远见、也最冒险的一个。这个改革方案内容主要侧重于数、理学科的改革,虽也涉及社会科学与文科,但所占的比重很小。

所谓布什方案,顾名思义是布什亲自提出的。1990 年布什总统亲自主持召开州长会议(这样专门讨论教育问题的会议在美国历史上是仅有的,可见其重视),通过此方案。这个方案提出了美国在 2000 年以前教育要实现的六大目标。这也可以理解为美国教育现代化的目标。简单地说,这六大目标如下。

① 为就学做好准备:到 2000 年,美国的所有儿童要为上学做好准备。

② 学业完成:到 2000 年,高中毕业率至少提高到 90%。

③ 学生的学业成绩和公民道德:到 2000 年,四年级、八年级、十二年级的学生,在挑战性的学科上表现出显著的能力。这些学科包括英语、数学、理科、历史、地理。每所学校保证让所有学生学会很好地动脑。由此,他们可以为在现代化经济社会中成为一个有责任心的公民,为进一步学习成为高效率的雇员做好准备。

④ 理科和数学:到 2000 年,美国学生理科和数学的成绩要居世界第一。

⑤ 安全、纪律、无吸毒学校：到 2000 年，美国的每所学校都将成为无吸毒、无暴力的学校，提供一个有纪律的学习环境。

⑥ 成人文化和终身学习：到 2000 年，每个美国成年人将成为有文化的人，并具备完整的全球经济中所必须掌握的知识和技能，行使其权利及公民责任。

方案还说，这些目标不是总统的目标，也不是政府的目标，而是国家的目标。这些目标是过程的开始而不是过程的结束。各州可以在检查结果之后调整或扩大目标，即反映美国走向 21 世纪所面临的挑战及特殊环境的其他目标。

这个方案通过后，已被印成宣传画在全国不少场所张贴，号召全国的每个家庭、学校、学区、社区把它作为自己的目标来贯彻。不过，据我 1990 年 11 月在美国考察所见，这两个方案目前似乎还在宣传阶段或准备阶段，真正变成现实，估计还要一段时间。但从中我们可以得到一个启示，美国对于教育改革有一种强烈的紧迫感，是把它同美国的前途命运联系起来来认识这个问题的重要性的。同我们一样，是把教育作为强国之本的。

总之，这些发达国家从历史的经验教训中认识到了教育的巨大功能，认识到教育在即将来临的 21 世纪中可能发挥的作用，因此，更加重视教育，并力求实现教育的现代化。这也使我们认识到，所谓现代化教育，其内涵是全方位的，用一句流行的话来说，是一项巨大的系统工程，而不单单是指物质条件，虽然物质条件也是必不可少的。

由此可见，所谓教育现代化，首先要研究新时代人所必须具备的素质，教育者要有新的素质观，新的基础观，也就是我们常说的培养目标，要在观念上更新；其次要研究通过什么方式、什么新的途径，用什么新的内容与方法，来培养这些素质。这些都符合时代要求了，教育才能说是现代化了。

在严峻的挑战面前怎样设计浦东新区的教育

上海花了几年时间，制订了一个上海教育发展战略，并已经过国家教委组织的专家组鉴定认可。这个方案由于搞在浦东开发决定之前，没有考虑浦东的问题。专家组在验收时已经提出，希望继续研究。浦东教育作为上海发展战略研究的末了问题，现在已经迫在眉睫，非研究不可了。这是好事。

　　尽管如此,我认为浦东毕竟是上海的一部分,浦东浦西是不可分的,可以把浦西教育看作浦东教育的基础、大后方。所以,原来的战略方案中的许多思路,对浦东教育的开发,仍然是适用的。当然,浦东毕竟是个新区,有别于浦西,有许多特点,专门研究一下是完全必要的。

　　研究工作怎么进行,我提几条意见。

　　1. 收集一些发达国家的教育资料,进行比较研究。

　　2. 邀请近年来去国外考察过教育的人,或研究比较教育的专家,邀请一部分有现代观念的教育家、科学家、企业家……有准备地开几次研讨会,事先可提讨论要求。上海这样的对象并不少。

　　3. 组织国内外的考察:国外如日本、新加坡,路比较近,费用不会太多;国内如广东珠江三角洲,包括深圳、珠海、中山、新会等地,其他地方如长春、天津、北京、南京、福建、大庆,也有几所学校标准是较高的,值得看看。

　　总之,先要开拓思路,多方比较,争取获得更多的信息、意见,使决策建立在一个可靠的基础之上。更为重要的是,考察问题的立足点,应站在世界水平上,尽管不可能一蹴而就,但每跨出一步都要立足于世界水平,不可搞瓜菜代。教育的确是百年大计,要想得周密一些。

　　浦东虽是新区,但不是一张白纸,已有一批学校。其中中学有 42 所(内市重点 1 所,区县重点 4 所,均有一定水平与基础),小学 146 所,幼儿园 130 所,其中也有办得比较好的。浦东毕竟是一个新区,未来的人口可能比现在增加一倍,接近 200 万。针对这个情况,只能在全面规划的前提下采取改造与新建相结合的方针,通过改造与新建,逐步形成浦东教育的整体。这是比浦西有利的条件。上海从建市以来,还从来没有在这么大的一块土地上,对教育进行事先的整体规划,这就看我们的设计者们如何在这张纸上构思,如何下笔。

　　未来的浦东教育究竟怎么办? 我没有深入思考过,一些初步想法如下。

　　一、高标准。无论新建还是改造,学校要搞一所是一所,不要过几年又回头再搞,老是没完没了地返工。特别是土地,如果不留余地,今后就毫无办法。所以宁可步子放慢些,但要做得更好些。要整体规划,分步到位,把土地留出来。争取用 10 年左右的时间,把浦东的学校从硬件到软件基本上建得有个现代学校的样子。特别是新建的，一定要建一所像一所。在几十所中小学中，可有10到15所中学，标准更高一点，做到场地宽敞（100—150亩地左右），设施齐全，现代化程度较高，建筑标准更高，并且留有余地。同样，也要有一批高标准的小学，与之相适应。

学校设施要按照上海课程改革方案实施需要设计，即三类课程：必修课、选修课、活动课，都要有教室，还要有一部分学科（如语音、电脑、史地、劳技）专用教室；实验室在国内可参考福建一中、南师附中、东北师大附中的标准设计；图书馆建筑至少能容纳藏书10万册，另有可容纳200人左右的阅览室，要考虑全开架设备；建有400米跑道的运动场、健身房，游泳池也必须考虑。硬件之外，当然还要有相匹配的软件。还是那句话，不能赤膊穿西装。

二、多样化。人是多样的，成才之路是多样的，社会对人才的需求也是多样的。我们过去的教育，搞的是一种模式、一个标准、一条路子，过分划一，同日本一样（中国的近代教育最早是学日本的，以后又学苏联。这两个国家的教育，都是过分划一。日本叫作划一主义，正在改革），把千差万别的人，放在一棵树上"吊死"，不知道压制了多少人才的成长。浦东新区的教育不能这么搞。毛泽东同志也说过要不拘一格降人才。不能搞一个格。这方面，上海以前就比较活，有传统模式的，如南模、上中、敬业等，也有陶行知办的育才学校，如黄炎培办的，陈鹤琴办的，不是都出人才吗？

总之，教育要多样化，用不同的办学模式来培养不同的人才。基础教育，也可以多样化。有小学、初中、高中分设的，有九年一贯的，有初高中合在一起的"完中"，也可以有几所女子中学。在高中阶段，可以办几所综合高中、理科高中，等等。初高中毕业生还可试行三张证书的制度，即除毕业证书以外，还有实践动手能力证书和心理素质证书。这样既有利于调动学生向某些方面努力的积极性，也有利于高一级学校或用人单位量材使用。

三、层次化。首先要普遍办好学校，尤其是义务教育阶段的学校，以保证所有公民的基本素质。其次，由于人的智力是有差别的，所以在此基础上，学校也应当有层次。现在不少人反对办重点学校。没有重点就没有政策。办重点学校是小平同志建议的，并不是权宜之计。重点学校的名称可以取消，但学校有不同层次是客观存在。世界各国都如此。现在如此，将来也不可能改变。现在有一种新鲜理论，叫作"平等教育"。世界上只有教育平等，不可能有"平等教育"。所谓"教育平等"，是指受教育的机会均等，但不可能人人都受到一样的教育。因为人本身也是有差别的，还要经过竞争，所以每个人达到的水平不同。"平等教育"是不现实的。

所谓学校有层次，就是最高一层可以办成尖子学校。像法国的路易十四中学，美国的斯蒂文逊中学，都是培养尖子的。路易十四中学是全国招生的，采用淘汰制。法国全国就这么一所，确实出了不少出类拔萃的优秀人才，如雨果、狄得罗。法国的总统、总理差不多都是在这里打的基础。斯蒂文逊中学创办80年，已有4个学生获得诺贝尔奖。在这两所学校学习，学生的聪明才能可以得到充分发展，也可以跳级。我觉得在上海，浦东新区也可以考虑办一所，全市招生，寄宿制。

四、国际化。面向世界，培养既能坚持社会主义方向，又有全球意识的一代新人，这并不是要改变教育的社会主义性质，放弃教育的主权。全球意识也就是开放意识。我们的学生要了解世界，有走出亚洲、冲向世界的意识，有外国的政治、经济、文化、历史、地理等方面的知识，有外语能力。在浦东办一所外国语学校是必要的，但不够，所有学校都要重视外语教学，越早越好，不然怎么能面向世界？美国就有这类学校，学生在初中阶段就开始有所专注：有研究亚洲的、有研究非洲或欧洲的。日本当前正在进行的教育改革，其中一个重要的指导思想就是实现教育内容的国际化。

五、办国际学校。为了满足在外资企业中工作的外国人子女的上学要求，可以考虑办一所国际学校。从幼儿园、小学到初高中都要。这也是一个重要的投资环境，它能使外籍人员安心工作。这类学校也可以招收一部分中国孩子，让他们与外国孩子一起学习，从小就相互了解。

六、及早研究初中与普通高中后的教育问题。普通高中毕业生当然不可能全部升大学。对未能升大学的人怎么办？联合国教科文组织为此还开过专门会议。美国是用社区大学的形式来解决这部分人的职业培训问题的。我们怎么办？采取什么方式？初中后、高中后的教育模式是当前国际教育研究的热点。总的指导思想是要机动、灵活、多样，一校多用，能主动适应社会经济文化发展的需要。

这类研究课题我们必须尽快上马。

七、社会化。除学校教育以外,还要研究学校以外的社会教育问题,实现教育的社会化,社会的教育化。要通盘规划一下浦东新区的社会教育设施,如图书馆、博物馆、艺术馆、文化馆、科技馆、活动中心、少年宫、体育场馆、音乐厅,等等,优化整个社会环境。这些场馆国外一般对学生都是免费开放的,而且同学校教育联系十分密切,配合得很好。我们如何借鉴,要考虑。

八、校长与教师的准备。办好学校关键是校长与教师,要预做准备。新师资不一定都是师范院校毕业的,要有一部分综合大学的毕业生,他们的潜力较大,知识面宽。两部分师资力量结合,效果较好。美国正在改革师范院校的招生办法,招收综合大学的毕业生,再进行一年的师范专业教育,据说效果较好。

九、制订特殊政策。如工资、住房,等等,以吸引优秀人才去浦东新区工作。

十、从整体出发。要充分利用浦西教育的基础与条件。浦东背靠浦西,可以充分利用这个条件,这是我们的优势。朱市长提出搬几所名牌学校过去搞"母鸡下蛋",不失为一个好办法。另外,也还可以请大学到浦东去办中学。华师大、上师大、复旦、交大、同济、外院、科大、工大,等等,都可以去。大鸡生小蛋,比较省力。而且大学各有特色,可以办出特色中学。如同济办的中学,外语可以全部开德语。50 年代办工农速中也是采取这个办法,很快就办好了。现在的复旦附中、交大附中就是那时打的基础。中学可以去办分部、分校,这是小鸡生大蛋,比较吃力。

对浦东新区的教育设计,应当有多种思路,然后进行比较、论证,确定最后的方案。开论证会时还应邀请国家教委和兄弟省市的有关专家,特别是长江沿岸与长江三角洲的有关省市的专家一起研究。

《上海教育科研》1991 年第 3 期。

关于培养创造才能的几点认识

　　培养和发展人的创造才能,已成为全世界政治家、科学家、教育家所共同关心的问题。人们所以会同时提出这样一个问题,是有其时代背景的。就世界范围来说,迎接新技术革命的挑战,关键在于要培养出适应新技术革命需要的人才。关于新一代人应当具备什么样素质的问题,人们有一些看法是共同的,如应当具有不断追求新知的激情与兴趣,要有较强的自我更新知识与技术的能力,要有广博的知识基础而不要过早偏科,等等。其中突出的一条是要有创造才能。就国内来说,要实现本世纪末达到小康水平和建国 100 周年时赶上世界发达国家的经济水平的宏伟目标,关键是人才的数量与质量。

　　过去,我们常说人多力量大。现在看来这句话讲得不完全,应该说只有人才多才是真正有力量。据联合国教科文组织提供的资料,当今世界上 95%—97% 的科技发明权与享受权在发达国家。所以,光人多作用不大。同时,讲人才也不能只讲尖端人才。人才是多层次、多门类的,要看一代人的素质。据统计,英国有 63 人获诺贝尔奖,日本只有 3 人。但日本的科技产品大大超过英国,原因是劳动大军的整体素质高。人才是有标准的,而这个标准又随着时代的发展而变化。社会、经济和科学技术越向前发展,对人才素质的要求就越高。我国在新的历史时期对人才素质的要求,《中共中央关于教育体制改革的决定》中已有明确论述,即"四有""两热爱""两精神"。这个要求对我国长期以来形成的人才观,是崭新的,甚至可以说是一个革命性的变化。

　　我国封建社会发展极其缓慢。每一次朝代的更迭,都是开国皇帝打江山,打下江山之后守江山,要求子孙也是守业的人。所谓"半部《论语》可以治天下"就是这个意思。这种守业人的特点,总是面向过去,以前人的成就为顶峰,墨守成规,不求进取。几千年来,我国形成了听话、驯服、唯上、唯书、温良恭俭让的就是好人才的观念。这种封建的人才观,直到新中国成立以后,还严重地影响着社会。比如,"文化大革命"中语录不能写错一个字,写错一个字就会飞来横祸;粉碎"四人帮"后,还有人要提两个"凡是"。可见习惯势力之严重。所以,改变人才观是一场观念形态的革命,不解决这个问题,就难以培养创造人才。

我认为培养共产主义理想同培养和鼓励创造才能是相辅相成的。因为我们提出的培养目标是全面的,要有"四有""两热爱""两精神"。这是一个统一体,不是孤立的,更不是割裂和排斥的。不能说要进行共产主义理想教育了,就不能提培养创造才能,也不能一提培养创造才能,就忽视共产主义思想教育。所以,我反对孤立地提培养创造才能。

什么是创造才能?至今还没有一个科学的定义。据说1983年日本创造学会曾向全体会员发出征询,请各人说出自己对创造才能的看法。有83名会员寄来了书面答复。这些答复经整理后发表于他们的会刊,题目叫《创造是什么?——八十三种定义》。有人说:"创造是制造出人类社会过去和现在都不存在的事物和思想。"有人说:"创造就是解决新问题,进行新组合,发现新思想,发展新理论。"也有人说:"创造就是从旧价值体系中引出新价值,经过充分的有机组合,把不同事物组合成新的精神结构。"等等。

什么叫创造?我认为有三点是共同的。一是新,前所未有;二是有价值,要有社会效益;三是符合客观规律,符合科学,不是胡编乱造。不管是思想、理论、文学、艺术方面,还是科学技术方面,也不管是思维活动,还是实践活动,都可以培养创造才能。

有人把创造能力仅仅理解为一种技艺、一种方法,甚至想用创造学来代替教育学,要教育工作者只按创造学去办事。许多专家学者是不同意这种看法的。钱学森同志在一篇文章中说,这是把培养一个人的智力同教会人一项技艺这两件不在同一等级上的事混在一起了。学一项简单的技艺,例如学讲一种外语,讲得外国人能听懂,可以用这种强行灌输的方法。我国期刊上这种包教包会的广告很多,但是没有包教出诺贝尔奖金获得者的广告。就是讲外语,说得使外国人听懂是一项技艺,但要讲得文理优美、风趣,那就不是一项简单的技艺,而是文化教养的问题。

我完全赞成这个意见,即创造才能是一项综合性的能力,涉及许多方面,要在全面研究人的素质的基础上去研究创造才能的培养问题。孤立地研究创造才能,把创造仅仅看作是一种技艺、一种方法,是不全面的,也是达不到目的的。培养人是一件十分复杂的工程。人们把教师称为人类灵魂的工程师,那么培养人的科学就是灵魂工程学。传统的教育学要改革、改造,但决不能简单地以创造学代替教育学。创造才能是建立在综合的基础之上的,要全面地研究并打好这个基础。这个基础包括共产主义理想,即"四有""两热爱"。我们不能孤立地讲培养学生的创造才能,要为他们全面地打基础。否则,创造才能就会变成无源之水、无本之木。

上海有个发明高空穿绳器,获得国际大奖的小学生,叫茅嘉陵。他读到初中,学习成绩严重下降,有五门功课不及格。他有一个错误认识,认为爱迪生中学没有毕业,不也成了发明大王吗? 因此,他一门心思去搞创造。结果新的创造没有搞出来,成绩却大幅下降了。我对他讲,爱迪生没有初中毕业,那是历史条件造成的。如果他生在今天的上海,一定会读完初中。据了解,爱迪生在大干线铁路公司当报童时,就经常在底特律图书馆读书。他家里总是有书呀,杂志呀,还订了五六种报纸。所以,我认为他一生能有 1093 项专利权,没有一定的基础知识是不可能的。

日本也有一个被称为发明大王的人,叫中松义郎。他在 50 年的发明生涯中,共获得大小专利权 2360 项。他总结说,发明过程有 10 个步骤,只要照这 10 个步骤去做,就会有发明。这 10 步是:

1. 抛弃一切陈旧迂腐的概念,切勿使自己的思路被老一套框住;

2. 要做深入细致的调查研究,做到心中有底;

3. 要有一定的科学理论基础,掌握与发明对象有关的科学知识,要掌握各种科学知识,融会贯通,同时应有文化修养;

4. 要善于捕捉自己的灵感,并努力使之实现;

5. 根据自己头脑中的设想,进行实际试验;

6. 对试验中取得的数据,进行认真的讨论;

7. 了解发明是否实用;

8. 再一次试验；

9. 一旦证明一项发明有实用价值，就要使它日臻完善；

10. 使发明成为一种有实用价值的商品。

可见，发明除了要有一定广度和深度的基础知识外，还得有实干精神和坚韧不拔的毅力。此外，一个人要成才，还有许多非智力因素。例如兴趣、信心、动机，等等。有的心理学家，如美国布兰代斯大学的特里莎·阿玛贝尔认为，"内心的激情有助于创造"。她说，如果人们被自己的兴趣和乐趣所鼓舞，这将是他探索不同途径的最好时机。她把兴趣的作用看得很高。对我们来说，兴趣当然很重要，但它毕竟还是比较低级的动力，真正能持久的动力，应是在兴趣基础上的理想。

那么，过去讲打基础，现在也强调打基础，区别在哪里呢？我认为根本的区别在于指导思想不同。要培养守业的人，工作上就会重书本，轻实践；重知识，轻智能；重灌输，轻启发；重记忆，轻思考；重照搬，轻创造；重共性，轻个性；重划一，轻灵活，等等。培养具有创造才能的人，做法上就会不同。有人说，传统教育与我们现在希望创建的新教育的分界线，就在于前者是以传授知识为主，后者是在重视知识的同时着重于发展智能。这是有一定道理的。当然，深入研究下去，守业的人与有创造才能的人在知识结构、智能结构方面也是不相同的。这就涉及教学计划、课程设置、教材编写以及管理制度、考试制度等一系列问题。

长期以来，马克思、恩格斯有一个十分重要的教育思想没有引起大家的重视。马、恩在《共产主义原理》《德意志意识形态》等重要著作中都提到这么一个观点，即共产主义就是使每个人的聪明才能得到充分、自由、全面发展的唯一的社会。当然，现在还不是共产主义社会，还不可能完全做到这一点，但是否可以说，我们应当朝这个方向努力呢？是否可以说，我们目前正在进行的教育改革，其重要任务之一，就是要改掉一切限制人的才智、自由充分、全面发展的不合理的东西？例如，改革传统教育中封闭式、灌输式、同步化、标准化、划一化的做法，改掉那种僵死的模式与凝固的观念。我认为这是应当的，也是势在必行的。

这种改革可以从小改小革开始，从教学方法的改革开始，但是不能停留在小改小革上，也不能仅仅停留在教学方法的改革上。随着改革的深入，人们最终必然会对学校的各项工作进行全面的、系统的改革，最后建立具有时代特征的、有中国特色的社会主义教育体系。这个新的教育体系的一个最大特色,也就是马、恩的理想。

绝大多数儿童或多或少都具有创造才能。只是在陈腐的传统教育思想的束缚下,他们的创造才能没有受到及时的、应有的重视,有的被渐渐地、有意无意地扼杀了。扼杀创造才能的常见现象是用一个模式、一个标准去要求学生,或是用求全责备的观点去苛求学生,或是用题海战术、频繁的考试压得学生喘不过气,等等。胡耀邦同志在一个批示中尖锐地指出:灌的量那么大,灌的方法那么死,作业、考试那么频繁,有什么用?我们总喜欢求同,不喜欢求异,而创造就需要求异,都同一了,就无新创造。

总之,培养创造才能是一件细致的工作,也是一项综合性的工作,粗枝大叶不行,孤立地、片面地去抓更是不行。

《人民教育》1986 年第 10 期。

让孩子们的聪明才智得到充分发展

　　教育工作的根本任务是培养人才。教育工作的成败得失，说到底，要用是否为各条战线培养优秀人才来衡量。我们说"文革"前教育工作的路线是正确的，十七年的成绩不容否定，"两个估计"必须批判，最有力的论据就在于那一段时间教育战线培养和输送的人才不仅数量多，是我国历史上任何一个时期所不可比拟的，而且其中不少人的确十分优秀，目前已成为各条战线的骨干，成为我们实现"四化"的主要依靠力量。正因为如此，当前我们在贯彻调整、改革、整顿、提高八字方针的时候，会首先考虑如何去恢复那些经过实践检验，被证明是正确的、行之有效的过去办教育的好经验、好传统。

　　但是，我们也应当承认：十七年的办学经验并不已经十全十美，更不是顶峰。十七年固然培养了不少优秀人才，但其中出类拔萃、智慧超群，在科学上有重大突破，在世界上处于领先地位的人却为数极少。其原因是较为复杂的，但作为培养人才的教育部门总有一定的责任。如果承认这个观点有一定道理的话，那么我们就得想一想，过去教育工作上还存在什么不足之处，有哪些薄弱环节需要今后注意？如果不是林彪、"四人帮"的十年大破坏，60年代中期，我们也一定会提出这个问题的。

　　历史在前进，时代在发展。现在，实现"四化"是全国上下的中心任务。教育工作必须同实现这个大目标联系起来，为"四化"培养更多、更优秀的人才。目前世界自然科学正在酝酿着新的突破，我们也有责任对此作出贡献，以便在本世纪末，我们不仅在经济发展上跨入世界发达国家的行列，而且在许多科学领域中处于领先地位。这不是吹牛皮，说大话，而是一个伟大民族应有的责任与抱负。

　　基于此，我们既要充分肯定十七年已经取得的成功经验，又不能满足于十七年的经验。我们的教育还要前进，要面向全体学生，在大面积提高教育质量的基础上，培养出一批在各个科学领域有重大突破的、能够而且敢于"破纪录"的拔尖人才。

中国人是以聪明才智闻名于世的。美国有一句颇为流行的话，说是"美国的财富在犹太人的口袋里，美国的智慧在华人的脑袋里"。这话可能有点夸大，但也不见得纯系无稽之谈。怎样使中国孩子的聪明才智得到充分的培养和发展呢？这是我们应当考虑的。

著名教育家夸美纽斯曾批评中世纪的教育是"才智的屠宰场"。我们的教育当然不是这样，可是，是不是存在一些忽视孩子们才智发展的缺点呢？

曾听到一个学生抱怨说：现在学校里是"记忆力用得过多，思维力用得过少"。这个意见很值得我们深思。

长期以来，我们很少提到要重视培养和发展学生智力。

我们强调基础知识和基本技能，"落实双基"成为广大教师教学工作的基本要求，这是必要的。但是，课堂教学的组织形式、环节和方法都显得比较机械和呆板，甚至流于形式，学生思维很不活跃。

"双基"当然十分重要。学生不掌握大纲规定的基础知识和基本技能，当然会影响智力的培养和发展。但是，学生牢固而熟练地掌握了基础知识和基本技能，并不等于就培养和发展了智力。二者有联系，思维能力的培养，智力的发展，一定要以扎实而丰富的知识为基础和素材。二者又有区别，知识多不见得就是智慧高。如果把知识比作黄金，智慧就好比能点石成金的指头。诸葛亮之所以为后人所传诵，不仅因为他有渊博的知识，而且因为他足智多谋，被视为智慧的化身。我们需要的是既有广博知识，又有高度智慧的人。我们不能只给学生以黄金，更要给学生以点石成金的指头。教育方针规定要培养学生德、智、体全面发展，是"智"而不是"知"。我们不能只问学生掌握了多少知识，还要看学生的智慧发展得如何。

很多同志看过《未来世界》这部美国电影。影片中成群的机器人在从事各种复杂的工作，简直真假难分。然而有一点，机器人不管怎么灵巧，只能按照身上所装的"程序"进行活动。而人，除了老师或旁人教给他的知识和技能之外，他还会自学,还会创造,还会发明,还会发展。创造、发明、发展,正是智慧的表现。将来机器人肯定会越来越灵巧,能承担许多人的劳动和工作,但永远也不可能超过人。人为"万物之灵"这句话在地球上恐怕是永远可以成立的,尽管并没有召开万物大会推举过。但是,如果我们只抓"双基",认为"双基"就是一切,甚至发展到迷信"题海战术",把学生压得喘不过气来,不重视培养和发展学生的智慧,那么"人"这个万物之灵也就会慢慢地不那么"灵"了。从这个意义上说,夸美纽斯的话所指向的现象即使在今天也还值得我们警惕。

在教学工作上,我们经常引用毛主席说过的一句话,即要培养分析问题和解决问题的能力。这是对的。因为学习知识是为了用,为了解决问题。否则,装了一肚子书,满腹经纶,又有什么意思呢?但是,我认为孤立地引用这句话,甚至把它作为教学工作的最高奋斗目标,就没有完整地体现毛主席的思想。分析问题、解决问题,首先要发现问题与提出问题。如果只培养分析和解决问题的能力,那么问题是谁来发现和提出的呢?爱因斯坦说过:"提出一个问题往往比解决一个问题更重要,因为解决问题也许仅是一个数学上或实验上的技能而已,而提出新的问题、新的可能性,从新的角度去看旧的问题,却需要有创造性的想象力,而且标志着科学的真正进步。"马克思、列宁、哥白尼、牛顿、爱因斯坦等革命家和科学家之所以伟大,不仅因为他们在分析问题和解决问题上具有高超水平,而且在于他们发现和提出了一般人难以想到的问题。提出新的问题,不仅需要有卓越的见识,闪耀新的思想火花,还要有足够的勇气,敢于担一定的风险,即平常说的具有大智大勇。所以我们不仅要培养学生分析问题和解决问题的能力,更要培养学生发现问题和提出问题的能力。不重视培养学生的这种能力,将来就很难出现在科学上有重大突破的领先人才。毛主席在更多的地方都提到要鼓励学生有创见,说过如果学生在某一个问题上回答有创见,即使其他问题回答得不怎么样,也可以打 100 分。他还鼓励我们要有所发现,有所发明,有所创造,有所前进。可见,他是何等重视发现问题和提出问题的能力啊!

要使我们的教学工作再前进一步,就应当把重视学生智力发展作为一个十分重要的课题来加以研究和实践,在加强"双基"的同时,创造和积累培养学生智力的经验。

智力,不是一个抽象的概念。它有十分具体的内容,诸如观察能力、思维能力、想象能力,等等。在这些方面的能力上,人与人之间的差距很大。在观察能力上,每个人观察客观事物的灵敏性、细致性、深刻性、正确性、完整性和坚持性是大不相同的。在思维能力上,每个人对客观事物的分析、综合、推理和判断也是大不相同的。至于想象能力,那就更不相同了。就一个人来说也是这样,他可能在某些方面显示出异常的聪明,而在另一些问题上表现极其平庸。这确实是一个十分复杂的问题,需要我们在教学工作的每一个具体环节上认真细致地加以研究,对每一个教育对象进行深入细致的分析,发展他的长处。而且这项工作要持之以恒,坚持不懈。智力,有先天素质的因素,更有后天培养的因素。教育工作者在这方面大有可为、大有文章可做。国外现在有智力开发的说法,中国人的智慧宝藏应当也是极其丰富的。

重视学生的智力发展,教学工作必然会产生一系列的变革。例如,教材内容要考虑如何编写得更有趣味,更有启发性,更能引人入胜,激发学生求知的冲动;教学方法不能满足于讲得正确,讲得清楚,要考虑启发和鼓励学生多思、勤问,勇于异想天开;课堂教学的组织形式也不能完全按照教师事先周密设计的程式进行,要十分细致地注意学生思维活动的状况,并根据学生"临时"提出的有意义的问题而改变原定计划;考试考查的制度、内容和方法,包括各类学校的招生考试,也必须考虑要真正反映学生的才能。还有,不能只重视课堂教学,还要重视在课外引导学生广泛涉猎各种书籍,组织学生开展各种课外科技、文艺等活动。甚至学校环境和课堂环境的布置,也得考虑如何能引起学生求知的兴趣,有助于发展学生的智力。当然,这对教师本身的素养,教学工作的科学性与艺术性,也提出了更高的要求。

这样,我们的学校必然会出现一个崭新的面貌,把教学工作提高到一个新的水平。

记得 30 年代,学校里有一首十分流行的著名歌曲,即聂耳的《毕业歌》。歌词中有两句话:"我们今天是桃李芬芳,明天是社会的栋梁;我们今天是弦歌在一堂,明天要掀起民族自救的巨浪。"当年高唱这首歌曲的青年学生,其中不少人确实实践了这两句歌词,投身民族解放的伟大斗争,在中国共产党领导下,前赴后继,终于推倒了三座大山,创建了社会主义的新中国;确实成了社会的栋梁,成了今天各条战线的领导骨干。那么,我们是不是也应该联想一下今天各级各类学校里桃李芬芳的学生及他们的历史使命、他们所肩负的重任呢?他们是实现"四化"的生力军和后备军。二三十年之后,他们将是实现"四化"的栋梁。他们应当"青出于蓝而胜于蓝",应当比前辈人更能干,更聪明,更有智慧,也更有作为;不仅对中国,而且对全世界,对全人类要作出更多、更大、更卓越的贡献。

让孩子们的聪明才智得到充分发展,应当作为我们改进教学工作的战斗口号。

《人民教育》1980 年第 1 期。

成功教育和教育的成功

我非常赞成闸北区教育领导部门在闸北八中进行的教育改革试验,也非常赞成把这一项试验概括起来称为"成功教育"。"成功教育",就是要求更新教育观念,通过深化改革,创造良好的教育模式与教育环境,让每个学生的才能得到充分发展,今后能在不同的领域里与不同的层次上获得成就,为社会主义现代化建设服务。

我认为,所有的教育工作者,包括家长与社会,对所有正常发育的孩子都要树立两条基本信念:第一,要坚信"天生其人必有才,天生其才必有用";第二,要坚信"人无全才,扬长避短,人人成才"。就是说,只要不是白痴,人都是有才的。如果能帮助他们发现自己的长处,然后提供条件并加以引导和鼓励,使其不断获得成功,从而树立起自尊与自信,那么,他们今后都可以在某一方面获得成功,成为有益于社会主义建设的有用之才。

因为人无全才,所以对学生要采取"允许落后,鼓励冒尖"的原则,即对学生的某些学科降低程度,降低要求,鼓励他在另一学科领域冒尖,直至有所发明创造。扬其长而避其短,何必强求文学家要有那么多的数学知识呢?如果一定要朱建华门门功课都达到高水平,可能他的跳高就破不了世界纪录。据说陈景润在应付日常事务上是不大行的,还闹过不少笑话,但这并没有影响他在数学王国里取得伟大成就。所以,允许落后,才能冒尖,这大概是成才的辩证法。

大约三年前,我曾到过闸北八中。那时他们已经在研究如何改变学校的落后面貌,其中最令人发愁的问题是如何改善生源。这是所有学校都关心的共同问题。重点学校可以凭借其优势,到处拉好的生源;一般学校如果所处地区的家长文化层次较高,社会环境较好,凭"就近入学"这一条,也可以招到较好的学生。最困难的是闸北八中这一类学校,上面这些条件都不具备,要打翻身仗可比登天还难。在这种情况下,有的学校就认了"命",反正命中注定,努力也是白搭,就此甘居于"第三世界"的地位,不思进取。但当时八中的领导不是这样。他们在积极开动脑筋,力求改变学校落后面貌,壮志可嘉。我是非常赞赏他们这种精神的。记得我对他们讲过这样一些观点,就是这些孩子不可避免地要受到地区和家庭的影响,要正视这个事实,这是唯物主义的态度。只能采取积极办法,经过一两代人的努力,逐步改造这个地区。因为这里的孩子都要进这所学校。如果学校办好了,学生素质提高了,那么这一代人成为家长,成为这个地区的主体时,未来孩子的生活环境就改善了。共产党人办教育就要有这种愚公移山的精神。移风易俗,改造社会,当然也改造了生源。我着重说的另一点,就是学生的成长环境差,不等于他们的智力差,他们同别的孩子一样聪明,问题是他们的智力在发展过程中,受到了压制或压抑。如果能提供一定的条件,帮助他们发现自己,并树立信心,他们的智慧之花同样会开得鲜艳夺目。相信他们的才能,这也是唯物主义的态度。问题仍然在于教育,在于用什么样的观念来指导教育,以及采用什么样的教育模式。

我曾与教育界的一位同行半开玩笑地说,我国目前的教育是在源源不断地向社会输送失败者:小学毕业生通过升学竞争,胜利的上了重点初中,失败者进入"差校";初中毕业生,胜利的上了高中,失败者进入社会;同样,高中毕业生,胜利的上了大学,失败者进入社会;大学毕业,胜利的出国留学,失败者留在国内;在国外学成者,胜利的千方百计留在国外,留不成而失败者回到国内。这样,流向国内各行各业、各个层次的建设者,大都是竞争的失败者。本人带着失败者的心态,学校、家长、社会也是用看待失败者的目光去看待他们。我们源源不断地补充进建设队伍的人,都是各次竞争的"失败"者,如果真是如此,"四化"建设还有什么希望? 这当然是极而言之的过头话。事实上,不少年轻人尽管升学不成,仍然能正确对待,甚至更加奋发图强,仍然能满怀豪情壮志地去参加社会主义建设,作出自己的贡献,并没有自暴自弃,自甘沉寂。然而,我们的办学指导思想以及一切措施都是围绕升学这根指挥棒转动的,也的确有许许多多人是带着失败者的心态进入社会的,社会中也的确有许多人是这样看待他们的。这种严重情况,难道不值得深思吗? 我们难道不应该大声疾呼,去唤醒人们,去改变这种违背科学、违背人民根本利益的不正常状况吗？

一个人最可怕的是失去自尊与自信。失去了自尊与自信，就一切都完了，有才能的也变成无才能的了。可以认为，自尊与自信，是一个人成才的前提条件和必备的心理素质。我们现在的教育，不仅不注意、不重视培养这种心理素质，相反不断地加以打击和摧残，直至其全部丧失。首先是规定几门课程、几本统一的课本，作为学生学习的唯一内容。然后又设下一整套貌似公正，实际却是主观的、狭隘的竞争机制与考试办法。考试内容是规定的几门学科，规定的几本书，应试主要靠机械记忆。考后，以分划线。凡是不符合规定要求的学生，不管在其他方面有多大才华，一律称为"差生"，被打入另册。这么一来，似乎天下的英才就被全部选拔出来了。这实在是自欺欺人的荒唐之举；而被淘汰下来的人，也以为自己是无能之辈，不思努力了。这是非常可悲而又可惜的。

我之所以说这是自欺欺人的荒唐之举，首先是因为谁都知道人的才能是多方面的，社会需要也是多方面的，而现在考试的内容与考试的方法，顶多也只能考查其中的一个方面，并不能反映一个人其他方面的才能。一个人即使一个方面差一些，并不等于其他方面也不好。其次是谁都知道每个人发展的阶段不一样，有人大器晚成，有人"小时了了，大未必佳"。爱因斯坦、丘吉尔的例子是众所周知的。这两人小时候学习成绩都相当差，可长大了都获得辉煌的成就。难怪尼克松在评论中国的教育制度时说：如果爱因斯坦与丘吉尔出生在中国，肯定成不了才。因为他们肯定进不了重点中学，更上不了大学。所以，我说我国现行的教育模式与考试制度，是用一个模子铸造人，用一把尺子衡量人，让少数人获得成功，使多数人失败。其结果，与其说是发现与培养了一些人才，倒不如说是抛弃了更多的可能成才的人，即无数像爱因斯坦这样有才华的人，被我们扼杀在"摇篮"里了。

还可指出一点，在这种只鼓励捧着几本课本，鼓励死记硬背的考试制度下，胜利者很可能不过是《儒林外史》里的范进，失败者则可能成为鲁迅笔下的孔乙己。

我们坚信教育可以兴国，但如果是这样的教育而不思改革，教育能兴国吗？

作为基础教育，培养一个现代公民，是需要在文化科学知识上规定一些必要的、最最基本的要求的。现在的问题是，这个基本要求一方面偏高偏难，另一方面又显得面太狭窄了。

前几年我提出过"改革第一渠道，创建两个渠道并重的教学体系"的主张，也是想改变这种只从单一渠道发现人、培养人的做法，使在其他方面有特长的人有表现才能的机会。当时有一些人反对。现在，几年来的实践已经证明它不仅是可行的，而且对发现人才、培养人才是大有好处的。

闸北八中提出"成功教育"的主张，进行了实实在在的探索，而且已取得了初步的成效，这是非常可喜的事。我想进一步指出的是以下几点。

第一，不要认为这个经验只适用于所谓"差生""差校"。我们认为这是一个普遍适用的教育理论与经验。难道说那些重点学校的学生，其才能都被发现，都得到充分开发了吗？将来都一定能成才吗？肯定不是。重点学校如果指导思想不变，观念不更新，教育模式不改变，同样会扼杀人才。说实在的，我是很不赞成在学习上用"差生"这个概念的。一个学生被戴上"差生"这顶帽子，精神上的打击是难以估量的。而事实如前所述，所谓"差生"，实际不见得真正是智能低下的人，相反可能在另外一些方面具有卓越的才能。这种实例是屡见不鲜的。正如我们曾长期被西方学者的"贫油国"这顶帽子压得几乎不敢去思考，是李四光敢于解放思想，从实际调查考察入手，推翻了贫油理论。我们终于找到了石油，不仅结束了用"洋油"的历史，而且成为石油大国之一。对于这类目前被称为"差生"的人，如果一定要概括的话，确切的称呼应当是"才能未被开发的人"。这样说起来似乎太啰苏了些，但总比既不确切又打击学生积极性的所谓"差生"这个词好些。

第二，对于在学习上屡屡遭受打击或挫折的学生，学校的教师要改进教育方法，使其获得成功，从而树立起自尊与自信。这是一方面。另一方面是无论学习或工作，一帆风顺的事情是不多的，一个人要真正成为有用之才，只会适应顺境而缺乏克服困难，缺乏适应逆境的心理素质，也是不行的。所以，学生已经树立了自尊与自信时，应当逐步增加他的学习难度，甚至令其遭受一些挫折，以培养其顽强的意志。总之，不能从一个极端走向另一个极端。

第三，八中虽然已取得了一些经验，但毕竟是初步的。要建立一种科学的教育理论，仅仅凭这些经验是远远不够的，必须占有更多的材料、数据，必须形成严密的可操作的体系，必须从生理学、心理学找根据，从马克思主义的辩证唯物论中找根据，还必须从中找出规律性的东西。因此，还需要扎扎实实地做工作，切忌用几个孤证就作结论,更忌为了证明其经验或理论,有意回避实际上还未解决的问题。教育学是一门科学,而且是一门十分复杂的科学,草草率率作结论不行,弄虚作假更不行。这不是说我对已经取得的成绩有什么怀疑,而是说要真正成为独树一帜的教育流派,这还是远远不够的。

再经过几年的努力,如果"成功教育"从理论到实践都站住脚了,那么,其意义,其深远的作用,都将是难以估量的。我盼望这一天的到来。

《上海教育》1990 年第 12 期。

对课程改革的几点意见

"普通教育整体改革的实验与研究"课题组在北京召开了第三次研讨会。会议今天就要结束了,我讲一下自己的意见。

一、课程改革势在必行

很多同志在讨论中都提到国际上课程改革的情况。这是一场竞争,是面向21世纪培养人才,提高民族素质的竞争。我们如果现在不抓课程改革这件事,将来是要吃大亏的。我们现在的教育包括课程在内,的确存在许多必须改革的问题。这些问题讲得极端一点,归纳起来有五句话,即:理论贫乏,观念落后,体制僵化,模式单一,内容陈旧。无论是理论、观念、模式、内容都涉及课程,都与课程有关系。教育需要改革的方面很多,其他方面的改革是外围战,课程改革是一个核心阵地。核心阵地不占领,外围打来打去也解决不了问题。由于课程改革难度较大,一所学校不大好办,所以学校对课程改革往往考虑得不多。我们承担了这个课题,就要承担课程改革的任务。这一点强调一下,希望承担课题的单位,都要把这个放到议事日程上来,不管多么困难,也要考虑课程改革这件事。具体如何进行,我同意大家的意见,即采取整体考虑,分步到位的办法。就是不一定要整体起步、齐头并进,但要有一个整体设想。大家可以根据各自的条件,从某一环节先着手,分步到位。不要因为困难,条件不成熟就不考虑,不着手进行改革;也不要没有整体考虑就零打碎敲进行改革。我认为现在有一些有利条件,一是课题组进行实验取得了一些经验;二是一些不是课题组的学校,也有一些课程改革的经验。另外还有国外的经验可以借鉴。

总之,不要认为师资设备有困难,有高考指挥棒的问题就不敢动手。关于高考指挥棒的问题,我觉得进行课程改革的这几所学校要争取点特殊政策。建议国家教委能考虑把这几所学校作为整体改革的试点学校,给一些特殊政策。虽然现在师资、设备等方面都有困难,但是最大的阻力是高考。如果在高考方面能给进行改革的学校一些特殊政策,我们就可以大胆、放手进行改革。

二、整体改革之前要确定目标

改革的目标、培养目标,都是目标。要树立一些新的目标观或是素质观,要有一些新思维。观念的转变是改革的前奏,观念不转变就谈不上改革。

教育改革的目标是什么? 我认为,第一个目标是处理好教育与社会的关系。通过改革,使教育能够适应社会的需要,能够服务于社会,推动社会前进,并且有实际效益。社会不是抽象的。在我们国家,讲社会,就要明确是社会主义社会,是坚持四项基本原则,坚持改革开放政策的这样一个社会,是正在向社会主义现代化发展的社会。教育要同这样一个社会相适应,为之服务并推动其前进。第二个目标是处理好教育与人的关系。通过改革,使教育更有利于发现人,培养人,发展人,使人完善。我们过去只讲培养、发展、完善,没有讲发现。我觉得首先要发现人,发现人是最不容易的。有的人容易被发现,有的人就很不容易被发现。所以,发现人是一门学问。韩愈说:"千里马常有,而伯乐不常有。"可能是由于没有伯乐,我们没有这个眼光,很多千里马被埋没了。教育的责任就是把每一个人的才能发现出来,然后创造条件加以培养,让他发展,使他完善。马克思的经典著作里用了"丰富"二字,就是说把这样一些有才能的人培养成为一个丰富的人。这个"丰富"不是指财产丰富,有多少人民币,而是讲精神、文化,实际上就是指的素质。我在这里用"完善"这两个字,以免引起误解。教育改革这么改,那么改,无非是实现这两个目标。这两个目标统一起来就是发现人、培养人,使之适应社会需要,服务于社会,而且是有效益的服务。把这两句话用 16 个字统一起来,即:适应、服务、推动、效益、发现、培养、发展、完善。也可以说这就是实现人的社会化和现代化。

教育要实现人的社会化和现代化,就要做好两件事。一件是了解社会,包括国内、国外的社会,要研究国情,也要研究世界,还要研究未来;另一件是研究人。

把这两件事结合起来,我们的改革就不会迷失方向。我们搞的是基础教育,还要把这个目标与基础教育的任务结合起来,确定基础教育的目标。有了总目标、基础教育的目标,我们就可以研究课程,就可以根据总目标以及学校的条件来进行改革。

课程是一个整体,要有一个整体设想,要处理好必修课、选修课,现在还有微型课、课外活动和隐形课程(潜在课程),这些都要在整体中考虑,不要仅仅考虑几门必修学科。另一点要强调的是课程改革要考虑对每个学生的基本要求。我提出允许落后,鼓励冒尖。当然,落后不能落后到基本的要求也不要。我认为现在有的学科的基本要求太高了,可以放低一点,这样才能够有落后和冒尖之分。不然的话,每门学科的要求都很高,样样都要学好,结果冒尖的没有了,学生整体落后,成为一个落后的群体。要考虑增加学生的自由度,增加学生自主、自理、自由发展的时间。就是在统一的基本要求下,也要有一定的自由度。要给学生自由活动、自由安排、自由发展的时间,就要减少总课时。现在要下定决心,该减少的课时就得减少,不然的话,学生哪有用来自由发展的时间?

在考虑教学内容时,有几个关系要处理好,即传统知识与现代知识的关系;结论与过程的关系;知识与能力的关系,普通教育与职业教育的关系。对这些问题,这次会议讨论得比较多。我赞成大家的意见,不能因为讲了普通教育与职业教育要适当渗透的问题,就把普通教育变得既不像普通教育又不像职业教育。对中小学来说,它的基本性质还是普通教育,是公民的基本素质教育。什么时候开始在普通教育里加入一些职业教育方面的训练,这要随地区而异。假如这个地区的义务教育基本解决了,那么这个地区义务教育的普通性要强化一些,国民基本素质教育要强化一些。假如这个地区只普及了小学教育,那么初中阶段的职业教育可以稍多一些。全国不可能一个样,这有一个基础教育的地方特殊性的问题。多数学生毕业后是在本地区工作,现在真正向外流动的主要是上了大学的人。其他人流动不大,90%的人在当地服务。我这里所说的当地不是指很小的地方。至少是一个县的范围,或者更大一些。如上海人多数是在上海以及江苏、浙江这一带经济协作区里服务。所以教育一定要考虑为当地服务的问题。我很赞成教材要有点地方性、乡土性,不仅有乡土地理、乡土历史、乡土自然,其他学科也可以有乡土教材,如语文就可以有当地的民谣、民间文学。各门学科都要注意乡土化。当然,教育内容也不能仅限于有关当地的知识,要对学生进行志在四方、面向世界的教育,也要给他们这方面的知识。怎样处理好这些关系,教材编写和课程实施中要加以考虑。

另外,德智体美的关系也要处理好。德智体美都要有自己的新观念。由于西方思想的影响,目前德育面临许多新问题。建议课题组明年上半年在深圳召开一次德育问题讨论会,专门探讨德育如何改革与加强的问题。体育、美育也有新观念问题,也有改革的问题。我认为,这样的课程设置才有可能实现人的社会化与人的现代化。除了这些以外,还要考虑教学评估问题、设备问题、管理问题,特别是师资问题。有些国家的课程改革之所以失败,主要的一个原因是只抓教材编写,不抓师资培训。

我们进行课程改革,要重视资料的积累,将来能把成果拿出来。搞科研要有科学的态度、科学的方法,有科学的理论指导,这样才能写出科学的论文。

三、看清教育改革的总趋势

10 年来,国内外的教育改革有一个总的趋势。我把它归纳成下面几个方面。

(一) 教育多元化或多样化

大家认识到,我国那么大,那么不平衡,省与省,南方与北方,东部与西部,城乡之间千差万别,教育搞一个模式是不行的。教育必须在统一的方针指导下朝多元化的方向发展。至于今后是否有可能统一成一种模式,将来再说。我们这个课题中,有的实验是带有超前性质的,目前不可能全部推广。这样的工作也要做。例如上海实验学校的模式,全市只有一个,目前在上海大面积推广是不大现实的。也许过几年,等条件成熟了,个别区县还可以办一所同样的学校,但不可能全面推广。北京景山学校的这种模式,全国也不多,但不能因此就不搞了。教育总的趋势是多元化,课程改革实验也要多元化。不要认为这种模式一时不能在全国推广就不进行实验,只要实验中有一点经验对整体改革有启发,就要认真去探索。

(二) 教育社会化

教育自我封闭的弊端,大家已经认识到,感觉到了。全社会都来承担教育的责任，都来为下一代尽义务，这种思想是发展的方向。上海现在正在探索的实验社区教育，就是搞双向服务，即社会为学校教育服务，学校也要为当地社区的精神文明建设服务，就是要解决教育社会化的问题。我有一个不成熟的看法。自有人类社会以来，教育可以分为三个阶段。第一阶段，教育是社会承担的，没有专门的教育机构。这个部落的孩子的教育全部由这个部落的成年来承担，没有专门的学校和教师。这个历史时期可能很长很长。第二阶段，社会发展了，出现了社会分工，于是有了一种人、一种机构，来专门教育孩子。这种人就是最早的教师，这种机构就是学校的雏形。后来，这种学校逐渐从社会中脱离出来，慢慢自我封闭起来。这个时期又是几千年。第三阶段，由于信息社会的到来，儿童不仅从学校受到教育，而且可以从广播、电视、书刊等大众传播媒体受到教育。交通的发展使青少年的活动天地更加广阔了。在这种情况下，学校已不是学生接受教育的唯一来源。学校当然还要承担教育的职能，不是说学校的作用可以削弱了。事实上信息化的社会也在自觉或不自觉地起着好的或不好的教育作用。国外有过统计，当今儿童在成长过程中有百分之几是受电视的影响，有百分之几是受学校教育的影响。似乎受前者影响的成分在逐步增大。我国没有科学的统计。许多教师感到，现在小学一、二年级的学生比过去的学生更不好"对付"，他们会拿许多教师毫无准备的题目来问教师。许多人认为，现在的小孩子比较聪明、成熟。这都是传播媒体，如广播、电视影响的结果。因此，我们要呼吁，全社会都要来承担一定的教育职能。教育发展到第三阶段，应由社会和学校共同承担教育责任，不能仅仅由学校来承担责任。我把教育分为三个阶段是个人的看法，没有一本书写过，是没有根据的。现在国外有人说，到了21世纪学校要消亡。美国一位作者写了一本《学校消亡的社会》；日本也有学者写过类似这样观点的文章；《第三次浪潮》的作者托夫勒也是这样的观点。我不去做这样的预测，至少中国到21世纪前半期不会出现这种可能，后半期如何我们不去考虑。美国最近提出的《2061计划》，到2061年也并没有说取消学校。所以，学校的教育职能只能强化，不能削弱。但教育的社会化是历史发展的必然，要动脑筋在这方面去改革。

（三）教育信息化

考虑到信息化时代对教育的影响，我们要主动把信息化的问题列入研究内容。1987年4月,"大众传播媒介对教育发展的影响"国际讨论会在广州召开。美国、日本、香港等国家和地区参加了。现在,儿童事实上在受大众传播媒介的影响,学校也把这些如闭路电视、电脑,作为先进的教学工具来运用。这实际上是信息化社会推动教育改革,也是一个发展趋向。

(四) 教育国际化

国际上的交流势在必行,不可逆转。在这种情况下,我们要考虑到从小培养儿童一些适应国际社会生活的能力。这不仅是学外语的问题。我们要走向世界,世界也向我们走来。不少国家的教育改革也在朝这几个方向发展。

中国的近代教育不过100年。这100年是值得回顾的。我们现在遇到的不少问题,与20—30年代陶行知、蔡元培、陈鹤琴当时提出过的问题有非常相似之处。他们当时提出的深刻的问题和主张,不少仍然是我们今天思考并正在探索解决的问题。当然也有许多不同。我建议,考虑到中国的特点,搞改革的学校的教师不要只看外国教育家的论著,还要看一些先辈们的著作,他们提出的问题与主张更符合中国的实际情况。

《课程·教材·改革》1989年第7—8期。

对中小学课程、教材改革的一些看法

中小学的课程设置，是一门专门的学问。新中国成立以来，课程、教材由于由中央集中管理，全国高度划一，广大学者、教师只能把主要精力用于教学方法的研究。几次较大规模的教育改革虽也触及课程、教材的改革问题，但大都只是修修补补，而且主要是做加法，高潮一过，又基本恢复原状。所以，目前提出要研究课程、教材改革的任务时，大家都缺乏实践经验，感到难度太大，不易提出系统而又中肯的意见。

中小学的课程，教材是深化教育改革中必须触及、必须解决的问题。近年来我们在研究教育如何适应我国社会主义现代化建设，如何体现教育的"三个面向"，如何迎接新技术革命的挑战，以及如何为培养新型公民打好基础等问题时，深感仅仅在教学方法的改革上做文章是远远不够了。

现行的课程设置与教学内容存在着许多问题。

首先是学科太多，而且只增不减。增开一门新学科很容易被接受，减去一门或合并一门，就像超级大国裁军谈判一样困难。

其次是某些学科作为共同基础，要求过高，特别是数学。是不是所有公民都要学那么多？

第三是每周课时过多，而且所有学科都是必修课，学生缺少自由发展的时间与天地。

第四是学科指导思想偏于为升学作准备，为培养专家打基础，忽视为就业作准备。如体育，实际上是竞技体育，目标是培养运动员而不是真正着眼于增强每个人的体质；语文是在培养作家，强调以"写作为中心"，忽视阅读兴趣与阅读能力的培养，而在信息社会，阅读能力是何等的重要！政治课也有问题，好像是在培养政治家。

第五是体音美学科被叫作小三门，特别是音、美被置于可有可无的地位。美育几乎可以说还是一块未被开发的处女地。劳动教育也没有真正落实，从内容到做法没有形成一个可操作的体系。

第六是无视实际飞速发展的其他信息渠道的教学作用。科学技术突飞猛进，大众传播媒体极大发展，而课本中心、课堂中心与教师中心的三中心教学体系仍然顽固地存在。

总之，现行教学计划与教材是一个升学教育体系。课时过多，共同要求过高，学生负担过重，个性发展被完全忽视，学校成了知识的牢狱，学生成了知识的囚犯。这种状况如不改变，真正需要的现代公民的素质就提不高，人才成长的道路也将被阻塞。目前大批学生厌学以至流失，同课程、教材存在的问题不无关系。

因此，中小学的课程设置与教材应当针对上述弊端，进行毫不犹豫的改革。

作为总的指导思想，我认为特别要着眼于建立两个渠道并重的教学体系。关于这个设想，我在几年前已发表过专门的文章。尽管当时遭到过一些人的强烈反对，但据我所知，赞成的人可能更多一些。现在，"第二渠道""第二课堂"的名词已被广泛应用，全国各地不少学校还进行了有益的实验，并且收到了明显的效果，坚定了进一步实验的信心。我认为它应当在更大范围内推广。为此，我们必须下决心严格控制第一渠道（课堂教学）的时数，最多每周不要超过 24 节，小学还可少一些，同时限制课外作业的时间，让学生有充分的时间自行支配，去吸收、处理、储存、应用来自其他渠道的信息，使他们的个性、特长得到充分的发展。

同时要"允许落后，鼓励冒尖"。冒尖，人人都赞成；落后，谁也不同意。殊不知人是有差别的。数学上冒尖的人，未必在音乐、美术或历史、地理、政治、经济等各方面都学得很好；音乐上冒尖的人，未必在数、理、化方面学得很好。这是常识，大家也都承认。我们决不会拿高等数学去考一考某位奥林匹克运动会上的金牌获得者。可是现在我们对中小学生都求全责备，要他们门门都学好。在一些老师或家长的心目中，一个学生如果有一两门学科学得不太好，即使在其他学科上获得好成绩，也不是一个好学生。不少人认为数、理、化是非学好不可的。殊不知，这么做的结果会让多少个本来可能在其他方面有发展前途的人在摇篮里就被扼杀了。现在在提高深度或早期开发智力的口号下，各科的深度不断提高，内容不断加深，学生穷于应付，哪还有什么个性发展的余地！因此，我提出"允许落后，鼓励冒尖"的观点，即允许学生某些学科落后，鼓励他发展个性，在另一些学科上冒尖，甚至达到高等学校一、二年级的水平。为此，要降低作为统一要求的程度，修改现行的教学大纲，制订一个"低纲"，作为全国统一的"保底"的要求。用目前流行的一句话，就是"下面保底，上不封顶"。这个"底"是最低的，是每一个现代公民都应具有的文化素质。现在这个"底"是太高了，没有必要人人都达到这个水平。当然，有人达到了，也不要去反对。因为各方面都好的学生也是有的。但不要作为统一的、共同的要求。这样做是否会降低整个民族的文化素质呢？我看不会。如果 100 人中有 1/4 的人在数理化方面冒尖，全国两亿多中小学生中就有 5 千万人的数理化水平比目前更高；如果有 1/10 的人在音、体、美方面冒尖，那就是两千万人；如果各个学科领域都有上千万人冒尖，那我们民族的整体文化科学的素质就高了。为此，我们还要改革目前的升留级制度与升学考试制度。

1989 年 2 月 3 日《文汇报》。

要重视美育的科学研究与探索

俗话说:爱美之心,人皆有之。可是我国在一段不太短的时间里,由于众所周知的原因,美育在教育领域几乎成了禁区。大家都怕谈美育、忌讳美育,甚至谈美色变,似乎讲美育就是资产阶级、修正主义教育思想。美育被排除在无产阶级教育之外。

党的十一届三中全会的思想路线打开了这个被禁锢的领域。现在,美育在教育工作中的地位与作用,在理论上已得到确认,在实践中也有了一定的发展。

然而正因为美育被"解放"出来的时间还不太长,无论是理论研究,还是实践探索,所取得的成绩只能说是初步的,有的甚至还是比较肤浅的。对我国古代或近现代一些美育教育思想,国外倒有一些科研成果,我们却还了解太少,研究更不充分,有待进一步深化。

例如,美育与发展智力的关系,国外科学家早在100年前已证明,人的左右两部分大脑的功能是不同的:左半脑主要分管语言、数学与逻辑思维;右半脑主要分管情感、艺术与形象思维,只有把左右两半脑的功能全部开发出来,使之得到和谐的发展,智力的开发才算是全面的,否则只能说是开发了一半。以这个理论来检查现行的学校教育,无论在指导思想上,还是在课程设置、教学内容或教学要求上,我们都存在忽视情感、艺术与形象思维的教育与训练的情况,对语数等学科,也只致力于基础知识、基本技能与逻辑思维的教学,忽视其中的美育因素。就是说,我们只着力于开发左脑,忽视右脑功能的开发。现在讲学生负担过重,其实只是左脑负担过重。有的学者认为,现行学校教育的弊端确切地说是"左脑不堪负担,右脑闲得发慌"。

据此,国外有的心理学家提出了开发右脑的主张,并以此作为改革现行教育的指导思想,甚至把这样的教育改革称为"右脑革命"。

如果这种理论的确是对的,是合乎科学的,那么我们目前对美育与智育的关系的认识,就显得十分肤浅,还停留在传统认识的水平上,没有随着人类对自身认识的深化,特别是没有随着有关人脑功能的科研成果的发展而发展,没有深入到更为深层的科学领域。

还必须指出,科学是没有止境的。上述西方科学家所作的结论是否已经盖棺定论?人的左右脑是否有那么绝对的分工,就那么井水不犯河水,截然分割而没有沟通?我并不认为如此,有一份材料验证了我的看法。一位日本教授,经过长期的研究,发现日本人右脑的功能与西方人有所不同,日本人的右脑同左脑一样,也有分管语言的功能。这是一个重大的发现,它不仅证明了科学无止境的真理,同时也使我产生了一个希望得到解答的新问题,那就是既然日本人右脑的功能与西方人不同,那么我们中国人呢?

应当承认,我国的脑科学研究是比较落后的。我们常常自豪地说:中国人的脑子是特别聪明的。这大概也是事实,可是我们似乎还没有研究过中国人为什么特别聪明。中国人的脑子与西方人或别的什么民族的人有什么结构与功能上的差异,对此,我们还没有找到科学的根据。我们平时引用的关于人脑结构与功能的资料,大都是别人研究的成果。不是说别人的科研成果没有价值,或者说是不可靠或不可信。人脑的结构与左右脑的功能应当是基本相同的,但基本相同并不一定就是完全相同。即使是稍许的差异,我们也不应忽视。许多特殊的情况常常就发生在那些微小的差异里面。所以,真正的结论还得通过自己的深入研究,这才是我们应当采取的态度。

再说一点关于美育与形象思维的关系。人们都知道,语言与文字是人类思维的载体,而且是和逻辑思维密切联系的。逻辑思维使用的是形式语言,而艺术思维更多使用的是一种非形式语言,如音乐、舞蹈、绘画、雕塑,等等。有人称之为音乐语言、舞蹈语言、雕塑语言。其实这里的"语言"二字完全是一种借用,是象征性的概念。这种所谓"语言"不仅是真正意义上的语言的补充,有的甚至是真正语言的升华,比真正的语言更能表达人的思维活动,起到了真正的语言不能起的作用。常常有这样的情况,碰到语言无法表达某种思维活动时,音乐、舞蹈、绘画等能充分表达出来。传说爱因斯坦作报告时,有时会突然说,下面的内容无法用语言来表达,请大家听他拉一段提琴,自己去理解。爱因斯坦是一位伟大的科学家,同时也是音乐爱好者,水平也不低。大概他的左右脑是全面而且和谐发展的。这样的伟大人物还可以举几位,如,罗蒙诺索夫的文字修养很高,恩格斯的钢琴水平据说也相当不错。

所以,只注意逻辑思维的培养而不注意形象思维的培养,应当说是不全面的。要培养形象思维能力,非重视美育不可。我们常常说应当使学生全面发展,指的是德、智、体、美全面发展,没有考虑左右脑的全面发展,这一点似乎应当加以补充。

以上说了那么一大堆话,似乎离题远了些。我的本意是美育必须重视,必须研究。无论它在我们所追求的培养目标中的地位与作用,还是它同德、智、体各育之间的关系,我们都要进一步探讨,加深认识。

《上海教育》1990 年第 7—8 期。

必须重视历史课教学

十年动乱对中学教育的破坏，现在看来比我们原先估计的要严重得多。随着整顿工作的不断深入，我们越来越看到破坏的严重性。历史学科是被破坏得严重的学科之一。当前，中学教学中一个突出的问题是重理轻文。中学历史课比语文课还要不被重视。据我们了解，有些学校的历史课就没有按照教学计划开足。本来历史课的时间就比"文化大革命"前少得多了，就这么一点可怜的时间，还有学校没有开足。就是开了，也是希望早点结束，腾出时间可以补习数理化。目前历史课处在这样一种地位：不要说开展一点历史课的课外活动，就是教学计划规定的课内阵地也已经占领不住了。

结果是什么情况呢？我们现在的学生有的连共产党哪年成立，中华人民共和国哪年成立都不知道，再早一点的事情就更不要说了。1979 年上半年，民主论坛这个风吹来之后，社会上有一种思潮，什么社会主义不如修正主义，修正主义不如资本主义，这种说法在我们学生中产生过一定的影响。这与他们缺乏历史知识分不开。我们对学生进行爱国主义教育，要他们爱中华人民共和国，爱社会主义祖国，可是他们不了解历史，怎么能够感觉到；中华人民共和国来之不易，怎么能够感觉到中华人民共和国可爱，可爱在哪里。他们甚至认为中国不如外国，说外国如何如何好，生活怎样，技术怎样，中国有什么好。我们教师，特别是年龄比较大一些的同志，即使对生产落后的状况有一些意见，对工资福利有意见，但是不管怎么有意见，在爱国这一点上是没有动摇的。我们教师经过"文化大革命"十年破坏的折磨，受了这么多苦，但是对要建设社会主义祖国这一点没动摇，对拥护共产党的领导这一点也没有动摇。粉碎"四人帮"后，教师积极性为什么这么高？这里有很多原因，其中一条就是老师们知道半封建半殖民地社会的中国是个什么样子，知道帝国主义统治是个什么样子，知道国民党统治是个什么样子，懂得新中国来之不易。因此，即使现在苦一点，大家还是觉得是有希望的，国家是能够搞好的。母亲再穷，总是母亲。可有的学生就没有这样一个思想基础。这完全不能怪学生，罪魁祸首是"四人帮"。不是他们的十年大破坏，不会有目前这个情况。从中，我们可以看到学生学习历史知识的重要性。对学生进行爱国主义教育，离开了历史知识就是把最主要的基础丢掉了。不了解祖国的历史，叫他们怎么热爱祖国？不懂得世界历史，又叫他们怎么放眼世界？我们应该看到这一点。历史课没有开足的无论如何要开起来，历史课不被重视的情况必须改变，重理轻文的情况必须改变。数理化很重要，但是光靠数理化，没有历史知识，没有爱国主义思想和民族自豪感，不仅现代化不知要化到哪里去，而且有光辉历史的中华民族今后能否自立于世界民族之林也会成问题。这不是危言耸听，因为这是关系到一代人的问题。我们要对一代人负责，对民族的存亡负责。

1979年上半年，我曾去国外考察，看了法国和罗马尼亚的课程设置、教学设备。他们当然重视数理化，但是也重视对学生进行历史知识教育。我在法国参观期间，强烈地感到他们对自己国家的自豪感。这自豪感不是从天上掉下来的，是同他们重视历史知识的教学分不开的。我觉得法国人不仅研究自己的历史、世界的历史，对每一个国家、民族的情况也都在作分析。

我曾经打过一个不是十分恰当的比方，把一些深受"四人帮"毒害，走上犯罪道路的孩子比作是吃狼奶长大的"狼孩"。社会发展史是从猿到人，可"四人帮"使人向猿的方向退化。现在有的孩子毫无知识，粗野、愚笨、无知。有个孩子杀了人，判他罪时，他怎么说呢？他说："我就是杀了人，这算什么？还要关起来么？我下次不杀好了。"你看，他莫名其妙到这种程度。他们把杀人、抢劫不当一回事，好像野兽。现在我们正在花大力气重新教育，使他们回到文明的社会，从野蛮进化为文明。总之，教育孩子也好，提高整个中华民族的科学文化水平也好，历史知识是不能缺的。

现在，根据教学计划，初二、初三、高一三个年级有点历史课，比"文化大革命"前少多了，比我们念书的时候更少。我们要想办法改变这种情况。怎么改？这就要联系到学制的问题了。现在科学知识不断发展，总要在学校的教学里有所反映。这样，教学分量增加，内容增加，可是学制又比过去缩短，只有 10 年，加上重理轻文思想在作怪，所以一挤就挤掉了历史课。要解决这个矛盾，就要延长学制。世界上绝大多数国家中小学是 12 年，10 年的只是少数。历史课挤掉了，地理课挤掉了，还有一门很重要的生物课也挤掉了。中国这么一个农业大国，学生不学动物、植物学，连外国人都奇怪。我曾经打过一个比方，说我们教师好像游泳运动员，在黄浦江、游泳池里可以施展本领，假如硬把他们挤到浴缸里去，那么什么蛙泳、蝶泳都没有了。过去我们念书是很愉快的，现在小孩子把念书看作苦事。我们念书时还可以搞些课外活动，有时还去参加学生运动，是很轻松、很高兴的一件事。现在小孩子却愁眉苦脸，健康水平下降，近视比例大幅度上升，这与学制缩短很有关系。去年本市 12 万高考考生有一半因体格检查不合格而受到专业限制。有一些学科，有一些专业，他们不能学。我们现在下决心延长学制，先将高中延长为三年，以后再把中小学恢复到 12 年。

除了思想上对历史课重视起来外，还要补充一点，就是我在罗马尼亚，看到每一个学校都有一个历史地理合在一起或历史地理分开的专用教室，我在上海跑了许多学校，没有看到一个史地专用教室。他们上历史课就到这个教室去，那里面历史挂图、历史资料都是很齐备的，所有教具、参考资料拿来就可以用。我看了是很羡慕的。他们重视呵！他们懂得一个民族要生存下去，就得有民族自尊心和爱国主义思想。我们的下一代如果没有爱国主义思想，"四化"就不晓得要化到哪里去了。这是一个至关重要的问题。根据我们的财力、物力，我们普遍搞史地教室暂时是不可能的。一部分有条件的学校，能否逐步把史地专用教室建立起来？这是可能的。有的学校房子多了，学生少了嘛。现在别的部门说我们教育部门房子有多余，向我们要房子。事实上是我们自己不会利用空间。你房多就多搞一个实验室，多搞一个史地专用教室，再搞一个语音教室，这不是很好嘛。里面东西少，先搞起来，逐步逐步添，两年、三年、五年、十年，不就像样了嘛。我再重复一遍，一个国家要生存下去，要发展，就要让下一代懂得自己的历史，懂得自己的国家怎么来的，有哪些光荣的历史，有哪些历史的教训，以后应该怎么办。不然的话，社会主义的"四化"是化不好的。我相信，我们历史课的"黄金时代"一定会来到，而且比以前更好。现在当然还有困难，但是我们要有信心，政治路线、思想路线都正确了，只要这样搞下去，历史学科的情况一定会好转。我很赞成加强地理、历史的教学，重理轻文的情况一定要改变。

当然，对学生进行历史知识的教育，不光是历史学科的事，语文、数理化生、音乐、图画等所有学科，都要对学生进行有关这门学科的历史知识教育，让学生知道中国历史上有哪些优秀的作家、科学家，有哪些优秀的作品，懂得中华民族所以能成为这样一个伟大的民族，绝不是偶然的，让他们感到自豪，树立责任感、雄心壮志和远大理想。

《上海教育》1980 年第 3 期。

研究新情况　创造新经验

最近，常有一些过去搞班主任工作的同志对我说："现在的中小学生，与 50 年代、60 年代的中小学生相比，在思想、爱好等不少方面有许多差异。我们的老办法有的不大灵了。要搞好思想教育工作，你说该从哪里做起呢？"这个问题近来也常常在我脑子里转。现在要把它讲得很完整，讲得很透彻，还比较困难。但有一点是可以说的，那就是扎扎实实地从研究那个"差异"做起。

存在决定意识。任何意识都可以从各种存在中找到血缘关系。不同年代学生的思想存在差异，应该从不同年代的不同社会条件中寻找原因。青少年中的一些思想、品德问题，除了有"四人帮"的毒害、摧残的因素以外，还有一些新的因素。例如对外开放，以及经济政策上采取的一些新措施，等等，这些都是过去，包括十七年在内所未曾完全实行过的。对外开放，在引进先进技术的同时，在繁荣文化、科学的同时，难免出现一些不那么健康、正确的言论和作品。在不是那么"舆论一律"的情况下，这些不健康、不正确的东西，必然会影响学生的思想。但是，我们不能因此怀疑双百方针，停止双百方针的贯彻，只能用讨论的方法，批评的方法，引导的方法去解决问题。冬末春初打开窗户，首先感冒的当然是那些体质差、缺乏抵抗力的人。我们不能因为怕有人感冒而老是把窗户关起来。积极的办法只能是加强锻炼，增强抵抗力。现在我们与世界各国的交往愈益密切，在地球上要找一块绝对未经污染的干净地方是不现实的。当然我们并不赞成搞有意的污染，也确实要向全社会呼吁，每个人、每一项措施、每一支歌曲、每一台戏、每一部影片、每篇文章、每部小说、每张广告，都要对社会负责，特别要对受过"四人帮"毒害的、大病初愈，抵抗力还很差的青少年负责。在"开放"中对青少年进行教育，这就是我们教育工作者必须面对的现实。我们教育部门、教育工作者一定要正视现实，要分析新情况,适应新情况,并且学会在这种新情况下把学生教育好的本领。

既然有那么多的新情况,学生的思想也就会出现许多新问题。要把对他们的思想政治教育工作做好,就要重新研究我们的教育对象。大家可能会说,天天接触学生,难道还需要重新研究他们吗? 我举个例子。有位语文教师出了个作文题叫《幸福的童年》。这个题目并不新鲜,过去一向是这么出的。但这一次出了问题,有个学生递了张条子给教师:"老师,我的童年没有幸福。在'十年文革'期间,爸爸被隔离审查,妈妈被赶到五七干校,三年抄了两次家。我的童年,充满了忧愁和眼泪,没有幸福。"这里说的是作文,但我想,如果我们的思想政治教育也总是离开学生的生活实际、思想实际,去搞"老题目""老办法",那怎么会有好的效果呢?

50年代、60年代初的学生哪有这样的经历,哪有这样严重的精神创伤? 现在有些学生为什么在思想认识上是那么混乱和偏颇,在行为上又表现得那么荒唐而令人不解? 这就需要我们全面、深入地重新研究。

首先,要教育好学生,先要了解学生,这是教师所必须遵循的准则。对教育对象的思想及心理状况缺乏全面而深刻的了解,对他们的成长过程及其生活环境缺乏实事求是的分析和研究,往往是导致教育工作失败的一个重要因素。其实,从实际出发,也是我们党思想政治工作的优良传统,要大力恢复和发扬。其次,肃清"四人帮"极"左"路线在思想政治工作中的流毒,把思想政治教育的内容搞得更全面、更丰富、更生动活泼一些,既要包括政治立场、观点、信仰等方面的教育,也要包括道德品质、文明行为等方面的教育,使学生分清无产阶级与资产阶级的界限、文明与野蛮的界限。在思想政治教育的方法方面,路子也要搞得宽些,要寓思想教育于教学活动和日常生活之中,并且要日积月累,持之以恒。

我们还要帮助学生树立革命的信仰和信念,并且把这种信仰、信念建立在科学的基础上。这不是喊几句政治口号,作几次政治报告,背几个政治术语所能解决的,需要学生经过刻苦的学习,掌握广博的知识,并通过自己的分析、比较、思考才能逐步建立。列宁在《青年团的任务》中说:"如果你们试图从这里得出结论说,不掌握人类积累起来的知识就能成为共产主义者,那你们就犯了极大的错误。如果以为不必领会产生共产主义学说的全部知识,只要领会共产主义的口号,只要领会共产主义科学的结论就已经够了,这也是错误的。马克思主义就是共产主义从全部人类知识中产生出来的典范。""四人帮"大搞现代迷信，彻底背叛了列宁的教导。我们必须彻底批判"四人帮"的极"左"路线，在思想政治教育中切忌空口说白话，切忌"图解式""大呼隆"和简单化。我们要教育学生加强学习，鼓励他们认真思考。对于他们中间出现的一些糊涂观念，不要张皇失措，大惊小怪。因为这是一个人在建立革命的信仰和信念的过程中必然要经历的。

十年动乱，固然损害了一代人，但也锻炼了一代人，使他们中的许多人发愤学习，善于思考，积极向上。他们不是什么"失去的一代"，而是大有希望的一代。我们广大教育工作者必须树立坚强的信心，以高度的革命责任感，努力总结以往思想政治教育的好经验，并认真研究新情况，创造新经验，为把青少年培养成为又红又专、志在"四化"的一代新人而奋斗。

1980 年 5 月 7 日《文汇报》。

德育问题的思考

近年来教育改革取得了一定的成效，不少传统观念正在更新。但是，改革似乎偏重于智育方面，对德育，尽管大家也很重视，甚至有些着急，实际工作却是进展不大，成效也不显著。德育问题上思想僵化、思路狭隘的局面还没有打破，人们还不敢跳出原有框框去闯出一条新的路子。本文想就这个问题说一点不成熟的意见，抛砖引玉，希望能够引起讨论。

一、中国的德育经验是最丰富的

中国素称文明古国，被誉为礼仪之邦，历史上一贯强调以德治国、以德化人、以德感人，从来都是把德育放在突出地位的。5000 年的悠久历史，形成了以德育为重要内容的、文道统一的、独特的、完整的，同时又是动态的文化体系。这个体系内化在炎黄子孙的思想意识、伦理观念、道德规范、人际关系、风俗习惯、思维方法、生活方式以至性格特征等之中，成为民族心理的重要组成部分。在教育方法上，中国也有独特的创造。它通过各种途径，调动一切手段，包括说理的、形象的，无所不在，无孔不入，使每个人从出生之日起，就处于它的熏陶与监督之下，直至终生。

传统的德育内容中有大量的封建落后的东西，诸如三纲五常、男尊女卑，等等。鲁迅曾对此作过无情的鞭挞。但是更多的是正面的，如勤劳朴素、尊老爱幼、诚恳待人、友爱兄弟，等等。

任何国家、任何民族的文化道德都是动态的，总是在历史的长河中不断受到新思想的冲击、碰撞，不断在继承、扬弃的过程中逐步发展。列宁曾经说过："无产阶级文化并不是从天上掉下来的，也不是那些自命为无产阶级文化专家的人杜撰出来的，如果认为是这样，那完全是胡说。"所以，对于我国几千年来形成的独特的文化传统，包括德育内容在内，应当根据时代的要求，用科学的态度，进行分析、批判、继承，包括传统的德育方法，都应当认真研究总结，把它作为今天进行德育工作的重要借鉴并加以发展。

总之，我国几千年来包括德育在内的文化传统，是一部内容丰富的教材。其中有许许多多宝贵的内容与经验值得重视，我们不能简单地扣一顶政治帽子而将它一笔勾销，不能采取历史虚无主义的态度。

新中国成立以后，我们一贯强调思想政治教育的重要性，把德育放在第一位。我们培养的学生是不错的。他们有理想、有道德，政治方向明确，具有献身精神。这当然是思想教育取得的成效。学习政治理论、时事形势、英雄人物，参加社会实践，开展团队工作、班级活动和学生守则教育，表彰先进，等等，都是行之有效的好方法。这些好经验加上老解放区的革命传统教育，成了新的德育工作传统。这也是一份宝贵的财富。

当然，德育工作也有不足之处。我认为主要有两条。一是对过去几千年来形成的德育传统经验重视不够，有时甚至采取了简单的办法，全盘否定，将德育内容全部政治化了。二是对马列理论采取了教条主义的态度，把生动活泼、有强大生命力的马列理论当作僵死的教条灌输给学生。思想政治教育内容受"左"的错误思想干扰影响大，同时，急于求成，盲目求纯。特别是十年浩劫使青少年在思想上受到严重创伤。现在是吸取教训，改进工作的时候了。

二、今天的确碰到许多新情况

粉碎"四人帮"后，我们在德育方面的确碰到了许多新情况与新问题。

首先是十一届三中全会在政治路线上结束了"左"的统治，停止以阶级斗争为纲，转移全党工作重点，实施改革、开放政策；在思想路线上提出了解放思想、实事求是、以实践为检验真理的唯一标准的马克思主义观点，批判了"凡是"观念；十三大后又提出了社会主义初级阶段的重大理论，等等。这是一个全新的大背景，向我们展现了一个新的历史时期。

其次，学校德育工作中有许多过去没有碰到过的新情况与新问题。例如，由于"文革"的灾难与不正之风的盛行,青少年的道德水平严重下降,部分人还产生了所谓"三信"危机;由于西方哲学,资产阶级的民主自由,性解放等思想的冲击,人们对传统文化的反思引起对民族性的错误评价,等等,人们的思想产生混乱;大众传播媒介散布某些不健康的内容,淫秽录像带、书刊秘密流传,等等。还有我们自己的观念陈旧,对新鲜事物看不惯、接受不了的问题。

正如有的同志所说:这十年是思想教育受到强烈冲击的十年,动荡变化的十年,艰难探索的十年。我们面临的是变化了的观念,变化了的内容,变化了的条件,变化了的队伍,变化了的对象,而且是理论落后于现实,有些问题的确一时还不易说得十分清楚。在这种情况下,有的政工干部与教师慨叹说:现在是"老办法不能用,新办法不会用,硬办法不好用,软办法不顶用"。加上政策上的原因,一些老政工干部想改行,新同志望而却步,以致"教书育人"的要求难以全部实现。

提出以上问题,是想加强研究,促进改革。要改革,首先要面对现实,打开思路,多动些脑筋,多做些研究工作。老办法也并非都不可用,新办法总是在老办法的基础上发展的。新中国成立后的经验、几千年来的传统经验都是宝贵的财富,问题是要针对新情况、新问题加以改造利用。

我认为,目前有以下一些问题需要研究:

1. 如何评价我国德育的历史经验,并加以继承与发展;

2. 如何评价当代学生;

3. 如何分析当前面临的新情况、新问题,正确把握一个中心、两个基本点的教育;

4. 如何正确把握德育工作各方面的关系,处理好各种信息源;

5. 如何建立社会主义初级阶段德育的新目标、新体系、新格局。

三、还是用德育这个概念好

在教育方针上我们一贯采用德育这个概念,但在平时工作中我们不大用这个概念,而是用思想教育、政治教育、思想政治教育、政治思想教育或思想品德教育。我觉得这些名词,既有联系又有区别,不能画等号。德育是个大概念,可以包括其他几个概念的内容,而其他任何一个词,都不能包括德育的全部内容,互相之间也不能完全包含。例如政治思想教育，它当然十分重要，属于德育内容中比较高的层次，但不能说它就是德育的全部内容。我上面说到之前我国在德育上有政治化的倾向，就是指忽视了德育其他内容的教育。这同我们只使用政治思想教育的概念，在政治思想教育与德育之间画了等号不无关系。

我认为德育的根本目标在于教育学生学会做人。不要以为人生下来一定是人，有人活到老还不像人，甚至不是人。古人就有"衣冠禽兽"的说法。人之成为人，必须通过教育。按我的认识，我国目前在德育方面对学生的要求可以归纳为四个方面。一是希望他们成为一个文明的人，以区别于野蛮的人。人也是动物，但又区别于其他动物。区别的重要标志之一在于人脱离了动物的兽性、野性。越是文明的人，兽性就越少；野蛮人身上保留的兽性就多一些。现在社会上有些青年出言粗鄙，行为野蛮，缺少人应有的文明行为，就是因为他们身上少了点应有的人性。德育的目标是使学生成为一个文明的人，这是不论哪一个国家、哪一种社会制度都要求的。

二是希望他们成为一个现代的人，以区别于古代的或过去的人。时间的观念，效益的观念，竞争的观念，民主与法治的观念，开放的观念，创新的观念，等等，都是一个现代人必须具有的。古代人就没有这些方面的要求，即使有，要求也不高。现代人如果没有这些素质，就很难适应现时代的要求。

三是希望他是一个真正的中国人，以区别于外国人。作为中国人，就要有爱国之心，报国之志，热爱祖国，热爱家乡，愿意为祖国献身，不能崇洋媚外，更不能有卖国行为。

四是希望他们做一个信仰社会主义社会的人，以区别于生活于资本主义制度下的人。作为社会主义社会的人，应当坚持四项基本原则，并逐步树立共产主义的理想，逐步确立共产主义的人生观。

作为新中国的青少年，都要受这四个方面的教育，做一个文明人，一个现代人，一个中国人，一个社会主义社会的人。四者缺一不可。这四个方面的内容可以有高低层次之分，成为一个社会主义社会的人是其中较高的层次。德育的每一个方面也应该有较低层次的基本要求与较高层次的要求。同样做一个文明人，可以有一般的、人人都应该遵守的准则，也应该有要通过努力逐步做到的高于一般准则的要求；同样是社会主义社会的人，也有人人都必须做到的基本要求，如拥护中国共产党，拥护社会主义等，也有较高要求，如确立共产主义人生观等。

总之，可以按照上述四方面的要求，拟订出德育大纲。

《教育研究》1988 年第 1 期。

东方传统道德与青少年教育

提出东方传统道德与青少年教育这个命题是基于以下的思考。

一是当今世界正进入高科技时代。高科技的发展必然会给人类带来比现在更加优裕的物质生活。中国正在进行现代化建设，发展的速度相当快，只要坚持目前的路线、方针、政策，不再出现摇摆，到下一世纪前期，就一定可以进入富裕社会。但是丰富的物质生活未必能同时提高人们的道德水平，未必能使人们的精神境界更为高尚。相反，丰富优裕的物质生活可能给人们带来的是道德的沦丧、理想的泯灭。生活富裕了，会出现物欲横流、尔虞我诈的世态。这并非杞人忧天，因为这种情况在西方一些发达国家里已经出现。"垮掉的一代""迷茫的一代""没有理想，没有责任感的一代""一切以自我为中心的一代"等词汇，在西方的报刊上、会议中已经屡屡出现；吸毒、暴力案件层出不穷，已引起了社会各界有识之士的严重忧虑。甚至在 1990 年出台的以布什总统名义公布的教育改革方案，也将消灭学校中的吸毒、暴力现象作为本世纪末希望实现的六大目标之一。可见问题之严重。

联合国教科文组织 1989 年 11 月底在北京召开的题为"面向 21 世纪教育"的国际研讨会，有 19 个国家的政治、经济、科技、教育等领域 80 多位专家参加。讨论中，分析 21 世纪人类面临哪些挑战的问题时，被列入第一位的是道德、伦理、价值观的挑战，其次才是新技术革命等其他问题。会议总结报告说："工业化导致了世界许多地方传统家庭的结束。现在许多地方，核心家庭已受到威胁。越来越多的人受到损人利己动机的驱使。对为社会服务和树立对社会利益的责任感越来越没有兴趣。需要回到具有关心特征的早期时代的价值观。"根据这个一致的认识，会议对 21 世纪的教育，提出了一个总的指导思想，就是"学会关心"，"关心自己的家庭、朋友和同行"，"关心他人"，"关心社会和国家的社会、经济和生态利益"，"关心其他物种"，"关心地球的生活条件"，当然，也更"关心自己，包括自己的健康"，等等。就是说在面对未来的挑战时，不能只考虑智力的开发、能力的提高，要把注意力放在如何提高年轻一代的道德与理性水平上，要帮助他们树立更高境界的理想、信念与责任感，帮助他们学会共处，学会合作，学会同情，尤其要学会克服由自我中心主义产生的贪欲与侵略性。

西方的专家们对实现这个目标似乎缺乏信心。有的专家说，用西方的道德观、伦理观、价值观来指导，已解决不了问题。因此，会上有不少专家提出"向东方寻找答案"。就是说，要到东方的道德观、伦理观、价值观中寻找解决全人类面临的挑战的答案。

日本在明治维新时曾提出过"脱亚入欧"的口号，全面学习西方；"二战"后，在美军占领之下，进一步西化。可是，80年代中期开始的日本教育改革认为在科学技术上要赶超西方，而在道德教育上要"回到东方"。

所谓东方，指的是发源于中国或者说是以中国为中心的，经过几千年的孕育发展起来的道德、伦理和价值观，也就是所谓东方传统文化。这个传统文化的确有其鲜明的特点，与西方的传统文化不一样，有的甚至是对立的。西方强调通过与别人的竞争和向世界索取来强化自我意识，一切以自我为中心。东方传统文化则强调关心集体（包括家庭和国家），提倡互相支持、互相帮助与牺牲自我的奉献精神。前者是以个人为本位，后者是以集体为本位。这同上面提到的那次国际会议上各国专家一致赞成的把"学会关心"作为21世纪世界教育的指导思想基本一致。就是说，使世界各国都感到困惑的问题，可以用东方传统文化中的道德观、伦理观与价值观来加以解决。

联合国教科文组织只是提出倡议，世界各国是否接受，接受了是否能实行，都还是未知数。据我看，恐怕不见得。人间善良的愿望多得不知其数，可是世界上以强凌弱、以大欺小、尔虞我诈的状况，什么时候消失过？当然，这个问题不是我们要议论的，可以放在一边不去管它。我想讲的是我们对自己的传统道德该怎么看，道德教育该如何改革，这是当务之急。

二是自从五四运动以来，我们对传统道德的讨论一直没有停止过。有人评价很高，说它如何如何优秀；有人评价极低，说它如何如何低劣。柏杨还专门写过一本书，叫《丑陋的中国人》。这种讨论，今后可能还会继续下去。事实上，我们的传统道德中，确实既有优秀部分，也有丑陋部分。如果没有优秀部分，我们这个民族早就不存在了，现在我们不仅存在，而且在发展着，有的西方学者还把我们的传统道德看作是救世的良药；如果都是优秀，那五四以来对它的批判岂非都是无的放矢？

我曾经在一篇文章中说过，凡是炎黄子孙，他的身上都存在着两个"统"字，一个是血统，另一个是思想或者说是灵魂深处的"文统"，即文化传统。文化传统优秀也罢，丑陋也罢，谁也摆脱不了，哪怕是在海外生活了几十年的人，都没有摆脱得掉。恐怕同其他任何民族一样，中华民族的传统文化道德也有两重性。鲁迅写过孔乙己、阿Q，对他们进行过无情的揭露，也高度赞扬过那些为民族解放赴汤蹈火的革命者，称他们是民族的脊梁。

毛泽东也说过，从孔夫子到孙中山，凡是优秀传统我们都要继承发扬，对文化传统要取其精华，去其糟粕。我认为这才是正确的结论。

现在的问题是：

1. 五四以来对传统文化似乎有点批判多于肯定，而且批判得很具体、很形象，给人以深刻的印象；肯定的却大都比较抽象，比较形而上，给人印象不深。这样就造成了人们一种较为片面的认识。

2. 在追求现代化的过程中，我们一开始就明白，必须向西方学习。有人主张中学为体、西学为用，有人主张全盘西化，等等。尽管多数人都反对全盘西化的主张，也批判过为体为用的主张，但他们又觉得西方的科学技术与商品经济之所以得到高度发展，同他们的道德、伦理、价值观是不可分的；要学习西方的先进技术，就得同时引进他们的价值观，要现代化，先要解决观念的现代化。因此西方的道德、伦理、价值观就统统被作为现代化观念而加以引进。我觉得一直到现在，我们在这些问题上，认识都还是不清楚的，或是摇摆不定的。例如，一些同志总觉得发展市场经济与弘扬传统道德是矛盾的，不认为市场经济在发展的同时也有道德的要求，正由于这两点，我们对传统的宣传显得苍白无力，对学生的教育，也不是那么理直气壮。

应当承认,"文化大革命"以前,学校的德育工作是很有效的。青少年道德面貌之好,是全社会所公认的,可以说是达到了我国历史上最好的水平。传统的道德不仅得到继承,而且有新的发展。问题就发生在"文化大革命"中。由于极左思想泛滥,传统道德与50年代形成的良好风气遭到了彻底的、灾难性的破坏,青少年的道德状况一落千丈,降到了历史的最低点。

粉碎"四人帮"后,经过拨乱反正与重新建立过去行之有效的道德教育制度,情况逐步有了明显好转,但还没有完全恢复到"文革"以前的水平。

现在面临的问题是在改革开放的新形势下,西方的道德、伦理、价值观以及形形色色的各种思潮,甚至一些被称为现代瘟疫的腐朽堕落的不良风气,也一起进来了。青少年年幼无知,识别能力与抵制能力都很差,加上上面说过的我们的教育工作者在认识上存在问题,工作没有完全跟上,因此,教育工作收效还不大。

所以,要解决当前的道德教育问题,我们教育工作者首先要把认识搞清楚,包括如何看待我国的传统道德,西方的道德、伦理、价值观等与现代化建设的关系问题。

我们要明白,我们要建设的社会主义,是有中国特色的,我们的现代化也是有中国特色的。这个中国特色就包括中华民族的优良文化、道德传统。明确了这一点,我们就能理直气壮地对青少年进行教育,也一定会收到效果。这样,我们在实现现代化的过程中,就可以避免西方国家已经碰到并且愈演愈烈的问题,做到物质生活高度丰富,精神生活也高度文明。我认为人类历史是一部群众的发展史,以个人为中心的价值观最终将导致人类的毁灭,同时,人类也并非仅仅是追求物质生活的动物。

三是教育的目的是培养人才,这是中外古今都一样的。然而,人与才是两个概念,不是必然联系在一起的。有人既是人又是才,这叫人才;有人虽是人而无才,也有人有才却不像人,都不能算是人才。是人无才还可为社会所用,有才不像人就会对社会造成危害,而且才越大危害也越大。窃国大盗袁世凯、大汉奸汪精卫不能说无才吧,对国家民族造成多大的危害?我曾说过,不成人宁无才,可以少干坏事,或者说可以不干大坏事;要成才先成人,这本来是东方的传统教育观念,修身、齐家、治国、平天下,是从修身做起的。

进入近现代之后，科学技术的重要性渐渐突出，尤其是当前，面对新技术革命的挑战、高科技时代的到来，对才的培养已处在越来越突出的地位，开发智力，培养创造才能等已成为办教育的主要指导思想，就是说成才的要求已居于成"人"的要求之前。正如上面所分析的那样，我认为这是一种危险的倾向。

我从事中小学基础教育，对人才问题没有研究，只是觉得不论什么人才，基础十分重要。百尺高楼平地起，基础越好，楼房就可以造得越高。在基础教育中，首先要为学生打好做人的基础；在做人的教育中，东方的传统道德不仅应当继承，而且要发展。

1992 年

对当前中学思想政治工作的几点看法

对新时期的思想政治工作究竟该怎么看，怎么做，这里有许多问题值得探讨。

几年来，我们学校工作的成绩是很明显的。被"四人帮"搞乱长达十年之久的乱糟糟的学校局面，仅花了几年的时间就基本上整顿好了。学生的思想品德面貌应该说也比较健康良好。没有思想政治工作发挥作用，学校工作恐怕不可能这么快走上正轨。

但是，我们的思想政治工作如果同现代化建设的要求，同邓小平同志提出的教育要"三个面向"的要求相比，还是很不适应的。例如我们的精神状态就不大适应，好像没有 50 年代那样主动、理直气壮地来宣传我们党的路线、方针、政策。在思想政治工作的目标、任务、方法以及对青年学生的看法等方面，我们既有"左"的东西，又有旧的东西。因此，我认为我们的思想政治工作要有一个转变，要继续"清'左'破旧"，突破一些旧框框、旧观念。

一、调整思想政治工作的精神状态

有这样一种说法，就是开放、搞活对经济工作是有利的，对思想政治工作是不利的。所以，现在经济上是打进攻仗，思想政治工作方面是在打防御战，提的口号也是防御性的，是"抵制、清除、排污"，等等。某歌星的流行歌曲来了，喇叭裤出现了，我们紧张一阵子；之后长头发出来了，什么化出来了，又忙一阵子。由于处处设防，人们也就很自然地产生另一层想法：开放对思想工作是只有不利、没有好处。如果真是这样，那么，我们的防御仗就要一直打下去，而且势必越打越大。因为随着开放，外国人来得更多了，中国人出去也更多了，还有电视、广播、录音、录像传递信息，你的防线放在哪里？的确是防不胜防。当然，有两个论点大家是知道的。第一是马列主义、社会主义不怕开放。马克思主义开始创立的时候就是处在资本主义的包围之中。就在那时候，马克思提出共产主义要在全世界实现。当共产主义运动还是星星之火的时候，资产阶级已经开始惊慌不安。现在马列主义在世界范围内已经形成强大的思想体系，而且在有的国家已经成为实体了，怎么反而怕同资产阶级思想接触？现在我们如果连门都不敢开，怎么可能最终在世界范围内实现社会主义、共产主义的目标呢？第二，一项能对经济发展起积极作用、能调动广大群众积极性，并实际取得重大效益的决策，怎么会对思想政治工作只起消极作用呢？这是不合逻辑的。

那么，问题在哪里呢？问题在于我们思想上需要"清'左'破旧"。譬如我们所谓的消极影响，是不是都是消极影响？即使是消极影响，它是否有积极作用？我觉得有些东西不能叫消极影响。我们长期"以阶级斗争为纲"来考虑一切问题。其实，有些问题我们看不惯，不一定是政治性质的。比如服装，是不是西装就是资本主义？头发短到什么程度是社会主义，长到什么程度是资本主义？我并不喜欢看迪斯科这种舞蹈，觉得不怎么习惯。但是不是要贴个标签，说这叫资本主义？我看不妥当。我觉得看不惯可以，反对也可以，但不要贴政治标签，把事情简单化。有些事情我们看不惯，是由于民族传统、民族习惯的原因。民族的传统力量会影响青年，所以青年当中有一些新东西常会流行一时，但也就一阵子，过后他自己也不弄了。对许多问题我们要作具体分析。当然，有一些事是带政治性的，例如极端民主化、自由主义，还有一些政治观点，等等。即使是这样的东西，现在不许学生接触，也做不到。学生生活在社会中难免受到一些消极的影响。对此，我们第一要做工作，第二要看到这个消极的东西也能起积极作用，就是让学生在比较中学会鉴别，受到锻炼，逐渐成熟起来。这就像人不可能生活在净化了的空气里，天天接触空气里的细菌，反而使身体受到锻炼，增强抵抗能力。为什么刚刚开放的时候，我们有些青年一下子被西方那一套生活迷住了呢？其中一个原因是30多年的封闭。一旦开放，人们眼花缭乱，好比一个人长期关着门窗生活惯了，窗子一开，冷空气一进来就要打喷嚏。身体在锻炼中间保持健康，思想也只有在比较、锻炼中间才能坚强起来。我们应当培养青年一代的适应能力。

事实上开放对思想教育有许多积极、有利的方面。以广州、深圳为例，开放之后,开始一阵,青年的确思想比较混乱,社会秩序也不好。但过了一段时间,情况就变了。现在不是青年人向往香港、澳门,相反是从港澳来广州、深圳的人多起来了。华南师院有位教师在珠海一所中学和 52 个学生座谈,问他们是不是准备到香港、澳门去。48 个学生表示要住在珠海,不愿意去香港、澳门,另 4 个人也只是想去看看然后回来。学生从比较中得出了结论。他们说:"物质生活条件,澳门有的,我们都有了。但澳门的弊病,我们这里没有。过去所以穷,是政策不对头,现在政策对了,我们的建设速度肯定比香港、澳门快,很快会超过他们。"三年时间,学生的思想变化很大,要求入团、入党的人多起来了。例如珠海二中 1200 多个学生中间有 700 多个学生要求入团,很能说明问题。所以,我们现在的思想工作要继续"清'左'破旧",改变我们的精神状态,从消极防御转为积极进攻。

二、关于德育培养目标

我们要研究现代人应当具备的政治素质。以前,我们的德育观念受到"以阶级斗争为纲"的影响,对什么都搞阶级分析,一有分歧就是立场问题,等等。对于培养目标,我们可以用一句话概括:要培养德、智、体全面发展的人。但是"德"指什么,"智"指什么,"体"指什么,而且"德、智、体"的内容要不要跟着时代的发展而发展,我们都没有深入研究。我们的教育方针是 1957—1958 年制定的,新时期的教育方针应当怎样表述?我认为可以研究讨论,以制定出一个新时期的教育方针。随着新技术革命的兴起,现在世界上都在研究讨论所谓现代人的素质,认为实现物质现代化首先要解决人的现代化。他们研究的所谓"素质"基本上是智育方面的,如创造能力、自学能力、广泛的兴趣,等等,极少研究人的政治素质。我们是社会主义国家,当然不能只讲科学素质,还要研究新时期的人应当具备的政治素质。这就要摆脱那个"以阶级斗争为纲"的思想影响,不能对什么都搞阶级分析,要从这个模式里跳出来。

那么,新时期的人应当具备的政治素质包括哪些内容呢?现在已经有了一些提法。有人提出四方面内容:一是政治思想方面,指对国家、对社会主义的态度,即要爱国,拥护社会主义制度;二是理想、信念,就是人生观,包括生活理想、职业理想、社会理想,这是世界观的基础;三是道德品质,主要是解决个人与社会、个人与个人之间行为规范的问题,比如要互相关心、互相爱护、互相帮助,先人后己,先公后私;四是作风,即学习、生活、工作所应具备的道德修养。有人将新时期人才的政治素质概括为这样几句话,叫作有振兴中华之心,有成才之志,有创业之行,有爱国、爱社会主义、爱中国共产党的感情,有强烈的民族自尊心和自豪感。有人要培养新时期的学生适应复杂的社会环境和复杂的国际生活的能力,使他们能思考,能分析,能判别,有胆识;要培养他们文明、高尚、健康的生活方式,反对愚昧、落后、腐朽的生活方式,使他们积极向上、勤奋进取、思想开朗、作风民主,而不是安于现状、墨守成规、唯唯诺诺、盲从迷信,或者独断专行,搞一言堂。也有人提出要重视培养他们的事业心、责任心、效益观念、拼搏精神、开拓精神以及自治自理能力、社交能力,等等。所有这些讨论尽管还不充分,人们认识也不尽一致,而且是不是已经抓到了新时期思想政治工作最基本、最本质的东西,也有待研究,但它说明不少同志已经开始从现代化的要求出发来研究青年一代的素质问题,重新讨论培养目标了。只要我们认真总结过去的经验,继承好的,抛弃不合时代精神的,并且认真考虑新时代提出来的新问题,我们就能把德、智、体的培养目标具体化。这样,我们的工作也就方向明确了。

三、对当代青年学生的认识

对青年、学生究竟怎么看?他们的基本面是什么?我们应该有个正确的认识。在对青年的议论中,好像常可听到这样的说法:我们年纪轻的时候对社会主义怎么怎么坚定,你们现在对社会主义的思想问题怎么怎么多……言语之间反映出对青年的不放心和不称心。现在的小青年的确同我们不一样。他们不那么容易接受你的观点,对于许多问题总是想通过自己的思考、观察、比较,由自己来作结论,不盲从行事。他们甚至认为我们这些人头脑太简单了,一说就相信,太幼稚。

分析青年的这些思想问题,要想想我们自己是怎样走上共产主义道路的。我们实现世界观、人生观的转变,是经历了一个相当长的过程的,是经过思考、比较,经过鉴别和实践的。毛主席也讲过这个问题。他也不是一开始就信仰马列主义的。既然我们党内许多同志都是从这样一条路上走过来的,那么我们为什么不允许现在的青年也想一想呢？我认为青年人提出这样那样的问题，反映一代人从盲从迷信中间觉醒。他们经过思考探索，一旦得出正确的结论，会成为坚定的马克思主义者。因此我不赞成对他们扣帽子，说什么信仰发生"危机"或"动摇"，不能下这个结论。事实上，我们自己有些方面也很幼稚，对许多问题，也要重新思考。我们既然可以思考，也应该允许青年思考，甚至怀疑一段时间。我们并不希望培养出的学生是一种唯唯诺诺、盲从迷信、没有头脑，或者是看眼色办事、看风办事、口是心非的人。我们要培养这样的人：敢于说话、敢于发表意见。只要符合民主集中制，我们希望青年有胆有识。这样的人将来经得起风浪、经得住考验，比那种单纯灌输出来的所谓马列主义者要强得多。当然，青年在思考中间会发生各种错误，而且在这个过程中，像鲁迅说的，会有人落荒，有人颓废，有人叛变。但这无关大局。因为一，在党的领导下，我们社会主义建设事业的成绩是巨大的，青年能够认识；二，青年的主流是好的。这就是我们思想工作的基础，也是我们能够保证思想工作的条件。

四、改革传统的思想教育方法，创造符合时代特点的思想工作方法

现在的青年，思想特点是"思而后信"和"思而后行"。面对这样的时代，这样的青年，我们老的方法就有许多不适应了。老的方法是什么？就是单纯的灌输，是一种传经布道的方法，说教的方法。大概是列宁讲的吧，马克思主义要灌输，不会在工人运动中自发产生。且不说"灌输"这两个字是否译得准确，至少它是相对于自发而言的，且并不是在指代教育方法，这是明确的。我们多年来把它当成方法了。课堂里面灌进去：一个是讲，一个是抄，一个是考，一个是背。考出来了，就说明马克思主义已经灌进去了。其实不一定。学生脑子里面想什么，你怎么知道？考分高就是相信马克思主义了吗？我觉得这种方法在当时就不一定正确，现在更不符合时代精神了。还有另外一种方法，就是听报告，谈体会，表决心，写汇报，做检讨，成了一个模式。这一套程式过去也收到一定的效果。这有几个原因。第一，过去我们党威信很高，特别是毛主席，大家认为他讲的每句话都是对的；50年代的学生对以前的社会有感性认识，因而对社会的变化有个比较，接受马克思主义宣传比较容易；过去封门闭户，人们不知道外国的情况，信息不灵通。现在这

些条件都没有了，比如大家知道共产党也会犯错误，像毛主席那样伟大的人物也会犯错误。所以青年要思考了。你的话是不是真理，他要想一想，看一看。第二，现在的学生对半封建半殖民地的社会不了解，没有接触过。他们不同以前的社会比，而要同外国比，不是纵向的比，而是横向的比，比法不一样了。第三是开放了，各种信息来源多。所以当年不少有效的灌输方法在今天就会失效。因此，我们的思想政治工作的方式方法必须改变。

最近，我看了几个青年写的东西，觉得值得我们搞思想政治工作的同志想一想。他们说，虽然有的青年还缺乏共产主义的热情，但是作为一个有着 5000 年历史的民族的后代，他们有着民族主义的热情和自信，认识到不管把西方的物质生活说得多么好，那毕竟不是自己的。他们说，他们认识到光批评现状是徒劳无益的，勉励自己努力学习，努力工作。他们相信自己能够克服一切困难，必要的时候也愿意牺牲自己，但在行动上可能要慢一点。因为他们的座右铭是"思而后行"，要先作一番思考。有位青年还这样说：当然，引导"思而后行"的青年比引导那些唯命是从的人要困难得多，可是如果能够加以正确的引导，他们将成为建设国家的一支伟大力量。我觉得这些话反映了当代青年奋发上进的精神和"振兴中华"的志向。他们是可爱的，正在走向成熟。因此，我们应该增强工作的信心，增强教育的责任感，正确认识当代青年，根据新时期的要求和当代青年的特点改进和加强思想政治工作。

新时期对思想政治教育确实提出了许多新的要求，实现起来难度是很大的，关键的问题仍然在于我们的思想水平与工作水平不适应。这就要学习，要提高，这是当前需要解决的最紧迫的问题。

《上海教育》1985 年第 3 期。

要让青年在进入社会之前学好法律基础知识

中学开设《法律常识》课，新中国成立以来还是第一次。目前全市已普及中等教育，每个青年参加工作之前，都要经过这一阶段的教育。我们应当在他们进入社会之前，教他们学好法律方面的基础细识，使他们懂得作为一个社会主义公民在国家生活中应当遵循的行为规则，树立起牢固的法治观念，并且能够运用法律武器与一切违法犯罪行为进行斗争，捍卫人民的利益，保卫"四化"建设顺利进行。这样一代一代培养新人，可以起移风易俗的巨大作用。

大家知道，由于十年内乱、"四人帮"的毒害，一大批青少年走上违法犯罪的道路。前年发生的震动全市的淮海路事件、控江路事件，都是十五六岁的在校学生干的。"文革"前我国学生的犯罪率是全世界最低的，而现在比"文革"前上升数十倍，可见问题之严重。近来总的情况有所好转，但仍有一定数量的新生的犯罪分子。这些人大多数根本不懂法，甚至杀了人被押起来，还不知犯了罪。因此，开设法律常识课更具有紧迫性。

开设这门新课存在一定困难，中学教师的绝大部分没有受过这方面的训练，缺乏专业知识和参考资料。因此要培训、帮助教师。我呼吁参加座谈会的专家们给我们以帮助，建议《民主与法制》介绍上好法制教育课的经验，提供资料、教案。

《民主与法制》1981 年第 8 期。

我们是怎样使中学生犯罪率大幅度下降的

作为十年内乱造成的恶果之一,中学生犯罪一度成为上海市各方面严重关注的问题。从去年起情况发生了可喜的变化,犯罪人数已经开始并且持续地大幅度地下降。据公安部门提供的材料,1979 年本市平均每月犯罪学生人数为 586 人,1980 年为 431 人,1981 年下降为 231 人,1982 年 1—9 月继续减少,平均每月为 93 人,而且只集中在部分学校。据我们 10 月份的调查,在本市 894 所中学中,犯罪学生在 5 人以上的尚有 61 所,共有犯罪学生 504 人,占 1—9 月全市中学生犯罪总人数的 58%。目前我们正有的放矢地要求这一部分学校加强思想政治工作。如果奏效,本市中学生犯罪人数在近期内还可进一步下降,学生犯罪有可能不再成为重大的社会问题。正当青少年犯罪问题在许多资本主义国家恶性发展,愈演愈烈,他们的许多政治家、社会学家和教育家感到束手无策,哀叹无法控制与治理的时候,在我们国家里,上海这样一个大而复杂的城市,在十年内乱之后,能在短短三年时间内取得如此显著的成效,可以称得上是一个"奇迹"。应当承认,这确是社会主义制度无比优越的一个明证。

中国是一个文明古国,素称礼仪之邦。新中国成立之后,在中国共产党的领导和共产主义思想教育下,全民族的道德水平提到了一个新的高度,先公后私、先人后己、勤劳俭朴、团结友爱,守纪律、讲礼貌,在青少年中已形成风气,"为人民服务"成为大多数人的崇高愿望。仅仅因为林彪、江青反革命集团的破坏与毒害,人妖颠倒,是非混淆,法制被践踏,教育遭破坏。在这种情况下,广大青少年又被捧为"革命小将",被驱向冲杀的第一线,先成为受害者,然后又去害别人、害社会。一个工读学校的学生曾经流着眼泪朗诵过一首诗《我们回来了》,其中有几句是这样写的:

"想起那过去的年月,我们泪如雨下,大人们你冲我杀,年轻的娃娃怎经得住这硝烟风沙!""史无前例的动乱开始的那一年,我们不过是四岁、五岁的小娃娃。""四岁,穿一身军装,学摸、爬、滚、打;七岁,参加批判会,学会切齿咬牙;到了十三四岁,一个声音在狂叫:'小人物可以批判大圣人'","甚至广播也是这样讲的,只要革命革好了,何需那科学文化!""浩劫,扑灭了我们理想的火花;动乱,夺去了我们金子般的年华;颠倒了的舆论使我们丧失了明辨是非的能力;法西斯棍棒把我们训练得更加愚昧粗野。"最后她喊出:"天哪!这难道都是我们的罪过吗?"有人曾经把这些严重违法犯罪的青少年比作吃"四人帮"狼奶长大的"狼孩"。其实,这是特殊的历史条件造成的。他们根本不懂得基本的文明准则。

从本质上说,青少年犯罪在我国之所以一度成为严重的社会问题,是社会主义制度遭到破坏的结果。它是在十分特殊的历史条件下发生的十分特殊的问题,是一种暂时的社会现象,与资本主义国家青少年严重犯罪的问题,有着本质的区别。所以在我们这里,一旦"四害"铲除,拨乱反正,社会主义制度的优越性又发扬光大,青少年的犯罪现象就会逐步减少。我们认为这就是我们为什么能在较短的时间内,使中学生犯罪率大幅度下降的主要原因,也是我们深信这个问题将会进一步从根本上得到解决的依据所在。

当然,社会主义制度的优越性只是一个基本的条件,解决问题还得靠我们认真对待并切实地做工作。

这几年,我们学校的广大干部和教师,在这个问题上,确实花了极大的气力。概括起来,有下面几条基本的做法或主要的经验。

一、坚持疏导方针,立足教育挽救

坚持疏导方针,立足教育挽救,是我们医治这些心灵上遭受严重创伤,甚至已经陷入歧途的青少年的根本指导思想。这既是工作的出发点,也是工作的归宿。坚持这个方针,就要在任何情况下,都要以父母般的无限爱心去教育、引导、挽救他们,决不放弃任何一个青年。几年来,我们广大教师正是本着这样的根本指导思想,日以继夜,呕心沥血,从里管到外,从头管到脚,开展富有意义的、生动有趣的活动,千百次个别谈话,千百次家庭访问,把工作做深做细。甚至学生已经犯了罪,被判了刑,有的老师仍不嫌弃他、歧视他,给狱中的他写信,一次又一次地去探监,为学生送去学习用具,对学生提要求,鼓励他们改过自新;有的学生因为中毒太深,屡教屡犯,做父母的也已经失去信心,老师还坚持耐心教育,终于使顽石点头,浪子转变。这些教师真正做到了"动之以情,晓之以理,导之以行,持之以恒"。

坚持疏导方针是十分不容易的。不少教育部门组织教师学习《教育学》《心理学》;在教师中开展"爱生",特别是偏爱"差生"的教育活动。有的区还有针对性地提出多少个怎么办的问题,如"碰到学生顶牛怎么办""碰到反复怎么办",等等,发动教师进行专题讨论,统一认识。通过这些活动,教师用理论武装了自己,端正了教育思想。

二、培养正确的舆论,形成坚强的集体

在 1979 年学生犯罪率最高的时候,我们曾经作过调查。当时全市思想品德和文化知识都很差的学生,总共一万人左右,占中学生总人数的 1% 多一点。比例虽然不太高,但这些人的能量很大,几个人就可以搞乱一所学校,带坏一批人,弄得学校上下不得安宁。原因在哪里?就是因为守纪律、勤学习的学生虽然占绝大多数,但是缺乏正确的舆论,正气不抬头。班级和学校没有形成坚强的集体,才出现坏人神气,好人受气,甚至坏人带坏好人这样一种极不正常的现象。要使这些人的错误思想和行为得到及时的有力的制止,不再有市场,必须下大力气树立正确的舆论,建立坚强的集体,创造一个使人奋发向上的良好的教育环境。这是从根本上解决问题的极其重要的一环。

这几年来,我们在学生中进行了比较系统的共产主义道德和社会主义法制教育,而且把它正式列为政治课的内容,贯彻执行了教育部颁布的学生守则。我们也针对学生中存在的问题,制定了一些规章制度,还注意大力表彰好人好事,在学生中广泛开展"学雷锋,拒腐蚀,树新风""五讲四美"、评选"三好"学生、评选"文明班级"和"文明学校"、评选"三好先进集体"等建设社会主义精神文明的教育活动。通过这些活动,使学生懂得社会主义国家学生的基本准则,培养正确舆论,形成坚强集体,做到好事有人夸,坏事有人管,正气发扬,歪风不能抬头。

三、分批分期整顿所有学校，着重抓好初中阶段教育

粉碎"四人帮"时，上海 1000 多所中学差不多都是乱糟糟的，被糟蹋得不像样子。面对这种情况，要齐头并进，想要一下子把所有学校都办好是不可能的，只能分批分期地进行工作，一所学校一所学校地进行整顿。首先我们选择了一批条件较好的学校，集中力量把它们先办好，积累了经验，起了示范作用。这就是现在的 76 所重点中学。接着我们将一批没有条件办高中的完全中学改为初级中学，缩短战线，切实把初中办好。到 1981 年夏天，经过调整，市区 400 所中学，尚有 70 多所还没有完全建立正常秩序，一般称之为"困难学校"。我们要求各区加强对这些学校的工作，在一定时间内把它们整顿好。又经过一年左右的工作，据了解，"困难学校"已减少为 20 多所。原来的"困难学校"中，有的已进入全市较好学校的行列。这样，目前本市绝大部分中学可以说已经建立了正常的教学秩序，有了良好的校风校纪。总的情况也就比较好了。上面说到从 1982 年 1—9 月的统计材料看，全市还有 61 所中学犯罪学生在 5 人以上。这些学校中，有的属于尚未整顿好的"困难学校"。从大部分学校基本情况看，正常秩序已经建立，只是还有一些薄弱环节，或是工作还抓得不够紧，出了些毛病。这同前几年学校乱糟糟时发生的问题，已经完全不同了。

近年来我们还重视了教育科学的研究工作，研究青少年成长的规律。我们发现，学生走上犯罪的道路，好多是开始于初中阶段，年龄在 12—15 岁之间。这一年龄段的学生第一次犯各种错误的比例最高。这确实是一个"危险的年龄"，是一个人能否健康成长的关键性时期。基于这个认识，我们提出了"办好初中"的战略性意见，要求各区县和学校切切实实办好初中。一年多以来，各区县和学校努力克服片面追求升学率的思想，改变把水平高的教师全部集中到毕业班，特别是高中毕业班的错误做法，抽调了一些骨干教师到初中各年级把关，尤其重视了初中一、二年级的工作。这个工作目前已收到很好的效果。

四、争取社会各方面的支持，共同关心青少年的成长

教育好青少年，是全党的一件大事。教育部门肩负教育青少年的直接责任，

首先应当竭尽全力地把工作做好。但是单靠教育部门的力量是不够的,还需有社会各方面力量的密切配合与支持。几年来,工、青、妇、公安、政法、新闻、出版、文艺、体育、科技、财贸、地区以及驻沪三军等所有部门和各方面人士,包括里弄干部和退休老工人,对于青少年的关心,丝毫不少于我们教育部门。凡是学校提出要求,没有一个部门也没有一个人不是积极、热情支持的,这也充分反映了社会主义制度的优越性。1980年初,话剧《救救她》在本市公演之后,学习舞台上的方老师,挽救生活中的李晓霞成了文艺工作者的战斗口号。上海乐团、广播电视艺术团、人艺二团、人民沪剧团以及上海剧协、音协、戏剧学院、儿艺、青话、上影演员剧团等单位的许多著名文艺工作者,先后深入到各区工读学校,义务辅导同学创作,排练文艺节目,并与师生举行座谈,为大家表演精彩节目。文艺界同志这种台上演戏,台下育人的精神,给工读学生增添了改正错误、奋发向上的信心和勇气。今年暑假,文联、科协、城防办、园林局、文化局、体委、驻沪三军等单位,为中小学生的暑期生活创造条件,提供场所,使青少年有160多万人次参加各种丰富多彩的健康有益的活动,出现了全社会都来关心学生暑期生活的可喜现象。

市、区、县各级领导对教育失足青少年的工作更是十分关心。市委、市政府的不少领导同志以及市、区、县人大代表、政协委员,都到工读学校视察,检查工作,观看工读学生的演出,同学生亲切谈话,给这些误入歧途的青少年送去党和人民的热情关怀和殷切期望。如果没有各方面的关怀和支持,只是靠教育部门孤军作战的话,那么可以肯定地说,在校学生的刑事犯罪率是不可能如此迅速地、大幅度地降下来的。

最后一点,提高学校领导干部的思想水平和工作水平,振奋他们的精神是一件十分重要的、关键性的工作。开始,不少学校的领导干部对此信心很不足,精神状态不好,存在许多思想认识上的问题。他们认为整个社会风气没有根本好转,党风也不正,"学校的小气候顶不住社会的大气候",所以感到无能为力。同时社会上普遍存在片面追求升学率的思想,学校感到压力很大,他们又产生"在差生身上花功夫不值得"等思想。为此,我们经常对情况进行总结和交流,推广一些学校和教师在这方面的成功经验和先进思想,同时还举办各种讲习班,组织各种思想政治工作方面的研究会,来加强对行政干部、班主任、政治教师和团、队骨干的培训,以提高他们的认识,振奋他们的精神。我们还向他们指出:现在的中小学生,一二十年以后,将在"四化"建设的各条战线、各个部门担负起重大的责任。他们是我们的希望、祖国的未来。我们只有知难而进把他们培养成才的责任,而没有任何可以抛弃他们的理由。教育挽救好一个失足学生,其贡献并不小于培养一个学生考入大学。现在学校走上正轨了,学生犯罪率大幅度下降了,学校在这方面也积累了丰富的经验。目前大家都信心十足,并有充分的把握,在不太长的时间里,一定可以把这个问题进一步解决好,使青少年的道德水准超过"文革"前的最高水平。

(本文被译成数国文字,向海外介绍)

《青少年犯罪问题》1982 年第 2 期。

对少先队工作的几点想法

好多年前，我曾在一篇文章中指出，少先队工作是一门科学，一门专门的学问。

人们通常把教师称为人类灵魂工程师，那么关于教师的学问，就可以叫作"人类灵魂工程学"，少先队工作的学问就是"灵魂工程学"的一个重要分支。它研究的对象是从小学到初中的少年儿童。目前国家正在努力实现的九年制义务教育，是提高整个民族素质、多出人才、出好人才的奠基工程。

在义务教育阶段，每个人都要经历两个伟大的过渡：从儿童期向少年期过渡，又从少年期向青年期过渡。说它是伟大的过渡，不仅因为其中有许多奥秘有待人们去揭示，更因为这两个过渡关系到一个人的一生。有人把 12—24 岁称为危险的年龄段或"第二次诞生"，是根据许多事实得出的结论。这个年龄阶段是人生的第一个十字路口，是向东还是向西，向上还是向下，特别是对思想品德的形成与身体的发育成长，有着关键的作用。

就智育来说，据国外专家的研究，一个人的智力发展，到 8 岁时已达到 70%—80%，到 17 岁时已基本完成。对儿童的语言、音乐、艺术等能力来说，这一阶段是发展的最佳期。抓住了这一时期，促其发展，就可能事半功倍，错过了，就会事倍功半，甚至一生难以逆转。这里面又有许多学问、许多未知数。

人们往往用金色的童年来形容这一阶段的幸福生活，从智力发展的角度来看，这样的形容更是恰如其分。它对于一个人的发展成长，的确像黄金般宝贵。俗话说，一寸光阴一寸金，这一阶段的光阴，是一寸一寸地计算才好。

国内外的许多教育家、心理学家，大都把他们的研究工作的重点放在这一时期，这不是没有原因的。所以，作为少先队工作者，把自己的工作作为一门科学来研究,就更是理所当然的了。

　　基础教育的主要任务是提高整个民族的素质,包括政治素质、科学文化素质与身体素质。多出人才、出好人才是教育的任务,基础教育阶段仅仅是为多出人才、出好人才打基础。在这一阶段,即使是少数学习尖子,也还算不上是人才,最好也不过是一棵好苗! 好苗是否一定成才,还要看今后的主客观条件。而且,人才是多层次、多门类的。一个单位、一个部门,乃至整个社会,要有一个多层次、多门类、合理的人才结构,才能收到最佳效益。攀登科学巅峰的当然是人才,是尖子;一个出色的点心师、服装设计师、理发师,也是人才,也是尖子。"不拘一格降人才",登不上东山上西山,大面积提高质量,为所有人打好基础,这应当是我们的指导思想。我是相信"天生我才必有用"这句话的。少先队组织的宗旨是要教育学生现在当学习先锋,争取长大后真正成为先锋。所以,抓少数,丢多数,偏爱优秀生,厌恶差等生的想法或做法,都是与上述提高整个民族素质的要求与少先队的宗旨相违背的。

　　当然,面向全体学生,大面积提高教育质量,并不是不要培养尖子。智力差异是客观存在的,不能采取不承认主义,也不能削足适履,用一种模式去框住所有学生。传统教育的一个弊端,就是搞同步化、划一化,用一个标准去衡量学生,这正是当前教育改革中所要解决的问题。马克思、恩格斯有一个重要的教育思想,就是要让每一个学生的聪明才智得到充分、自由、全面的发展。这当然要从每个学生的实际出发,使他们在各自的不同基础上发展。

　　当前我国的教育,无论是纵向或是横向都在进行改革,少先队工作也不应该例外。时代前进了,任务不同了,不改革就不能适应,不改革就不能前进。要研究过去的经验哪些还能适用,哪些已不适用,更要创造出新鲜的经验,这是时代的呼唤。

　　《小伙伴》1986 年第 6 期(文章原名为《时代在呼唤　教育要改革》)。

爱的教育之我见

教育离不开爱，没有爱就没有教育。真诚、伟大、无私的爱历来是赞美老师的语言。陶行知提出的"爱满天下"的教育思想已成为大家的共识。教育讲爱，本来是不成问题的，但是有一段时间是不能讲的。在"以阶级斗争为纲"的那段时间里，爱不仅不能讲，而且好似一种罪恶。

1964 年，南京师范学院附小的斯霞老师遭到公开批判。因为她提出老师应该比妈妈更爱学生，因为妈妈爱自己的孩子还有一点私心，而老师的爱是没有一点私心的。这种教育观点本来是对的，可是受到了全国范围的公开批判。有人说斯霞爱学生的思想没有阶级性，会害学生。这真是古今中外教育史上从来没有过的冤案。

直到 1988 年，斯霞 80 岁时，这个冤案才得到平反。这为爱的教育的开展，创造了良好的气候环境。但是到了 1989 年，又有人对《爱的奉献》这首歌里的一句歌词"只要人人都献出一点爱，世界将会变成美好的明天"提出疑问，说："世界上哪有那么多的爱？"这一来很多人又紧张了，爱的教育不能搞了。记得前两年，虹口区在继光中学开了一次"爱的教育汇报会"，许多教授和领导都参加了。汇报会后倪美琪老师问我："你认为爱的教育能不能搞？"当时我说的大意是：如果爱的教育不能搞，那么搞恨的教育好不好？让世界充满恨，成天斗来斗去好不好？不能那样搞。我认为爱的教育好搞，应该搞。那次会议上，专家、教授及领导们都对爱的教育给予了充分的肯定。

爱的教育姓资还是姓社？有些资产阶级教育家也讲过爱的教育，它是否就是资产阶级的？是否凡是资产阶级讲过的东西都姓资？如果真那样，可就糟了。过去我国只有私塾，现代教育全部是从西方学来的，如果怕姓资的话，那么大中小学全部得关门，学生得全部读四书五经去了。

　　我们的教育对象是未来接班人，如果对爱的教育也要用阶级分析法，那么对学生也要划分阶级吗？我们能爱一部分学生不爱另一部分吗？

　　对爱的教育的认识有待于进一步发展，进一步深化，进一步提高。这具有深刻的意义。面对未来，联合国提出的口号是：要教育下一代人学会关心，从自我中心的圈子里跳出来，关心国家、关心民族、关心社会、关心朋友、关心动物、关心植物、关心自然、关心生态、关心全球。总之，一个人、一个国家、一个民族不能单独生存，要相互关心，共同生存。

　　如果没有爱，能做到关心吗？关心的本质核心是爱，因此我们要从更高层次更深刻地来认识爱的教育。现在的问题不是要不要爱的教育，而是如何从更广的范围、更深刻的意义、更高的层次来认识这个问题。

　　爱的教育应该肯定、发展，更上一层楼。它是符合世界未来的发展潮流的。

　　　　1993 年 11 月 16 日《爱的教育》(上海市虹口区爱的教育研究会编)。

创建两个渠道并重的教学体系，培养现代化建设人才

当前，从 17 世纪以来逐步形成的教学体系，正面临着巨大的挑战，不进行重大的改革，就越来越难以克服科学技术迅猛发展与学校教育因循守旧之间的矛盾，越来越难以培养出建设现代化事业所需要的"现代化的人"。

关于科学技术迅猛发展的情况，国内外报刊介绍甚多。这里不妨引用《瞭望》杂志《漫谈知识的老化与更新》一文中的一段材料：

"有人统计，16 世纪自然科学领域的各种重大发现、发明，总数不过 26 项；17 世纪已有 106 项；18 世纪为 156 项；19 世纪达 546 项；本世纪前 50 年达 961 项。到了 60 年代以后，科学技术发明、发现的总数，竟超过了过去两千年的总和。每年，世界各地的新发现和新发明，都有三四百万项之多。每隔 7 年到 10 年，世界的知识总量便可翻上一番。

"值得注意的是，现代科学技术不只是在个别的学科理论、个别的生产技术上获得发展，也不只是一般意义上的进步与改革，几乎各门技术领域都发生了深刻的变化，出现了新的飞跃。以原子能利用、电子计算技术和空间技术为主要标志，科学技术正经历一场伟大的革命，出现了一系列新的基础科学和技术科学。

"从科学发现到技术实现之间的间隔期也越来越短。19 世纪和 20 世纪初，科学发现到技术实现，相隔几十年到上百年是很平常的事情。从正负电荷的发现到电机和电力工业的建立用了 150 年；从第一个蒸汽机装置到瓦特的全面改进和实际应用，相隔 80 多年。然而，这 50 年来，情况不同了。奥托·哈恩发现核裂变是 1939 年。6 年之后，爆炸了第一颗原子弹。1958 年汤姆和肖楼提出了实现激光的设想，两年之后梅曼便制成了第一台红宝石激光器，不到十年就发展成了被广泛应用的新兴光电子工业部门。电子计算机总共才 30 多年的历史，但已经历

了四代的变革。

"新的知识泉涌般出现,造成了人类有史以来规模最大、范围最广的知识更新的局面,人们称之为'知识爆炸'。

"国外有人统计,发达国家 1976 年毕业的大学生,到 1980 年,他们所掌握的知识已有 50％陈旧、老化……"

面对这样一个严峻的现实,特别是关于智力开发、人才培养以及现行学校教育的改革问题,世界上许多有识之士都在进行热烈的讨论,研究对策。

现在学校教育的学制、课程设置、教学组织形式等一整套教学体系,基本上是在欧洲文艺复兴特别是在工业革命以后 17 世纪到 19 世纪之间形成的。从夸美纽斯、卢梭、裴斯泰洛齐、赫尔巴特,直至 50 年代对我国教育界影响最深的凯洛夫,他们的教育理论都没有从根本上跳出这些框框。

一句话,这一套教学体系的理论和实践,是同当时科学技术与工农业生产的发展水平相适应,并为之服务的。与当前科学技术迅猛发展的新形势一对比,就十分突出地显示了它的保守性。据粗略分析,它至少有以下几个问题。

一、课程、教材的相对稳定与需要不断更新的科学技术知识之间有矛盾。现在中小学的课程设置与几十年前基本一样,教材内容变化不大。有的虽有所更新,但由于以下几点,学生通过教材获得的知识,基本上都是"昔时的信息"。一是需要向学生传授人类文化的遗产;二是为了使学生掌握最新知识,必须为他们打好一定的基础;三是教材的编写、出版需要一定的时间;四是为了便于教师掌握教材,教材必须保持相对的稳定。

二、班级制教学形式与让每个学生的聪明才智得到充分发展之间有矛盾。班级制的产生是为了适应普及教育的需要,较之封建时期的个别教学是一大进步。但班级制教学尽管强调因材施教的原则,但大体只能考虑大多数学生的水平,难以顾及每个学生的聪明才智。因此,总有一部分学生"吃不了",也有一部分学生"吃不饱",难以真正实现"因材施教"。

三、中小学教师即使都达到了应有的学历水平,由于知识更新的速度加快,他们又不在科研或生产的第一线,要获得并向学生传播最新信息,也是有一定的局限的。

四、学校的物质设备，主要是指实验室，基本上是按大纲和教材的需要配备的，学生上实验课的时间，一般是统一安排的。这难以满足学生获取最新信息，提高科学素质的需要。

此外，还要指出一点，学生学习的时间不可能无限增加。

总之，这种以教材为中心，以课堂教学为中心，以老师的传授为中心的传统教学制度、教学组织形式和教学方法，已使学生很难及时接触当代科学领域的重大课题，获取科学技术上的最新信息；使教师很难及时地发现并卓有成效地培养真正的优秀人才，也很难充分地实现因材施教的原则，使每个学生的聪明才智得到充分发展。随着时代向前推移，这种传统教学方式的弊端将越来越明显，人们要求教育部门源源输送具有真才实学的现代化人才的愿望将越来越难以实现。

人们都知道，对于少年儿童来说，他们不仅要生活于现在，而且大部分时间将生活于未来。说未来是属于青少年的，就包含这样的意思。我始终认为，教育是关乎未来的事业。今天的中小学生，要在10年、20年之后，即在我国经济起飞和"四化"目标初步实现之时挑起进一步发展的重任。我们不能满足于使他们知道过去，继承过去，更要培养他们的创造才能，使他们能适应未来，今后为人类的文化科学增添新的光彩。我们要为他们设计未来的50年。

青少年是我们各项事业的接班人。教育工作者的任务，就是要考虑怎样才能使他们在离开学校大门，接过接力棒之后，立即开始新的冲刺。为此，我们应当使他们在上学期间就知道他们的前辈已经或将要跑到哪里，他们的"起跑线"在什么地方，应当从哪里突破；在上学期间就随时知道科学技术的新动态、新发展、新纪录。不然，他们怎么能做到在离开学校的时候，就能站在"起跑线"上呢？

这些要求，仅仅依靠传统的教学形式，是难以达到的。

所以，我前几年就提出，在学生上学期间，除了要求他们认真切实学好最最基础的知识以外，还要创造条件，充分运用报纸、杂志、电台、电视台、课外书籍等传播信息的各种现代化工具，让他们接受最新的知识，扩大知识面；要研究并重视社会各种渠道向学生传递信息的状况，把社会信息组织到学校教育中来，并加以正确的指导，提高学生正确接受社会信息的能力；还要改革课程，修改教学大纲、教材，尽量减轻学生的课业负担，力求使大纲和课本上规定的作业，学生能在课内完成,让学生有充分的课外时间(譬如每周有三至四个半天)参加各种有益的活动,包括各种科技活动、参观、考察、实际操作、专题讲座,等等;要邀请科研部门、大专院校、生产单位等战斗在科研或生产第一线的专家、技术人员,与中小学生直接接触,辅导学生去探索新的知识领域。如果把课堂教学称为传播知识的第一渠道,那么上述种种活动就可以称为第二渠道。要让学生同时从两个平行的渠道去获取知识,互相补充,相得益彰;既知道过去,又知道今天;既能继承过去,又能创造未来;既掌握基础理论,又有动手能力,成为有理想、有知识、有能力、聪明能干的愿意为社会主义现代化建设献身的现代化人才。

过去,我们受传统观念的束缚,只把课外活动看作是课堂教学的补充与延伸,离不开大纲与教材。课外活动完全处于辅助地位或从属地位,有了,更好,没有,问题也不大。现在应该把课外活动看作是培养具有真才实学的现代化人才不可缺少的重要手段。因为它可以完全不受大纲、教材的约束,不受传统的教学程式的约束,也可以不受学校现有师资条件的限制,充分利用社会上的各种可以利用的条件,达到充分发展学生聪明才智和潜在能力的目的。上面提到的传统教学形式种种难以克服的保守性,在第二渠道的活动开展之后,都可以得到圆满的解决。

我的设想是要进一步发展和完善课外活动,特别是科技活动的内容和形式,使之成为与课堂教学并列的,整个教育结构重要组成部分的教学形式,从而从理论到实践逐步建立起与传统教学形式不同的崭新的教学体系。在目前"信息化"的社会条件下,这样做不仅必要,而且可能。这里丝毫也没有轻视或忽视第一渠道的重要作用和地位,只是说不能把第一渠道变成唯一渠道,要通过改革来达到加强第二渠道的目的。

正是基于上述认识,这几年来我们在建立与发展学生课外科技活动方面,倾注了极大的注意力,已使科技教育不仅在广度上而且在深度上都大大超过了"文革"以前,逐渐形成了一个独立的、不依附于课堂教学,不依附于大纲、教材的教学活动体系。首先,市、区二级逐步建立了科技教育的指导机构,学校建立了科技活动领导小组,形成了课外科技教育的网络,配备了专、兼职科技辅导教师。目前市、区(县)二级已有专职辅导员近 500 人,学校有专、兼职辅导员 2000 余人。其次是在活动场地、物质设备和活动经费方面加强配备。除科技站以外,各区(县)都建立了相当规模的独立的活动场地;在物质设备方面,近几年都拨付专款,在经费上保证活动的开展。第三是活动的内容和方式都有了很大的发展。活动内容早已不限于"文革"前的两模一电,目前已有电子计算机、电视、遥控、激光、光学、天文、地质、气象、航空、航海以及数、理、化、生等近 20 个项目。在活动方式上,开展了青少年科学讨论会,发动并鼓励学生撰写科学小论文;开展中、小学生科学创造发明比赛;举办各种科技专业夏令营和野外考察活动;举办科技活动成果展览与各种科学竞赛活动;组织并建立各学科青少年爱好者协会,聘请专家担任顾问,在专家指导下,由青少年独立自主地开展活动。目前已建立的有电子、数学、天文、地质、化学、空模、海模、气象等爱好者协会,正在筹备的还有生物、电影、电子计算机爱好者协会。

以上只是概括地介绍了这几年我们在发展课外科技活动方面所作的努力。我们在文科、社会科学等方面也同样作了一些努力。因为人才的需要是多方面的,不限于自然科学。通过这些活动,一大批优秀人才被发现,不少学生在中学阶段就如饥似渴地学习科学技术上的最新知识,有的还有发明创造,受到专家们的赞赏。实践已经证明,让学生尽早地站在"起跑线"上是可能的。

当然,我们目前正在做的工作离真正形成能与课堂教学相并列的教学体系,还有相当大的距离,还要继续努力。我们完全认识到,要创建两个渠道并重的教学体系不是一件容易的事。这既要改革第一渠道的教学思想与教学体系,诸如克服长期形成的传统观念,改革教学体制、课程设置、教材教法、师资培训等一系列具体问题,又要发展与完善第二渠道的教学体系,解决诸如制度、内容、原则、方式、方法等一系列具体问题。这实际上是对传统学校教育的全面改革,难度是很大的。但是,我认为这是科学技术迅猛发展所带来的必然趋势。在本世纪末下世纪初,或在几十年内,将会有这么一个新情况,现在已经突破和将要突破的新技术,运用于生产,运用于社会,将带来社会生产力的新的飞跃,相应地会带来社会生活的新变化。这个动向值得我们重视,需要认真加以研究。这既是一个机会也是一个挑战,必须努力重视智力开发,大力加强人才的培养教育,教育的改革应当抓紧进行。这是历史赋予当代教育工作者的光荣责任。我们应当有这样的雄心壮志,应当有这样的勇气和决心来努力促其实现。要相信:一种崭新的、适应时代的中小学教学新体系,必将在我们所处的这个伟大时代诞生。资产阶级的教育家能够创建出适应那个时代的教学体系,有马列主义指导的、具有改造世界的勇气和魄力的无产阶级教育家难道不应该有志气来完成这个光辉的使命吗?

《上海教育》1984 年第 1 期。

关于"第二渠道"的几个问题

1984 年 1 月号《上海教育》和 2 月 17 日《文汇报》发表了我的两篇议论性的文章。文章的中心思想是：面对新技术革命的挑战，要积极改革第一渠道，发展第二渠道，逐步创建两个渠道并重的新的教学体系，并以此取代传统的教学体系。

这两篇文章发表以后，引起了许多同志的议论。为了进一步求教于广大教育工作者，特别是关心这个问题的同志，下面想再就第二渠道的问题，把我的观点作一些说明。

一、为什么叫"第二渠道"？它同课外活动、第二课堂是不是一码事？

我选择"第二渠道"这个词是经过考虑的。按照传统的提法，凡是课堂教学以外的各种教学活动，例如各种兴趣小组、文体活动等，都称为课外活动，被认为是课堂教学的延伸与补充，处于从属的地位。历来的情况都是：比较重视的学校开展得经常一些，参加的学生多一些，在制度与物质条件上也有一定的保证；不很重视的学校，活动就不多，参加的学生不多，也没有基本的保证，甚至根本不开展，处于时多时少、时有时无的状况。前几年，一些学校有了"第二课堂"的提法，强调它在培养人才的工作中的地位与作用，认为它是教学过程中最活跃的因素，同课堂教学一样必不可少。在认识提高的基础上，一些学校"第二课堂"活动的广度与深度有了新的发展，已经不限于课堂教学的延伸与补充，不少项目与内容自成体系，有了相对的独立性。我认为，这是对传统教学观念的一个突破。但是"课堂"是一个特定的概念，有其科学含义。把课外的各种教学活动也称为"课堂"，只能说是借用，没有摆脱传统观念。它的内容没有反映信息化时代的特点和要求。

"第二渠道"是根据信息论的观点提出来的。因为从信息论的观点来看,教学工作实际上是一个信息传递的过程。传统的教学体系就是运用教材——文字,通过教师的讲授——言语,采取课堂教学的形式,把信息传递给学生。所以,可以说课堂教学是传递信息的一个渠道。过去,这是一条主要渠道。这条传递信息的渠道,经过 300 年来的实践,逐步完善,已形成一个严密的体系,有理论,有制度,有措施,有必要的物质条件,因而是有保证的,对于培养和提高一代又一代人的素质,曾经起过而且还在继续起着不可磨灭的重要作用。否认它或是轻视它都是不对的。有的同志认为我提出两个渠道并重的设想是要否定主要渠道的作用,这是一种误解。当然,也存在否认它的重要作用的观点。日本经济学家松田米津在他的《信息社会》一书中,谈到新技术革命对教育带来的变革时,曾经提出这样的观点,即"个人制的教育将取代传统的集体教育制度","自学系统将成为主要形式","先生讲、学生听的教学制度得改变,教师会退居到咨询地位","现在的填鸭式的教学和学徒式的技术训练方式将成为历史",等等。我不敢说几十年或更长的时间以后会不会出现像他所说的情况,但在我们能预见到的近期内,至少在我们国家,还不会发生这么大的变革。因此,目前传统教学体系必须改革,但不能否定或有所忽视。不然,势必造成大面积降低教学质量的后果,这是不允许的。

现在传递信息除了文字和语言两个传统的载体以外,又有电磁波这个新的载体。我国无线广播普及和上海电视的基本普及,实际上已形成了传递信息的又一个重要渠道,在很大程度上影响着我们的学生。加上近年来报章、杂志的种类与发行量迅猛增加,其信息量之多、之快、之广,已大大超过传统的课堂教学这个渠道。问题仅仅在于我们还没有有目的、有计划、有组织地把它纳入学校教育的轨道,充分发挥其作用。因而它还处于自流的状态。我们如果不正视这个正在深刻变化着的客观现实,仍然墨守成规,把课堂教学作为传递信息的唯一的渠道,就必然会大大影响人才的培养。这是不利的,也是不应该的。我把传统的渠道称为第一渠道,把原有课外活动和新发展的渠道概称为第二渠道。两个渠道并重,仅仅是承认已经客观存在并正在日益发展着的现实,不是凭空设想。并重,是指在培养人才的作用上,两者同样重要,并不是指时间安排上一定要一半对一半。在现阶段,第一渠道所占时间要多一些。今后电磁波的作用如果进一步发展了,第二渠道所占时间也可能会增加一些,这当然是后话,可以留待后人去研究。对我们来说,应当立足于当前,立足于现实,不必去多费脑筋。

二、第二渠道的特点及重要内容

我之所以要说一说这个问题,因为我在以前的文章中没有具体阐述,而有的同志在叙述第二渠道时,把一些属于第一渠道的内容,例如选修课也放在第二渠道中了,这同我的原意是不相符合的。选修课与必修课的区别,仅在于学生的自主选择权。选修课一经选定,就是一种正式课程,有统一要求,同样采用课堂教学的形式,也是标准化、同步化,只能说属于第一渠道。

第二渠道有哪些特点或特征呢?

第一,它传递信息的速度与广度是第一渠道望尘莫及的。我曾经说过,第一渠道传递的基本上属于"昔时信息"(当然也有一些"即时信息"),第二渠道传递的基本上属于"即时信息"(当然也有一些"昔时信息")。这就是两个渠道各自的特点之一。"昔时信息"并不就是"过时信息"。昔时信息中很多是人类文化的精华,很多是基础理论、基础知识,当然要学,而且要学好。我完全同意这样的观点,技术变化愈快,越要有基础,有了广阔的知识、坚实的基础,才有适应的能力。但基础本身也在发展,如计算机,过去是少数人研究的,不能算是基础,但现在大家都认为它是一个现代人必备的基础了。现在科学技术发展十分迅速,信息量惊人增加,如果学生仅仅知道昔时信息而不能及时了解即时信息,或仅从课本里获得信息,就不能掌握时代的脉搏,跟上瞬息万变的科学技术的步伐,就会思路狭隘、目光短浅,也就难以成为适应现代化建设的人才。这也是我提出两者并重的主要原因。

第二,它充分体现了学习过程中学生的主体作用。学生在吸收来自第二渠道的信息时,基本上是自己作主,自由选择。有些还要自己创造条件,自己设计,自己动手,自己检验。实际上单纯灌输式的教育已变为信息处理式的教育。这同第一渠道比较起来,是一个很大的特色,对培养人才来说,也是特别重要的。当然,这里并不否定教师的指导作用、辅导作用或咨询作用,特别对低年级学生。

第三,它使每个学生都能从自己的实际出发,在自己知识和智能的极限上学习,并随时可以考验自己的吸收能力、消化能力、适应能力和创造能力,即处理信息的能力,考验和发展自己的极限,甚至在中小学阶段,就可以从事发明、创造。也就是说,它可以充分发展人的聪明才智,基本上是个别化和个性化的。这同第一渠道的标准化、同步化相比,又是一个显著的不同。

第四,它还有实践性极强的特点。这一点只要稍稍了解学生参加各种科技活动的情况,就容易理解了。

总的说来,第二渠道具有即时性、广泛性、自主性、充分性以及实践性的特征。这也可以作为发展第二渠道的原则。从这些原则出发,我认为第二渠道主要有以下三方面的内容。

第一是充分利用和发挥电视、广播的作用,即让学生接受由电磁波作为载体传递来的"即时信息"。这方面目前还没有引起我们应有的重视,没有被充分利用,也没有纳入教学工作的轨道。我认为应当把它放在第二渠道的首位而加以重视。教育部门应当有自己的电视台和广播台,应当有一支高水平的专门队伍来负责这方面的工作,做到有计划、有组织地向学生播放世界最新的知识或动态,扩大学生的视野,启迪他们的思维,增加他们的信息量,使他们随时同变化着的世界保持接触。这对培养现代人才是十分重要的。

目前世界上已有很多国家开始重视这一工作。例如民主德国的电视台,每年用两个频道播放大约三百套教育节目,教师在每年九月份新学年开始时就能得到一份关于教育节目的进程表,每套教育节目在三个星期内播放八九次,便于学生安排时间收看。我认为只要努力争取,我们也是可以做到这一点的。

在这个目标没有实现之前,由于我国电视台播放的节目绝大多数是健康有益的,有的还很有教育意义,思想性、知识性很强,值得一看,例如每天的新闻联播,以及祖国各地、世界各地、动物世界、少年儿童节目,等等,我们应当认真地把它们组织到我们的教学工作中来。

第二是充分利用报章、杂志、图书的作用。比起电磁波来,报章、杂志、图书传递信息的速度是要慢一些,但比课本还是快得多。报章、杂志传递的不少也是"即时信息",信息量之多,大大超过课本,也超过电视与广播。

现在很多学校不重视学生的课外阅读,不重视图书馆的建设;很多学校没有学生阅览室，即使有也是很小，容不下几个学生，或者图书馆、阅览室一天只开个把小时，往往是"门虽设而常关"，很少起作用。我十分主张教育部门要大大增加图书经费，学校要尽最大可能为学生充实图书馆和开辟阅览室，尽最大可能为学生订阅更多的适宜学生阅读的报刊，要增加开放时间，加强指导。校长要直接关心这件大事。图书馆最好是开架，能够让学生进去直接查阅书刊。图书馆、阅览室是知识的海洋，应当让学生到这个海洋中去"游泳"。

第三是传统的课外活动和各种科技活动、各种社会调查或课外考察活动、夏令营、参观活动、讲座和各种学生自己组织的某一方面的爱好者协会，等等。

我所说的"第二渠道"，主要就是上述三方面的内容。现在的情况是第一方面的工作亟待开创，第二方面的工作需要加强，第三方面的工作也还要充实，要同第一渠道一样逐步形成体系，有理论、制度、措施，还要有必要的物质条件。当然这不是一件容易的事，需要花极大的力气，也需要时间。我们要采取积极态度，从现有条件出发，一步一步地做起来，而不是去等待天上掉下一个好条件。

有的同志担心开辟第二渠道会影响教学质量，会影响学生打基础。这里涉及质量是什么，基础是什么这样一些根本性的问题。在我看来，扩大知识面，增加信息量，主动获取信息、处理信息的能力，适应能力，应变能力，创造能力，发现问题、提出问题、分析问题和解决问题以及动手制作的能力，对于一个现代化的人才来说，都是十分重要的基础。第二渠道在这些方面与第一渠道相比有突出的优点。学生在通过第二渠道获取信息、培养能力、发展智力时，经常能处在最佳的精神状态之中，不会感到学习是一种负担、一件苦事。这一点对于保证学习效果，也是关系极大的。所以，我认为开辟第二渠道，加上改革后的第一渠道，给学生以系统扎实的基础知识，创造两个渠道并重的教学体系，不仅不会影响学生的学习质量和基础，相反还一定会大大提高质量，大大地有利于学生打好基础。特别是对于培养一个现代化的人来说，非这么做不可。

《上海教育》1984 年第 7—8 期。

第二渠道再议

我自从在两篇文章中提出要逐步创建两个渠道并重的新的教学体系,来取代传统的教学体系的观点以后,听到了各种各样的反映和议论。为了进一步阐明我的观点,有必要再花一点笔墨,就其中的几个主要问题加以说明。

从信息论的观点看,教学过程从某种意义上来说,是一个信息传递的过程。传统的教学体系就是运用教材,通过教师的讲授,采取课堂教学的形式,把信息传递给学生。可以说这是一个传递信息的渠道。这个渠道,经过 300 多年,以及千百万人的实践,已形成一个严密的体系,对于教育、培养年轻一代,提高他们的素质,继承和发展人类文明,起着十分巨大的作用。过去,这是一个主要渠道。

现在,在新技术革命的冲击下,随着覆盖全国乃至全球的通信技术的发展,无线广播、电视机已基本普及。这为广泛、及时地传递信息提供了过去料想不到的科学技术条件。加上近年来报纸、杂志的种类与发行量迅猛增加,课外、校外活动广泛开展,实际上已形成了传递信息的又一个重要渠道。它已经在很大程度上影响着我们的学生,教育着我们的学生。随着社会的进一步信息化,其作用还会大大加强。问题在于我们还没有有目的、有计划、有组织地把它纳入教育工作的轨道,因而它基本上还处于自流的状态,没有充分发挥作用。我把传统的教学渠道称为第一渠道,把新发展的渠道称为第二渠道,这不仅是承认已经客观存在并正在日益发展的现实,还要求将它正式纳入教学工作的轨道,做到有目的、有计划、有组织地进行。我采用"渠道"而不采用"课堂"两字,是因为对第二渠道来说,课堂两字属于借用,并不确切;从信息论的观点看,两者都是传递信息的渠道,所以还是用"渠道"比较科学。所谓并重,是指两者在培养人的意义上同等重要,并非机械地要求在时间安排上一半对一半。

　　我曾经指出传统的教学体系有其明显的长处，也有其明显的短处，这里不再重复。第二渠道的特点是可以弥补第一渠道的短处。两者并重，就可以做到互相补充，互相渗透，互相促进，互为基础，收到相辅相成、相得益彰的效益。

　　第二渠道有些什么特点或长处呢？归纳起来至少有以下几点。

　　一是它的即时性。就是说，它可以把即时信息及时地传递给人们。这在科学技术迅猛发展的时代，是十分重要的。

　　二是它的广泛性。它不受大纲、教材的限制，广泛地传播信息，任人选择，起到扩大知识面、增加信息量的作用。

　　三是它的自主性。学生在接受来自第二渠道的信息时，完全是自主的。它可以充分体现学生在学习过程中的主体作用，有利于培养他们的自学能力。

　　四是它的充分性。它使每个学生都能从自己的实际出发，在自己知识和智力的极限上学习，并能随时考验和发展自己的极限，充分地发展智慧与才能。它基本上是个别化与个性化的，不同于第一渠道的同步化、标准化。

　　五是它的实践性。学生在第二渠道的活动中，要自己创造条件，自己设计，自己动手，自己检验，变信息灌输为信息处理，因而实践性极强。

　　这五个特点也可以说是五个原则，对于培养现代化的人才都是十分重要的。中小学是基础教育阶段，这五个方面正是现代化人才所必备的基础。因而改革第一渠道，发展第二渠道，创建两个渠道并重的新的教学体系，只会加强基础，而不会削弱基础，只会有利于人才的培养，而不会影响人才的成长，其道理是显而易见的。

1984 年 6 月 22 日《文汇报》。

第二渠道教育对人才开发的作用

一、谁重视教育，谁就有未来

我们必须重视智力开发，大力加强人才的培养教育，我们的企业要现代化关键是要提高人的素质，提出这样高而广泛的智力和知识要求是人类历史上前所未有的。为此，对培养人才、教育人民，一定要作为百年大计，加以重视，积极搞好教育的改革，应当抓紧进行。

面临新技术革命挑战的，不只是中国，而是全世界。《第三次浪潮》的作者托夫勒认为，"在跃向未来的赛跑中，穷国和富国站在同一条起跑线上"。世界上一切有识之士，都认识到国家的未来关键在于人才的培养，都在研究教育改革，正如一位作者所说，"更深刻得多的教育革命到处崭露头角"，各种改革方案纷纷出台。

美国 1983 年 4 月下旬由"高质量教育全国委员会"提交白宫发表的题为"国家处在危险之中，教育改革势在必行"的报告，揭露了美国教育质量下降的严重情况，认为"它威胁着整个国民和人民的未来"，如果不友好的外国列强试图把目前存在的平庸的教育成绩强加于他们，他们可以把它视为一种战争的行动，并大声疾呼要改革教育，提高教育质量，说"教育是美国未来力量的主要基础"，甚至认为"教育比发展最好的工业体系或最大的军队都更为重要"。

1983 年 9 月，美国国家科学基金会决策机构国家科学委员会提出了另一个报告，即"培养美国人，迎接 21 世纪"。报告一开头就说："我们产品的质量、贸易的生存力、研究和开发的领先地位和生活水平等已面临着强烈的挑战。我们的儿童可能在技术世界里掉队。我们不能让此现象发生；一定不能让美国沦为工业的恐龙。我们决不能为我们的儿童提供 60 年代的教育，去迎接 21 世纪。"

这两份报告,在美国引起了极大的震动,总统也为此发表广播讲话。

苏共中央全会在 1984 年 4 月 10 日,苏联最高苏维埃在 4 月 12 日,通过了《苏联普通教育学校和职业学校改革的基本方针》这样一个重要文件。文件在分析了时代的特点、技术革命的开展等情况后指出:"本世纪末和下世纪初的宏伟任务将由今天在校学习的人解决",要求培养出"不仅能够掌握以往世世代代积累起来的经验,而且善于用自己的成就丰富这一经验的青年"。为此,他们决定从 1984 年起大大地增加教育经费,教师的平均工资将增加 35%。

1983 年 12 月,日本首相中曾根也发表了教育改革的 7 条意见。一些日本学者提出:日本只有一如既往从教育抓起,才能在新的技术革命中取得领先地位。

法国、加拿大、东欧各国以及世界上许多国家都在热烈地讨论改革教育,培养人才问题,都一致认为要重视人才的培养。结论是谁重视教育,谁就有未来。当然各国的改革方案都是从各国实际出发的,针对性很强,决不能照搬。中曾根说:教育不是从外国采来的插在花瓶中的花朵,而是深深扎根在自己国土中的盛开的花丛。

二、传统教学体系的弊端日益明显,必须改革

今天我不准备全面讲我国教育制度上存在的问题和全面改革的设想。我们是有设想的,并且近两三年来正在努力按设想进行改革。因为今天给我的题目仅仅是教育体系中的一个问题,即关于智育方面的问题。

(一)要实现现代化,必须培养出现代化的人。美国英克尔斯教授在一篇报告中说,他特别注意到了这样一个严酷而又带有国际性的事实:许多急切寻求现代化的国家,虽然采用了国外卓有成效的最先进的科学技术,仿效过最完善的经济管理制度和方法,但都成效甚微甚至失效,浪费了大量的人力物力。先进的设备、仪器、技术资料和管理制度,形同废铁和空文。他发现,造成这种现象的一个很重要的原因,在于那些国家中执行管理制度的人和运用最先进科学技术的人还不是现代化的人,他们还没有实现由"传统的人"到"现代化的人"的转变,而"这种转变,正是现代经济制度和科学管理所必需的"。他认为一个现代化的人才至少应具有 12 种素质。

日本为了适应新技术革命的形势,对中小学生的素质也在进行讨论。1983年11月,日本中等教育会议强调了7个方面的素质。

无论是12点或是7点,共同之处是除了广博的知识和扎实的基础之外,美国和日本都特别强调适应能力、创造才能与开拓精神。

必须指出,他们讲的素质,主要是科学素质,讲智育,并不全面。对我们来说,还有政治素质上的要求。这是不同的。总之,这是一个十分重要的问题,但今天不可能展开讨论。

(二)传统的教学体系在新技术革命的冲击与知识更新的速度加快的情况下,已暴露出明显的弊端,不改革就难以培养出现代化的人才。这个问题,外国教育界议论也很多,有的抨击得相当尖锐。日本经济学家松田米津在他的《信息社会》一书中说:"个人制的教育将取代集体制的教育。""自学系统将成为主要形式。""先生讲、学生听的教育制度将改变,教师退居到咨询的地位。"委内瑞拉学者努湟斯·诺里富认为现在的教育不是为了未来的教育,它是建立在假定今后50年人类文明一成不变的基础之上的,是在为必将从历史舞台上消逝的当代培养人才。所以,他认为传统的学校已走到尽头,将不可避免地被开除掉,将作为人类能力平庸的表现而进入历史的博物馆。

传统的教学体系是在第一次工业革命后开始形成的,基本上适应当时科学技术与工农业生产发展对人才培养的需要。它本来就存在一些弊端。在新技术革命的冲击下,弊端更为明显。但是,这个体系经过300年的实践,已相当严密,有理论,有制度,有措施,有必要的物质条件,配备了专职人员,因而是有保证的,对培养一代又一代的人才,曾经起过而且继续起着巨大的作用,否定它或者是轻视它都是不对的。但是它确实存在上述弊端,所以必须改革。学制、课程、教材、教学方法、考试制度、教学指导思想都面临改革的问题,改革了才能更好地发挥作用。

三、发展和完善第二教学渠道,发挥第二渠道人才开发的作用

现在传递信息的除了上述渠道之外,实际上已形成了另外一个重要渠道。主要有三个方面:

(1)电磁波的发展利用;(2)报刊图书的大量发行;(3)各种校外、课外活动的广泛开展。

通过这三个方面传递的信息,数量大,速度快,实际上已在很大程度上影响学生,起着很重要的教育作用。问题在于我们还没有有目的、有计划、有组织地将它正式纳入教学工作的轨道,因而它还处于自流状况,没有充分发挥在开发人才中的作用。

我把传递信息的另一种渠道称为第二渠道,仅仅是承认已经存在的事实,强调它的重要作用,要把它纳入教育轨道。改革第一渠道,发展第二渠道,创建两个渠道并重的新的教学体系,是为了使二者互相补充,互为基础,相辅相成,更好地为开发人才服务。通过第一渠道,可以向学生提供系统的、严密的基础知识,但现代人不能满足于此,不能仅靠这些知识去获得对现代文明的完整认识。我认为一个固执地停留在传统教育水平上的社会,付出的代价将是社会普遍地停滞不前。新教育的任务不能满足于为学生提供已有的科学文化知识,而要为他的一生奠定自学的基础,培养他的创造才能。用通俗的话说,就是不能满足于给学生以金子,而要给学生以能点石成金的手指。

有人反映,中国学生有一"长"四"短":长处是应付考试的能力强;短处是知识面窄,独立思考能力差,自学能力差,动手能力或者说是创造能力差。这当然不能一概而论。但我国学生高分低能的现象确实是普遍存在的。我还曾听到几个学生的反映,说在学校里是记忆力用得过多而思考力用得过少。记忆力当然是重要的,一个健忘的人或者一个失去记忆的人,是什么事情都不能干的。但如果只会记忆,把脑子搞得死死的,人就像一台机器、一座书库、一个书呆子。这样的人用途也是不大的。在新技术革命的形势下,电脑越来越普及。人的记忆力无论如何也超不过电脑。电脑将日益代替人发挥记忆作用,而人将日益执行智力和创造性的任务,这已经是众所周知的事实。

我所说的第二教学渠道具有即时性、广泛性、自由性、充分性和实践性。这五个方面的特点不仅可弥补第一渠道的缺点,对培养现代人所需要的素质,也是极为重要的。所以我提出要创建两个渠道并重的新的教育体系,使它们相辅相成。近几年来我们在发展第二教学渠道方面已经花了很大的努力,单为建立科技活动体系就投资近 1000 万元,配置了近 3000 人的专、兼职辅导人员,并已收到了很好的效果,发现并培养了不少优异人才。

现在的问题是对电磁波的利用还十分不够,教育部门没有自己的电视台与广播台。绝大多数学校没有配备录像设备,图书经费不足,管理不善,课外活动开展得也不够广泛、经常,特别是认识上还有不少问题,还要继续努力。我认为,既然资产阶级教育家能花上几百年的时间建立起传统的、比较严密的教学体系,无产阶级教育家也应当有这个志气,通过努力,花上若干年的时间,创造出一个适应时代需要的崭新的教育体系,为建设两个高度文明的社会主义国家培养更多更好的人才。

《人才开发》,人才研究会 1984 年 7 月编。

为发展和完善课外、校外教育作出贡献

——跟少先队辅导员谈谈第二渠道

上海对开展学生课外活动一向比较重视。早在 50 年代后期，我就在一篇文章中把课外活动称为教学工作中最活跃的因素。意思是说，它可以不受大纲、教材的约束，不受年龄、年级的约束，甚至可以不受教师条件的约束，充分实行因材施教。这有利于加速培养人才，有利于发展学生的个性、特长，有利于使学生早期定向。

十年动乱使这个好传统中断了。粉碎"四人帮"后，工作稍有头绪，我们就立即恢复了市少科站，并逐步在各区县也建立了相应机构；同时，加强了对区县少年宫的领导，在人、财、物各方面进行了力所能及的投资。目前，全市已形成了校外机构网络。在大家的努力下，它开展了大量的工作，在活动内容、活动形式，以及活动水平等方面，已大大超过"文革"以前。

通过活动，确实发现和培养了一大批优秀学生。他们在国内和国际比赛中均取得了良好的成绩。这些事实使我有了这么一个认识，就是：课外活动以及少先队活动是培养人才不可缺少的主要环节，校外机构是培养人才不可缺少的主要部门，课外、校外及少先队辅导员是教育工作者队伍中不可缺少的重要组成部分。

传统观念把课外、校外活动仅仅看作是课堂教学的延伸和补充，属锦上添花性质。人们对它一般都不够重视，在校舍建筑、物质设施、教师配备以及经费、时间等各个方面都很少考虑，没有提供必要的保证。这是因为课外、校外活动在传统教学体系中的地位问题没有解决。

这种状况本来就是传统教学体系的一个严重缺陷。目前由于世界科学技术迅猛发展，知识更新速度加快，出现了众所周知的新技术革命的新形势，这种缺陷就越来越突出，越来越成为培养现代化人才的障碍。鉴于上述情况，这几年我在认识上有了一个新的发展，认为必须从理论上来提高课外、校外活动的地位，要创造一个崭新的教学体系来取代 300 年来形成的传统教学体系。关于这方面的问题，我在今年一月号《上海教育》和 2 月 17 日的《文汇报》上先后发表了两篇文章，概括地说明了我的观点，这里不再重复。我的观点就是要大大提高课外、校外活动在教学工作中的地位，把它放在与课堂教学并重的位置上。所谓并重，并不是说时间安排一定要一半对一半，主要是指它在培养人才中的地位与作用，指它的重要意义、它的必要性。

要创建两个渠道并重的新的教学体系，不是一件容易的事。因为人们在思想认识上就不见得那么一致，未必都认为课外、校外活动有如此重要的作用。即使觉得它比较重要，也不会同意将它与课堂教学放在平起平坐的地位。所以在认识方面，可能还需要进行一场讨论。我相信广大从事校外教育工作的同志们是会支持我的观点的。因此，我十分希望有更多的同志参加讨论，以事实为根据，从培养人才规律的高度，从理论的高度，来发表自己的观点。

创建两个渠道并重的教学体系，重要的还在于实践。现在课外、校外活动从内容到形式都还不够充实与完善，还不成系列，未形成制度，学生参加不普遍，人力、物力各方面都存在不少困难。按现代化的要求来说，还有一些应当发展的领域没有开拓。要真正开创第二渠道，使之能与第一渠道并重，还有许多许多的问题要解决，有大量大量的工作要做，还需要我们为此耗费更多的心血，流淌更多的汗水，不是报告一做，文章一写，报纸一宣传就能解决的。还是这句颠扑不破的真理：实践是检验真理的唯一标准。只有有了十分丰富的实践经验与经过检验得到公认的成果，这个理论才能最后站住脚跟。教育是一门科学，科学最需要老老实实的态度。我只是提出观点，结论靠大家来做。

所以，我希望广大校外教育工作者和少先队辅导员除了积极参加理论讨论之外，更要努力实践。坐而言不如起而行，我们要提倡从实际出发、实干、讲求实效的"三实"精神，开拓校外教育的新领域，拿出新的成果，把校外教育工作提高到一个新水平。

《小伙伴》1984 年第 5 期。

学校要十分重视图书馆工作

我每到一个学校，总要到图书馆去看一下。大同中学的图书馆我去过几次，提过一些建议。经过近年来的努力，他们现在有几万册藏书，有较好的借书制度，还有一个可容纳百人左右的阅览室，对部分学生实行开架借书。

做好图书馆工作，有几个好处。

一、可以扩大学生的知识面。中小学教育是基础教育。既然是打基础，一是要扎实；二是要广阔。图书馆可以为学生提供广阔的知识。一个希望成才的学生，只是死死捧住几本教科书，即使能背得滚瓜烂熟，也是不够的。

二、可以让学生随时接受科学文化的最新信息。一本教科书从编辑到出版，起码得两年左右的时间。这在过去科学技术发展变化比较缓慢的时代，问题还不大。现在正处于"知识爆炸"的时代，科学技术日新月异，这些最新知识，课本无论如何也来不及反映。如果学生只是读课本，那么他所获得的只能是两年前的知识。而出版较快的图书就可以弥补这个不足，使学生跟上时代的步伐。

三、学生经常阅读好书，等于经常同伟大的革命家、思想家、科学家、文学家直接交流思想，从中受到启发，提高思想水平、文化素养和道德修养。

图书馆就像是一座童话里说的堆满金银财宝的宝库，谁能打开这个宝库，谁就能成为知识的"富翁"。现在有的学校把这座宝库关闭起来，不把钥匙交给学生，不让他们进去，却又希望他们今后能成才，这岂不是自相矛盾，又十分可惜吗？

所以，我始终认为，学校要十分重视图书馆的工作，把它看作贯彻教育方针的一个十分重要的环节。

学校要有专人分管，最好是校长，至少是教导主任分管。他的任务是：配备好有一定水平的图书管理人员，审查并决定添置新书和报章杂志，保证图书经费的专款专用，力争增加一些图书购置费用，研究图书馆管理办法，加速图书流通，充分发挥每本书的作用，研究加强对学生阅读课外书籍的指导，如推荐新书、举办辅导讲座、开展书评、组织读书讨论会和各种读书活动、建立资料室、剪贴资料、编印索引，等等。

1982 年 4 月 26 日《少年儿童书讯》(文章原名为《贯彻教育方针的重要环节》)。

教育社会化　社会教育化

　　教育是一种未来的事业。21 世纪前期主宰世界命运的主人，现在已经出生，有的已经坐在中小学的课桌旁。我们有责任从现在起就考虑如何按照 21 世纪的需要来培养他们，使他们在走向社会的时候，不但能适应当时社会的需要，而且能推动社会向更加美好的未来前进。这就要求我们现在就来研究 21 世纪将是怎样一个世纪，生活在 21 世纪的人需要具有怎样的基本素质，现在的教育应怎样发展、改革，等等，并作出尽可能正确的科学预测。

一

　　1000 年前，当时的宗教领袖们曾经预言，在人类即将进入公元第二个 1000 年时，根据上帝的旨意，世界的末日即将来临。可是 1000 年过去了，地球照样在转动，人类仍然在不断繁衍自己的子子孙孙。本世纪初，一些学者也曾经预言，世界的进步已经到了尽头，"一切能发明的东西都已经发明出来了"，人类的智慧已经发挥到了极限。现在又快过去了 100 年，在这短短的时间里，人类发明创造的东西超过了前 19 个世纪的总和。20 世纪将被作为人类历史上最辉煌的世纪载入史册。

　　现在，人们又在对即将来临的新世纪作种种预测，一些杞人忧天式的预言又在重复出现。他们预言，由于人类自己的愚蠢行为，世界将不是被毁灭于核武器，就是被毁灭于生态的破坏、全球性的污染等，人类自己创造的文明将把人类自己送进坟墓。但是，未来的事实将会又一次证明，这些悲观的预言最终仍将成为笑柄。

　　21 世纪，自然科学的许多领域将会有重大的突破，人类科学技术的发展将取得比 20 世纪更为辉煌的成就,人类智慧的潜能像宇宙一样深不可测,这已经不是什么新鲜的判断。我们完全有理由相信,人类将凭自己的智慧和理性,战胜困难,推动历史朝着更为美好的未来前进。

尤其值得一提的是,占世界总人口 1/5 的、有悠久文明历史的社会主义中国,将在 21 世纪获得高度发展,将对世界的稳定与发展,对人类的命运,发挥越来越大的作用。

二

21 世纪对人类的挑战,同 20 世纪一样,仍将是全方位的,而不仅仅是新的技术革命。一个时期以来,似乎对新技术革命的挑战讲得较多,有点片面,给人一个错觉,好像只要做好这方面的准备就可以了。譬如说,对人的素质要求,只强调创造才能,别的似乎可以不需要了。这是不妥当的,甚至是危险的。

高度发达的科学技术,必然会给人类带来比现在更为优裕的物质生活,但丰富的物质生活未必能提高人们的道德水平,使人们的精神境界更为高尚。相反,丰富的物质生活可能给人们带来道德的沦丧、理想的泯灭。中国有这么一句格言,叫作"饱暖思淫欲"。

在今后的几十年里,世界的总趋势是和平与发展,但不等于风平浪静。21 世纪的地球上可能仍然是"一个世界,两种制度,政治多极,竞争共处"的局面,两种社会制度、两种意识形态之间,还存在着严重的斗争。西方大国总是千方百计地要对社会主义国家进行"和平演变"。共处过程中的竞争,也不见得就像开运动会一样充满友谊。同时,在世界性的文化大交融中,政治信仰、意识形态、价值观念、道德标准等方面必然会有许许多多的矛盾与冲突发生,有时还会表现得十分激烈。总之,世界不会平静得像一面镜子。

人类如果在未来的岁月里还会遇到什么挫折与灾难,那么其原因大概不会是科学技术的高度发展,而是道德、观念、理性上出了问题。

因此,今天研究如何应对未来的挑战,不能只考虑智力的开发,还应同时把注意力放在如何提高道德与理性的水平上,要帮助年轻一代树立更高境界的理想、信念与责任感,具有更高的道德水平。面对世界发展的复杂挑战,必须把德育放在学校工作的首位。这也是世界各国的教育所应该共同考虑的问题。

三

20 世纪之所以能成为一个比过去任何一个世纪更为辉煌的世纪，是因为近几个世纪以来，人类从理论到实践，逐步创造了一整套不同于过去的、适应时代要求的新的教育模式和体系，教育得到了空前的发展、空前的普及，极大地开发了人类的智力，到 20 世纪开了花，结了果。

人类要在 21 世纪继续发展，开创比 20 世纪更为美好的未来，关键仍然在于把教育放在头等重要的地位。谁重视教育，谁就拥有未来。著名的英国历史学家汤因比说："教育和灾难之间存在激烈的竞争。"不重视教育，就意味着灾难，这是已被历史证明了的真理。

现在的教育已经适应不了新的挑战，这也是各国有识之士的共识。然而，到目前为止的教育改革，仍然停留在枝枝节节的修补上，没有从更高的角度，从整体上来研究现行教育模式与体系存在的根本问题以及现实对改革已经提供的条件。

教育是人类社会特有的一种现象。人类社会的发展推动了教育的发展，教育的发展又促进了人类社会的发展。没有教育的发展，就没有人类社会的进步。两者的发展基本上是同步的，有时可能是某一方面稍稍超前，但总是亦步亦趋，距离不会太远。我们可以根据这个规律去探索未来教育的模式，寻找一种富有生气的、机动灵活的机制，使教育与社会的关系结合得更为密切，适应不管来自何方的挑战。

从教育发展史的总体来看，教育的发展已经历了两个大的阶段。最早期的教育是由全社会来承担的，没有专门的教育机构，也没有专门的教师。全体成年人都要承担教师的职能。这个历史阶段是相当漫长的，可能延续了几万年乃至几十万年。以后社会发展了，出现了分工，于是有了专门负责教育下一代的机构和人员，这就是最早的学校与教师。由于这一变化，教育的计划性、目的性大大加强，教育质量得到了保证。工业社会的出现，促使教育的模式与体系更为完善，内容更为充实，更加结合社会发展的实际，效益更高。第二个历史阶段比第一个阶段的持续时间要短得多，到现在为止，不过几千年的时间，但对社会发展和人类进步所起的作用,是难以估量的。

但是,这种教育模式的主要问题在于封闭、保守、划一与学科中心主义,与沸腾的社会生活脱节,与知识更新的速度脱节,抑制了学生个性的发展。用这种教育模式培养出来的学生,往往毕业后不能适应社会的需要。上海1989年曾对当年毕业的3万名大学毕业生与1200名中学毕业生的社会适应能力作过跟踪调查,结论是基本不适应社会的需要。这种情况已经足以证明现行教育模式仅仅进行枝枝节节的小改小革,已经不能解决问题了。

另一方面,大众传播媒介的发展、信息化社会的到来,客观上已为教育通过整体改革、创建新的体系与新的模式提供了前所未有的条件。

现在,事实上已出现这样一个新的局面:一个人自生下之日起,即处在来自学校教育以外的、大众传播媒体所生产的信息的包围之中,并受其巨大影响。相比之下,学校、课堂、课本传递信息的作用已日趋减弱。问题在于人们受传统观念的束缚,还没有认识到这一新的、深刻的变化,仍然把教育下一代的全部责任只交给教育部门,出了问题就一味责怪学校。这即使在过去也是不公正的,在信息化的时代就更不公正了。

这并不是说教育部门没有责任,更不是说今后学校可以取消。我不同意某些未来学家的预言,即到了信息化的时代,特别是到了微机更加普及的时代,学校将要消亡。学校有其特殊作用。大众传播工具一定会进一步发展,微机将会逐步普及,教育系统也将走向信息化,但学校不会消亡,至少在可以预见到的未来不会如此。只能是学校与社会更加密切结合起来,实行教育社会化,社会教育化,用这样一种新的体系与新的模式来取代传统教育,从根本上改变学校教育与社会脱离、社会不承担教育责任的状况。这可能是未来教育发展的大趋势,也就是教育发展的第三个历史阶段。

在这个阶段里,全社会将自觉地与教育部门一起担负起教育下一代的任务。机关、企业、商店同时也是学校,电视台、广播电台、新闻出版部门、美术馆、影剧院等更是学校,都要在行使各自的专门职能的同时,自觉地考虑并发挥教育的作用,承担起共同教育好下一代的责任,至少不起相反的作用。这样,社会是一所大学校,学校是其中的一个小课堂。每个人从生下之日起,就能沐浴在这样一个教育化的也就是优化了的环境里,处处、时时受到熏陶、感染、启示和监督。

在这样的教育体系下,学校与社会息息相通,协调一致,教育能紧密跟上时代的步伐,与时代同步前进,可以从根本上克服传统教育的封闭、保守、划一以及学科中心主义等弊端。这样的教育体系不仅有利于开发年轻一代的智慧,有利于实现每个人享受终身教育的理想,而且有利于培养人的高尚情操与良好品德,实现人的全面发展。

四

这种教育模式已经不再是主观空想。上海与天津等地近年来已出现了一种叫作社区教育的模式。他们以一个街道、一个乡或一个区为范围,成立社区教育委员会,将这个社区内的所有机关、企业、学校组织起来,大家共同关心这个社区内的年轻一代的教育,支持这个社区内的各类学校,为他们提供各种帮助;这个社区内的教育部门则参与社区内的各种精神文明建设,实行双向服务,起到了既办好学校,又改造社会的作用。这初步体现了教育社会化、社会教育化的新型教育模式的优越性。

当然这还只是一个未来教育模式的雏形。目前这种做法还不完善,范围比较小,层次也比较低,只能说是雏形,但已显示出了它的生命力。如果我们能有意识地加以扶持,使其逐步完善,并向更高层次发展,那么一种新型的教育模式将会逐步建立起来。

《人民教育》1990 年第 11 期。

社区教育的普及与高层次发展

——再论教育社会化，社会教育化

"教育社会化，社会教育化"是教育深化改革的必然趋势，是人类社会教育发展史上的第三个重要阶段。这个观念似乎已被不少人所接受，其标志是社区教育得到重视与发展。

所以说这是必然趋势，主要是因为交通与信息的发展。现在，人们从出生之日起，接受信息与影响的渠道已经大为扩展，学校教育不过是人类传递信息诸渠道中的一个。既然如此，要培养人，发展人，使人完善，单凭学校教育是难以完成全部任务的。如果来自其他渠道的信息导向与学校教育目标不一致的话，学校教育就更难完成任务了。这就是人们通常说的"大气候"与"小气候"的关系。"大气候"与"小气候"目标一致，儿童就能健康成长；不一致，甚至相反，学校就只能起防御、抵制与清除"毒素"的缓解作用，力量就有限了。这是从思想教育的角度来讲的。其实智育、体育、美育、劳动教育也一样。

这个问题我们几年前就认识到了，社区教育也已经建设了几年，一些地区已取得了一定的经验。非常有意思的是美国为了解决教育危机，从去年起也在大声疾呼要进行社区教育的建设。1991 年 4 月 18 日由总统布什签发的名为《美国2000 年教育战略》的文件中，就着重讲了这一问题。这份报告坦率地揭露了美国儿童所处的社会环境的恶劣程度，说："对我们相当多的儿童来说，应该成为其保护者和道德支柱的家庭本身就处于放任堕落状态之中。对我们相当多的儿童来说，从来就没有一个应有的家庭。对我们相当多的儿童来说，邻里是一个充满恐怖的场所，街道是暴力充斥之地。我们相当多的儿童入学时，没有做好迎接学习挑战的准备。我们相当多的儿童饿着肚子，蓬头垢面，胆战心惊地来到学校。其他一些现代瘟疫侵蚀着我们的儿童：吸毒、酗酒、肆意行凶、青少年怀孕、艾滋病……"怎么办呢？报告指出："这些问题中很少有哪些问题仅仅是政府有责任解决的，也没有一个问题仅是学校有义务解决的。学校不是而且不可能是家长、警察，福利机构和戒毒治疗中心。他们不可能代替社区和家庭中失去的东西。"提出要重视社区（包括家庭）建设，把社区建设成为"可以进行学习"的地方。

他们差不多与我们想到一起去了。

当然，我们的社区情况要比美国好得多，我们的家庭状况比美国好得多，我国年轻人在学校学习的时间也比美国多得多。但是，近年来的发展趋势，也不容我们过分乐观。开放以后，西方资产阶级腐朽没落的道德观、伦理观、价值观，随着他们先进科学技术的输入，也通过各种渠道进入我国。我国几千年形成的优秀道德、几十年培养起来的共产主义思想在受到侵蚀，年轻一代的道德观、伦理观与价值观在发生深刻变化，学校教育与社会影响的反差在扩大。我们不能等到我们的社会也变成美国总统自我揭露丑恶的那种地步时再来抓这件大事。到那时，可能已来不及了。

现在，社区教育的问题已开始被较多的人重视，并且正在迅速推广，这是大好事。正因为是开始还不太久，它还存在一些问题。

一、社区教育发展不够普遍，没有普及到全国所有城市，更没有普及到农村。人们有一种误解，以为社区教育主要是城市的事，农村主要抓经（农）、科、教统筹就是了。我认为农村也是由许许多多社区组成的，农村社区对青少年的影响也同城市一样大，所以，仅仅抓经、科、教是不够的。前几年我就提出还应当加一个"文"字，要经科教文统筹。所谓文，指的是社区的文化建设。说得更明白一点，就是精神文明建设。现在，我国的一部分农村是富起来了，但富起来之后，精神文明上出现的问题也多了起来。一些农民富起来之后，第一是造房子，房子越修越好；第二是修坟墓，有些地区的坟墓比活人住的房子还要讲究。造房子、修坟墓之后又怎样呢？似乎问题更值得注意了：赌博之风起来了，西方庸俗低级的文化生活在发展，这些严重情况在同学校教育唱反调，已经在腐蚀我们的农村孩子。这难道不同城市教育面临的问题一样吗？所以，农村同样要抓社区教育的建设，要使社区教育之花开遍全国才行。

二、现在的社区教育还处在"初级阶段"，是低层次的。人们一般认为，所谓社区教育,主要是发动社区的各方力量,在物质上、经费上,在办学条件上支持学校,带有功利主义的色彩。稍稍好一点的是发动社会力量参与学校的管理,参与学校的教育工作,重点仍然放在学校建设上,而不是社区自身的精神文明建设,离社会教育化还远着呢!所谓社会教育化,就是要使社区自身就成为一所学校。所有家庭、所有单位都是高度文明的,都能认识到教育年轻一代也是自己的责任,家庭和睦,邻里互助,举止文明,道德高尚,人际关系和谐,人人好学向上,富有责任心。总之,社会事事处处都能为年轻一代提供帮助,提供模仿的榜样,提供指导,具有坚定正确的政治方向、整体优化的社区环境,一个具有严格的行为规范、形象生动的学习榜样、健康向上的社会风气的大环境。

所以,教育社会化、社会教育化的建设重点是社区自身,而不限于学校。只有这样,才是对学校教育的最大支持。

这当然是一种比较理想化的思考,要做到这一点是很不容易的。

最近有机会去宁夏考察,参观了世界闻名的沙坡头治沙工程。那真正是一场人类与沙漠争夺土地的伟大战斗。沙漠的不断侵袭,使耕地减少,铁路遭破坏,居民受威胁。千百年来,沙漠步步进逼,人类步步退让。多少人为之绞尽脑汁,多少人为之献出了生命,几乎是毫无办法了。可是就在社会主义的新中国,就是我国的科学工作者,首先找到了治沙的办法。这个办法,就是用麦秸把沙漠一方块、一方块地圈起来,中间撒上草籽,草发芽了,成长了,土质也变好了;然后种上树木,树木活了,也成长了。现在我们可以看到,凡是被这样改造了的地方,已是一片树林。现在治沙工程正在向沙漠深处推进,人类有希望有朝一日把浩瀚的沙漠逐步改造成为良田。

这是一个通过改造小气候来改造大气候的范例。我想,我们可以从这里得到启示:一个社区、一个社区地建设,不是也可以使全国成为一所大学校吗?在这里,我认为是可以用得上"有志者,事竟成"这句格言了。

社区教育应当受到全党全社会的重视,社区教育应当普及,社区教育应当向更高层次发展。

1991 年 12 月 27 日《文汇报》。

为创建社会大教育体系而奋斗

社区教育问题作为全国教育科学规划中的重点课题被加以研究，在我国教育史上可能还是第一次。这说明我国的教育科学研究已经从学校教育这个狭隘的领域中拓展出来，开始探索实现教育社会化、社会教育化的途径和方法，并准备建立新的教育理论体系。经过课题组人员的努力，这项科研工作已取得了初步成果。这是值得高兴的。

上海是我国社区教育的发源地，80年代初就出现了社区教育的各种初级形式。有的以学校为主体，有的以街道组织为主体，也有的以与某一所学校有关的单位共同为主体，等等。开始时人们大都只注意争取在物质条件上支持办学，进而把工作重点放在德育的共建上，再发展为全面关心青少年儿童教育，优化社区教育环境；开始时只着重发动社区关心与支持学校教育，进而发展为"双向服务"，组织师生参与社区的精神文明建设，将学校的教育功能辐射到社区；开始是基层群众的创造，以后受到市、区领导部门与专家的注意，再从上而下地、有计划有目的地加以推广。

现在社区教育的组织已遍及上海全市，活动内容也更加丰富、全面与经常，正在越来越大地起着改进学校教育与移风易俗、改造社会的作用。

社区教育的发展，改变了人们的传统教育观念。首先是转变了社会各界的观念。以前，人们认为教育年轻一代完全是学校与教师的任务，现在认为社会对教育年轻一代同样有着不可推卸的责任。尤其在信息化的时代，社会的教育影响会越来越大，因而责任也将越来越重。

其次是转变了教育工作者的观念。人们以前的学校小教育的观念已转变为社会大教育的观念。教育工作者已认识到社区的精神文明建设加强了，学校教育才能真正收效;已从以前要求社区单向支援学校,转变为树立"双向服务"观念,认识到建设社区也是自己的责任。

这种观念的转变,意义是很大的。观念转变是改革的先导,一种崭新的教育体系与模式将可能由此而诞生。

社区教育的最终目标是实现教育的社会化与社会的教育化,是在于把一个个社区都建设成具有良好的教育"小气候",为青少年儿童的健康成长提供一个优化的教育环境。地区决定论是不对的,然而地区环境对孩子们成长的影响是不可低估的。纵观我国一些地区人才辈出,而另一些地区人才出得不多,不能说这与当地的"小气候"毫无关系。"小气候"可以起大作用,这个观点应该是可以成立的。上海的社区教育工作发展到目前这一步,一方面要肯定成绩很大,另一方面也得承认并没有达到完美的境界,还要在实践中进一步发展与完善。

另外,社区教育在理论上也有待发展。没有理论的支撑与指导,这一项事业难以持久,最后难以确立。现在已出版发行的教育学,严格讲起来大部分都只能称为学校教育学,讲的是学校小教育而不是社会大教育。社会大教育将是怎样一个理论体系,还有待于我们大量实践,有待于我们去创建。

就是说,社区教育从实践到理论,都在呼唤我们去发展。

现在,社区教育已被列为"八五"期间继续研究的重点课题,而且已在更大范围内实验,在不同地区(包括农村)推广。可以预见,社区教育在"八五"末期,将会取得新的、更高水平的科研成果。

《上海社区教育》,上海科学技术文献出版社 1994 年版。

抓紧改革农村教育

自从 1982 年在崇明县召开农村教育会议,总结推广崇明县竖河乡重视教育,"四教"一齐抓的经验以来,时间已经过去了一年。其间,中共上海市委为此专门发了文件,党的十二大召开,明确提出教育和科学是实现四化的战略重点之一。这样,人们对教育工作的地位与作用的认识,有了一个很大的飞跃,工作也取得了一些进展。

尤其在农村,由于生产责任制的逐步推行,经济形势飞速发展,对于科学技术知识和各种专业人才的需求非常强烈。我们接触到的许多县乡领导干部,在介绍农、副、工业发展的大好形势时,都是眉飞色舞,兴高采烈;而一谈到农村科学文化知识的现状与技术力量时,又无一不是双眉紧锁,诉说人才缺乏的困难,强烈要求教育部门为农村经济发展加速培养和提供热爱农村、有文化、懂技术的各种人才。他们说,各类农村学校出来的学生一不要国家包分配,二不要国家发工资,三不迁户口,四不吃商品粮,完全可以放手来办。教育经费不足,县乡可以适当投资。建议农村教育采取多种渠道、多种形式、多方联合、一校多用等办法,把路子走得更宽,办得更活。农村的生产发展需要什么人才,教育就应当提供什么人才;生产发展需要教育怎么办,教育就应当怎么办。教育无论是体制、内容,还是形式,都要做到完全切合农村的需要。

不仅是县乡干部,就是一般农民,对科学文化的需求也十分强烈。近年来,一直使我们伤透脑筋的大量流生问题,今年"忽然"基本解决了。这是一个十分明显的信号。它告诉我们,生产高潮出现之后,必然会出现一个文化科学发展的高潮。松江县新桥乡有个万元户说,发展农村经济,在国家来说是一靠政策,二靠科学;对农民来说则是一靠勤劳,二靠科学。他有三个孩子,一个上了大学,一个在高中，一个在初中。他认为今后没有文化不行。

可以这么说，农村教育决不能再墨守成规了。再不改，就是教育部门失职！因为培养人才需要一个过程，不抓紧就会拖生产发展的后腿。怎么改？我们不能重犯过去那种大轰大嗡，一哄而起，一哄而散，只图形式，不讲实效的错误。首先要从调查研究入手，把本县、本乡农、副、工业的实际状况和发展方向搞清楚；把各行各业需要什么样的人才与需要多少人才的情况搞清楚；把现在从事农、副、工业的人的文化水平、技术水平搞清楚；再把现有的各级各类学校的现状和可能承担任务的主客观条件搞清楚。其次要制订培养人才、改革和发展教育的规划，研究具体的改革方案与落实措施。最后，要调动各方面的积极性，运用一切可以运用的人力、物力和财力，共同承担培养人才的重任。教育部门是培养人才的专职单位，当然义不容辞，要发挥主动性、积极性，了解、熟悉农村生产情况与发展前景，自觉做好服务工作。但实事求是地说，这个任务单靠教育部门一家是肯定搞不好的，是难以完成的，必须动员全社会来办。

农村教育需要改革，并不是说城市教育就可以不改了。城市教育也得改，也得朝适应四化需要的方向改。只是目前农村人才缺乏的矛盾更为突出，同时农村制约教育改革的条条框框较少。因此，可以也应当把改革农村教育作为突破口，并以此来推动和促进城市教育的改革，最后达到建立有中国特色的、适应四化要求的、社会主义的崭新的教育体系。

《上海教育》1983 年第 2 期。

在沿海地区农村教育改革研讨会上的讲话

一

这次会议研讨的是沿海地区农村教育改革问题。

首先,我们要搞清沿海地区农村有些什么特点。依我看,第一,沿海地区的经济、文化、教育都比内地发达,尤其是近 10 年发展更快;第二,沿海地区的农村有大城市可依托,受到大城市经济、文化、教育的辐射,甚至受到国外经济、文化、思想的辐射、影响和撞击。这 10 年的发展已足以证明这点。由于以上提到的两个特点,这类地区的农村先于全国其他地区发生了极大的变化,无论是经济发展的规模与速度、经济结构与劳动力结构的变化,还是教育的普及程度,都是这样。可谓有天时、地利的优势。

其次,我们要明确沿海地区农村教育承担的任务。任务之一是要支援内地建设。沿海农村地区有两亿人口,接近于一个美国或两个日本的人口。使有两亿人口的地区先发展起来,这是中央的战略决策。这一地区发展起来了,向内地辐射,就会促进内地的发展。任务之二是要支援沿海地区城市的发展。沿海地区城市要进一步发展,要依托农村,而且首先是沿海地区的农村。城市工业要扩散,要农村支援劳动力,支援副食品。农村不发展,城市也发展不起来。所以现在有人提出城乡要一体化。任务之三是要大力发展教育事业。沿海地区农村经济的迅速起飞正呼唤着教育改革。前一时期农村经济发展快,主要是靠家庭承包制,靠党的政策,但这些政策释放的能量是有一定限度的。经济要进一步发展,一定要靠科技,要面向市场。这里关键是人才。所谓改善投资环境,首先是提高劳动者素质。可以说,沿海地区商品经济与外向型经济的迅猛发展,对教育提出了挑战,也给了教育发展的机会。

总之,沿海地区农村教育的发展现状是条件优越、任务很重。

条件优越是个机遇。如何利用这个优势,明确我们的责任,积极发展与改革沿海地区农村教育,形成与沿海地区社会与经济相适应的、能为之服务并推动社会经济前进的教育体系,这正是我们这次会议讨论的课题。当然,短短 3 天时间不可能完成这个任务,只能起个交流、启发、推动的作用。

二

如何利用沿海地区的有利因素完成发展和改革农村教育的任务?

新观念是改革的先兆。10 年来人们已经形成了不少新的观念,并在新观念指导下进行了不少改革和探索。

教育要为当地的经济建设服务,也要向全国输送人才,这就是个新观念。教育既然要为地方经济建设服务,就要有地方特点,有地方化的思想,在管理体制上要强调发挥地方政府的职能。这个观点的确立,既为教改指出了方向,明确了任务,也解放了人的思想,调动了地方进行教改的积极性。

中等教育结构不能单一化,要十分重视发展职业技术教育,这也是个新观念。职业技术教育是为社会经济发展服务最直接、最易见效的一种教育门类。发展职业技术教育有利于改变那种千军万马过独木桥、限制人才发展的状况。有了这个新观念,近 10 年职业技术教育有了极快的发展,上海普通高中和职业高中比例已达 4∶6,苏南地区已达到 5∶5。当然,这方面存在的问题还不少,农村职业技术教育的发展不如城市,特别是农字头的职业技术教育发展缓慢、步履艰难。"民以食为天",如何发展农业技术教育,促进农业发展,这是个大问题。

还有,教育要为农村建设服务,不能只考虑职业技术教育,而是要几类教育一起抓,要有一个整体设想,即所谓三教统筹或四教统筹,这也是一个新观念。这个观念已开始被人们接受。办教育不能只考虑眼前,只讲短期效益,还要考虑未来。我们要对 21 世纪负责,要对学生负责 50 年。所以上海在研究教育发展战略时曾提出两个目标:一是普及高中阶段的教育;一是加强师资培训,使教师提高一个学历层次。我们还提出要抓好学前教育,进行早期智力开发。现在,全国还有一些地区也在研究当地教育总体发展战略,进行系统的、整体的、综合的研究规划。

在各类教育中要大力抓好基础教育,搞好普通教育的改革。近10年来普通教育的改革取得了一些进展,特别是《义务教育法》颁布后,进展更大些。但这种改革还没有深入下去。我们要保质保量地完成普及义务教育的任务,可目前抓的主要是量,是人数,是时间,义务教育的内容、模式、方法、考试和招生制度等仍是传统的,就是说,质是传统的。问题正在这里。传统的教育如不改革,能培养出现代化的人才吗?

我认为,沿海地区农村教育除了继续进行中等教育结构改革、强化成人教育、优化教育的整体结构外,应着力研究普通中小学的改革怎样适应沿海地区社会经济的发展需要,研究普通教育的培养目标、德智体美劳的具体内容以及体现培养目标的教学计划和教学内容如何更好地为当地建设服务。很难设想,在传统的办学思想指导下,用传统的教学计划、教学内容能培养出现代化的人才。现行的教学计划、教学大纲大可研究,一是学科太多,而且越来越多。国际上,从70年代开始,不少国家的中小学课程就走综合化的道路。二是某些学科作为共同基础,要求过高,特别是数理化要不要那么高深,值得研究。苏联波斯尼科夫主张数学每周只要上一节课。我看要允许一个人某些方面落后,才可能在另外一些方面得到突出的发展。三是某些学科的指导思想有问题。如语文教学以写作为中心就不适宜。我们处在信息社会中,首先应强调阅读和说话能力。又如体育课,现在搞的是竞技体育而不是素质体育。我看应叫健身课,真正提高学生的身体素质,使学生有健康的体魄。四是某些学科应加强,如音乐、美术和劳动技术课等。五是德育要改造。目前学校的政治课内容脱离实际,应该改为公民课或修养课,目标是教会学生做人,做个好公民,讲真话,做一个真正的人;对学生进行道德教育,使他们形成基本的道德修养。六是必修课占课时太多,缺乏选修课,课外学生能自由支配的时间太少,社会实践太少。七是职业指导被忽视。八是劳动教育没有落实,要有一技之长的要求太高,应加强生活劳动和基本生产劳动习惯和能力的培养。

总之,我认为现行的模式是压抑和摧残人才的。极而言之,是把活人教死,能人教笨,真人教假。最近,上海对3万名近年的大学毕业生和1200名中学毕业生做了跟踪调查，调查结果很不妙。无论是上大学还是进工厂、回农村，大部分学生都不能适应社会发展的需要。一个高中毕业生回乡后要七八年才能适应，难怪农民议论我们的中学毕业生是"种田不如老子，致富没有路子，又放不下架子"。

课程改革是国际上的共同趋势，因为科技突飞猛进，今天是信息化的社会。传统的教学计划是培养不出现代化需要的人才来的。中小学是为培养现代化的人才打基础的，而基础又是在不断发展的，我们要有新的基础观、素质观，改革中小学教育。我们要改革就要做到：1.研究我们的实际（从地域上讲，要研究我们的国情和当地的情况；从时间上讲，既要考虑当前的实际，又要考虑可预见的将来）；2.了解国外的动态；3.在部分地区、学校着手改革探索。这是普教改革需要着重研究的问题。

研究课程要考虑它的完整性、基础性和多样性。所谓完整性，是指要使学生具备时代需要的知识结构，要考虑文化课与劳动教育、课堂教学与课外活动、必修课与选修课、传统学科与新兴学科的科学安排；强调基础性，就要研究什么是必需的基础知识和技能；提出多样性，是要体现地方特点与因人施教。普教进入深层改革，要改革课程、教材，难度是很大的：有高考指挥棒，有许多条条框框，有经费问题、师资问题，还有不了解经济、社会需求的问题。但我们要树立改革的观念，依靠志愿兵、有志者去研究探索。只要采取科学态度，从我国的实际出发，先试点取得经验，再逐步推广，我们是完全可以搞好的。我们既要避免折腾，又不能因噎废食，要坚持走改革之路。沿海地区有优于内地的条件，有责任在改革中走在前面。

这次研讨会上有同志指出教育商品化的问题。我个人认为这种提法不大妥当。我们强调教育要为经济建设服务，并不忽视教育其他方面的职能。不能一谈商品经济，就只提培养竞争观念，而忽视合作观念、奉献观念。一个人的发展必须以不妨碍他人的发展为前提。我们必须考虑，作为跻身于现代世界民族之林的中华民族，应有怎样的精神文明，我们的公民怎样才称得上是一个现代化的人。我们不但要能享受人类文明的成果，还要能为人类社会作出自己的贡献。人不能只是个经济动物或生产工具。现代化不能以降低民族精神素质、牺牲民族精神为代价。

应当重视特殊教育的研究

——写在国际残疾人年

　　联合国把 1981 年定为国际残疾人年,以此来引起全世界对残疾者的关心,大力开展对残疾人的保健、治疗、教育、生活和工作等方面问题的研究。围绕这个中心,国际上将在今年开展很多有关的活动。

　　我国是一个人民当家作主的社会主义国家,对每个人都十分关怀,对于残疾者更是十分关心,为他们创造和提供了各种条件,使他们同正常人一样过着幸福的生活,为社会主义作出自己的贡献。就教育方面来说,这一类教育,"人数不多,影响不小,各方支援,努力办好"。我们一直把对残疾人的特殊教育作为整个教育事业的一部分,认真办好。

　　中国的特殊教育经验并不多,例如,1892 年上海创办了第一所聋哑学校,1912 年又创办了第一所盲校,但那只是作为一种慈善事业,而且数量很少,不过是一种点缀品。中华人民共和国成立以后,在党和人民政府的关怀下,特殊教育事业得到了很大的发展,实行了对残疾儿童的普及教育。以上海为例,现在共有聋哑学校 19 所,学生 1600 人,盲童学校 1 所,学生 169 人。市区盲聋哑儿童已全部入学。近年来,还举办了 23 个低能儿童班,招收了 283 个学生。全市从事特殊教育的教职工有 600 余人。

　　由于人民生活水平的不断提高,医疗条件的改善,残疾儿童的数量大幅度减少。50 年代,上海市本来有一所招收四肢残缺儿童的伤残学校,由于招不到学生,人数过少,已经停办。今年盲校招生,全市只招到适龄儿童 8 人。从发展趋势看,残疾儿童将不断减少。据我们了解,本市盲童学校的学生中,多数是先天性的,而先天性的缺陷,大半是父母近亲结婚或母亲怀孕期间用药过多、用药不当造成的。我们相信，随着科学知识的普及和婚姻法的深入贯彻，这种先天性的盲童数量将进一步减少。

从事特殊教育，必须明确认识到：无论是聋哑、双目失明，还是四肢残缺的人，都是可以造就的，特别是在我国优越的社会主义制度下。科学研究证明：所谓残疾人，实际上只是身体机能的某一个部分有所残缺，其他方面同正常人是一样的。而且往往由于身体某一部分残缺，其机能能从其他部分得到补偿，显示出有某些特异的功能。因此，只要恰当地教育和训练，完全可以使他们"扬长避短"，使其特长得到充分发挥，以弥补身体机能某些部分的缺陷，把他们培养成为对社会有益的人，甚至可以从中培养出很出色的人才来。即使是低能儿童，也不见得各方面都是低能。因为能力的高低是相对的，能力是多方面的。全部高能的人不多，全部低能的人也是很少的。问题是我们如何发现、发挥他的长处，或者是针对其实际，予以正确的、适当的教育。

我们可以举出许多这方面的实例。上海盲校 1950 年毕业生王叔培，当年考上了上海音乐学院钢琴系，毕业后留校任教，现在已成为该院讲师。上海盲校 1976 年一毕业生，在上海自行车配件厂当装配工，平均每月超额完成生产任务的 20％以上。上海第三聋哑学校 1973 年毕业生袁国龙在工厂工作，1976—1979 年连续三年被评为先进生产者，1978 年、1979 年两次被评为公司、局、市级青年突击手，1976 年还被评为全国新长征突击手。市聋哑青年技术学校毕业生黄明瑞，在上海市广告公司工作，设计了许多优秀作品。不久前，美国"布明代"广告公司来华征求具有中国特色的广告画。他设计的广告画被选中，并被评为一等奖。该校另一毕业生，在上海第一印染厂担任花样设计。他设计的一种花布在广交会上被外商选中，外商一次订货 9 万米。他现在已升为助理工程师。这样的例子还很多，说明我们对这样的儿童进行合适的教育和训练，可以使他们残而不废，使他们在建设社会主义的宏伟事业中，同样作出贡献。

1980 年七八月间，我率领上海市盲童学校音乐代表团应邀前往日本访问。在日本访问期间，代表团在大阪、奈良、堺市、枚方、长崎共演出五场，引起了强烈的反响。日本的电视台大量播放我们的节目，各大报纸几乎每天都报道代表团的活动情况；当地政府、日中友协、有关团体，以及旅日华侨，特别是残疾人组织，都极为热情地接待和欢迎我们。

为什么这么一个仅 14 人的盲童艺术代表团，会引起如此强烈的反响？并不是因为代表团的演出在艺术上有很高的造诣，主要在于这些孩子无论在台上演唱，还是在台下与日本朋友交往，都显得那样开朗、乐观、无忧无虑，演唱的歌曲又那样健康、明快，根本没有残疾人那种忧伤、低沉的情调，显示出社会主义国家的儿童，即使是残疾人也是很幸福的，是有前途的，是可以有所作为的。这种发自内心的明快、乐观、积极向上的精神状态，深深感动了日本朋友。

特殊教育科学研究虽然已经引起了有关方面的注意，但还不够。目前，有关这方面的资料和专著还很少，特别是对低能儿童的研究还很不够。最近，不少地区成立了特殊儿童教育研究会。相信今后这方面一定会取得进展。

这次在日本访问期间，主人安排我们参观了一些日本的残疾人学校和残疾人的福利设施。其中有大阪府的盲童学校，以及大阪市的残疾人体育中心、盲人情报文化中心、《每日新闻》盲人周报编辑部和盲文印刷厂等。在日本的大部分时间，主人还特地安排代表团住宿在专为残疾人设计建造的治疗休养地奈良仔鹿园、残疾人组织的活动中心奈良蒲公英之家。我们同他们进行了广泛接触和交流。据他们介绍，全日本共有各种残疾人 240 万，其中很多是公害引起的。如过多地服用药品，由于施用过多的农药、化肥，蔬菜、水果等食物受污染，还有工业公害，等等。这对我们是一个提醒：在实现现代化的过程中，一定要注意消除公害。否则，它不仅会伤害我们这一代人，还要伤害我们的子孙后代。他们开始时没有认识到这一点，等发现时，已经导致了这么多人残疾。大阪的人口比上海少，却有两所盲童学校。其中一所就有学生 276 人，比上海盲童多得多。

日本朋友还介绍：他们对于残疾人的关怀，残疾人的福利设施，主要依靠社会和家长，以及残疾人自己。他们组织起来，向社会呼吁，向社会募捐，要求各方支援。他们在经济上没有可靠的保障，经费有困难。有些福利设施搞起来了，但债务累累。我们有社会主义国家作后盾，加上社会"各方支援"，尽管目前经费还不怎么宽裕，但有可靠的保证。这正体现了我们社会主义制度的优越性。

我们在日本看到，他们对残疾人的教育是比较先进的，采用现代化的设备。这些对我们进一步搞好特殊教育是有启发的，也是值得我学习和借鉴的。

我们应当在现有的基础上，进一步重视特殊教育，总结我们自己 30 多年来的经验，吸收国外先进的成果，开展特殊教育的科学研究，把我国的特殊教育事业搞得更好。

《教育研究》1981 年第 6 期。

应有全面、健康、优化的家庭教育

——关于"陪读"问题一席谈

　　本刊关于"陪读"问题的讨论在读者中引起了热烈的反响。在结束讨论之际，编者日前走访了教育家吕型伟，请他就此发表看法。

　　编者："陪读"，目前在家庭中很为普遍，子女念小学的家庭尤为突出。每到夜晚，父子、母女或夫妻双双与子女"捉对"而坐，为作业煞费苦心。您如何看待这种现象？

　　吕型伟：据我所知，"陪读"或者叫"伴读"在我国由来已久。过去皇室子女读书往往请一两人陪读。溥仪读书由溥杰陪读便是一例。我知道报上讨论的"陪读"不是指父母关心、督促、检查子女学习情况，而是指陪子女一起读书，代做作业，等等。这种现象应该说是不正常的。

　　编者：您认为这种不正常的状况，主要错在哪里？

　　吕型伟：在指导思想、内容、方法上都有问题。在指导思想上陷入了应付考试，唯有分数高的误区（不是教子女做人，扩大知识面），在内容上滑向狭隘的误区（围绕教科书，不及其余），在方法上走向简单粗暴的误区（训斥相骂，代做作业）。

　　编者：不少家长来信，诉说他们"陪读"是"无可奈何"：不陪吧，怕子女成绩下降；陪又非自己所愿。您觉得症结在什么地方？

　　吕型伟：我看原因还是望子成龙心切，是独生子女"四二一综合征"的一种反映。现在一些家长对成"龙"与知识的关系认识不全面。没有知识成不了"龙"，但单有知识也成不了"龙"。就知识而言，光靠课本是不行的，死知识也不行，还要有能力、技能等多方面内容。当然这同目前的考试、招生制度有关。凭分录取，以分取人，必然导致家长看重分数，看重教科书。因为考试只考课堂里教的课本内容。

编者:有人认为"陪读"的出现,是家庭教育走入了误区,成了学校教育的简单延续。对此您有何看法?

吕型伟:应该说家长关心、督促和指导子女学习是我国教育的优势,问题是关心的着眼点放在哪里,怎样关心。我认为家长关心子女,内容要全面,重点应是教育子女做人,学会为人之道,培养他们良好的思想品质与行为习惯。这是学校教育无法替代的,家庭有它的优势和条件。其次是关心子女身体与心理健康。对子女的学习,关心的重点应放在培养良好的学习习惯与学习兴趣上,而不是只抓作业,施加压力,甚至补充许多习题要子女去完成。

联合国教科文组织曾就 21 世纪教育中心思想作过专题讨论。他们认为 70 年代是"学会生存",90 年代是"学会关心"。与会的几十个国家和地区的教育界人士认为,下一个世纪教育的核心问题是让小孩"学会关心",即关心自己,关心他人,关心朋友,关心地区,关心国家,关心全球,关心成就,关心生存环境。我想家庭教育的主题应该围绕这些内容,才不失为一条正确的路子。

编者:现在我们实行五天半工作制,家庭教育的时间较充裕。您认为应该如何"开发"?

吕型伟:国外有的国家改六天工作制为五天工作制,其中一个重要原因就是想让家长有时间更多地关心子女,巩固家庭关系。有的国家曾在电视台专门组织讨论,人们认为让家长有更多时间接触小孩,建立感情,增强家庭责任感是题中之义。家长应该带领小孩出去玩,让他们广泛接触社会,而且要有计划,这次去动物园,下次到博物馆,决不能因休闲时间增加而加重子女的作业负担。

编者:您认为当前要消除"陪读"现象,教育部门和家长可做些什么?

吕型伟:对教育行政部门来说,要减轻学生作业负担。低年级不布置家庭作业,高年级布置少量的作业,让学生有更多时间学点其他东西。对家长而言,不要层层加码,自找"麻烦",让子女淹没在作业堆里。现在家长对子女物质上的需求有求必应,可花上几百元买玩具,但对子女精神上的食粮提供不足。家长应该买些有益的课外阅读书籍,让子女打开眼界,开阔视野。这也是一种开拓性的学习啊。

看来要改变"陪读"现象,社会、学校、家庭要共同努力,观念、体制、指导方式都要有所革新。最后我想说，不要"陪读"，并不是说可以放任自流。"养不教，父之过"，教育子女是家长的天职，过分依赖学校、教师是不应该的。我只是不赞成现在那种不正常的"陪读"。总之，我们需要的是全面、健康、优化的家庭教育。因为世界上只有教子成"龙"，而没有望子成"龙"。

1994 年 4 月《文汇报》。

我对师范教育培养目标的看法

《师范教育》组织的关于师范教育培养目标的讨论,涉及师范学校应否培养学科尖子的问题,意见有些分歧。编辑部的同志要我讲讲对这个问题的看法。我也是中师毕业生,当过几年小学教师,以后上了大学,念的也是师范学院。粉碎"四人帮"后,还分管过小学和师范。51年来,我始终没有离开过基础教育这个阵地,不能说对这个问题没有看法。但是这仅仅是个人的认识。

教育工作的领导,首先是教育思想的领导,就是说首先要明确办学思想,明确培养目标。这是中外教育家的共同认识。所以,如何确立正确的教育思想,始终是各级各类教育部门和学校领导必须经常考虑的问题。

当前,我国普教战线最突出、最迫切需要解决的问题是端正办学思想,纠正片面追求升学率的错误倾向。和中小学相比,师范教育的情况要好得多。因为从社会到学校,从领导到教师,以至学生和家长,都知道师范学校是培养小学教师的,学生进师范就是准备今后当小学教师,进了师范而思想不坚定的就要帮助他(她)坚定起来。这个道理是十分明白、毫不含糊的。一个合格的小学教师应当具备哪些方面的基本素质,学校就应当采取各种措施精心培养,使学生通过努力具备这些素质。这是师范学校的根本任务,也就是师范教育的根本指导思想。

当然,合格只是基本要求,或者说只是必备要求,并不是高要求。高要求是不满足于合格的标准,力求使之成为优秀的小学教师,成为小学教育的专家,成为这方面的尖子。

小学教育是一门学问、一门很深奥的科学,同样有"皇冠上的明珠"在等待有志者去摘取。一个著名的大学教授可以在大学的讲台上讲得头头是道,令人敬佩,却未必有本领对付小学里的一群娃娃。因为这是两门不同的学问。社会上有些人只尊重大学教授，看不起小学教师，以为只要识几个字就可以登上小学的讲台。这是十足的门外汉的偏见。

我认为师范学校要培养合格小学教师与培养优秀小学教师（或者说要培养小学教师中的尖子），两者是不矛盾的。合格是对所有师范生基本的、起码的要求。师范学生人人都要达到这个目标。优秀教师或尖子则是少数人，对应的是高要求。这里必须指出的是，我们所希望的尖子，包括教育工作上的尖子、教学工作上的尖子，首先应该是小学教师，而不是离开小学工作岗位的尖子。他们之中有的可能是小学数学教学的尖子，有的可能是小学语文教学的尖子，也有的可能是小学音乐或美术教学的尖子，但都必须以从事小学教育为前提，以全面发展的合格教师为前提。这样的尖子越多越好，不应该反对。一所师范学校如果做到所有毕业生都是合格的，其中又有一部分是十分优秀的，这不是大好事吗？这不是很光荣、很可以引为自豪的事吗？我认为师范教育同样应当贯彻因材施教的原则，使每个学生的个性、特长得到充分、全面的发展，正确处理好共性与个性的关系。师范生是人，人是有血、有肉，有思想、有个性的。物可以被制造成绝对一模一样的"标准件"；而人，是不应该也不可能硬把他们拉平的。我们要承认差异，在统一基本要求的同时，发展差异，培养出有特长的优秀教师。总之，师范生中要当小学教师的，首先要做到合格，具备合格小学教师必备的基本素质。基本要求与发展特长应统一起来，而不要对立起来，更不应绝对化。

至于个别人在若干年之后，发展成为某一个方面或某一门学科的专家，如成为一个专业作家、专业音乐家、画家、理论家，等等，最后离开了小学教育这个岗位，这也是完全可能的。孙中山学的是医，以后成了职业革命家；鲁迅学的也是医，以后成了作家。在党和国家领导人中间，据我了解，有几位也是师范学校毕业的。能不能把这些特例作为普遍要求呢？当然不能。不要把某一类学校所承担的培养任务，同其中少数人今后的发展变化混同起来。不能因为医科大学出了个孙中山、鲁迅，就由此得出结论，说医科大学还应当承担培养革命家或作家的任务；也不能因为师范学校毕业生中出了几位领导人或别的什么家，就说师范学校在培养小学教师的同时，还得把培养党和国家领导人列为培养目标，作为师范教育的指导思想。

师范教育当然是专业教育。但是，一个合格的小学教师，必须具备比较扎实的基础知识、比较广泛的兴趣，必须具备相当水平的表达能力、自学能力、组织能力与适应能力，等等。甚至具备某一方面的特长。一专多能，多才多艺的小学教师是最受欢迎的。一个人如果真正具备了这样的基本素质，也的确为他今后朝某一方面去发展，成为某一方面的尖子，提供了良好的条件。所以，有的师范毕业生由于种种主客观原因，若干年后离开了小学工作岗位。这种情况是难以完全避免的，过去有，今后也会有，反对不了，也禁止不了。何况它未必是绝对的坏事。但即使这样，我们也不会把这种情况列为师范教育的培养目标，作为师范学校办学的指导思想。

有的学生专业思想不坚定，进了师范而又不想当教师，在学习期间千方百计钻研某一门学科，为今后离开教师岗位作准备。对于这种"身在曹营心在汉"的学生，只能通过加强专业思想教育的办法来解决他们的思想认识问题，使他们认识到他们今后所从事的小学教育工作，对提高民族素质，对实现"四化"大业，有着重大而又深远的意义，值得为之献出自己毕生的精力。同时，小学教育又是一门科学，天地广阔，有志者是可以大有作为的。这种例子国内外都有，师范学校应当广泛地进行宣传教育。世界上许多发达国家都规定，所有小学和幼儿园教师都应当具备大专毕业以上的学历。"二战"后，日本在十分困难的条件下，还下决心把小学教师的学历提高一个层次，即取消中等师范，改办短期大学(师专)或教育大学(师院)，并把这一条作为国家重新振兴的重大战略措施来落实。若干年之后，小学师资素质发生了重大变化，小学教育的质量也相应地大大提高了一步，也就是整个民族素质大大提高了一步。现在全世界都承认，日本拥有一支训练有素的令人羡慕的劳动大军，促进了日本经济的腾飞。这不能不说与他们提高小学教师素质的重大决策有关。我国目前当然还不可能在全国范围内采取这一重大步骤，但少数文化基础较好、经济相对比较发达的地区，不是不可以考虑先走一步。十三大把发展科学技术和教育事业放在经济发展战略的首要位置，提出"百年大计、教育为本"的口号。这在我们党的历史上还是第一次。可以预料的是，以后对教育的要求将会更高。因此，我们对中师生必须加强专业思想教育，使他们看到工作的重大意义，从而具有强烈的责任感与使命感，不能因为怕他们今后"飞走"而限制他们"冒尖"。

　　上面说了，我高中阶段是在一所中师度过的。现在回忆起来，当年我是抱着教育救国的思想，自觉自愿地去报考师范的。50年来，我一直没有离开基础教育这条战线。从事基础教育工作当然是清苦的，一辈子也发不了财。这一点，恐怕古今中外概无例外。但是，我觉得人总得有点理想，有点贫困不能夺其志，艰苦难以移其情的精神。今天如果有人问我，你对当年的选择是否后悔？我会毫不含糊地回答："不，一点也不后悔。"这就是因为我越干越觉得这个工作很有意义，也很有乐趣，这一生过得十分有意义。从事小学教育工作，虽然当不了物质上的"万元户"，但可以当精神上的"万元户"。如果一个人能返老还童，再有一次选择自己道路的机会，我仍然会以报考师范作为第一志愿。

　　概括起来说，对于师范教育的培养目标，我的认识是：全面发展，打好基础，发展特长，培养人才，前提是要十分重视专业思想教育，使所有学生都成为合格的小学教师，并使其中一部分人成为优秀的小学教育专家。

《师范教育》1987年第12期。

从实际出发，扎扎实实搞好电化教育

电化教育严格讲是 1978 年开始广泛开展的，到现在只有三四年时间。应该说，三四年来上海中小学电化教育发展还是很快的。我个人感觉在三个方面有进步。

第一，认识上有提高。越来越多的领导和老师认识到电教手段重要，对提高教学质量有好处，花费的时间少，效果却很好。所以现在有更多的人来关心电化教育了。

第二，初步形成了一支有志于电化教育的积极分子队伍。我记得开始搞电化教育时，人数是很少很少的。现在单是区、县进修院校搞电教工作的已经有 100 多人了，加上市教育学院和中小学校的，已经形成了一支好几百人的队伍。这很重要。因为事情总是要人做的，没有一支自愿搞电化教育的志愿兵，仗是打不好的。

第三，已经初步具备了一些开展电化教学的物质基础。经过几年的努力，我们全市中小学现有录音机 5000 多台，幻灯机 4500 台，电影放映机 323 台；区、县教师进修学院电教组和中小学自己编制的幻灯片，单就仪器公司经销的就有 440 套；中小学的电影管理站有电影拷贝大约 700 部；教育学院电教馆录制了教育录像近百部。这比两三年前多得多了。这主要是各级领导重视，特别是电教工作者和教师们艰苦创业的结果。

但是，就物质条件说，这与上海学校的数字相比，还是很少的。上海有中学 901 所，小学近 3000 所，录音机共 5000 多台，平均一个学校只有一台多一点。一个学校几十个班级，一台录音机怎么够用呢？幻灯机也是这么个情况。刚才市北中学介绍每个教室都有一台幻灯机，需要的数量是很大的。特别是电教教材，那么多的学科,那么多的内容,我们现在的幻灯片只有440套,教学电影也只有700多部。与整个上海的需要相比,这一点基础还是很小的,虽然搞成这点基础也很不容易。下面就怎样进一步搞好电化教育,提几点意见。

第一点,要充分发挥现有电教设备的作用。现有的设备是不够的。我们现在所有的工作,都要讲实际效果。那么我们的这些设备是不是已经发挥它的作用了?这个问题可以请大家研究一下。5000多台录音机、4500多台幻灯机是不是经常在使用,是用的时间多还是睡觉的时间多,值得研究。记得开始搞电化教育时,我有个观点,就是强调搞"常规武器"。不能是幻灯、录音还没有搞起来,就去搞闭路电视。正如还没有把手枪、步枪、手榴弹搞起来,就去搞原子弹。照我的想法,应该是每个教室配备一台幻灯机,像市北中学那样,同时把电教教材搞起来。当然,少量地搞点"原子弹",我也赞成,比如个别学校搞闭路电视,作为试验。但普遍地搞,现在还没有这个条件。其实,我在西方发达国家看到,他们也不是普遍搞闭路电视,也是以"常规武器"为主的。

要发挥作用,首先要把"常规武器",把已有设备的作用发挥出来,把有些电影放映点的作用发挥出来。要讲效益,搞一套设备就要发挥一套设备的效益。这里还缺一个材料,没有统计5000台录音机和4500台幻灯机的使用率。没有这个材料就不能说明这个问题。如果4500台幻灯机在那里睡觉,那么4500台等于零。所以,我们要心中有数,采取实事求是的态度,把充分发挥现有设备的作用作为今年着重考虑的一个问题,也作为新学期大家奋斗的目标。

第二点,1982年上海的教育经费没有增加。在这种情况下,增加一些新的设备,制作一些电教教材是不是毫无办法了呢?不是的。我们这一点有限的经费怎么使用好,这个问题也是可以研究的。你再穷,买一点录音机就买不起了?不见得吧!再穷,搞一点幻灯片就搞不起了?也不见得吧!是不是请区、县、学校也订个计划,根据当前经费的可能,在节约的前提下,在电化教育上也花一些钱。现在盒式录音机是控购的,学校自己买不到。我们已同有关部门商量了,准备要配备一些,希望按给我们的指标配备好。对于个别搞电教试点的学校,区、县是否可以考虑另外给他增加一点钱。既然有试点任务,区、县在考虑经费使用时应给另外安排一些。进修学院要搞一些为中学服务的项目,在经费上也要适当安排一些。

在可能的范围内，在经费使用上，希望不要漏掉这个项目。电教基础已经很差了，是不是在有限的财力上尽最大可能考虑这些项目。我们这点"武器"、这些设备，经过一年的努力，再增加一些，这个还是做得到的。上海之大，武装一两所学校还是做得到的。另外，校办工厂也可以为电教提供一些经费嘛。搞电化教学还要有地方。现在学生人数减少了，校舍相对来说比前几年宽裕了。我们办学校不是光有几个教室就够了。其实，要办好一个学校，除了教室以外，如果有可能，应该有很多活动室，其中包括电化教室。一个学校要真正搞好，各种各样的辅助活动室非常重要，因为我们搞的是现代学校，不是私塾。电化教室可以先搞得简易些，不能搞得那样阔气。总之，可以根据现有的财力，区、县同学校都拿出一点钱，使我们的设备和电教教材逐步充实起来。假如到1982年底还是5000台录音机、4500台幻灯机，那是说不过去的。应该一年比一年多，一年更比一年好嘛。

第三点，要加强资料的积累、经验的积累和电化教学的科研工作。我们现在的电化教育是从无到有、从小到大、从低级到高级、从点到面这样发展的，很需要积累电化教学的资料，很需要积累电化教学的经验，也很需要加强这方面的科学研究，摸索电化教学的规律。电化教学能不能推广，有没有生命力，是不是所有人都能够重视起来，关键在我们的电化教学是不是在贯彻教育方针，提高教育质量上收到了实效。刚才市北中学讲到有的人不接受，就是觉得没有电化教学，我们的质量也蛮好嘛。假如搞了电化教学，质量比不搞电化教学高，花的力气较少，学生负担较轻，能够有这样的经验，搞出这样令人信服的材料，那么就可以说服大家，电化教学就可以为大家普遍地接受了。所以，一定要认真总结经验，加强科学研究，拿出数据来，证明这样搞是好的，是更能提高质量的。绝不能搞形式上的表演，那是没有生命力的，人家也是不信服的。那样的电化教学是演戏，公开教学时演给人家看看，同一套一套变戏法一样，是没有作用的。究竟什么时候、什么内容需要用什么样的电教手段，这里面是有很多学问需要研究的。怎么使用可以收到更好的效果，这里也是有许多学问可以研究的。不是说用了一定好，也不是用得多就好；用得不得法的话，恐怕用得越多质量越低。学生在那里看戏法，这样的电化教学没有生命力，也推广不开，说服不了人家。所以这些工作都需要研究。在研究过程中，要把资料积累起来，把经验积累起来，及时推广出去。

　　第四点，要搞好电化教育工作，必须加强领导，希望区、县、学校要重视这个工作。除了领导重视，有人管，有人关心以外，还要加强队伍的建设。现在电教队伍还是一支很小的队伍。区、县只有 100 多人。这么大的上海，100 多人的队伍还是很小的，加上中小学的，数字也不大。这与原来相比，队伍当然是壮大了，但从需要来说是不够的。这次定编工作希望考虑电教人员的安排。这里有一个具体问题，大家是有意见的，就是搞电化教学的人到底是教师还是职员。电教队伍实际上是三部分人组成的，教育部文件里也是这样讲的，即一部分教师、一部分管理人员、一部分工人。有的学校已经抽调了一部分教师加入。电教工作是一个新的领域，需要有相当水平的同志来从事这一工作。现在职称没有定，是不是可以这样，原来是教师仍是教师，原来是职员仍是职员，原来是工人仍是工人，将来有了职称时再定。我们希望这支队伍不断扩大，不断提高，并能出现一批专家。一个学校只有两三人搞是不行的，我们希望所有的教师都来使用电教手段。作为领导，除了在定编中加强队伍以外，还要通过宣传动员，通过示范，进一步提高广大教师的认识，使他们自觉使用现代化教学手段，达到提高质量的目的。

　　总而言之，现在已经有了这么点基础，还要进一步普及，进一步提高。要讲实效，既要反对不重视电化教育的思想，也要反对形式主义、表面热闹的倾向。要从中国的实际出发，从现有的经济条件出发，从现有的设备条件出发，踏踏实实地搞，一步一步地搞，切不可头脑发热，贪大求洋。有些事现时做不到，以后再说。将来我们会有的，不要自卑。搞这么点东西要不了很长时间，到不了本世纪末。只要我们有决心，有信心，有毅力，电化教育就一定会发展壮大起来。

《电化教育》1982 年第 2 期。

在上海市优秀青少年科技辅导员和
科技活动先进集体表彰大会上的讲话

当前，全国全市人民正在认真学习十二大文件，贯彻十二大精神。十二大提出了到本世纪末工农业年总产值翻两番的宏伟战略目标和实现这一目标的战略重点、战略步骤，把教育和科学列入经济发展的战略重点，这在我党历史上还是第一次，对我们从事这一工作的同志来说，既光荣，又责任重大。今天我们召开"上海市优秀青少年科技辅导员和科技活动先进集体表彰大会"，就是要在十二大精神鼓舞下，发扬先进，交流经验，提高我们青少年科技辅导员培养科学技术后备队的责任感。大家要振奋精神，埋头苦干，为实现十二大提出的宏伟目标，开创我们上海青少年科技活动的新局面而努力奋斗！

新中国成立以来，我们一贯十分重视青少年科技活动。特别是十一届三中全会以来，在市委、市人民政府的关怀和支持下，各方积极协作，密切配合，经过广大青少年科技辅导员的努力，全市青少年科技活动得到了迅速恢复，从内容到形式都有了新的发展。不少学校成立了由校长、教导主任、教研组长、科技辅导教师组成的领导小组，加强了对科技活动的领导。他们把科技活动列入学校工作计划，对活动时间、场地、内容、辅导力量以及经费等作了全面安排，使各种科技活动的开展有了一定的保证。一年一度的"爱科学月"活动在学校已形成制度，几乎所有中小学，在"爱科学月"中，集中对青少年进行科学知识普及教育。有的学校还开设了科技活动课，编写了教材，对学生进行系统的科学启蒙教育。校内外的各种科技兴趣小组日益增多。据统计，市区中小学中已建立各种科技活动小组和学科兴趣小组 3100 余个，有 11.4 万余名学生参加。他们在老师的辅导下，精心制作了近万件科技作品，写出了上千篇科学小论文，参加了市、区举办的科技活动成果展览和科学讨论会。今年,全市400余所中小学制作了1300余件创造发明作品,有256件作品参加了市第一届中小学生创造发明比赛,有108件作品分获一、二、三等奖。其中10件作品参加全国第一届青少年科学创造发明比赛,经评选都得了奖:一等奖3件,二等奖6件,三等奖1件。通过以上所说的小制作、小创造、小发明、小论文"四小"活动,上海形成了一支辅导科技活动的骨干队伍。据不完全统计,全市有科技辅导员2000余名。他们在校外教育机构和中小学中,直接担负着科技活动的辅导工作。同时,青少年中也涌现了一大批积极分子。全市已成立了青少年数学、化学、电子、航空、航海、天文、地质爱好者协会,目前有小会员1500余人。三年来,我们向高校推荐了140余名优秀科技积极分子,其中绝大部分已被高校录取。据调查了解,这些同学上大学以后成绩优异,表现很好。

　　几年来,上海青少年科技活动的迅速恢复和不断发展,除了各级领导的重视和支持外,与我们广大青少年科技辅导员的辛勤劳动和努力工作分不开的。这次评选工作充分反映了我们科技辅导员的共同特点:忠诚党的教育事业,热爱青少年,热心青少年科技辅导工作。辅导员们长年累月,勤勤恳恳,任劳任怨,不计报酬,不计时间,常常利用下班后、周末、节假日辅导青少年开展科技活动;在经费、器材严重不足的困难情况下,千方百计,克服各种困难,创造条件,因陋就简,使活动开展起来。有的辅导员甚至自己拿钱出来购买器材。为了提高辅导水平,不少同志刻苦学习科学知识,不断总结经验,摸索辅导规律。在提高本市青少年科技活动水平与培养科技幼苗方面,他们做了大量的工作,作出了卓越贡献。如静安区句容路小学黄明虎老师。他热爱少年儿童,热爱教育事业,身患多种疾病,但为了培育科技幼苗,在条件差、经费少的情况下,不辞辛劳,28年来,坚持辅导学生开展课余活动。他辅导的学校电工小组,利用废旧材料,制作了近万件科技作品,不少作品参加全国、市、区科技作品展览,获得好评。另外,他还利用业余时间编写了300多篇小制作资料,经常到兄弟学校、校外教育机构介绍推广。如华师大二附中地理教研组组长曹康绥老师,她在教学工作十分繁重,每周要上两个年级十五六节课的情况下,组织起气象、天文、地学三个课外科技小组,吸收了从初一到高一四个年级的近400名学生参加。她经常和学生一起在晚上观察天象;每天坚持早、中、晚的气象观察,收听广播,作单站补充预报;在假期带学生到野外进行地质考察。她还利用星期天带领气象组同学到国际饭店等高层建筑周围作实地观测,在此基础上辅导学生写了《初探城市高层建筑对周围气象要素的影响》的小论文,参加市第三届青少年科学讨论会,获二等奖。她由于辛勤耕耘,培养了不少青少年天文、气象、地质爱好者。这个气象组去年参加市中学生气象竞赛,获团体总分第一名。她辅导学生写的 15 篇科学小论文,3 篇获得二等奖,2 篇获三等奖。又如上海市友爱初级中学生物教师杨玉泉,勤勤恳恳,任劳任怨,不为名,不为利,克服了家庭条件困难和身患脊柱骨裂及肝病的病痛,坚持结合生物教学,带领学生开展为农副业服务的科技活动。10 年来,他带领学生开展了 49 项科学实验活动。其中"一年三熟粮闯三千"的成果,在全国青少年科技展览上获一等奖。今年,学校在共和大队第三生产队搞了 4.7 亩科学承包田,结果亩产又比生产队平均亩产高出 310 斤。现在他辅导学校三个中心组,开展黄鳝饲养、毛用兔饲养、中密度立体混放家鱼试验,以及食用菌、无土栽培、作物栽培等活动。由于内容切合农村实际,参加活动的学生占全校学生数的 60%。通过活动,他为公社、生产队培养了不少热爱农业劳动,懂得一些科学种田知识的科技骨干力量。

为使上海青少年科技活动有新的发展,提出以下几点要求。

1. 希望广大青少年科技辅导员认真学习十二大文件,认真学习蒋筑英、罗健夫两同志的崇高思想和献身精神。要学习他们热爱党、热爱社会主义祖国,无私地献身于社会主义现代化建设事业的共产主义思想,学习他们工作上勤勤恳恳,业务上精益求精,作风上踏踏实实和讲究科学道德的崇高品质,进一步提高认识,振奋精神,为实现十二大提出的宏伟目标,为两个文明建设作出更多的贡献。同时要团结广大教师,继续坚持艰苦奋斗的作风和实事求是的精神,因地制宜地开展各种科技活动。这里要特别提一下农村学校的问题。农村学校的科技活动,应当有农村的特点,要同目前农村中大力发展的多种经营结合起来,与发展小花园、小果园、小菜园、小杂粮、小饲养场、小手工"六小农业"结合起来,不要照搬城市这一套。这方面目前还是薄弱环节,希望积极积累经验。总之,开展科技活动要注意启发青少年的科学志趣,培养他们的创造能力和科学素质,使他们从小打好坚实的基础;要注意对学生进行以共产主义思想为核心的思想教育,教育学生热爱社会主义祖国,树立辩证唯物主义的世界观和革命人生观,树立远大的理想,志在四方,献身四化。

2. 学校领导和区县教育行政部门要重视和支持青少年的科技活动,不断提高思想认识,加强领导,在人力、物力和活动场地等方面作好全面安排,保证科技活动的正常开展。要特别关心科技辅导员,在政治上、业务上、生活上关心他们,支持他们的工作,为他们创造必要的工作条件。建议我们的干部认真学习一下胡乔木同志最近写的"痛惜之余的愿望",按照文章中提出的要求,去对待活着的蒋筑英、罗健夫,让他们能为祖国和人民作出更多的贡献。

让我们在十二大精神鼓舞下,为实现十二大提出的宏伟目标,为繁荣我国的教育和科学事业,为社会主义精神文明建设,把青少年科技活动更广泛、更持久地开展起来,促进教育质量的进一步提高,培养更多的科技幼苗,开创本市中小学科技活动的新局面。

(上海)《青少年科普促进会通讯》1983 年第 1 期。

在教育科研规划总结大会上的讲话

这次会议的收获主要表现在四个方面。

一、进一步提高了对教育科学研究重要性、迫切性的认识。

二、明确了教育科学研究工作的方针，以及今后的奋斗目标，进一步解放了思想，打破了对科研工作的神秘感。

三、促进了区、县、学校在科研工作组织方面的落实。

四、为加强协作提供了一个好的基础。这次我们搞了一个科研的初步设想，很粗糙，有很多遗漏，但毕竟有了一个概貌：这课题有谁在研究，哪几个单位在研究，同时也可以发现题目中有哪些薄弱环节、哪些遗漏，可考虑补充上去。这都为今后加强协调提供了基础。

这次会议在以上四个方面是起了促进作用的，当然还有别的方面，不着重说了。

在开会讨论中同志们提出了很多问题，我大体整理了一下，主要有四五个比较大的方面。下面就这些问题发表一些个人的意见。

一、关于科研的方针问题

教育科学研究的方针，杭苇同志提出两条，一条是理论与实践相结合，一条是普及与提高相结合。讨论中大家都赞成这两条，也提出了两个问题，一是提普及是不是人人都来搞科研，是不是每一个教师都有科研任务？一是科研题目中有很多同教学研究、经验总结差不多，两者究竟有什么区别？我觉得从道理上讲，我们的教师都应该搞科研。但道理是道理，还要与实际情况相联系。从上海的实际情况来看，我们 10 万教师，要人人都搞科研是不可能的。因为科研总要有一定的条件，一定的基础。10万教师中，根据我们了解，业务上不胜任或勉强胜任的占51%。对于这些教师来说，目前的主要任务是进修，要力求尽快地胜任业务。这部分同志再要承担科研任务就困难了。这里讲的普及，是从广义的角度提出来的，就是说搞科研要有一定的群众性，不能为少数人所垄断，或者不能为少数人专有。凡是有条件、有可能、有志于此的，都应该、也可以搞些科研。刚才有人介绍东北师大附中、景山学校等搞科研早的或好的学校，80%的教师都有科研题目。我们目前可能做不到。所以我们讲普及不等于不讲条件不讲基础。但从学校来讲，是不是只能重点中学、实验小学搞科研呢？不是。任何学校都可以搞，也应该搞。你说困难，学生的条件差，我看最困难、对象最差，也差不过工读学校了吧！工读学校搞科研这几年也有成绩的。他们专门研究双差生，这不是一个科研任务吗？这在国际上也是一个很重要的问题，很伤脑筋的问题。日本的学校就是这样。他们为一些有暴力行为的学生很伤脑筋。前不久，我接待一批日本外宾。他们向我提出要求，希望明年组织一批学生到上海来，要中国学生同日本学生一起举办夏令营。其中一个原因，就是他们看到中国学生比较守纪律，讲文明，有礼貌，要中国学生感染或影响日本学生。这问题不是我们一家的，是世界上共同的。我们比他们好得多。工读学校条件很差，学生基础也差，但他们照样搞科研。另外，上海办了一批辅读学校，就是低能儿童的学校，已办了几十个班级了。有的孩子到十四五岁，出门还不会认路，每天上学要有人送，不送就到不了学校，到了学校也找不到校门。对这批低能学生，也有人在搞科研。所以，从学校来说，都可搞科研，从教师来说，不能人人搞科研。当然我们希望有一天师资水平提高了，大家都来搞科研。这是由普及引出的第一个问题。

由普及引出的第二个问题就是科研与教研的关系，与总结经验的关系。这个问题我上次说了一句话，就是"先打架后分家"。我今天还是这个思想。有人说，这次科研所搞的规划好多题目是他们教研室搞的，怎么一下子变成科研规划了？我认为被科研所列入规划的题目不等于科研所的工作。科研所有协调的任务，有综合的任务，要把各单位、各部门、各方面的科研题目综合起来。综合的这份材料，题目是大家出的，工作也是大家做的，他们只是做了个加法。列入表中的题目，原来是谁负责的还是谁来负责。现在科研所只有一个筹备小组，不过10个人,哪能承担几百个题目？科研所没有必要也没有可能把人家的题目拉到自己手上来。我们强调理论联系实际,从实际水平出发,从低级到高级。现在一定要分清楚哪是科学研究,哪是经验总结,我看分不太清楚。理论上可以分。教研工作应该说比较着重于具体经验的总结,科研应该着重研究普遍规律、共同规律。两者应该有所区别。现在我们分不清,因为我们的水平就这么一点。现在暂时分不清,不要硬分,以后再来分。暂时不去管它,过一段时间,我们科研水平提高了,研究共同规律的课题多了,慢慢地就分开了。

二、主攻方向,或叫奋斗目标的问题

杭局长提出了目标,就是用5—10年的时间编写出具有我国特点的社会主义教育学。这是一个大目标,讨论过程中大家都很赞成,因为符合大家的愿望。过去很多人讲,解放前是西方的教育理论占领了我国的教育阵地,解放后又是苏联的教育学成为我们的经典。多少年来,我们希望有一本有我国特点的社会主义教育学。这问题不是今天才提出来的,文化大革命前就提出来了,而且曾着手去努力解决这个问题。但由于文化大革命,这个任务没有完成。现在一方面有需要,一方面有可能了。党的十一届三中全会提出了"解放思想""实事求是、一切从实际出发、理论联系实际"的思想路线,我们就有可能在总结过去正反经验的基础上,学习参考古今中外的教育理论,开展我们自己的教育科学研究,开展我们自己的教育科学实验,在这基础上写出我们自己的教育学。这不光是上海,据我知道,全国各地的教育理论工作者都在努力,想完成这任务。这是大的目标。讨论中有的同志说,这个目标太大了,具体究竟怎么办？我认为光有一个大目标是不够的,还要有具体的、分类的、分步骤的目标。要真正搞出一部教育学来,我觉得有许多问题必须提出来研究解决。譬如说对教育本质的认识,人家讲了很多道理,我们赞成不赞成,我们必须有自己的见解。关于教育方针,前一阶段也有过不少议论。现在关于若干历史问题的决议上写了,理论上是否还可探讨？当然还可以探讨。如美育的问题、劳动教育的问题、技术教育的问题,还是有很多问题可讨论的。你要编一部教育学,总要有一定的说法,不能简单地把决议中的几句话一抄就完了。关于教育原理、教学原则,凯洛夫有凯洛夫的说法,赞可夫有赞可夫的说法,西方有西方的说法，我们也要在总结许多经验的基础上概括出来，写教育学时明确讲一讲。课程设置、教材、教学方法、行政领导管理，等等，你总得一个部分一个部分地研究。还有我们的教育对象，中国的儿童、少年、青年的生理、心理特点，他们发展的具体规律等。到现在为止，我们讲儿童怎么样，都是引用外国人的数据，中国自己的数据不大有。你如搞一部教育学，应该有中国儿童、少年的生理、心理数据，有我们的材料，我们的观点。这些都需要分头进行研究，这是教育内部。还有教育外部，如教育与政治，与经济，与科学技术的关系，也有很多问题要研究。在对这许多问题进行研究的基础上慢慢地综合、整理、概括，使之系统化、理论化，才能理出自己的教育学来。我想我们搞科研，应该把总题目加以具体化，把它分解成许多小题目，小题目还可以分解成更小的题目。这样，在大量材料的基础上逐步提炼，才能编出一部教育学来。我们现在提出要研究智力能力的问题，这是许多题目中比较具体的一个。我们所以没有说我们的主攻方向是"十二个字"（指加强基础，培养能力，发展智力），因为这"十二个字"当然要研究，但它仅仅是教学上的一部分题目，还有思想教育、体育，还有其他几育，都可有自己的专题。初步设想规划时，好像其他方面单薄了些。譬如思想教育开始注意了，但研究得不多。我看当前青少年的思想有很多特点，很值得研究，如关于疏导的方针、疏导的方法，都要研究。我想是否可从实际工作中的矛盾、问题出发来出题目，不要从抽象的概念出发来出题目，也不要仅仅去论证外国人已经研究过的问题。外国人搞出一个什么试验，他已经有了结论。我们去试验一下，看看适合不适合我们的情况，这工作我们应该做，也可以做。但更多的我们应该研究自己碰到的问题。只有用更多的力量来研究我们的问题，才能最后写出具有中国特色的社会主义教育学来。假使我们只是去验证人家的试验，那么将来得出的结论，无非是证明人家的话是对的或错的，得不出我们自己的结论，也写不出我们自己的教育学来。我们的奋斗目标和设想较粗，请大家考虑考虑以后再充实。总的来说，本市在智力能力问题上，在青少年的特点上，在增强学生体质问题上很想研究研究。这是讲中小学教育，还没有讲幼儿教育、职业教育、成人教育。将来我们的教育学中要不要包括幼儿教育、职业教育、中专或职工教育，另外要不要包括教育与外部的一些关系，也可考虑。这些题目是很不完全的，每一专题，每一单项研究也可写出专门的文章,甚至可写一部书。不是说要搞一部教育学,就不可以搞别的专著了。我们一要从实际出发,二要预见到一些问题,设想一下,搞些科研和调查。我们科研所在抓信息,研究社会信息与培养人的关系,对培养人的作用。这课题是从预见将来可能会出现的情况提出来的。我有这么一个观点,现在的教育理论体系,无论是苏联的、西方的,基本上是十六、七世纪以后形成的,就是在欧洲工业革命、蒸汽机发明、大生产开始后形成的。现在不是面临第三次浪潮,人们在搞空间技术、电子计算机了吗? 面临这样一些问题,我们的教育是不是会从理论到教学体系出现一个新的突破? 假如说教育会在教学体系上、理论上有大的突破,我们现在是不是可做些预先的研究工作? 在世界文明史上,中国教育是封建社会那一套,欧洲教育是教会那一套。后来工业革命了,新的教育理论体系形成了,一直到现在。假如生产上、科学上有更大的突破,肯定要影响我们教育的。所以我曾说,大概到本世纪末,我们的教育从理论到实践,会有一个新的重大的突破,可能会出现一个崭新的理论体系。我们现在应不应该考虑到这情况呢? 上海有 3000 多所中小学,一个学校研究一个课题就有 3000 多个课题了。这是一个很大的数字。这就是群众性地搞科研。在这么大的范围内搞科学试验是西方任何国家都做不到的。人家搞科研只能搞一个班级、一个学校、几个学生,我们可以有组织地大面积地搞。我们可以运用集体的力量,在党的领导下开展群众性的科研,这就是社会主义的优越性。所以我们应当有这个雄心壮志,能够取得比西方国家更多的更好的科研成果。

三、要有正确的科研工作态度、方法和作风

1. 准备打持久战,不要急于求成。

教育的科研对象是学生,学生是人,而人是比较复杂的。我们现在是研究人的脑袋、人的思维、人的思想。教育科学是各门科学中最复杂、最困难的一门,加上基础较薄弱,所以我们一定要作三年五年、十年廿年的长期打算。一个小孩从进幼儿园到高中毕业要 15 年。如要观察一个人成长的全过程,到高中阶段就要15 年,假如再重复第二轮试验的话,又要 15 年。一个问题真正要作出比较可靠的结论,时间是相当长的,决不能搞立竿见影那一套。到底科研是成功了还是失

败了,不能只看升学率的高低,也不能光看分数。现在我们写文章,写得较多的是采取措施后升学率提高到多少,考进重点中学人数的多少或者说本来平均分数是多少,现在平均分数是多少,往往拿这个作为科研成效的证明。这证明是有道理的,但是不是真有道理呢?还不一定,这大家都知道。考试这东西不可不信不可全信。说不信现在还要考,而且凭考试来录取,进重点还是进普通大学。一分之差,可以决定命运。说可信,却明知不大可信。我平常看到这类文章总想划掉后面的话,但又划不下去,因为找不到比它更好的办法来说明。留在那里又总有些不是滋味。我们搞科研,思想应比搞招生更解放些,不要简单地用分数来证明成效。现在电视台搞智力测验,搞成语比赛,我看有不少题目不一定反映智力。听说有个小孩每天背三条成语,意思不懂,死记硬背苦得要死,背来背去变成了妈妈今天"兴高采烈",女儿"愁眉苦脸",打篮球叫"上蹿下跳",他与爸爸妈妈是"一丘之貉",闹了不少笑话。不反映智力,搞死记硬背,我不赞成。究竟怎么来反映一个人的学习质量,这大可研究研究。假如要搞科研,这也是科研题目。另外一个问题就是大会上有人说他们一年中发表了多少多少文章,用文章多少来证明科研成果。这也要分析。上海报纸多,杂志多,容易发表。有的文章是动了脑筋的,有的文章却质量不高。写文章要讲质量,不要单求数量。我甚至觉得,兄弟省、市常到上海来参观,我们更要谦虚一点。不要像做广告一样,什么"领导世界新潮流",什么"誉满全球",要实事求是,不要吹。

2. 搞科研要有两手准备,争取成功,也允许失败。

搞科学都有这两种可能,这本是常识。现在有这种情况,自己不搞科研,站在旁边看,讲风凉话,你失败他就笑。我想把话讲清楚:争取成功,准备失败;失败了允许再来,领导也不要批评。别人笑,不理他。不要把科研失败与工调、升级、发奖金联系起来。有人建议搞科研奖金,我说暂时不搞,以后再说。世界上许多伟大的科学家不是为了诺贝尔奖金,不是先有奖金再有科研的。

3. 贯彻"双百"方针。

这是十一届三中全会重新强调的方针。不同的意见可以讨论,也应该讨论。讨论过程中允许坚持自己的意见,也允许修改自己的意见。科学上的是非问题,只能通过讨论来统一认识,不能通过压制来统一认识;只能用实践来检验,不能用别的来检验。另外一点是不能搞资产阶级自由化。我们是搞社会主义的教育科学，这个大前提不能丢掉。讲双百方针时提一下反对资产阶级自由化有好处。

4. 提倡实事求是、踏踏实实、埋头苦干、艰苦奋斗的科研作风。

搞科学不能搞运动，要踏踏实实，要沉下去，不要飘起来。要深到教学工作中去，深到班级中去，深到我们研究的对象中间去，做艰苦的工作，不要浮在上面。现在有种风气，就是欢喜到处跑，到处参观，东张西望。搞教育工作还是要面对我们自己的实际。经常在外跑来跑去，花掉了时间，花掉了经费，可能得到些启发，学到一些东西，但最终还得靠自己。不能去总结人家的经验，要总结自己的经验。所以我们希望扎扎实实地沉到自己研究的对象中去进行试验，积累资料，认真探讨。有的科学家在实验室里一呆就是几年。居里夫人就是夜以继日地搞，几年才出成果的。如果居里夫人到处去参观的话，镭是搞不出来的。我这话不是说绝对不许参观，有时参观可得到启发，搞些交流也是必要的，但精力不应花在这上面。同这有关的是搞科研要有点经费。这是对的，但目前不可能很多，而且就一般情况说，也没有太多的需要。因为我们现在搞的科研题目无非有时要印些讲义、资料，或者要多买一些图书资料，录音设备各校都有，一般可以对付，先用起来。我看把现有图书费用好，这是第一步。如何把现有的一点钱用好也是个问题。我经常说电影杂志少订一本，教育杂志多订一本就好了。哪一个学校都是电影杂志、画报琳琅满目地挂在那里，还有什么时装杂志、家具杂志，都订在那里。为什么不去订一些教育研究资料？这方面资料不少啊。我算了一下，全国的杂志一共是2100多种。学校最多订200多种，超过300种的好像没有，一般的是五六十种。就算订200种，一年是1000元钱。对中学来说，这钱还是拿得出的。实在不够，可在校办工厂中花一些。一年拿不出千把元钱，我有些不相信。

5. 继续解放思想，放下包袱，克服片面追求升学率的思想。

想搞科研，又怕降低升学率，科研肯定搞不好的，在这个问题上要"看破红尘"。搞科研就是要有长远观点，研究培养人才的规律。研究过程中可能有成功，也可能有失败，要有这个准备。"包开西瓜"我看不行。怎么能保证呢？上次我说了，一面有片面追求升学率的压力，一面搞科研，好比戴了脚镣手铐跳舞。这舞是跳不好的。红色娘子军中的洪常青戴了脚镣手铐，但那脚镣手铐是假的，是演戏的道具,很轻的。如果是真的,怎么能跳? 顾虑重重,缩手缩脚,这样搞科研是肯定搞不好的。我们市里不会拿这个东西来批评你科研的成功和失败,希望区县也不要拿这来压学校。

6. 搞科研工作的同志要有一点献身精神,要有事业心,要自愿。

我们搞科研不搞"征兵"制,也不"拉壮丁"。科研工作是一件艰苦的工作,要担风险,不自愿怎么行呢? 搞科研要埋头苦干,积累资料,往往晚上也要加班,许多统计资料可能搞到深更半夜,算工作量很难,这是不大好计报酬、计时间的。这次讨论中有人提出是否要算些工作量。我想了一下,不好算。第一你总要上课吧? 老师不上课怎么搞科研? 我们考虑来考虑去要强调自愿,强调有献身精神,这是对科研工作者说的。对领导来说,是否请学校领导、区县领导从实际出发,适当地关心他们一些。现在我们不是搞定编吗? 我们定编的标准是很宽的,比教育部标准宽得多,学校作些机动是可能的,照顾一点是可能的。但对搞科研工作的教师本人,我说不应该提,要有些献身精神。你实在没有时间,宁可暂时不搞。我们不搞行政命令,不摊派任务。因为这样搞是不能持久的。你搞行政命令,搞摊派,他就要提条件;搞自愿,他就不会提条件。搞科研的人要不计报酬,不计得失,名利思想应该少些。我们要反对市侩习气。现在有些人有利就争,有些新东西就抢发表,热衷于写文章,还没下结论就把它写得很圆满。这可能与评职称有关。发表多少文章可评讲师、教授? 这值得研究。好在中学还没搞这个。不是说不要写文章,而是说不要热衷于写文章。真的有成果,人家总会尊重你的。

7. 重视资料积累。

一定要积累资料,积累数据。学校要尽可能创造条件,建立资料室。积累资料有学问,希望大家摸索。

四、关于加强学习的问题

科研工作的方针是理论与实践相结合,就是说要用正确的理论指导我们的实践,通过实践进一步发展我们的理论。我们每一个科学研究工作者,都要重视理论学习,不要搞盲目的实践。提倡学习,学什么呢? 首先要强调一下,要学马列、毛主席著作,学习革命导师有关教育的理论。马列主义、毛泽东思想是我们搞社会主义教育科研的指导思想,我们要学马列、毛泽东的有关论著,用马列的立场、观点和方法来总结过去的经验教训。这问题本身就是有经验教训的。我们既不能像林彪、"四人帮"那样搞什么"句句是真理,一句顶一万句,句句照办"那一套,也不要走另一个极端,好像现在马列、毛泽东著作没啥好学了。杭苇同志再三强调要学《矛盾论》《实践论》,经常对我们说要以"两论"来指导我们的工作。我觉得是有道理的。当然,学毛主席著作,学马列不光是"两论"。"两论"是哲学思想,他们还有许多教育著作。像列宁的《青年团的任务》,值得我们反复学习,反复领会。现在好像对这方面学习不大重视了,以为只要学布鲁纳、赞可夫就可以了。这不大好。我们搞社会主义教育,应该从革命导师的著作中得到启发,研究他们的教育思想、教育理论,否则很难说我们是在搞马列主义指导下的社会主义的教育学。事实上马克思、恩格斯、列宁、毛主席关于教育的问题还是讲了不少,尽管他们没有系统的教育著作。他们不是专门搞教育的,但有很多思想确实是很宝贵的。除了学习马列、毛主席著作外,我们还要学习古今中外有关教育的理论、论著,开拓思路,扩大眼界,从中得到有益的启示。我这里讲的古今中外,首先是讲具有我国特色的教育理论、教育思想。我觉得我国的教育思想是很丰富的,这个大家都知道。世界上第一部教育学是我们的《学记》,《学记》里的很多内容到今天还有生命力。文章不长,1000多字,可以看看。我们历史上著名的教育家也不少,孔子、孟子,文化大革命大家都批过,一批反而熟悉起来了,有点好处。一些古代思想家也有可贵的教育思想。董仲舒、韩愈、朱熹、王阳明,一直到明末清初的颜元、戴震,这许多人都有些好的教育思想,值得我们思考,对我们有启发。我自己对颜元的思想是很欣赏的。他很早就提出实践的观点、劳动的观点。这许多思想家在教育上都有一些见解,有对的,有错的,看一看可以得到启发。近代的有陶行知、蔡元培等,他们也有自己的教育思想。我们要搞有我国特色的教育学,祖先的东西却一点不知道,引来引去是"赞可夫",这恐怕不叫中国的教育学吧。我看办讲座要讲一些中国教育思想史,知道一点我们的家底,知道我们的老祖宗。当然这只能是一些启发,我们不能回到古代去,而是吸取它有益的东西。毛主席好像讲过这句话,现在的中国是过去中国的发展,中国现在的教育应该是中国过去教育的发展,总有个基础在那里。有些教育思想我看可以发展的、可以继承的。中国的、古代的、现在的、外国的东西都可学。我们不能盲目排外，搞闭关自守，应该用它们来开阔我们的思路，从中得到一些启发。西方的教育理论流派很多，了解一点，也总是有好处的。西方的科学技术水平比我们高，教育的发展与科学技术的发展有联系，他们在教育中碰到的新问题、新情况，我们可能还没碰到。研究一下，早一些了解，也有好处。他们也在那里探讨教育的出路。他们的教育，如日本的教育也碰到了往哪儿去的问题。日本的小孩子与我们有些像，功课负担很重，拼死拼活，除学校教育外，还请家庭教师，搞得近视眼很多。这是一部分学生。相当多的学生读不上去，自暴自弃，变成流氓阿飞。他们叫作暴力集团。我在日本看到，他们到处捉暴力集团，马路上到处贴捉拿摩托车暴力集团的布告。很多学生骑摩托车去搞流氓活动。学生学习没有动力，没有积极性。对人家的东西我们可以研究了解一下，从中得到启发。正如中国有一句古话：他山之石可以攻玉。另外，还要学习一些其他方面的著作。教育是一门综合性很强的学科，就教育谈教育，往往思路比较窄。真正搞教育科学研究，还要懂得一点数学、心理学、历史、地理等各种各样的知识。要广泛地涉猎，政治的、经济的、哲学的、科学的、文艺的都应该知道一点。总而言之，我们不是埋了头搞科研。不学习，理论上提不高，思路就打不开。

五、进一步搞好协调，落实措施

科研所成立以后要多做些协调工作。除了本身要有研究课题外，主要搞协调。单靠科研所还不行，要靠大家一起来搞科研。理论工作者同实际工作者的结合要进一步搞好。这个工作搞好了，互相都有好处。我们希望几个大专院校、中师中专业的教育理论工作者能够继续深入到中小学来，同我们一起搞科研，并肩战斗。我们搞实际工作的教师也应该为高等院校的专业工作者提供方便，提供条件。两家要合作起来。另外，同一课题要进一步研究用什么形式来搞好协作。规划的初步设想出来了，不落实到学校，不落实到人，没有一个具体计划，就没有保证。一定要做到课题落实，人落实，措施落实。希望各区、县、学校对规划的初步设想给予补充，同时把它落实下来。某一个课题，如果已有哪个单位在研究，而你也想研究，也可以。不是写了某个学校在研究了，别人就不好研究。这不好垄断，没有专有权。设想中没有的，你觉得从实际出发有必要研究，你就提出来。总之，希望会后把落实工作做好。从区、县、学校领导来说，恐怕还有件事要落实，就是确实要有人管这事。有的区、县成立小组，有的成立室，从实际出发，我们现在很难统一规定。每个区、县都要一个科研所或者科研室，这不好说，因编制很紧，机构还要精简，但要有人分管。可以把搞科研工作的教师组织起来，定期研究，定期交流。一定要抓好落实。不落实会成为俗话说的"人一走茶就凉；会一散事就完"。我们讲科研是要实干，不是吹牛，讲空话。要真干，有检查，有总结，才能出成果。否则就是一句空话。我们要搞真的，要搞实的。这样的规划会还是第一次开，以后一定能开得更好一些。

《教育科研情况交流》1982 年第 2 期。

教育改革与教育科学研究

当前,大家都在考虑教育改革的问题。改革是历史发展的必然。大家脑子里想改革,这是好事。我想从教育改革同教育科学研究这两者的关系上谈一点个人的看法。

一、上海中小学教育科研的形势

自从前年第一次教育科研规划会议以后,本市中小学的教育科研工作正在稳步发展。《教育科研情况交流》这个刊物基本上反映了它的进展情况,记录了它前进的脚步。总的来说,它还处于蓓蕾初放阶段,离百花争艳、满园春色,还有一段距离,还要作进一步的努力。我们希望在当前改革洪流的推动下,教育科学研究能进一步踏踏实实地开展起来。

二、教育改革与教育科学研究的关系

我认为两者是这么一个关系:以科研指导改革健康发展;以改革促进科研的繁荣昌盛。即:科研是改革取得成功的保证;改革是促进科研发展的条件。为什么这么说? 因为教育改革的根本目的,在于使教育事业更加符合事物发展的客观规律,改革掉不符合规律的那些环节和弊端。规律就是科学,研究规律是科研工作者的任务。所以,改革需要科研的配合和指导。离开了科研工作的配合与指导,改革很可能会变成蛮干、瞎干,可能走弯路、受挫折,甚至走到邪路上去。这方面过去是有过教训的。回顾一下新中国成立以来,我们也搞过多次教育改革,但文化大革命期间那一套不能算。1958 年的教育革命,当时的动机和用意无疑是好的,是想对教育作大的改革。由于那时不少改革没有教育科学研究工作的指导,变成一种随心所欲的主观行动。无论是提的口号,还是一些具体的改革措施,现在回想起来会觉得很好笑。如当时有一所学校提出,他们学校是种菜的,要以大白菜为纲来编教材。所有教材,数理化、文史地都围绕种大白菜来编。当时这还作为经验介绍过。这样的例子还可以举出好多。搞了一阵搞不下去,才停下来。1959 年以后开始全面整顿。中学的 50 条、小学的 40 条,就是总结正反经验后得出的比较科学的结论。这两个条例今天来看也是好的,基本上符合教育工作的规律。

现在,中央提出了改革号召,指出:没有改革就没有四化,改革要贯穿四化的整个过程;一切部门,一切单位,都有改革的问题。在中央号召下,一股强大的改革洪流正在兴起。在这种情况下,有的同志沉不住气,不考虑我们教育工作的特点,不区分精神生产和物质生产的不同情况,简单地套用农村改革中的口号与做法,如提什么"使一部分知识分子先富起来""万元户",等等。这在农村是对的,搬到我们教育部门对不对呢? 恐怕值得研究了。我看到报上有这样的宣传,就有一个直觉的想法,一部分教师先富起来? 怎么个"富"法? "万元户"怎么能成? 靠兼课? 靠完成本职以外的"第二职业"? 我看怎么干也富不起来。写书写稿,要拿到1 万元稿费,不知要花多长时间,多大精力,还要有质量,不是随便好拿的。不是说本市 10 余万中小学教师中一定不会有人富起来,即使有,恐怕也是极个别的,不能作为一个普遍的口号。宣传这个能起什么作用呢? 教师的生活当然要进一步改善,这是应该的,也是必须的,但只能靠提高基本工资,不能靠别的。希望国家在财力允许的情况下,进一步重视教育,重视知识分子,进一步改善教师的生活,使之在生活上无后顾之忧。"第二职业"可以搞一点,那只能是一种补充。外国的教师,也主要是靠基本工资,而不是靠工资以外的额外收入。看起来,简单套用农村改革的口号,是不懂得我们这个搞精神生产的部门与物质生产部门情况不一样。在农村,公社、大队基本上是一个独立的经济实体,学校就不一样。更重要的一点是,搬用这些口号的人可能并不十分了解我们的知识分子。一个正直的、爱国的知识分子,有比金钱更为关心的问题。他们更希望的是能让自己的知识和才能在祖国四化大业中充分发挥作用,能得到党更大的信任。对于物质生活,他们当然也希望过得比现在好一些,没有后顾之忧,但并不追求成为一个富翁。我看过农村的一些万元户。他们可以自己搞,养鸡养兔,几百只几千只,越多越好,利国利家。而我们这个行业,与它们的性质、任务不同,不能这么照套。这是一。其次,还要考虑我们教育改革的主攻方向是什么,主要应解决哪些问题。不能简单地看别的部门改什么,我们也改什么。农业、商业、工业等物质生产部门为了解决吃大锅饭这个问题,采取了承包责任制的办法。教育部门当然也要解决吃大锅饭的问题,也要建立责任制。这也是教育改革的一个重要内容,但是否要同物质生产部门一样搞承包,就可仔细研究。而且是不是解决了这个问题,教育改革的主要问题就解决了呢?除此以外有没有比这个更重要的问题呢?我觉得有,那就是教育工作如何同现代化建设的需要相适应的问题。这是教育改革中的首要问题。现在的情况是教育同四化建设的需要还很不适应,必须坚决地改。这个问题下面还要讲。这里主要说明,没有得到教育科研的指导,改革就容易出现这样那样的问题,容易走偏方向或是丢掉主要要解决的问题。

还可以再发挥一下。历来凡是成功的改革,总是以丰富的科学知识与实践经验为依据的。改革者头脑里的科学知识越多,实践经验越丰富,对实际情况了解得越透彻,就越能在改革中视野宽广、观察敏锐,对问题看得准,改革的方案就越切合实际,符合客观规律,改革的决心也越大,越坚决。这叫作有胆有识。识就是见识,就是科学头脑。胆要以识为依据,两者是相互联系的。改革者的科学知识越丰富,改革中就越能少走弯路,改革也就进行得越顺利,越有成功的希望。建立在科学基础上的改革才是创见,否则只能叫胡思乱想。用胡思乱想、拍脑袋搞出来的改革方案,情况不明或若明若暗时搞出来的方案,不顾本部门的特点与具体情况,简单照搬照套别部门的办法的改革方案,十个有十个是要失败的,一定不会有什么好的结果。我们搞教育的人有一条基本经验,教育一定要在稳定的条件下才能取得成绩,把秩序搞乱了,教育肯定搞不好。这就是规律。因此,改革不能搞乱教学秩序。在改革高潮到来的时候,我们要沉得住气,要更加重视教育科学研究。中央及时地给我们指出,要我们做一个既积极又冷静的改革促进派,不要以政治运动的方式来搞改革,不要一哄而起,要有领导、有计划、有步骤地搞。我看,这个指示,对于教育部门来说,是特别重要的。

三、当前要解决哪些主要问题

无论是改革还是科研,当前要解决哪些主要问题呢?我认为教育事业办得好不好,能否兴旺发达,要看教育是否符合两个方面的规律,或者叫处理好两个方面的关系。我们的科研工作就是要研究这两个方面的关系,从理论上、实践上作出回答,指出哪些地方不符合规律或者有弊端,要改革,指出怎样做才是符合规律,改革要朝哪个方向改。把这个关系中不适应的环节和弊端改掉,改革的目的就达到了,教育事业也就符合事物发展的客观规律了。

教育科研工作要研究哪两方面的关系呢?

一是教育的外部关系,即教育与政治、经济、社会、科学技术的发展等诸方面的关系。这些关系反映到我们教育部门,就是办教育的指导思想、教育事业的规划(如要不要普及小学、初中教育,普通高中、职业技术学校、高等学校应发展多少,发展哪些专业,等等)、教育投资(投多少,怎样最经济,最有效益,占财政开支比例多少才最合理,等等)、教育结构(每年的初中毕业生怎么安排才算合理,升普通高中多少,升中专、技工学校和职业学校的应有多少,不同的专业应保持什么比例才能适应,等等)、管理体制(条线关系、党政关系,等等)、知识分子问题(对知识与知识分子地位作用的认识),还有培养目标、教育内容,等等。以上问题如不研究解决,办教育事业的盲目性就解决不了。我们教育事业内部的许多问题,也要受外部问题的制约。譬如我们的学制、课程、教材等,都要受它的支配、影响,要为它服务。上海中小学已改为六年了。一些兄弟省市想改,一时也改不了。为什么?因为上海计划生育抓得早,人数控制了,校舍较宽裕,目前师资也够用,可以延长。是计划生育为我们提供了条件。所以说,外部关系需要研究。目前,我们教育与外部的关系,人们无论在认识上还是实践上都存在不少问题,有不相适应或脱离的问题。我们科研工作者就要研究这些问题,搞改革的也要解决这些问题。这完全是一致的。一个从理论上加以研究,一个从实践上加以改革。

为什么说现在还存在严重的脱离问题呢?因为矛盾已经明显暴露出来的,首先是农村。由于农业上实行了一系列新的政策,农村的形势发生了十分深刻的可喜的变化。生产发展了,教育与农业生产、农村建设的矛盾就突出了。今年中共中央一号文件中,有一段话讲到教育。原话是:"农村教育必须适应而不可脱离广大农民发展生产,劳动致富,渴望人才的要求,必须考虑而不可忽视乡村居民劳动、生活的特点。对于全国不同地区,应有不同要求和部署,以适应当地群众的财力物力状况和学生接受水平。有关部门应及早制订改革方案,逐步实施。"文件是从正面讲的,没有批评。仔细领会一下,我个人觉得,中央严肃地批评了当前的农村教育,指出了当前农村教育实际上存在四个脱离。文件中的有关部门当然是指教育部门。这就要求我们从办学的指导思想、教育结构、教学内容等方面迅速制订改革方案,着手改革,否则就会影响农村大好形势的持续发展和农业生产的持续上升。上海从1980年开始花了一点力量抓了农村教育,搞了一点调查,有了一点感性知识,因而对中央提出的四个脱离有了一些感受。农业发展了,农民需要教育。最近我看了几户首先富起来的"万元户",他们都有初中以上的文化水平。嘉定县黄渡公社那个养鸡的万元户告诉我,他在中学参加过饲养小组,学到了养鸡的知识,懂得用科学的方法来养鸡。他现在还在自学高等学校有关养鸡的专业书籍。松江县有个万元户农民说,国家发展农业一靠政策,二靠科学;对他来说,政策是国家定的,他是一靠勤劳,二靠科学。他懂得发展生产光靠勤劳是不够的,还得靠科学。农民希望用科学武装自己,农村迫切需要人才,而我们的农村教育却脱离了农民的要求。我们拼命在那里搞升学率,希望学生跳出农门,不是教育学生热爱农村,为建设社会主义新农村而学习。那不叫脱离吗?我们的课程教材,从西藏到上海,从黑龙江到海南岛,都一样,没有考虑各地的特点,这不是脱离吗?我们要搞什么"国际水平"的教材,学生接受不了,这不是脱离学生接受水平吗?还有一点,由于脱离,农村出现了流生,有的小学也不念了。当时我们总觉得农民不对,现在知道了,更多的是我们不对。我们的教育不适应农民的需要,学生学了没用,何必来学。有的学校稍为改了一下,开了一些农业生产方面的课程,流生就大为减少。这说明我们若不脱离实际,农民就会欢迎。崇明县竖河乡办了个职业学校,第一年,学生上学不但免费,还补贴工分。学了一段后,有的学生边学边发展副业。有个学生学了种食用菌的知识,在家里就种蘑菇,一年赚200元,家长很高兴。第二年招生不但收费,也不补贴工分,来的人也很多。这说明教育适应农村需要,学生就来了。稍有一点改革,农民就欢迎。有个学校办服装班,家长用拖拉机把自己的缝纫机搬到学校来。为什么？因为需要。所以说，流生实际上是对教育脱离农村实际的一个惩罚。但这个问题还没有完全解决，还严重地存在。所以中央一号文件在讲到高等教育与中专教育的时候指出，应当"打开人才通向农村的道路"，要使大学与中学毕业生到农村去，为建设社会主义新农村服务。不久以前开了高校招生会议，着重研究如何使高校、中专毕业生到农村去。今年招生有一些改革措施，如定向招生，是贯彻这个思想的。招生时就把分配的问题结合起来了。这个做法，上海师院、二医、工大前年或去年就开始了，中专今年也要这样。还有一个改革的措施，叫合同培养，就是经过考试，由保送单位付费，保送愿意在本单位服务的高中毕业生到有关大学或中专学习。保送名额在国家统一招生名额以外。这是嘉定县开始搞的，在全国大概也是最早的。现在"上海许多县都在研究，因为有这个需要。当时，嘉定徐行公社有个团结灯泡厂，1000多个工人，没有一个大学生、中专生。我们的电光源专家、复旦大学的蔡祖泉有时去指导一下。前年在全国灯泡质量评比中，他们得了第一，超过许多国营灯泡厂。发奖大会之后，组织讨论。他们是冠军，应当是小组召集人。但他们的代表一无学历，二无职称，而人家来的都是工程师什么的。所以主持发奖的单位只能表示歉意。因为让你主持讨论许多技术问题，你不大在行。得冠军的没有主持会议，实在是丢脸的事。他们还感觉到没有技术力量，冠军也保不下去。我向他们建议，由他们付钱，选送高中毕业、有培养前途的工人入大学有关专业学习，毕业后回工厂。他们非常高兴地接受了。单位要发展生产，就会有强烈的要求，要人才。过去大学是不管这些的。集体单位根本分不到大学生，大学生也不愿去。合同培养补充了这个不足，定向招生也可以解决这个矛盾。这叫改革。为了解决教育同外部关系的不适应。今后衡量农村教育的得失、成败，就看是不是为农村服务，为农业现代化服务，为8亿人服务。这一条是衡量农村学校好不好的主要标准，升学率不是主要标准。

现在看学校办得好不好有三种标准。一是看升学率，这是比较普遍的；二是以外国的学校为标准，看人家怎么搞，我们没有，就认为我们的学校办得不好；三是看人才的社会效果。我觉得应拿第三种标准来看学校办得是好是坏。我们今后比进步比成绩，就应比这个。许多学校往往对本校的升学率津津乐道，对进入大学的毕业生交口称赞，但很少去调查那些没有上大学的学生在社会上表现怎么样，毕业生一出去就不管了，出门不认账。办学标准究竟是什么，拿什么来衡量学生，搞科研的同志也要研究研究。

农村如此，城市也一样，不过被更为复杂的现象掩盖着罢了。我觉得有中国特色的社会主义教育体系，可能首先在农村出现。因为农村教育的矛盾已摆在面前，不改革不行。它可能首先改革，闯出一个有中国特色的社会主义新教育体系来，从而促进、推动城市的教育改革。教育部也明确提了，教育改革要以农村为突破口。总之，教育改革不能只考虑解决吃大锅饭的问题，否则的话，大锅饭解决了，积极性调动起来了，力量往哪儿使？如果使到片面追求升学率上去，那就越积极越糟糕。总而言之，我们是搞精神生产的，是培养人的，要根据教育的特点。

另外，教育周期较长。现在的中小学生要一二十年以后才能派上用场。因此，我们不能只研究当前的实际，还要研究今后 10 年 20 年以至三四十年的实际，即要预测和研究一二十年以后我国工农业的生产水平、生产结构，科学技术的水平，研究那时人才所需要的素质与知识结构，并用以指导当前中小学的教育改革。也就是说，要有点预见性。否则的话，我们培养出来的人就不能适应未来生产的需要。这也是我们在改革中要考虑的，不能光看眼前，要看到将来。我们是中小学，教育对象是少年，是儿童，同大学不一样。我们培养的人是将来派用场的，要想一想，将来实现了现代化，对我们的人才有什么要求，那个时候的人应是什么素质，知识结构应什么样，要以此来指导中小学改革。否则，将来要吃大亏的。

不研究外部关系，只研究内部关系，教育是办不好的，许多问题也难以得到解决。现在有许多政策问题没解决，我们就很难办，譬如现在的工资制度、劳动制度。为什么我们的初中毕业生不愿意进高中，愿进中专技校？这里很重要的是不愿意离开上海。为什么不愿离开上海？如果我们对去外地的毕业生给予较高的待遇，比上海好得多，肯定就有人去。现在上海是八类地区，隔了一条马路，到县里就成了五类地区。政策这样，谁去？当然觉悟高的人也能去，但多数人要算算账。过去我们是靠政治思想工作，但政治思想工作不是万能的。政策应有利于人才的流动，有利于人才到需要的地方去。所以，我们一定要研究教育的外部关系。当然，研究教育的内部关系也很重要。对于基层的同志和老师来说，由于工作任务的关系,可能偏重于研究教育的内部关系,不大可能去考虑教育的外部关系。这是可以理解的。

二是教育的内部关系,也有许多问题要研究。集中到一点,就是研究人,研究人的成长规律、共性与个性、生理与心理,也包括德、智、体几方面的关系、教师与学生的关系、课内课外的关系、理论同实践的关系、知识同智力能力的关系,等等。这几年,我看了上海一些研究文章或科研题目,绝大多数都是研究上述某一方面的问题,较多的是智力能力问题,也有研究课外活动与课内教学、教师与学生两个积极性的。这些都是必要的,因为中间确有许多问题我们还没有搞清。原来已开始研究的问题,希望继续研究下去,要在理论上作一点贡献。其中特别是以共产主义思想为核心的精神文明建设问题,是中国特有的。资本主义国家没有这个东西,他们的教育理论是不研究这个内容的,必须由我们回答。如何对 80 年代的青少年进行思想教育,培养他们的共产主义理想?这个课题,前两年还不够重视,现在应把它摆到重要的地位,提到一个新的高度。总之,研究教育的内部关系,集中到一点,在于研究培养高质量人才的规律。这无论从改革,还是科研的要求来说,都是十分重要的,是带有根本性的问题。科研工作的任务是要从理论上来回答这个问题,指导当前的改革,使之健康发展。

胡耀邦同志关于改革问题的讲话提出了"从实际出发,全面而系统地改,坚决而有秩序地改"这样一个改革的方针。改革是如此,我们科研工作也应该如此。要全面系统地研究,也要坚决而有秩序地研究。从中国教育的实际出发,从教育对象的实际出发,把教育科学研究进一步开展起来。这就是当前教育科研工作者的任务。

我对内部关系讲得比较少,不是说它不重要。因为大家知道得比较多,我就讲少点。有一个问题我补充一下,就是打破吃大锅饭的问题、责任制的问题,改革中要解决。把这一环作为突破口,也可以。这也是内部关系,即管理的问题。各区县可以选一、两个单位搞试点,步子可大一点,有了经验再推开。不要一下子铺开,搞得不对回头再改,这叫折腾。教育经不起折腾了。好容易经过拨乱反正,走上正轨,因为没经验,一下子铺开,将来是要吃亏的。中央也讲,现在一步一步搞,可能是慢一点,但搞得不好,回过头来再改,步子可能更慢。这叫作不怕慢,只怕弯。农村改革花了五年，现在才铺开。教育改革比农村改革要复杂得多，上下左右有许多复杂的关系，究竟怎么搞才不乱，要研究。

有一个提法，说今年是改革年，我认为不大科学。中央的文件说得很清楚，改革要贯穿四化的整个过程，并不只是今年一年。而且改革不是今日开始的，农村已经改了五年。如果因为中央做了一个改革的报告，发动全党全国、各个方面各个部门树立改革的思想，说今年是改革年，是可以的。否则，今年是改革年，明年是什么年？不能把它们割裂开来。我讲这个话，是希望按照中央改革的方针，坚决而有秩序、有领导、有计划、有步骤地改。不改不行，怎么改，要有方针。科研工作可以走在前面，也可以在改革之后再上升到理论，总结出规律。

四、改革对教育科研工作提出了更高的要求

改革要求我们努力提高教育科研工作者的水平，提高教育科研工作的质量。不搞改革的时候也要进行科学研究，但不像现在那样紧迫，有许多问题需要科研工作者来回答，来指导。现在，势不可当的改革潮流推动了我们的科研工作，对我们提出了更高的要求。一是要求科研工作者努力提高自己的科研水平。举办这一期学习班，目的就是如此。搞科研工作本身就有一个是否符合科学要求的问题。首先，要掌握科学研究的基本功，包括掌握教育科学研究的基本理论和基本方法，科研工作的一般程序和一般方法，如调查法、实验法，怎么设计课题，怎么收集、整理资料，怎么积累、运用数据，等等，也应该了解一下国内外科研的动态，作为参考。如不掌握、不了解这些，就会影响科研工作的质量。其次，要有科学的态度。科研是很严密、很严格、很严谨的工作，不能有半点虚假和浮夸。再次，要有献身精神，要老老实实，埋头苦干，不能有一点名利思想。科研工作是无法计算工作量的。对科研工作作出贡献的同志，领导要考虑一个奖励办法，但自己不能计较。二是要提高科研工作的质量。质量可能反映在一篇有创见的论文上，但更重要的是看实践。因为实践是检验真理的唯一标准，也是检验科研成果的唯一标准。教育是实践性很强的一门科学，科研成果，就是刚才讲的人才的社会效果，归根结底是要在实践中检验的。论文质量的高低不是检验科研成果的最后标准，论文的数量就更不是最后标准了。

现在科研工作的形势很好。在改革洪流的促进下,本市中小学教育科研工作将会出现一个新局面,取得更为丰硕的成果。

《教育科研情况交流》1983 年第 2 期。

放宽视野，解放思想，扎扎实实地
在教育科学研究的广度和深度上下功夫

十一届三中全会以来，教育科学研究的工作已越来越引起大家的重视。我觉得人们对这一工作的重视，已大大超过文革前。如果说，十一届三中全会以来教育战线取得了一定的成绩，那么教育科研被重视、工作的开展以及取得的成就，应当算是重要的一个方面；如果说拨乱反正，那么人们认识到教育是一门科学，是一个重要的拨乱反正。前年，在一次会上我曾经说过，教育战线 30 年中经验教训不少，其中一条就是没有把教育当作一门科学，而把它看作仅仅是政治的附属品，仅仅是为阶级斗争服务，因而干了许多违背教育规律的蠢事。现在认识到，教育当然同政治有关系，应当为无产阶级政治服务，但又是一门科学，有其自身的规律。违背了它的规律，就要受到惩罚。

关于这方面，我差不多每年都要在一定的会议上讲一讲，唯恐头脑一发热，又忘掉了过去的教训。在强调提高教育质量的时候，我怕一些同志重复过去搞政治运动的办法，"大呼隆"、乱提口号和指标，或是搞突击、加班加点那一套。今年年初，在强调改革的时候，有的同志又迷失方向，把改革同追求个人利益连在一起，说什么"下放权、责、利，上缴德、智、体"，就是说，你要德、智、体吗？请下放权、责、利。说是权、责、利，实际着眼点是利，即你要质量吗？请拿钱来。针对这个情况，我作了一次改革与科研的发言，提出了改革要以科研为指导，科研要靠改革来推动的观点。对于重点中学，我也提了一个目标，就是要办成"精神文明建设的模范，教育科学研究的基地"。我还讲过一次关于教育科研工作者应当具备的素质问题。

为了加强对科研工作的具体领导，促进科研工作的开展，教育局成立了科研所,制订了科研工作规划,出版了交流科研情况的刊物,还多次培训了科研工作的骨干,初步有了一个网络,也取得了一些成效。我看只要这样干下去是会有结果的。坚持数年,必有好处。

现在教育科研工作上的问题是什么呢？我觉得突出的有这样几个。首先是视野不够广阔,大多局限于课堂教学、教学方法等,就是在传统的教学体系中做文章,立足点不高,视野不广。其次是思想解放不够,表现为对待马列主义的论述,有时候把它看得僵死了,绝对化了,不敢根据新的情况考虑问题,也不考虑革命导师当时讲话的历史背景和历史条件。再次是受某些外国教育论著的限制,跟在人家后面亦步亦趋,代别人去论证已经得出的结论,或是做人家已经做过的实验。由于这些问题存在,今天我们的科学研究工作,无论在广度上,还是在深度上,都显得十分不足。

今天我想就这些问题讲一点个人的意见,题目叫作:放宽视野,解放思想,扎扎实实地在教育科学研究的广度和深度上下功夫。

关于这个问题,我觉得应当首先研究一下教育的目的。目的明确了,然后才能去考虑达到这个目的的手段与方法,才能鉴别这些手段、方法是否正确、有效,才能去考虑改进原来的手段与方法,或者进行科学实验,否则就是无的放矢。这个道理是大家都容易明白的。

教育的目的是什么？简单说是培养人。我曾说过教育是塑造人的事业,要把下一代塑造成我们所希望的人。不同时代、不同阶段,不同的社会制度与不同的科学技术和生产水平,会有不同的培养目标及具体要求与内容。不同的国家、民族和地区,由于历史和自然的原因,培养目标也会有所不同。再进一步说,不同的阶级、不同的家庭、不同的老师或家长,由于地位、环境与观点各异,对培养目标的认识也会有差别。所以培养目标不是永恒的,是不断发展的。当然,其中也有一些共性的东西。

人类之所以能不断进步,不断发展,一代胜过一代,永远不会停止在一个水平上,就是因为能够自觉、有意识、有计划地按照时代的要求和自己的理想与愿望,来塑造自己,特别是塑造下一代。这种理想和愿望的具体体现,就是我们经常说的培养目标。

不论是个人，还是一个家庭、一个国家、一个民族、一个阶级，凡是从事这项事业的自觉程度愈高，措施愈具体、愈落实，就愈有发展前途。用现代的名词来说，叫作"智力投资"。几年前中央领导同志推荐大家读一读吉田茂写的《激荡的近百年史》。这次全国普教会议上万里同志又介绍了，还给与会代表每人发了一本。日本、西德之所以能在战败后迅速兴起，重要原因在于抓教育，不仅重视培养部分高级人才，更重视提高全体人民的文化科学技术素质。西德的职业技术教育是最发达的，工业产品的工艺水平在世界上也是最高的，超过了日本、美国。介绍西德在战败后兴起的《第四帝国的兴起》一书，也是很值得一读的。

我国教育的培养目标是什么？大家都会说是德、智、体全面发展或者叫又红又专的体脑结合的建设四化的人才。但是很多同志对这一目标的理解往往很抽象，或者口头上说是为四化培养人才，实际上是面向高一级学校，为升学服务。原因在哪里呢？一是我们对四化建设究竟需要什么样的人，需要哪些人，认识上是模糊的，不具体的。二是我们只了解社会需要的现状，对于未来社会的需要，对于在未来社会中生活、工作的人究竟需要什么样的素质等缺乏研究，或者根本没有去想过。不了解社会，不了解未来，也不了解世界，因此工作上盲目性很大，而知道得最具体的只有升入高一级学校。因此为升学服务成为我们普教工作最具体的奋斗目标和衡量学校办得好坏的唯一标准。这也是我们教育科学研究工作立足点不高、思路打不开的根本原因。不了解全局，就难以做到高屋建瓴，只能在一个固定的框框里面，就一两个十分具体的问题搞一点试验。例如如何上好一堂课，如何命题，如何评分，等等，最多也只是搞一些教材的试验。至于学制、教育结构、课程设置、教学大纲等问题，就不大去考虑了，认为这些是既定的东西，不能动的，或者认为这是上一级的事，学校是用不着去考虑的。育才中学教改的可贵之处，就是他们看问题想问题的思路比一般学校宽一些、深一些。段力佩同志的许多见解是十分精辟的，尽管其中有一些说法或做法有人持不同意见，这可以讨论。他们思路宽，敢于打破一些似乎天经地义的传统的做法，是应当充分肯定的。其实大家都知道，升大学的总是少数。最近我去川沙，了解到他们今年高中毕业生升入高一级学校（大专与中专）的人数是历年来最多的，近 1000 人，因此上上下下都很高兴。针对这个情况，我问了三个问题。第一个是问升学的近 1000 人中间，今后能回川沙参加建设的会有多少人？他们说不多。我说就算有 300 个吧！第二个是问这一届高中毕业生的同龄人全县大约有多少？他们说 1 万人左右，除去升学的还有 9000 人留在川沙。第三个是问今后川沙的四化建设主要靠升学后回来的 300 人，还是靠留下来的 9000 人？很清楚是留下的 9000 人。但是，我们的教育工作，我们的学校恰恰是丢掉 9000 人，用主要力量去抓那 1000 人。如果这样干，川沙四化建设的希望寄托在哪里呢？按川沙的现状看，他们的工业、农业、副业劳动大军文化水平都不高，技术力量十分薄弱，目前主要是靠政策调动了广大农民的积极性，生产上去了。而靠政策调动积极性，生产上去的幅度是有限的。只有靠科学技术，生产的发展才是无限的。有一个日本专家指出，按照中国现在农民的素质，他们是承担不了 90 年代经济起飞的任务的，也完成不了由传统农业向现代化农业过渡任务的。目前农村中确有一部分人先富起来了，有的成了万元户。对此，我曾经作过一点调查，发现先富起来的这一部分人中，绝大多数都有初中以上，至少高小毕业以上的文化水平，而现在还在过穷日子的，多数是文盲、半文盲。我曾经说过，如果把我们全体农民的文化水平提高到专业户的水平，那么农村面貌就会进一步变化。我们的教育工作如果不管这个，不在今天为 90 年代的经济振兴培养各种人才，我们就要受到历史的谴责。因此，每个省、市、县、乡、村在制订 10 年、20 年经济发展规划的同时，一定要制订一个与之相适应的人才培养规划，着眼于提高全体人民的政治、文化、科学技术素质。同时，教育部门要加强普教工作中的职业技术教育性质，根据上述办学指导思想来全面考虑改革的措施和科研的项目。培养能升学的那一部分人，这当然是需要的，也是十分重要的。但是光靠培养少数尖子，是不能使国家富起来的。所以我们更要着眼于培养好不升学的那一部分数量更多的人，使他们在就业之前普遍受到不同程度、不同内容的职业技术训练，提高素质，今后能担当起建设好本地的任务。一个县如此，一个市、一个省也是如此。农村如此，城市也如此。

还有一个问题，就是要考虑到我们的学生。他们不仅生活于现在，而且一生的大部分时间将生活于未来。所以我们考虑下一代的培养目标时，应该着眼于未来，为他们设计 20 年、30 年，以至 50 年。从这个意义上讲，教育是一种未来的事业。在知识增长不快，科学技术发展缓慢的时代，三五十年算不了什么，甚至几个世纪变化也不大。而今天，三五年就不得了，新的知识泉涌般出现，人们称之为知识爆炸。

这个惊人的情况，对教育工作者来说，无疑是出了一道难题。我们不仅要在有限的时间里（从小学开始到高中毕业一共才12年，不可能再延长了）将人类已经创造的高度发达的、极其丰富的文化科学知识的精华，用最有效的办法传授给下一代，而且要尽可能让他们在上学期间及时接触或了解科学技术的最新成果，使他们在毕业离校之时，就能接得上班。否则，他们尽管学得很多，但对现状一无所知，怎能接好班呢？我们都知道，接力赛跑时，接棒的人一定要站在接棒的起跑线上，一接过棒，就马上开始冲刺。如果接棒时站在接棒的起跑线后面一大段，这怎么能比得过别人呢？

读过教育史的同志都知道，现行教学体系是在欧洲工业革命之后逐步形成的。这种传统的教学体系已越来越难以适应今天"知识爆炸"的时代。我粗粗考虑一下，觉得传统的教学体系至少存在四个方面的保守性。

一是课程、教材必须相对稳定，不能及时引进最新信息。课程、教材必须相对稳定，原因或理由有好几条：传授文化遗产；为学生打好基础；编写教材有一个过程；教师要掌握、熟悉教材。在这种情况下，加上学习时间有限，要学生上学期间在课堂教学中及时获得最新知识是很困难的。

二是班级制的教学形式很难使每个学生的聪明才智充分发展。班级教学相对封建时期的个别教学，是一大进步，但也存在问题，就是难以充分因材施教，满足不了每一个学生的需要，影响了一部分高材生的充分发展。

三是教师不在科研、生产第一线，难以及时获取最新信息，及时更新知识。

四是设备跟不上发展，学生很难接受新的东西。

在传统教学体系下，学生很难及早接触当代科学领域的重大课题，获取最新信息；我们很难及早发现、及时培养人才，很难充分因材施教，培养学生的创造才能。而学生能否及时获取最新信息，有无创造才能，对适应今后的需要来说将是至关重要的。所以，克服教学工作中的保守性，加强普通教育的现代性，是今后教育改革和教育科研工作的又一个重要方面。

前年我写了一篇文章，提出为适应未来，要打破传统的三中心教学体系，建立有两个平行渠道的教学体系，即大大提高课外活动的地位，大大提高报章、杂志、电台、电视台等传播即时信息的各种现代化媒介在学校教育中的作用，十分重视科学家、生产第一线的掌握最新知识的人与学生相接触的作用，把它们作为向学生传播"即时信息"的第二渠道，逐步使两个渠道并重、平行，形成新的教学结构。我的根本指导思想是要为未来培养人才。这篇稿子征求了不少同志的意见，有的赞成，有的有保留。我还想再作些研究、修改，因此，没有去发表。实际上，我们在实践中，近五年来已采取了不少有力措施，如加强科技活动，重视图书馆建设，试验利用电台、电视台传播的最新信息等，希望逐步形成一个体系。

最近报上发表了小平同志对景山学校的题词：教育要面向现代化，面向世界，面向未来。这个题词确实是指明了教育的新方向，为教育科研打开了思路，也进一步解放了我们的思想。

我曾对一部分同志谈过，预计到本世纪末以前，一种打破传统教学体系的新教学体系一定会诞生。我们应当有这样的雄心壮志，并为此作出贡献。这种体系，我的初步认识可能是普通文化教育与职业技术教育相渗透，第一渠道与第二渠道并重，相辅相成，互相补充。

今天参加会议的是本市重点中学的科研骨干。大家如果同意我提出的要使重点中学成为科研基地的看法，就一定要进一步解放思想，开阔视野，了解社会，了解生产，了解科学技术，了解世界，还要预测未来，扎扎实实地在教育科研的广度与深度上下功夫。

《教育科研情况交流》1984 年第 1 期。

任重而道远

教育是一门科学，这似乎是一句多余的话。凡是稍稍有点常识的人，谁不知道这个明显的道理呢？可是在相当长的一段时间里，人们并没有把它作为科学来对待。任意冲击，大起大落，长官意志，等等，不是折腾了几十年吗？

"文革"以前，大约7.5亿人口的堂堂大国仅有一所中央教育科学研究所，包括工勤人员在内，一共只有70余人，不如当时的一个玩具研究所，他们倒有400多人。不仅如此，当时还公开宣称作为教育科学中一个重要学科的一个重要部类的教育心理学是伪科学。"文革"期间，连这小得可怜的唯一的教科所也解散了。

不是说人是最宝贵的财富吗？人一定要通过培养、教育，极大地提高素质，才称得上宝贵财富，才能产生价值。一个文盲、一个素质很低的人，是很难称为宝贵财富的。我们过去曾经说过人多力量大，现在才懂得人多再加上素质高，才力量大。没有这个认识，我们就不会把教育看作是现代化建设的奠基工程，放在战略重点的地位。

教育科学是一门十分复杂的科学、一门尖端的科学。说它复杂是因为它不仅要研究人，研究人的发现、培养、发展、完善的规律，还要研究社会。人被称为万物之灵，人的复杂性超过万物，要探索与掌握其成才的规律，比研究其他任何科学都要难得多。可以说一直到现在，人们尽管可以认识宇宙的宏观，质子、夸克的微观，但对人自身的认识却极差，还处于低水平阶段。人离不开社会。研究人的发展，归根到底是为了使人能适应于社会，服务于社会，能推动社会前进，不是为研究而研究。说教育的目的只是为了发展人，这种观点我们是不能同意的，事实上也不可能有离开社会而有人的发展这样的事情。所以说，搞教育科学，简单从事，主观片面，没有不出毛病的。

可就是这样一门十分重要、十分复杂、十分尖端的科学,被耽误了几十年。

十一届三中全会带来了教育科学的春天。中央教育科学研究所恢复了,而且正在考虑成立教育科学院,人员已从七十几人发展到数百人;全国各省市、不少高等院校也都建立了教育科学研究所;有的地县一级也成立了教育科研机构。全国已建成了一支庞大的教育科研大军。仅上海一地,科研所已有几家。高教的、普教的、职业技术教育的,等等,都已单独建所。这里正用得上一句过去常常用,现在已经不大用的套话:形势大好,越来越好。现在这是事实,并非套话。

上海市教育局成立教育科学研究所是比较早的,到今年已是 10 个年头了。有的同志说我是创始人,这话不妥。我仅仅是积极建议,并在当时教育局集体研究作出决策之后,负责了筹建工作,如此而已。称积极分子也许还可以,创始人我不敢当。我之所以积极建议,一是基于上述认识,二是我从事教育工作几十年,犯过不少错误,也干过不少蠢事。反思起来,犯错误与干蠢事的重要原因,就是背离了教育工作的客观规律,违反了教育科学。我从 17 岁开始就从事教育工作,学的是教育理论,干的是中小学教育实践,数十年如一日,不能说是外行。别人犯错误、干蠢事可以原谅,而对自己,我不能原谅。我有切肤之感。我当年在中央教育科学研究所工作过,那时不过 40 多岁,可以说是风华正茂,蒙组织信任,被任命为研究员,参加筹建中国教育科学院。正想有所作为,可是一场"文革"风暴,吹走了我的雄心壮志。此情此景,现在回想起来还十分难过。所以一有机会,我就积极建议。我深感社会主义现代化建设,不能离开教育事业的改革与发展,而教育事业的改革与发展,离不开教育科学,开展教育科学研究是刻不容缓的大事。

10 年来上海教育科学研究所的工作是有成绩的,发展与研究的方向也是正确的。从微观上说,顾泠沅教改小组一开始就受到教科所的关注与支持,一师附小的"愉快教育"、闸北八中的"成功教育",等等,都有教科所研究人员的心血;从宏观上讲,教科所人员参加了上海教育发展战略的研究,承担了国家教委"八五"重点项目:"初中学习困难学生教育""幼儿家庭教育""德育评估与学生品德考评""教育科研体制、规划与管理""爱国主义教育中的心理学问题"等研究课题,承担了上海市社会科学重点课题"建国后上海普教史"的研究与编写,以及国家教委基础教育司与上海市政府教卫办委托的"完善中小学校教育教学管理机制的研究"

等,还开展国际合作,成功地承担了"发现与培养理科天才儿童"国际会议的筹备与召开工作,等等。可以说上海教科所的科研工作已"走向世界"。更为可贵的是,一支年轻的科研队伍正在茁壮成长。说实在的,看到他们今日的顺利处境,对比自己当年的遭遇,我真是既羡慕,又妒忌,能晚生30年该多美啊!

教育科研必须面向实际,参加沸腾的教育改革实践。从这一点讲,上海教科所当前的工作也还有待进一步改进与发展。例如,上海的普教改革工作正在向纵横两个方向深入,课程、教材的改革实验,社区教育的实验与发展,都是十分重要的科研题目,教科所应该组织力量积极投入;浦东开发也离不开教育,没有第一流的教育,就不会有第一流的现代化城市,这是世界的历史经验已证明了的真理,因此,上海的教育下一步怎么办,还确有大量的问题需要研究。再说一句也许是多余而不切实际的话,教科所能否考虑去浦东合作办一所实验学校,作一点更为深入的典型研究呢?

教育改革正在深化,人们几十年来梦寐以求的创建有中国特色的、社会主义的、现代化的教育体系的愿望,对人的发展规律的探索,这一切,从理论到实践,都远未完成。教育科研的任务可真是任重而道远啊!

古代中国出过孔夫子,近代中国出过陶夫子。有人说,为什么新中国不出教育家?这话不全对,但又有一点道理。因为新中国也出了不少教育家,他(她)们绝大部分是教育工作第一线的实际工作者,只是的确还没有谁超过陶行知。之所以这样,原因是多方面的。不怪天,不怪地,只怪我们这一代人自己还不够努力。然而我相信,伟大的人民中国一定会出现超过前辈的教育家。作为一个教育战线的老兵,我真诚地寄希望于现在正摸爬滚打在教育第一线的年轻一代的教育科研工作者。

《上海普教科研十年》,上海教育出版社1992年版。

树立新的教育思想

一、校长应姓"教"不姓"钱"

现在有一种新鲜说法,说是校长都姓"钱",叫"钱"校长,书记姓"奖",叫"奖"书记。他们为"钱"而奔走,为"奖"而发愁,没有把主要精力放在办好学校,教育好学生上面。当前校长工作的困难不解决,教育是办不好的;而解决好这个问题,应当由国家负责。

校长不要当五种"和尚"。即:不要当"做一天和尚撞一天钟式的混日子和尚""有口无心去念经的小和尚""一心思凡的花和尚、野和尚""专门口念歪经的歪嘴和尚",以及"三个和尚没水喝的扯皮和尚"。有人问我是什么和尚?我说,大概算是云游和尚,到处云游、挂单的化缘和尚。这些和尚是成不了佛的。当和尚应当姓"佛"。当校长应当姓"教",要研究教育思想,并把对教育思想的领导,放在领导工作的首位。

历来有名的校长都有自己的教育思想。新中国成立以来,我们的教育工作积累了丰富的经验,但教育理论却是落后的,不是去抄一套、拼一套,就是凭几条语录、几个红头文件办事,没有形成自己科学的理论体系。我们缺少三个"一",即:没有制订出一部教育法,写出一部真正的教育学,培养出一个公认的、权威的马列主义教育家。

我们的教育思想体系应当有特色,一要国情化,二要时代化,三要科学化。所以,作为校长一定要研究教育思想,树立新的教育思想,用教育思想来领导全校的工作。这是千头万绪的领导工作中首先要解决的问题,是第一位的工作。

二、新的教育思想从哪里产生

新的教育思想应当具有中国特色，符合时代精神，又合乎科学规律的。所谓中国特色，当然是社会主义性质的，是以马列主义为指导的。

怎样来研究并树立符合上述要求的教育思想呢？我认为主要有以下几个方面。

1. 要学习和研究马列主义的教育学说。

学习与研究马列主义教育学说，要研究其核心思想、本质精神。马列主义教育思想的核心是使教育与沸腾的社会密切结合，使人的才智得到充分的、全面的发展。毛泽东同志主张教育为无产阶级政治服务，与生产劳动相结合，让学生生动活泼地、主动地发展，同马列教育学说的基本精神完全一致。这应当作为我们教育思想的核心部分，作为我们教育改革的主导思想。我们应以此为指导，改革掉一切阻碍学生充分发展的规章制度与陈旧观念。现行教学体系的弊端是标准化、同步化，让学生排成一个方队齐步前进，外国把这叫作划一化的教育。这种标准化、同步化的做法不符合马克思主义的教育思想。一个外国人看了我们的幼儿园以后，说我们是"训练骑兵"；听了小学的课后说我们在"把活人教死"。他说得相当刻薄，但不无道理。

2. 要认真学习和研究邓小平关于教育要"三个面向"的题词。

要领会"三个面向"，就要了解教育的外部关系。教育部门有一个职业病，就是就教育研究教育，如果说有所"面向"的话，就是面向高一级学校：即小学面向中学，中学面向大学。一句话，就是"面向升学"。我们强调重点转移的时候，只是转移到了以教学为中心这一点上，而没有转到底，转到"四化"建设这个最根本"点"上。

"四化"建设至少要搞 50 年，到本世纪末还是个初步，至少要两代人、三代人才能完成。我们究竟培养出什么样的人，才能把这个历史任务担当起来？这种人应具备怎样的素质？这是教育的目的。校长应当研究这个问题，并且采取有效的措施，学校内的教育教学以及管理工作都要围绕这个培养目标。教育部门是通过培养人才来为四化服务的，人才出不来就是失职。所以，学校工作重点只转移到以教学为中心上来,不仅没有真正转移到经济建设这个全国一切工作的中心上来,而且无助于培养目标的研究,无助于明确培养目标与检验工作成效的客观标准。

我以为"三个面向"谈的都是教育与外部的关系,而不是教育的内部关系。教育的内部关系是受外部关系制约与指导的,这就要求我们不能只面向教育的内部,小学面向中学,中学面向大学,向来向去都在教育内部,没有向到点子上。所以,这个题词,可以说是指明了教育改革的方向,是教育的战略设想与根本指导思想,也可以说是新时期的教育方针,同时也是医治我们就教育论教育这个顽症的一剂良药。

贯彻"三面向"首先要做到"三了解":了解现代化,了解世界,了解未来。不了解又怎么能"面向"呢?

现代化是一项伟大、复杂、艰巨又十分具体的工程,不是一个抽象的口号,要了解它不是一件容易的事。但既要面向,就非得了解不可,非得了解得具具体体、切切实实不可。要了解它的现状、它的规划、它的前景,它所要求于教育部门解决的问题。例如,它要求教育部门培养什么样素质的人,人才的层次、结构、规格水平是什么?等等。大家都知道,人才要有一个合理的层次结构,才能收到最佳效益。没有高级工程师不行,都是高级工程师既无必要,也未必是好事。这个层次、结构的比例,各行各业不能一样,但都应当了解。所以要面向现代化,就要了解现代化的需要,切切实实地提供现代化需要的人才。否则,所谓面向就是一句空话,所谓战略重点也是一句空话。

面向世界也是如此,对世界的现状与未来要有一个了解。开放政策是不会变的,谁也变不了的。世界上的事是连在一起的,中国是世界的中国,谁也不能搞闭关自守那一套了。我们一定要培养学生具备适应国际社会生活的能力。这种能力包括哪些内容,如何培养,我们都要研究。世界将如何发展,将会发生什么样的变化,我们要有一个估计,也要教育学生,让学生有准备。因此,有的教育家非常强调要培养学生的社交能力。社交不是一般的拉关系,而是信息交流的一种渠道、方式与手段。国际社会是十分复杂的,斗争也是很尖锐的。在如此复杂的社会中生活,如何保持清醒的头脑,不被花花世界所迷惑,做到不亢不卑,自尊自重,落落大方？所以面向世界不是一句空话，我们要了解，要把它同教育挂起钩来，同学生应具备的素质联系起来研究。

还有面向未来，同样有一个先要了解未来和预测未来的问题。我们不能简单地说一句未来就是共产主义。我们的终极目标当然是共产主义，但实现共产主义恐怕不是一两代人所能完成的。因此，面向未来要说得稍稍现实一点，具体一点，不可说得太远。就算50年吧，别的说不清，有一点已是十分清楚的，即50年内世界发展的总趋势可能是和平与发展，其中，科学技术将会有极大的发展，也就是大家都在说的新技术革命的浪潮，这是一定要出现的新事物。我们要使学生有所准备，要研究培养适应新技术革命的人的素质，这是刻不容缓的事。世界上许多有识之士都已把这个问题提上了教育工作的议事日程，可以说都在注意使教育面向未来。我认为未来的竞争就是今天中小学的竞争。

总之，要"三面向"，先要"三了解"，使学生"三适应"，具备这方面的素质。这个应作为我们的指导思想。今天的校长，就应当努力使自己具备这样的战略眼光。

3. 还有一个科学性的问题。

科学性的问题就是教育工作要符合客观规律。这个问题近几年来开始受到重视了。

不把教育看作一门科学，这方面的教训永远不要忘记。今天虽然重视了，但它仍有许多未被认识的因素需要研究。特别是在改革的热潮到来时，不可昏了头脑，乱来一气，把好容易建立起来的工作秩序再搞乱。所以，前不久我在《中国教育报》上写了一篇小论文，就是指出对教育改革心要热，头脑要冷。教育一定要改革，不改革就不能适应四化需要，不改革就没有出路，"四化"也难以实现。但是，改革一定要讲科学，不能随心所欲再搞"人有多大胆，地有多大产"那一套主观唯心的东西。

研究了上述三方面的内容和要求，最后要集中到培养目标上，集中到新时期的人才素质要求上。我们要有新的素质观与新的基础观。这样，才能建立正确的教育思想。

三、我对教育改革的设想

树立新的教育思想，以此为指导，对照现行教育体系，找出弊端。现行的教育体系始于十七八世纪，是第一次工业革命后社会需要的产物。其中有许多合理的、科学的因素，这不能否认，也不应简单否定。但它也存在许多不合理、不科学的因素，限制了学生的充分发展。例如，它单一化、划一化、同步化，以传授知识为主，而不是以发展智能为主，培养的是守业型人才而不是创造型人才，等等。这些因素是与今天新技术革命的需要不相适应的。所以教育必须改革，不改革就难以培养出今天，特别是今后我们所需要的人才。

我以为一种新的教育体系正在孕育，我们要促进它的早日诞生。

根据现在的认识，我认为新教育体系的诞生，要实现四个方面的转变：

1. 从封闭式转变成开放式；

2. 从单一化、划一化或标准化、同步化转变为多样化、灵活化；

3. 从信息灌输式转变为信息处理式；

4. 从单一的信息渠道转变为两个或两个以上的信息渠道。

概括起来说，就是要把原来封闭式、标准化、同步化、灌输式和信息渠道单一这样一个传统教育体系改造成为开放式的、多样化灵活化的、信息处理式的、具有两个信息渠道的新的教育体系。

教育改革是世界上的潮流，目标要瞄准 21 世纪。21 世纪的竞争就是今天中小学的竞争，所以，改革的重点要放在中小学。大家都在研究中小学教育的弊端，研究改革的措施，以培养出适应 21 世纪的人才。我们除了要办好自己的学校之外，还得向社会呼吁，唤醒大家重视普教。我们的责任重大，要对 21 世纪的中国负责。

（江苏）《教育科研动态》1984 年第 6 期。

希望多一些学者型专家型的校长

怎样当一名称职的校长，怎样当一名出色的校长？这是一门很值得研究的学问、一门科学。我当过小学校长，也当过中学校长。现在反思起来，我这个校长当得可不怎么样，算不上很称职。

照通常的说法，校长工作就是学校的行政管理。记得我念师范的时候，就有一门课程叫作学校行政管理。新中国成立后，50年代学习苏联的教育经验时，校长工作似乎也只强调管理，而且有一整套管理的办法，各种规章制度、表册，相当完备，操作起来十分方便。近10多年来，"管理"二字前增加了"科学"二字，叫科学管理，意思是按教育工作的客观规律来管理学校。这当然是一大进步。过去我们不按教育工作规律办事的教训实在太多了，强调一下科学当然是十分必要的。可仍然叫管理，管人、管事、管物，一言以蔽之：一"管"了之。

要管，当然离不开规章制度，离不开按规章制度进行监督检查，奖勤罚懒。于是规章制度越订越多，越订越细，越搞越繁琐。校长成了监工，教师只管照章办事，什么改革，什么创造性的工作，似乎都没有必要。

根据我的体会，作为一校之长，当然有个管理问题，为了管理好，也需要制订一些必要的规章制度，使学校工作能有条不紊地开展。但仅仅这一条是远远不够的。我一直主张"管理"二字前面还得加两个字，这就是"领导"，就是说校长的任务是领导与管理。校长首先是领导，其次才是管理，领导比管理更重要。所谓领导，一是领，要领先、领路、指引、率领；二是导，指导、引导、倡导、辅导，等等。就是说，校长要以身作则，走在被领导者的前头，为他们指明方向与目标，并率领这支队伍去战斗。校长首先是指挥员，然后是战斗员，是群众中的一员，而不是站在群众之上的统治者。

　　有人说，"管理"二字就包含着领导的意思。我不完全同意这个解释。领导与管理不是完全相同的概念，有什么必要去省掉这个重要的词而让次要的词代替它呢？这岂不是本末倒置吗？有一句名言是大家都知道的，就是"领导学校，首先是教育思想上的领导"。我非常赞成这个观点，教育思想才是学校工作的灵魂，也是校长工作的灵魂。校长的首要工作是确定正确的教育思想，并以此领导全校工作。著名教育家，如我国的蔡元培、陶行知、竺可桢，都当过校长。他们领导的学校里，似乎就没有那么多的管理条条。新中国成立前，我曾在一所中共地下党办的中学里当教务主任，校长是著名的教育家陈鹤琴。他就没有叫我们拟订过多少规章。他们都是把教育思想放在第一位的。现在的情况是，教育思想是上级定的，校长似乎用不着去伤这个脑筋，伤了也是白搭，于是只剩下一个"管理"了。这种教育思想全出自上面，校长只要贯彻执行，不必在这方面动脑筋的做法，造成了学校只有一种模式，千校一面，既不能繁荣教育事业，也出不了优秀教育家。这并不是社会主义教育的本质特征。

　　现在有各种各样的校长，有以管理出成绩的管理型校长，有以创收出名的企业家型校长，也有以一个人说了算实行家长式领导的独裁型校长，还有终日忙忙碌碌的事务型校长、饱食终日无所用心的官僚型校长，等等。我强烈希望的是中国应当有学者型、专家型的校长。苏联出过苏霍姆林斯基这样的校长，中国不应该没有。

　　作为一个学者型、专家型的校长，我认为他至少应具备这样一些基本素质。

　　一是要有强烈的使命感。为了国家、民族和年轻一代的前途，为了迎接即将来临的新世纪的挑战，要强烈地意识到通过自己的努力，去改革已经不能适应时代要求的教育体系、教育模式、教育内容和教学方法，探索有中国特色的社会主义教育理论，甘担风险，并且愿意付诸实践。

　　二是要通过学习与实践，逐步形成自己有特色的教育思想。好学不倦，勇于实践，善于思考，三者是形成有特色的教育思想必不可少的前提。学习不能只是看几本教育学课本，还要看古今中外教育家的原著；也不能只学教育方面的著作，还得博览群书，要看一些教育以外的书。"教育思想常出在教育以外"，我相信这句话。道理很简单，就是要认识庐山真面目，站在庐山里是看不清，也看不全的。

就教育论教育，出不了新思想。

三是要有一种追求真理的执着精神。这就是不唯书，不唯上，只唯实；无私无畏，一心为党的教育事业，一切敢于从实际出发。左顾右盼，看风使舵，怕这怕那，是出不了新思想的。

四是要有学者的风度与民主的作风，善于兼收并蓄，容得了不同意见，尤其是来自下面的反对意见。要知道从不当面向你提不同意见的，不是平庸之辈，就可能是阿谀奉承之徒。那种容不得不同意见，甚至顺我者昌，逆我者亡的思想作风，对教育家来说，是最最要不得的。我们常常引用毛泽东同志说过的一句话，就是要培养学生具有分析问题与解决问题的能力，这是很对的，也是很高的要求。对学生如此，对干部更应如此。但仅仅这样还不够。分析问题与解决问题要有一个前提，就是要发现问题与提出问题。发现问题需要很高的水平，提出问题需要勇气与胆略。如果只会分析问题与解决问题，而问题都有待别人去发现与提出，这就不是一个理想的干部。一个好干部，首先要善于在似乎很正常的情况中发现问题，并且敢于提出问题，哪怕是领导已经作过结论的问题。如果被你领导的干部与群众中，有人敢于提出问题，发表不同意见，那么作为校长，首先应当是欢迎。

五是要有从事教育科研的兴趣与能力。教育是一门复杂而又高深的科学，对这门科学的认识与掌握永远无止境。教育家几乎都亲自参加教育科研的实践活动，通过自己的行动带动骨干乃至全体教师一起参加，逐步形成一种浓浓的科研气氛。最后，学校里人人有课题，人人写论文。应当鼓励全校教师朝这个方向去追求，去实现自己的人生价值。

至于领导方法，科学管理是应当讲的，就是说要按教育工作的客观规律去管理学校。但仅仅此还不够，我认为还得再加两条：一条是领导艺术；另一条就是感情的融合。我把这三者称为领导方法三要素，缺一不可。

总之，无论从校长的任务讲，还是从领导方法讲，仅仅讲"科学管理"四个字是不够的。40多年来，我们始终高举教育改革的旗帜。虽几经曲折，但一大批有志者始终抱着"衣带渐宽终不悔"的心情，为之献出全部心血。他们为的是一个总目标，就是要从理论到实践，创建一种有中国特色的社会主义教育体系。现在这个任务还没有完成,迫切需要更多的教育家型的校长去完成这个大业。我们教育事业面临的问题很多,埋怨叫苦都无助于问题的解决,只有改革才是唯一的出路。时代在呼唤教育家!

《小学校长》1994 年第 2 期。

我对学校科学管理问题的一点见解

党的十一届三中全会以来，教育战线的最大进步之一，就是人们在认识上终于承认教育是一门科学，一门独立的科学，既不依附于别的学科，也不是别的学科所能替代的，有它自身的客观规律。

科学没有最后的语言，这是因为人们对客观规律的认识很难一次完成，总是在不断深化，不断发展，要实践、认识，再实践、再认识，以至无穷。因此，我们对于学校行政的科学管理问题，应当继续开展广泛的讨论和研究，还应当鼓励人们进行实验。

科学管理，着眼点应当放在"科学"二字上。讲科学就必须从实际出发，着重研究本部门、本学科的实际，不能照抄照搬别部门、别学科的现成结论或做法。学校行政的实际是什么？它的工作对象、工作的方式方法有什么特殊性？这是我们应当首先考虑的。

学校的根本任务是培养人。对我们国家来说，就是要按照四化建设的需要，为每一个学生切切实实打好德、智、体诸方面的基础，提高他们的素质，并在此基础上尽可能地贯彻因材施教的原则，对他们施行不同程度的职前培训，把他们分别培养成为各种专业人才和有文化、有技术的劳动后备力量。我们的工作对象是学生，依靠对象是教师，工作的基本方法是教与学的双边活动。在教学活动中，教师备课、上课、批改作业、搞课外活动等，集体可以作些帮助，领导也可以进行监督检查，但归根到底，起决定作用的是教师个人，是他（她）的政治思想、道德水平、学识和素养，以及工作的积极性与负责精神；学生也是这样，真正起决定作用的，还是学生自己。

研究学校行政的科学管理问题，必须从这个特点出发。离开了这个特点或是

忽视这个特点，照搬物质生产部门的管理办法，就是违反科学。有的同志只在
"管"字上下功夫，热衷于制订各种各样的管理制度，制订出成百上千条条文，搞繁
琐哲学，把人当作机器，管得死死的，以为这样就能把学校办好，结果往往是事与
愿违，适得其反。如果说物质生产部门今后可以用机器人来替代工人，用电脑来
控制生产，那么学校永远也不会出现这种情况，不管科学技术发展进步到什么
程度。

学校管理包括领导与管理，领导比管理更为重要。所谓领导，一是领，二是
导。其内容主要是端正方向(政治方向与办学方向)，提高思想(政治思想与教育
思想)，明确要求，鼓励创新，发扬先进，加强团结，重视进修，调动每一个人的积极
性。领导要特别注意自身的模范行动，做到事事处处以身作则，还要有宽广的胸
怀，容得不同见解、不同的学术流派，有民主作风，等等；再辅之以管理手段，如督
促、检查、考核和必要的责任制。两者结合，以前者为主，才能把学校办好，才算得
上是称职的学校领导。我国近代史上当过校长的著名教育家，如蔡元培、竺可桢
以及陶行知、陈鹤琴等，在他们领导的学校里，必要的规章制度当然是有的，但不
十分繁琐，不是把什么事都规定得死死的。

要更多地在"领导"二字上下功夫，不要在繁琐的规章制度上做文章。这就是
我的主要观点。

1983 年 9 月 29 日《中国教育报》。

中学教育应当回答的三个问题

我们从事中等教育的，在粉碎"四人帮"后要回答三个问题。

一、什么时候能把被"四人帮"糟蹋得不成样子的学校，整顿得像一个学校的样子。这是我们要回答的第一个问题。这句话是市教育局领导在揭批"四人帮"大会上讲的。粉碎"四人帮"不久，我到一所中学去，看了学校的面貌，讲过三句话：一是学生的图书馆像出土文物，积满灰尘；二是教师活动的阅览室像经过一场地震；第三句话与这无关，不讲了。经过努力，从市区来说，绝大多数学校已像样了，就是说校容、校貌、校风、校纪基本上像样了。这个问题我们花了 5 年的时间，经过极大的努力，只能说是基本上回答了。因为从上海市区 400 所中学来说，还有一小部分中学不像样，学生犯罪率虽然已有大幅度的下降，但还有相当的数量。1981 年 10 月份比 9 月份又有回升。虽与 1980 年同期相比是下降很多，但毕竟一个月还有这么多。这种情况在"文化大革命"前是从未有过的。

二、什么时候能使我们学校培养出来的初中和高中毕业生的质量同他所获得的毕业文凭相符合。这个问题是市政府的一位领导同志问我的，我现在回答不出。希望在座的校长考虑一下。现在的实际情况是：毕业文凭不代表学生质量，高中毕业可能小学的水平也没有，甚至可能是个文盲。今年初中毕业生考高中的情况是：市区 7 万初中毕业生，六门功课总分得 300 分以上的只有 1/3。最近我们了解了一下明年初中毕业生的情况，看来也不行。高中毕业生的情况如何？据说也不行。什么时候能使我们的毕业证书与学生的质量统一起来？要回答这个问题再搞 5 年够不够？没把握。看来要小学先做到，初中第二，最后才是高中。为了回答第二个问题，市教育局在 1981 年的半年中采取了一些新的措施，即压缩高中，加强初中，办好小学。不要盲目地普及高中。我们设想，不管初中毕业多少人,高中每年市区招 3 万人,加上农村共招 4.5 万人。1982 年开始高等学校招 2.5 万名学生,我们保持高中升大学的比例是 2：1。这就要求这 4.5 万名学生个个保证质量。完全中学现在还太多,1982 年还要压缩。招生 4.5 万名大约只要 300—350 所高中就够了。现在全市 76 所重点中学,已解决了 1.6 万人,再办二百几十所高中解决 3 万不到些。这样我们的人力、物力、财力就可以集中起来,保证高中毕业生的质量与他的文凭的"票面价值"统一起来。这是为了回答第二个问题在做的第一件事。第二件事,加强初中。初中从领导到教师,从指导思想到实际措施,都要落实下来。初中阶段是一个人成长中的关键阶段。德育、智育、体育各方面都是如此。初中阶段搞好了,高中就不难了。所以今年起下决心,要把所有初中都办好。从年龄、心理、生理特点来说,初中阶段对人的一生发展都是有很大影响的。就德育来说,好从初中开始,差也从初中开始;13—15 岁是个关键的阶段,世界观、政治方向、品德等都是如此。智育也是如此,在初中起变化。这是许多专家在研究,并有理论可以证明的。我们 1981 年所采取的措施是想回答第二个问题。现在看来,智育的问题在三五年内解决是比较有把握的。政治思想教育的问题,三五年解决不了。现在学生的思想状况,精神境界要恢复到五六十年代的水平不是三五年能解决的。现在学生的思想基础与以前大不一样了。我认为要使所有的学生基本上达到"文化大革命"前的水平,工作还很艰巨。但只要我们有好的精神状态,经验和办法同志们还是熟悉的,认真抓起来就好办了。现在我们有不少这样的经验,过去是很差的学校,由于领导有较好的精神状态,措施较好落实,只要半年、一年的时间,学校就变了面貌,质量也上去了。这说明不一定要想更多的新办法,只要老老实实抓就是了。

三、怎样才能培养出更多的、真正优秀的人才,而不是看升学率。我认为升学率与优秀人才之间不完全是一致的。升学率高,不见得是质量高。升大学的未必是人才,未必有培养前途。我们什么时候才能做到真正着眼于培养人才,而不是追求升学率,这就是我们要回答的第三个问题,是较难回答的。当然,中学阶段只是为优秀人才打基础,不是马上培养出一个优秀人才。"文化大革命"前我讲过一个观点,培养人才好比是炼铁、炼钢、造机器。小学是炼铁,中学是炼钢,大学是造机器。钢有各种型号、品质和成分,但毕竟不是成品。中学阶段应当是为有发展前途的优秀人才打基础的阶段。因此我对过早确定一个人优秀与不优秀的做法是不赞成的。我也不赞成到处找神童来培养。我认为：神童是有的；神童是不多的；救中国不是靠神童。我不太相信神童和天才教育。对于搞天才教育的试验，我不反对，也不积极。我认为还是要为更多的人打好基础，然后出人才；不赞成用特殊的方法来加工。有一个区搞了一个"神童班"，我一直是反对的，到现在还反对。对于培养优秀人才的问题，过去我们研究得不多，现在许多事情迫使我们考虑，这就是所谓的"知识爆炸"。科学技术高速度发展的新因素，迫使我们考虑。照过去办法教出来的学生适应不了科学技术的迅速发展。光给学生装一肚子知识，他们将来未必能够适应迅速发展的科学技术的需要，成为一个真正的优秀人才。1979年上海就提出了发展智力、能力的问题。在中学就是加强基础知识，发展智力，培养能力。这与"文化大革命"前不一样，是一个发展，但究竟应怎样做，现在还在试验阶段。因为口头说与真正做还有一大段距离，而且人们认识也不一致。最近，我听说关于知识、能力、智力三者，有两种不同的论点。一种叫阶段论，即先打知识基础，后发展智力，分段进行。一种叫分工论，即重点中学的学生由于条件较好，应发展智力能力；普通中学主要是打好基础。两种观点我都不大赞成。由于认识不一致，做法不落实。现在至少开始做了。这是培养人才的第一个问题。培养人才是否只有发展智力、能力的问题？我最近接触下来，还有一个问题值得研究，就是社会信息问题。这一问题是"文革"前就发现的。据有些省市反映，上海学生进了大学学得较活，对发展是一个有利条件。我想这个"活"是怎么来的呢？听听我们教师的课，并不活，学生为什么会活呢？过去我认为上海是个大城市，学生见多识广，当然就活了。最近搞发展智力、能力后，发现许多孩子在课堂上提问题，回答问题，教师常常感到被动。这部分学生成绩很好，学得较活。了解下来，原来他们看的书、杂志比别人多，听广播、看电视比别人多，另外家里还有一个文化的环境。例如家长是医生，那么来往的大部分是医生，在他们的交谈中，学生听进了许多东西。这用现在的新名词说，就是信息。这一学生获得的信息就比别人多。又如向阳小学三年级的一个班中，有几个孩子要看5份报纸、6种杂志。市二中学一个初一班级中，有的孩子要看9种以上的杂志。虽然有很多看不懂，但他们经常翻翻逐渐就懂了一些。现在上海电视普及。我们虽然不赞成小孩多看电视，但也发现经常看电视的小孩增长了不少知识，特别是看"世界各地""祖国各地"之类节目的孩子,获得了大量知识。这些都不是我们教师教的。这就使我想到,上海学生"活"可能就"活"在这里,获得的信息比农村孩子多。信息量多,知识面就宽,而知识的东西是可以发生横向联系的,用科学的话说,知识是可以横移的。知识面宽,基础就宽,理解也快。这使我想到一个问题,能否把这么多的社会信息引到教育工作中来,加以利用。现在我们没有利用,学生吸收社会信息处于自发的状态。教师不仅不管、不了解、不指导,有时还要禁止。我认为真正要培养优秀人才,就要为学生打好基础,拓宽知识面,不能光靠教科书。这样培养出来的学生有前途、潜力大。据教育部的同志说,我们中国派了几千个留学生出去,他们在国外绝大部分表现都很好,成绩好,能勤奋学习,为国争光。在大学阶段我们的留学生很多都名列前茅,但到研究生阶段就下来了,搞不过人家。什么道理呢? 其中一条就是我们的留学生知识面太窄。所以要真正培养好一个优秀人才,在中学阶段就要给他打好广博的基础。这几年我到学校去,课可以不听,但学校的图书馆、阅览室我一定要过问,就是基于这一思想。教科书的知识都是过去的知识,不会反映最新的知识。它从编辑到出版起码两年,所反映的最新知识也是两年前的。这种情况在过去问题不大,现在就不行了。两年时间,人家的知识就又上去了。新的知识主要从报纸、杂志上获得,特别是杂志。我主张别的钱可以省一些,订杂志的钱不能省。目前全国大约有2100多种杂志,我们中学订得最多的一个学校大约有200种,一般的是几十种。其中文艺类杂志占多数,自然科学、社会科学、政治、经济方面的杂志很少。这是一个很重要的信息渠道。最近我到嘉定一中去,看到那里真是变了面貌。他们的阅览室分成文、理两个,可容纳500名学生。他们全校共有一千几百名学生,有500名可以同时进阅览室,这在上海来说是首屈一指的。我们有的学校总是怪没有地方,阅览室搞得很小,但校舍空着不用,或宁可出租,或做仓库。培养人才的第二个问题,就是怎样利用各种社会信息(电视、图书馆、电台等),把它纳入教育的轨道。这与发展智力、能力有关,但不完全一样。希望大家能从这一角度出发研究一些问题。第三个问题是关于培养素质的问题。这是全国科协党组书记王寿仁同志在全国科普辅导员会议上提到的。他说一个科学家要想有成就,必须从小培养一种科学的素质。这素质包括四个方面:1.对科学的兴趣,兴趣是学习活动的起点和动力,兴趣的培养要早、广,不要太早定向,兴趣培养和引导得好,发展下去可以成为志向、事业心和献身精神；2.基础知识一要扎实，二要广博，要开阔视野和知识面；3.观察能力、实践能力、思维能力和创造能力，特别要强调创造性的劳动；4.实事求是的科学作风、严谨细致的科学态度、不屈不挠的科学精神。他讲的是自然科学，但从这我们可以得到启发：其他科学是否也有素质的问题。我们是否可以考虑，除了自然科学的这几条素质外，文科等别的学科还需补充哪几条素质？因为我们是搞中学教育的，文理科都有，所以都要考虑。我们如果从小学就开始有意识地注意和培养学生的这些素质，就为优秀人才的成长打下了基础。这样的人才有广泛的兴趣，广博而扎实的基础知识，又有创造能力和科学的作风、态度、精神等，将来做任何事都会有发展前途。这样，我们的视野就打开了，不仅仅局限于几门功课，几分分数，升学率有多少。我们的指导思想是培养人才，怎样有利于人才的培养，我们就怎样做。不要管一时的得失，人才的培养不是一两天能看得出的，路遥才能知马力，需要时间的考验；不要计较一时得失，要有一个高的着眼点。以上是对知识质量而言的。

培养人才还要重视德育。现在德育也有许多问题要研究，特别是学生的政治方向、信念、前途等问题，应放到我们的议事日程上来考虑。我认为现在更多的学校当纪律问题基本解决后，思想教育的问题应提高到方向、前途、信念、信心、理想、志气等问题上来考虑。这就不能用老方法。"文革"前的思想教育方法有些已不适用了，因为现在学生的思想基础与"文革"前很不一样。"文革"前我们强调的是灌输，把马列思想灌输给学生。这样做是收到一定成效的，并取得了一定经验。现在的学生单靠灌输不够了，还要加以疏导，而搞疏导我们没有经验。看来，疏导要考虑学生的兴趣，一个人没有兴趣是什么事情也做不好的。现在政治课学生不要听，就是没有兴趣。因此思想政治教育的问题很值得我们研究。

在座的许多是老校长和有教育经验的同志，所以给大家出以上三个题目。一是学校像样子了吗？没有像样子的怎么办？希望大家尽快回答。二是怎样使我们的教学质量名副其实。这是我们现在正在大量做工作的。三是培养人才的问题。我们所有的学校，特别是重点中学应考虑。

《中学教育》1981 年第 6 期。

在全市中学校长会议上的讲话

对过去工作的回顾

一年来,各区县教育部门和各类学校的各方面工作在原有基础上都有了新的进展。

(一)坚持德智体全面发展的方针。在教学工作方面,各校加强了教研组建设,努力提高课堂 45 分钟教学质量,改进教学方法,贯彻"加强基础,培养能力,发展智力"的要求。教育部《关于当前中小学教育几个问题的通知》(即 2 号文件)下达后,各区县、学校普遍组织了学习、讨论,联系实际对照检查,进一步端正办学思想,克服单纯追求升学率的做法,注意减轻学生过重负担。在思想政治教育方面,各校较普遍地重视并加强了政治课的教学和时事政策课的教学,注意贯彻了理论联系实际的原则,通过"全民文明礼貌月"活动和许多学校开展的爱国主义、集体主义教育和反腐蚀教育等活动,学生的思想面貌和道德水准有了提高,学生犯罪率不断下降。在体育卫生工作方面,各校比以前重视,各项制度和措施逐步完善,多数学校能保证每天一小时体育运动。目前,全市大多数学校秩序稳定,纪律良好,校容整洁,学习空气比较浓厚,教育质量有所提高。

(二)"加强初中"和改变困难学校面貌的指导思想逐步落实。1981 年暑期的校长会上,我们提出了加强初中的要求,强调了要改变那种"初一松,初二乱,初三赶"的不正常现象,切切实实打好初中阶段的基础。许多学校普遍重视了初中阶段的教学、教育工作,安排了一部分比较好的师资去加强初中,重视抓起点年级,起始学科,特别防止初二出现大面积的差距。市区恢复了初中毕业考试制度,进一步将一部分完中调整为初级中学。通过上述工作,初中质量有所提高。在改变学校面貌的工作方面,各区县和学校都采取了不少措施。经过一年来的努力,约有 70% 的学校,有了程度不同的进步,其中 30% 进步比较显著。一些区县采取重点中学与困难学校挂钩的办法,以重点带动一般,有的还创造了同类型学校之间搞协作块的新经验,经常开展教育教学研究活动,相互促进,共同提高。

(三)农村中学开始树立教育要为建设现代化新农村作贡献的办学思想。自从 1981 年 12 月召开农村教育会议,推广了崇明县竖河乡党委重视教育,生产与教育并举,四教一起抓的经验,郊县各级党政部门加强了对教育工作的领导,各县财政补贴教育经费有较大幅度的增长,不少社队也积极筹集资金支持教育事业,农村学校的办学条件和农村学校与社队的关系都有明显改善,尊师爱校的社会风气开始形成。郊县许多学校进一步明确了农村教育应该为农村现代化建设服务的办学方向和农村教育必须积极稳妥地进行改革的要求。

(四)中等教育结构改革有所进展。到目前为止,全市完全中学已从粉碎"四人帮"时的 900 多所调整为现在的 320 所。职业技术教育的试点工作正在积极稳妥地进行,全市已有 40 多所普通中学附设职业班,9 所普通高中改为职业高中,在校学生已有 4500 名左右。1982 年,全市有 61 所职业学校(班)参加秋季统一招生,计划收 4500 名新生。其中市区职业学校(班)27 所,招生 2800 人;郊县职业学校(班)34 所,招生 1700 人。郊县职业班的专业设置,比较注意面向农村实行生产责任制和开展多种经营后对科学文化技术知识的迫切需要。从 1982 年起,中专、技校已部分开始招收初中毕业生,已经实现初中阶段以后开始分流的做法。这样,盲目普及普通高中,中等教育结构单一的不合理状况已有很大的改变。

(五)通过学校定编和工资调整,绝大多数的教职员工是高兴的,积极性得到了进一步调动。行政干部培训和在职教师的进修工作有了进展。脱产教师的进修得到了妥善安排。

(六)教育科研工作在规划会议之后正在稳步前进。市、区县和学校基本落实的科研项目有 500 多个,200 多个科研项目已取得初步成果。一些区县已经建立了教育科研组织或指定专人负责教育科研工作。

(七)学校领导干部的作风有所转变,工作方法有所改进。加强调查研究,一定时期深入一所学校、一个班级或一个教研组,了解学校工作实际;善于分析实际存在的矛盾,研究措施,找出解决矛盾的方法;坚持抓住典型,采取以点带面的工作方法,注意在工作过程中不断统一认识。这样的领导作风和工作方法已越来越多地为干部所掌握。

综上所述,通过区县和学校广大干部、教师的共同努力,我们已经逐步总结和积累了一些经验。在怎么样抓中小学这个问题上,我们总结出了要"办好小学,加强初中,提高高中";在端正办学思想,克服单纯追求升学率,全面贯彻党的教育方针方面,我们提出了三个"全面",即德智体全面发展,面向全体学生,课内外、校内外全面安排;在教学工作上,我们提出了"加强基础,培养能力,发展智力"的方针性意见;在领导作风和工作方法上,我们反复强调了"从实际出发,以点带面,统一认识"这一行之有效的经验。这是我们当前和今后相当长的一段时间内的基本指导思想和基本要求。

根据上述基本指导思想和实践经验,几年来还先后制订和颁发了不少规定性、条例性的文件,要求大家贯彻执行。

德育方面 有1979年教育部制订的关于班主任工作的6条要求,1980年9月教育部制订的《改进和加强中学政治课的意见》(即十八条),1981年8月教育部颁布的《中学生守则》,以及我局和团市委在1980年4月共同制订的《关于中等学校开展"学雷锋、创三好"和"文明班级"等活动评比工作的几点意见》,中共中央批转的教育部党组、公安部党组、共青团中央《关于淫秽书刊在中学生中流传情况和处理意见的报告》等。

智育方面 除上述教育部最近颁发的2号文件以外,我局先后下达了关于教学工作的5个文件:《中小学校长、教导主任领导教学工作的若干意见》《教研组工作和组长职责》《教师备课的几点要求》《中学实验室管理办法和实验(管理)员职责》《中学生学习和作业的基本要求》,最近又将下发《当前改进中学各学科课堂教学的意见》(征求意见稿)。这个《意见》是总结了近年来本市各学科课堂教学的经验和存在的问题而拟定的。它针对当前贯彻"加强基础,培养能力,发展智力"过程中的一些重要问题和薄弱环节,提出了一些具体的要求和落实的措施,既是当前开展教学研究、改进课堂教学的一个依据,也为区县及学校的领导具体抓好教学工作提供了一份参考资料。这六个文件应作为当前中小学教学工作的基本建设。

体育方面　教育部颁发了《中小学体育工作暂行规定》《中小学卫生工作暂行规定》，教育部、卫生部、国家体委、国家建委、文化部、中央广播事业局、共青团中央、全国妇联、中国人民保卫儿童全国委员会、中国红十字会总会等 10 个部委下发了《关于贯彻执行〈保护学生视力工作实施办法（试行）〉的联合通知》，等等。新《国家体育锻炼标准》已于 7 月 12 日由国务院批准，将于 8 月 27 日向全国公布。我们已于最近举办过学习班，对如何施行，作了部署和安排，希望认真抓好。

上述文件和规定，希望学校领导经常研究对照，贯彻落实。

1982—1983 学年度的普教工作，总的来说，就是要根据六中全会通过的《决议》中规定的教育方针，根据几年来在实践中总结概括出来的基本指导思想和基本经验，根据上级制订并颁发的各种教学教育工作文件，根据即将召开的党的十二大和五届五次人大提出的新时期新任务，狠抓落实，提高质量，并在前进中不断创造和积累新的经验，把学校工作提高到一个新的水平，使学校真正成为精神文明的摇篮。

贯彻落实，抓准抓狠

1982 年后的工作主要是贯彻落实的问题。落实什么？我看至少要做到四条：一是思想落实，二是计划落实，三是组织落实，四是领导落实。

（一）思想落实。三个"全"的思想我们讲了多年，但在 1982 年的几次视导中，感觉到许多学校并没有真正贯彻落实，或是一面贯彻，一面观望，心里不踏实，行动不坚定。究其原因，片面追求升学率的思想包袱在一定程度上仍然普遍存在。重点学校和基础较好的学校，从怕搞不好影响学校的声誉，发展到去年招生时发生歧视女生的问题。去年我们专门下通知，坚决改正之后，今年部分学校又发生了同样的问题，造成很不好的影响。我们不反对在全面提高教育质量的基础上有较高的升学率，并且主张努力提高教育质量，为高等学校输送更多、更好的合格学生。从 1982 年起，上海每年高中毕业生只有 4 万人左右，与高校招生数之比不到 2.5∶1，选择余地极小，与兄弟省市相比，差距甚大。如果不能保证质量，就难以适应高等学校招生的需要。这是个大问题，要从一年级抓起，步步为营，逐步提高教育质量,不应当只是重毕业班,轻其他班,重好班,轻一般班,靠加班突击。那种忽视平时靠突击,只抓少数,放松、放弃多数,任意改变教育部规定的教学计划,靠加课、"题海"来解决问题的做法,结果是年年搞突击,年年被动,造成恶性循环。这种做法应当坚决改正,做到随时补好缺漏,不使问题成堆。

农村中学要面向农村实际办学,纳入农业现代化建设的轨道。这个办学指导思想,有一部分学校领导接受了,但大部分学校领导还是认识不足。他们受片面追求升学率的影响,不考虑大多数人回乡务农的实际,把工作重点放在考高一级学校,怕面向农村办学会影响教学质量。

看来,有一个问题必须认识清楚。中小学是基础教育,承担着为高一级学校培养合格新生与为各条战线培养合格的后备力量的双重任务。为这双重任务切实打好基础,这两者应当是一致的。每个学校,每个教师,所从事的都是为学生打基础的工作,在知识上是打基础,在思想品德上也是打基础。我们评价一所学校,是看你的打基础工作做得怎么样。重点中学也不例外。评价一所学校,不能单看升学率高低,还要看它是否能为社会输送优良的人才。如果一个学校的毕业生走向社会后,到工厂能成为好工人,到农村能成为好农民,到商店能成为好营业员,到部队能成为好战士,随便到哪里,都是好样的,那么,这所学校即使升学率不高,也是一所好学校。因为这个学校为国家和人民作出了实实在在的可贵的贡献。不少学校原有基础不好,客观条件比较困难,学生来源也不好,但是他们有一股创业精神、革命精神,提出了"不怕差、只要抓,因为差、更要抓"的口号,并且以实干精神艰苦奋斗,终于改变了学校面貌,也取得了社会的信任。这是十分可贵的。

正是基于这样一个办学思想,我们的教学思想必须明确:每个学校都应该在平时抓好起点,在德智体诸方面为学生打好基础。我在去年的一次视导中,曾提出这样一段顺口溜,叫作"了解学生实际,坚持循序渐进,严格基本训练,及时补差补缺,注意因材施教,重视发展智能"。这 36 个字大概概括了一点教学工作的基本做法。

关于德育,目前学生犯罪率是降低了,学校秩序是稳定了,纪律也比较好,但这是低水平的要求。这里有一个标准问题。我们讲的是社会主义文明,要教育学生树立以共产主义思想为核心的理想、道德,守纪律,有礼貌,行为文明。我们应当按社会主义文明的标准来建设文明班、文明校。学校是社会主义精神文明的摇篮,应当通过学校精神文明的建设,来推动整个社会精神文明的建设。为此,第一,要提高道德水准,以共产主义道德教育学生,把他们培养成为高尚的人、脱离低级趣味的人、全心全意为人民服务的人;第二,要在政治上提要求,教育他们热爱社会主义祖国,坚持四项基本原则,还要进行人生观教育,要求他们克服图实惠的思想,逐步树立共产主义远大理想,逐步解决立场、观点和世界观问题。

体育工作要抓三件事:一是预防疾病,二是增强体质,三是预防近视眼。每个学校都要根据自己的实际,努力摸索一些经验。

(二)计划落实。学校总要制订计划,使工作有所遵循,有一个奋斗目标和前进方向。所有学校,都是这么做的。问题是,我们在一些学校视导时,从计划中看不出学校工作的基础怎样,主要问题是什么,当前要着重解决的问题又是什么。这些计划是层层照抄照搬,缺乏针对性,必然流于形式,难以在现有基础上取得进步。在新的学年中,各校一定要设法改进,一定要对本校本部门的工作基础有一个实事求是的具体的分析,基础是什么,薄弱环节在哪里,存在什么矛盾,等等,都要清清楚楚。在这个基础上,再根据主客观条件,研究好一学年或一学期要达到的奋斗目标,以及达到目标的具体措施。这项工作要有专人负责,做到大家都明白,心里有数,同时也便于互相督促检查。今后我们的视导员同志下基层,应当首先检查学校的工作计划,看看是不是这么做的。建议区县教育局也要这样做。

(三)组织落实。组织落实指的是三个方面,一是领导班子自身的建设,二是教师队伍的建设,三是学生团队组织的建设。三个方面都很重要。这里着重讲讲教师队伍建设的问题。大家都知道一个学校办得好坏,除了领导班子这个因素以外,教师队伍是个关键。上海中小学教师队伍号称十万大军。这支队伍的政治素质和业务素质怎么样?各校情况不同,应当具体分析。总的来说,主流是好的,绝大多数教师工作勤勤恳恳,忠诚党的教育事业,其中还有许多优秀分子,在起着骨干的作用。如果这支队伍的主流不好,这几年的成绩又是从哪里来的呢?但存在的问题也不少。现在的问题是应当进一步建设好这支队伍,应当在提高他们的政治素质和业务素质这两个方面同时下功夫。业务进修工作要狠抓,政治上、道德上的提高更要花大力气抓好,因为几年来这方面抓得很不够,不如对业务进修抓得紧。各项工作都有职业道德上的具体要求,教师应当讲究师德,应当在各方面成为学生的表率。我们正在考虑建立对教师的考核制度。总之,定编的工作做了,对教师在政治上、业务上应当提出具体要求,并且定期加以考核,通过这些工作,逐步把这支队伍建设好。要特别关心对中青年教师的培养,使教学骨干后继有人。还有职工的问题,同样要整顿、建设好。

(四)领导落实。8月16日《人民日报》发表了一篇社论,提出了领导班子要选择"明白人"的问题。社论讲的是企业单位,但具有普遍意义,对学校领导也是适用的。社论指出,"明白人"至少要具备三个条件:一是拥护党的三中全会路线,坚决贯彻执行党的各项方针、政策,敢于抵制来自各方面的不正之风;二是能吃苦,有干劲,懂业务,会经营;三是有胆有识,敢于创新,能够团结同志打开局面。为什么条件差不多的学校,有的进步快,面貌改变大,有的进步不快,面貌改变不大呢?应该说关键就在于这所学校的领导是不是明白人,是不是具备上面讲的三个基本条件。困难不可低估,信心不能没有。有的学校领导干部不仅仅是精神状态问题,而是把学校当作他谋私利的地方,搞不正之风。在这样的人当领导的地方,学校怎么能办好呢?中央已制订了党员的准则,十二大以后党内还要整风,希望这些同志及早改正。如果坚持不改,建议区县坚决调整。

目前,从小学、初中、高中三个阶段的工作来看,小学要办好,大家都赞成,也有信心。初中要加强,大家也赞成,一年来采取了不少实际措施,已初见成效,大家也有信心。特别是改为初级中学的,因为缩短了战线,升学率的包袱相对轻一些,所以信心更足。对于高中要提高,大家思想就不一样了。有人认为道理是对的,但是信心不那么足,特别是非重点的完全中学,似乎信心越来越不足了。现在全市共有完中320所,其中重点76所,非重点244所。这部分学校的困难确实比其他各类学校大,矛盾比别的学校多。概括起来:一是办学条件差;二是学生来源差;三是"花色品种"多,有文化班、留级班等,战线很长;四是骨干教师少,顾了这头就顾不了那头;五是奋斗目标不清,升学率比不过重点,就业比不过职业学校,等等。但是办好这些学校的有利条件还是不少的,至少有以下几点:一是现在高中已恢复为三年制,而程度并不提高,教学内容和教学要求还是这些,三年完成两年的任务,回旋的余地大;二是一般高中的班级数、人数比较少,有利于集中力量;

三是教学秩序已经建立起来，不像前几年那样乱哄哄，工作能开展了；四是这244所一般完中，大都是文革前的老完中，一般都有一定的基础与办完中的经验；五是学生起点虽然低一些，但都有一个基本的水平。现在全市高中已作了大幅度的调整压缩，基本上应当稳定下来，一般不宜再作太大的压缩了。所以，这些学校只能办好。

我们的目标是为四化培养人才，升学率不是唯一的也不是主要标志。所以，我们一定要从升学率这个束缚中解放出来。我们只要从实际出发，在原有基础上进步，就可以树立信心，就可以放开手脚办学校，把学校办好。

对于如何提高高中，特别是如何加强和改进一般完全中学的工作，我们准备作专题研究，在开学后短期内另行布置。希望区县和学校自己也作些研究，提出一些具体可行的办法。现在已经有了一批基础差的学校进步的例子，要向他们学习。总之，要树立信心，特别是学校领导人要有坚定的信心。

那么怎样才算落实了呢？落实有个标准。我们认为落实的标准主要有两条：一是要抓准，二是要抓狠。

抓准，要做到三点：一是真正从实际出发，二是有针对性，三是符合客观规律。

抓狠，也要做到三点：一是抓得实一点，二是抓得有力一点，三是抓出成效来。

希望大家在"落实"两个字上下功夫。新学年开始后，我们市教育局有关处室要以1/2到2/3的时间，到区县、学校去视导，去调查研究，去检查总结，去抓两头：一头抓经验，一头抓问题和困难，并把了解到的经验和问题随时在"情况通报"上发表交流。

最近党的十二大即将召开，接着还要召开五届五次全国人民代表大会。通过这两次大会，我国将进入一个中兴的历史阶段。国内外的形势确实越来越好，我们只有全力以赴做好工作的义务，没有任何可以推卸责任的理由。在新的学年里，我们市教育局愿意和大家互相勉励，互相督促，切切实实把上海的普通教育搞好。

《中学教育》1982年第5期。

充分调动一般学校的积极性

我们要求各校从原有基础出发，通过"比进步、比经验"的活动，把师生的积极性充分调动起来。在一段时间里，一般学校认为，重点学校条件好，生源好，升学率高，自己比不上他们，因而办学积极性受到影响。针对这种情况，我们明确提出，衡量一个学校的办学成绩，不能以升学率高低为唯一的标准，而要着重看办学指导思想是否端正，是否全面贯彻教育方针，是否从实际出发认真工作，是否在原有基础上不断进步。"双比"活动，主要是自己同自己比，比在原有基础上的进步。原属一般或后进的，但进步快，有经验，尽管暂时还没有达到先进水平，也给予表扬肯定。我们先后表扬了原来基础较差的、经过努力有显著变化的天津中学、宜山中学等学校。这些学校提出："学生差的进来，变好了出去"，"不怕差、只要抓，因为差、更要抓"，在全市一般学校中起了很好的作用，尤其对统一办学思想起了积极作用。多年来，我们坚决不排高考名次。对于高考升学率较低的学校，不仅不施加压力，而且只要它有长处、有进步，同样给予肯定。1981 年暑假，闸北二中高考没有一个学生被录取。这所学校原来基础很差，招收的学生大都是其他学校选剩下来的，本校初中毕业生中较好的学生又都输送到重点中学。在这种情况下，他们一不埋怨，二不泄气，经过几年的努力，学校工作和学生进步很快。我们就在《上海教育》上介绍他们的经验。对高考升学率高的学校，也不仅仅根据这一点，就加以肯定，而是着重了解这个成绩是怎样得来的，检查有没有违反教育规律的做法。同时，我们注意总结办好一般中学的经验，发现一批工作出色的班主任和教师，请他们在市校长会议上介绍经验，调动了各类学校的积极性。

1983 年 8 月 4 日《中国教育报》。

从顾问到问顾

自然规律不可抗拒

记得在我们上小学那个年代，同学们写作文时，往往喜欢用"光阴似箭，日月如梭"这么一句话来开头。其实，在那个年龄，懂得什么光阴似箭啊！完全是毫无真实感情的套话，纯属"少年不识愁滋味，……为赋新词强作愁"之类。到了中学阶段，读李白《将进酒》中的名句："君不见黄河之水天上来，奔流到海不复回！君不见高堂明镜悲白发，朝如青丝暮成雪"时，尽管也有一点感慨，其实并不体会其中之真味。等到真正懂得，已经是年过花甲了。

我们这一代人是"蜡烛"命，烧干了自己，照亮了后人。前30年生活在三座大山的压迫之下，颠沛流离，奔走呼号，为争取民族的独立与人民的解放而不惜牺牲一切；新中国诞生了，那个高兴啊！简直是废寝忘食地投入工作，恨不得一夜之间就实现共产主义，而且要"后天下之乐而乐"，谁想过要为个人经营一个安乐窝？"文革"10年，过的是地狱生活，度日如年。好容易盼到天明，风暴过去，雨过天晴，看到满目疮痍的情景，想再一次奋起工作，以夺回失去的年华，可是自己已年过花甲。

现在是"坚冰已经打破，航道已经开通"，中兴在望，前程似锦。可是人已经老了，要交班了。难怪有些同志不胜感慨，不胜留连，希望再干几年。不是说"老骥伏枥，壮心未已"吗？这种心情是应当被理解的。不能说他们都在恋栈，以便谋取私利。我觉得现在有些年轻人不体会老同志的这种心情，一概视之为出于私心，这是不应该的，也是不公正的。

但是，新陈代谢是不可抗拒的自然规律。秦始皇谋求长生不老，已成为千古笑柄。人老了，就得交班，而且要掌握适当时机及时交班，不能等老糊涂了才让位。仓促交班历来都是不好的，历史上、国际上都是有教训的。所以，到站下车，适时交班才是最开明、最明智的做法。至于说，年轻人肩膀嫩，怕他们压不了担子，不放心，我认为这种顾虑是不必要的。谁不是从青年时期过来的？谁的肩膀一生下来就是硬的？想当年我们这些人不也是在这个年龄，甚至比现在接班的人还要年轻好多岁，就被一下子推上了历史舞台，扮演了某一方面或某一个部门负责人的角色，压上了一副沉重的担子吗？长江后浪推前浪，数风流人物还看今朝，我是相信这个理的。

所以，我对中央让老同志及时退居二三线，让开位子，选拔符合"四化"要求的同志接班的决策，是从心里拥护的，认为这的确是具有战略意义的一着。

约法三章

按我的年龄，本来应该一步就退到三线，我自己也是这样打算的。可是领导来找我谈话，说是工作需要，还是先留在二线当顾问。这样，我退出岗位就要分两步走，而不是一步到位。怎么办呢？经过思考，我给自己提出了"约法三章"：

第一，不当"摄政王"；

第二，不搞"垂帘听政"；

第三，不演"十八相送"。

前两条意思很清楚，顾问就是顾问，不能名为顾问，实际上不交权，不让新同志真正当班。余热就是余热，不能发烧。这样做有利于新同志的成熟，归根到底是有利于党的事业，有利于国家的长远利益。所以一定要把一线名副其实地让出来，让新同志当家做主，自己在二线支持他们。有些事出出主意，参谋参谋是必要的，但一定要让新同志最后裁决，要他自己最后拿主意，而且一定要尊重他的裁决，不能干预。

我常对新同志说，老马识途是对的，但老马只识老途，不识新途。现在要开创新局面，不是走老路。而对于如何走新途，开创新局面，老马并不见得比新马高明，还可能不如新马。因为老马有框框，有包袱；新马没有框框，没有包袱。所以对老同志的话，新同志不可不听，也不可全听。全听了，就开创不出新局面。我有话一定说，决不保留，但主意要你自己拿，不要怕人说对老同志不尊重。

总之，我对新班子的态度是支持、尊重、不干扰。

第三条是越剧里面梁山伯与祝英台的故事。两个人难舍难分，送了一程又一程，送个没完没了。中央说扶上马送一程，没有说要"十八相送"。当时领导曾问我，你认为"一程"是多长时间？我说半年左右差不多了。他说恐怕少了点，我说那就一年左右吧。当时就这样说定了。这样，我就当了顾问。

"云游和尚"

有了约法三章，并不等于就能当好顾问。开始一段时间里，机关内、机关外的同志有事情还要来问你，请示啊，汇报啊，总是来找你。新同志主要是出于尊重，也确实是由于情况不熟悉，决定问题的时候常常希望你能表个态，自己不敢大胆决定。也有的同志当着大家的面说你是实质性的顾问，应该可以像在一线时一样管事。在这种情况下怎么办？坚持不坚持约法三章？我认为在这个时候，自己一定要坚决，不能有一点动摇。稍有动摇，出现这些情况的时间就会延长下去；坚持一下，这段时间就会缩短。为此，我对自己又具体规定了几条：一是不签发文件；二是除非受新同志的委托，不主持会议；三是讨论工作时坚持要新同志做结论；四是有不同意见时只对新同志个别交换，不在下级面前发表。

这样过了半年左右，情况就起了变化。我逐渐从日常行政事务中超脱出来了。约法三章中的前两条是基本做到了，但是第三条还没有解决，顾问的名义还在自己的头上。怎么办？总不能闲着不干事吧！何况自己的健康条件的确还可以。做些什么呢？上面不会向我布置什么任务，得发挥自己的主动性，找既有利于事业又不干扰新同志行使职权的事。我为自己考虑了几件工作：一是调查研究，主要调查带有宏观性质的问题，或是带有倾向性的问题，供领导决策时参考；二是编书、写文章；三是讲学；四是参加一些社会活动。此外，还有看书学习。人老了，学习可不能放松。这五个方面的事情就把我的时间填得满满的。我几乎每天都是早晨六时起床，一直忙到晚上十一时左右睡觉，中午一般也不休息。半年多来，一是同其他同志一起完成了两个较系统的调查报告；二是在报纸杂志上发表大小文章近 20 篇；三是应邀到广东、广西、湖北、河南、江苏、浙江等省与本市各区县作了近 20 次专题报告。工作量之大，自己也感到意外，居然坚持下来了。

因为经常外出，很少坐办公室，我开玩笑地自称是"云游和尚"。当和尚就得念经。我念的是两本经：一本经是劝人"信教"，作报告、写文章都从不同角度劝人相信教育、重视教育，也就是劝人重视知识、重视人才；另一本经是劝人改革，这主要是对教育战线的同志讲的，讲教育必须改革以及我对如何改革的设想、观点，等等。

我觉得这些工作都是党的事业的需要，对处在二线的同志是十分合适的，也正是过去在第一线时想做而不容易做到的。所以，今后只要健康情况没有变化，我还准备照这个路子再走一阵子。今后顾问不当了，有不少事也还是可以做的。

"问顾"

当顾问已经一年多了，照约法三章，送一程的时限也差不多了。从工作上看，新班子已完全把工作担子挑起来了，而且挑得很好，步子稳，速度也不慢。有顾问在旁边当当参谋当然好，没有顾问也完全可以了。

在这种情况下，我对同志们说，在上级没有明确宣布取消顾问之前，我自己先把它改个名字，不叫"顾问"，叫"问顾"吧！"问顾"者，问了才顾，不问不顾，处于咨询的地位，而且还要加一句"顾了不要再问"，不要再去管新同志是否接受，是否去贯彻，等等。我觉得这样会更好一些。

总之，当顾问是一个新课题，没有现成经验与固定的模式。我是按照自己的认识在实践着，对不对，不知道，只是觉得这样做既有意义，也很愉快。革命事业要干的事情多得很，何必在位！

《人才天地》1985 年第 9 期。

话说勤工俭学

　　勤工俭学这样一个名词到底是什么时候开始有,是谁首先提出的,是中国先提还是哪一个国家先提,我没有研究。但是我知道这个名字好像同我们党的诞生有密切的关系,因为好多老一辈的革命家都参加过勤工俭学。勤工俭学这样一个形式,党诞生以前就有,到现在已经几十年了。它与我们培养人、教育人,培养干部,特别是培养革命干部,一开始就紧密地联系在一起。

　　新中国成立30多年来,我们没有放弃这口号,要搞勤工俭学。但我觉得,到现在为止,我们似乎还没有完全理顺关系,还没有建立一个严密的或者是比较好的体系,理论上没有再深入探讨,实践上有许多问题没有得到很好解决。我跑了好几个国家,人家都说勤工俭学是从你们中国起家的,要我们介绍勤工俭学情况。我感到脸红,不知道怎么介绍情况,也不知道怎么说。我在罗马尼亚看到,他们学校的勤工俭学是很正规的,有一套制度。但他们说勤工俭学是从中国学来的。我觉得很惭愧,我们没有这一套。比如说,他们差不多所有学校都有一个非常像样的校办工厂,创收够厉害,钱也够多的,但是创收来的钱与国家投资都用来武装学校,改善设备,校办厂没有发奖金分掉的,没有什么百分之几上交,百分之几分掉这一套。工厂里没有几个工人是专业的,都是学生参加劳动。他们的确是把育人放在第一位,但也不排除创收。我看到好多这样的学校,产品有质量,赚钱的,搞得非常好。我们直到现在似乎还没搞好。我们是搞教育的,勤工俭学有个"学"字,重点应放在育人上,要让学生参加劳动这个问题是不应有疑义的。但事实并非如此。现在看来,要由勤工俭学研究会来研究回答这个问题了。

　　我们勤工俭学研究会发展会员的时候,已注意到要吸收一点搞理论工作的同志。我们不光是校办厂的研究会,要吸收一点、发展一点搞理论工作的人员一起来研究，从理论上把它说清楚，从实践上也要把它说清楚，要形成一套制度，形成一个体系。这从时代来讲也很重要。现在我们国家的工作重点已转移到发展经济上，就是把发展生产放在第一位。发展生产归根到底是人的问题、人才的问题，是民族素质的问题。民族素质没有提高，人才没有培养出来，发展生产是句空话。法国有一位很有名的人物叫莫耐，戴高乐对这个人非常信任。二次大战以后，他做过法国的一个什么部长，是个经济学家。莫耐有句名言，"现代化要先化人，后化物"。就是人没有现代化，物也不可能现代化。这个人后来被称为欧洲现代化之父，很有名的。我很赞赏他的这句话。这个"化人"怎么化法？观念现代化当然很重要，但恐怕不光是一个观念问题，还要有现代化的本领。这个人思想很现代化，但没有本领，有什么用呢？我们全国教育学会那次在金山开会，讨论教育的整体改革，请石化厂的领导参加，并请他发了言。他非常感慨地对分配到金山去的大学生提了许多尖锐的意见。他说现在的大学生首先是不肯到石化厂来，来了以后不肯下车间，夸夸其谈，满口新名词，就是不动手。不动手哪来现代化？现代化不会从天上掉下来。技术可以引进，人才也可适当引进，但主要靠自己。现在大学也在反思，在改革。

我们搞教育发展战略的时候，也在研究十年教育到底成绩在哪里？经验在哪里？教训在哪里？粉碎"四人帮"后的十年，教育到底是成功还是失误？或是有成功的一面，也有失误的一面？哪些是成功的，哪些是失误的？现在正在研究这个课题。这不是否定我们十年来的成就。整个十年成绩很大，这是谁也否定不了的。但是某一个局部、某一个部分该否定也得否定。从大学生的情况来看，他们的素质情况的确令人担忧，靠这样的人能不能搞现代化？这同我们勤工俭学的研究有什么关系呢？我看是有关系的。这一点我觉得我们还不如外国，不是说外国的好。像美国，没有勤工俭学这样的说法，但是学生的确是参加劳动的。这些国家，包括欧洲的一些国家，她们的历史、她们的文化，有这么一个习俗，就是一个人到了18岁是不能依靠父母的。整个社会的风气、习惯都是这样的。你如果到了18岁还住在家里依靠父母，到社会上是抬不起头来的。不管你家是百万富翁，还是什么富翁，到了18岁就该自立了。我碰到好多美国的小孩子，到法国又碰到法国的孩子，他们家里有花园别墅，但到了18岁，就不再住在家里，到外面去几个人租一间很差的房子住在一起,暑假到外面去劳动,赚一点钱付下学期的学费,学习期间也得参加劳动,赚一点钱维持生活,不伸手向家里要钱。我这次在华盛顿碰到这么件事情。有一个小孩子,小学高年级,是独养儿子,家里有钱,父亲有一定的社会地位。父亲每星期天都用汽车把他送到华盛顿街上,"今天你自己生活",给他一点本钱。怎么生活法,父亲就不管了,只同他约好,下午四点钟用车接他回家。小孩子干什么呢?他就用这点本钱批点报纸沿街叫卖,或者擦皮鞋、洗碗,找到什么活就干什么活。他要维持一天的生活,吃顿中饭,不然要饿肚子。小学呀!独养儿子啊!如果是我们,还了得!谁肯把自己的独养儿子送到南京路一放,说下午四点钟我来接你回去?那样家里一天都不得安宁。叫孩子自己去赚一顿中饭钱,成本很大。有这个汽油费,一顿中饭钱早就付掉了。但他们是着眼于育人。所以国外饭店里的那些服务员,端菜的,洗碗的,你可别小看他们。他们多是大学生,家里可能是百万富翁。我碰到好多中国自费留学生。他们由于语言关系找不到什么好的活,大部分只能洗碗。一天洗 6 小时,只能赚一点学费。他们上午上课,下午、晚上洗碗,才能维持生活。他们都说想不到美国这么富裕的地方,这么苦,真受不了;认为国内的大学生真舒服,馒头不好可以扔掉,菜不好还可以闹。他们这样培养教育出来的人,工作能力、适应能力、解决问题的能力、自治自理能力是要比我们强。我们大学生连棉被都不会洗,帐子都不会挂。这样的人培养出来有什么用?不要说搞现代化,连古代化都搞不出来。我觉得勤工俭学的意义绝不在于赚几个钱或培养一个人学一点技术,而在于全面培养人。所以,要现代化,就涉及把人引向何方,怎么来培养的问题。勤工俭学就担负着这么一个很重要的任务。我们现在独生子女多,的确是个问题,但又不能不搞计划生育。有两位美国记者经过调查,写了一篇文章,叫作中国人得了一种"四二一综合征"。他们在文章中说,中国从实行一对夫妻生一个子女以来,已经有 3500 万独生子女。这3500 万人在家里都得到百般的娇生惯养,受到祖父母、外祖父母、父母的娇生惯养,是六个人宠爱一个人。他们要什么有什么,任性、自私、懒惰,以我为中心,成为家里的小太阳、小皇帝。这一代人二三十年以后要当家了。到那个时候,中国不知要怎么样了。他还担心这会对世界产生影响。也有人说独生子女有很大的优越性。他们经过精心培育,智力、能力得到了充分发展,是特别有才华的。乐观的人是这么说,但悲观的人很担心。我们是靠国家、靠集体来教育的。独生子女在家里是一个人,是小皇帝,但是到了学校,就不是皇帝了,因为都是皇帝,就不存在皇帝了。我们要把小太阳变成满天星。小太阳到了学校,就是小星星了。

我觉得研究勤工俭学有它的时代意义和深远的历史意义。勤工俭学,我们不能照抄外国的方法。一是我们要从小培养学生自治自理的能力、适应社会的能力、动手能力,使他学会一技之长。我们的幼儿教育比较普及。集体教育要从幼儿开始,这是关系到我们国家民族生存的大事。二是现在搞商品经济,校办厂不能不讲效益,不能不讲竞争。你不讲效益,竞争不过人家,就要垮台。这是没有话可说的。怎么经营好,怎么发挥优势?我觉得我们有许多优势,至少智力优势是有的。还有,校办厂是免税的,也是个优势。怎么发挥我们的优势,在竞争中取胜?现在讲育人,不能不讲经济,因为现在国家财力有限。凡是校办厂搞得好的学校,如果办学思想比较端正,校办厂的钱不是拿来分光、吃光,而是真正用于改善学校办学条件并适当改善教师待遇的话,校办工厂确实是大有好处的。最近我到长宁二中看了一下。长宁二中去年收益 15 万元,学校改善得非常像样子。我建议你们去看一下。他们把钱用在增加学校教育设备上,开职业课,把职业教育渗透到普通教育中来,极大地调动了学生的学习积极性。文化教育上去了,职业教育也上去了。学校买了好多英文打字机,学生学英文的积极性很高。学校修建得很像样,对提高教育质量很有好处。

听说去年全市校办工业产值两亿多,利润 5000 多万。这数字是不小的。我们要去向人家要 5000 多万是很难的。因此如何发展生产,增加收益,这也是个课题吧!我觉得勤工俭学研究会的确有许多文章可做,有许多问题可研究。如果真如外国人所说,勤工俭学是中国人提出来的,那么我们就有义务从理论和实践两个方面来研究这个问题。不要口号提出来了,搞了几十年,最后还是一笔糊涂账。到底怎么回事,理论上说不清楚,实践也没搞好,老是在那里忽上忽下,忽左忽右,倒过来侧过去,在那里折腾。勤工俭学要稳定发展,而稳定发展要有理论指导,要有坚定正确的指导思想。

1987 年 2 月 25 日《上海勤工俭学》(内部报纸)。

校办企业家不能光赚钱，还要学点理论

　　上海勤工俭学研究会论文评奖会是个双丰收的会。一是经济上丰收，二是理论上丰收。搞企业的搞论文比赛，我看这是我们校办企业的一大特点。企业家不光能赚钱，还要有理论。什么叫理论？我认为所谓理论，就是你能够把实践中的经验，提高到规律性上来认识，这就是理论。这次论文比赛，我很荣幸，参加了评委会。我看这些论文有相当不错的水平。是不是文章中引经据典多一点、名词概念多一点就叫理论？恐怕不能完全这样认识。我们不是教授，我们讲实效。能够指导我们的事业发展，这个理论就起作用。目前我国著名企业家很多，而著名校办企业家很少。我看到我们的许多搞校办企业的正在从事理论研究，并撰写了许多论文。这确是一件极大的好事。

　　过去，我们总希望国家出教育经费，国家是主渠道。现在从实际情况来看，在本世纪末前，国家要大幅度地增长教育经费不大可能。前两天在北京开会，人家告诉我一个材料，全世界的学生，中国占 1/4，但中国的教育经费只占世界教育经费的 2% 还不到。这叫作穷国办大教育，用最少的经费办最大的教育。这个局面能不能改变？暂时不可能。现在中央提出教育经费要多渠道筹集。前年在莫干山召开协会理事会时我说"现在需要高唱国际歌，不靠神仙与皇帝，全靠自己救自己"。教育部门自己能不能想点办法？校办企业正是一条路子。如果我们上海校办企业能为教育部门创造纯利润 10 个亿，保证每个教师年收入一万元，那么我们这支队伍就稳定了。因此我认为校办企业是筹集教育经费的重要的第二渠道。同时我分析了校办企业的三大优点：1. 政策优惠，我们要争取继续优惠、更大优惠；2. 人的素质较好，我们都有文化，受过很高教育，好多人都有大学文凭；3. 土地优势，上海有的学校地处闹市区，规模很小，场地狭窄。这些学校完全可以通过调整合并，将部分土地批租，然后拿出钱来造比原来更漂亮、更符合标准的校舍。将来有条件的话，还可以用批租来的钱买车子，天天接送学生。这些优势都要考虑。三大优势首先是人才优势。校办企业大有可为，关键是思想要再解放一点，政策要再用足一点。现在中央文件和上海文件发得很多，都是鼓励大家去干。集团化必须搞，理论还要提高。如果校办企业厂长、经理都成为既能赚钱又有理论的企业家，那么我们的校办企业必将有更大的发展。

1994 年 3 月 25 日《上海勤工俭学》(内部报纸)。

幼儿中的评比方法要正确运用

卢乐珍同志对幼儿园频繁开展评比活动提出的否定的意见,引起了广大幼教工作者的重视。国内一些报刊还摘要转载了卢文的要点。

我也认为卢乐珍同志提出的问题很有意义,这关系到如何教育培养好祖国的幼苗这样一个重大的问题。

前几年我曾经接触过一些幼教工作,看过一些幼儿园的教育活动,也曾经有机会参观过别的国家的一些幼儿园。对比之下,总的一个感觉是各有特点,不能说人家的一定比我们好。如果把我们办得最好的幼儿园搬到他们那里去,那肯定也是属于第一流的。但是,我们的幼儿园一般地说对幼儿管得过死,统得太多,严格有余而生动活泼不足,重视幼儿的个性发展不够。集体性的、统一性的活动多一点,是应该的,我们是社会主义国家,要从小进行集体主义教育。但为主不等于全部,还得有为副的。这个副的就是要适当安排幼儿的自由活动,要十分重视幼儿的个性发展。一个外国教育家在参观了我们的一些幼儿园——当然是比较好的幼儿园之后,说过这样一句话:"你们是在训练骑兵。"这话未免有点讽刺挖苦的味道,但仔细想想,也不无值得我们研究的地方。评比活动过多与评比方式简单化,可能是导致这种现象的原因之一。所以,我认为卢乐珍同志提出的问题是切中时弊的。

但是我认为也不要把评比活动说得一无是处和危害极大。评比是一种教育方法,在心理学上讲是一种强化式引导的刺激手段。对于儿童做对了的事情,通过评比加以肯定,以强化儿童这方面的行动,刺激他们继续朝这个方向发展。同时,通过评比,树了一个榜样,可以引导别的儿童来仿效。因此,我认为如果正确地运用评比这种教育方法,它仍然是有积极作用的,不要一概否定。关键在于是否运用得当、得法。评比应当是一种集体舆论,是通过民主评议决定的,这就有了更深刻的教育作用。目前以及今后,幼儿园里的独生子女将越来越多。每一个孩子在他(她)的家庭里,差不多都是"小太阳",全家都围着他(她)转,容易形成"以我为中心"的思想:要别人迁就他(她),尊重他(她),而自己可以不顾别人。正确地运用评比的方法,可以使儿童逐渐懂得个人仅仅是集体中的一员,要同别的儿童友好相处,互相帮助,互相谦让,要尊重别人,听取别人的意见,个人的行为要受集体的约束,不能为所欲为;对别人的行为也要关心、爱护,发表自己的意见,慢慢懂得尊重集体舆论,培养对集体负责的思想。这对儿童的健康成长,是十分重要的,是有着更深意义的教育作用的。

现在的问题在于把评比这个教育方法用得过滥、简单化、绝对化,甚至变成教师管、卡幼儿的手段,这就不好了。

科学地讲,幼儿是尚未定型的、发展中的人。幼儿的许多行动是无意识的,做对了不知道对在哪里,做错了也不知道错在哪里。幼儿好奇好动,什么都想碰一碰,试一试,常常处于尝试错误阶段。他们往往这件事做对了,那件事又做错了,这个时候做对了,过了一会又做错了,不可能绝对地"对"与绝对地"错"。所以,严格讲,不存在"好儿童"与"坏儿童"的绝对区别。那种全面性的评比,把幼儿分为"好儿童"与"坏儿童"是违反科学的,是错误的。特别是评比之后,不能让一部分孩子产生"我"是"好"儿童,而另一些孩子产生"我"是"坏"儿童的思想,只能让评上的孩子认识到这件事情我做对了,以后碰到类似的事情也要这么做,未被评上的孩子认识到要向做对了的小朋友学习,以后也要像他(她)那样去做。这样,评比的目的就算达到了,不应该再有更多的意义。

评比的内容与评比的方式方法也很值得研究,这关系到把幼儿引向哪里与把幼儿培养成什么样的人的大问题。通过评比,应当帮助幼儿逐渐区别是非,同时保持幼儿生动活泼的特点与好奇好动、富于幻想的天性,发展幼儿的个性;要引导幼儿注意发现别人的优点,善于向他人学习,并为别人做对了事情受到表扬而高兴,从小培养心胸开阔、心地善良的好思想好品质;使幼儿懂得每个人都有自己的长处,也有自己的短处,自己不是什么都好,也不是什么都不好,既不应骄傲,也不要自卑。千万注意不能使幼儿变得谨小慎微、唯唯诺诺,只看教师的眼色行事,讨好教师，忌妒别人，贬低别人，甚至专找别人差错，成为一个失去幼儿天性的"世故老头"、一个只会察言观色的乖巧人，或是一个心胸狭隘、多愁善感的人。

评比可以说是一门学问，一门科学。我认为卢乐珍同志指出的那三种危害，是错误运用评比方法造成的结果。这种错误的做法目前确实存在，大家应当引起重视，并努力加以改正和防止。

《为了孩子》1983 年第 4 期。

中国应当出第一流的教育家

新中国从成立到现在已有 45 年了。在这近半个世纪的时间里,我国的教育事业有了空前的发展,教育改革从未停顿,实践经验异常丰富。在这巨大的业绩中,教育工作者倾注了多少的心血与汗水,这是无法否认的。可是值得反思的是,近半个世纪没有出一个像陶行知、陈鹤琴那样从教育理论到教育实践都是世界一流的教育家。这不能不令人十分遗憾。

中国是一个有 5000 年文明史的大国,自古以来,十分重视教育,被称为礼仪之邦。从孔夫子到陶夫子,中间涌现过不少世界一流的教育家。世界第一部教育理论专著《学记》,就出在我国。它写成于战国后期,至今已有 2000 多年,仍有强大的生命力。因为它概括了不少教学工作的科学规律。

不能说 45 年没有出教育家,我只是说没有达到陶行知这样高水平的教育家。

原因在哪里? 可能客观原因是主要的,例如“左”的思想路线的影响,政治运动不断,教育工作高度集中、划一,等等。主观原因恐怕也是有的,例如习惯于唯书、唯上,缺乏从实际出发和独立思考的精神,等等。我觉得,这个问题目前还议论得不多,很值得讨论讨论,我这里只是提出问题。

十一届三中全会以后,客观环境发生了转折性的变化。如果再过三五十年,中国还出不了世界一流的教育家,那就只能从主观上找原因了。那时,我们就很难向历史交代。而且,没有世界一流的教育家,能有世界一流的教育吗?

世界一流的教育家出在哪里? 当然可以出在理论工作者中间。但从古今中外的历史来看,似乎绝大多数大教育家都是亲自参加教育实践的,都是亲自到实践第一线去摸爬滚打过的,极少是关在书斋里搞纯理论研究的。

正因为如此,我更多地寄希望于正在第一线艰苦奋斗的教育工作者,尤其是中小学校长。

《中学教育》1994 年第 5 期。

中等教育结构非改不行

——赴法、罗考察普通教育随笔之一

法、罗两国社会制度不同,这两个国家同我国教育制度也不同。但教育作为一门培养人的科学,我们还是可以找到许多带有共性的、规律性的东西,也有许多共同的语言,互相都有所启发。这两个国家的广大教育工作者对我国的教育情况,都有浓厚的兴趣。罗马尼亚的同志多次谦逊地说,他们在改革教育的过程中,有些是受到中国教育经验的启发。作为一个世界文明古国,又是一个正在努力实现现代化的社会主义大国,中国应当对人类有较大的贡献,教育工作者就负有特殊、重大的责任。所以,在访问过程中,我们时时、处处都感到作为一个新中国的教育工作者的强烈自豪感和责任感。尽管由于"四人帮"毁灭性的破坏,目前教育工作问题成堆,困难成山,但是我们有毛泽东同志制订的教育方针指导,有一大批有丰富经验的掌握教育工作规律的同志在发奋工作,完全可以而且应当有信心在不太长的时间内,在教育工作的各个方面赶上和超过世界先进水平。这次出访,既开阔了视野,看到了某些差距,也增强了信心。

普通教育要研究的问题很多。我们在出访前为这一次考察确定了两个重点,其中之一是研究这两国中等教育的结构。

为什么要研究中等教育的结构问题呢? 这是由于目前我国的中等教育中,普通中学比例太大,而技术学校和职业学校比例太小,结构单一。从上海看,在高中阶段,普通高中学生约占95%,中专技校学生只占5%。近几年来,高中毕业生每年约为20万上下,而大学招生每年不过两万人左右,近期内不可能有很大的增加。20万人围着两万人的目标转,绝大多数人是肯定考不上大学的。而且这些考不上高校的高中毕业生在校期间,只学了点普通文化,一无专业知识,二无生产技术,身无薄技,到了工作岗位,还得学艺 3 年。这对于个人,对于发展生产,实现四个现代化都是十分不利的。为什么要办那么多的普通高中呢? 为什么不可以增加技术学校和职业学校的比重,让大多数学生在中学阶段就学会一定的专业知识和生产技能呢? 就是普通高中,为什么不可以设置一些专业方面的选科呢? 为此,我们想利用这次考察的机会,看看人家在这个问题上是怎么搞的。

下面先介绍这两个国家中等教育结构的状况。

法国是工业比较发达的国家,罗马尼亚 10 年来经济发展也比较快。为了适应生产的发展,两国对中等教育结构都作了较大的改革,不像我们那么单一。法国的同行说,由于生产发展,必须把培养新工人的任务,从由工厂企业自己培养艺徒转给教育部门。他们把这个作为改革中等教育结构的指导思想。罗马尼亚的同志说,他们普遍从中国的教育与生产劳动相结合的方针中得到启发,从 1973 年起,将普通高中全部改为分科高中,就是使学生学好一定的文化科学知识,为升学打好基础,同时学会一定的生产知识和技能,有一技之长,为就业作好准备,一到工作岗位就能发挥作用。

法国的学制规定小学 5 年(6—10 岁),初中 4 年(11—15 岁),高中 3 年(16—18 岁)。其中前 10 年为义务教育。据他们介绍,初中二年级结束后,就约有 20% 的学生进入职业学校学习,毕业后可以当一般工人,其余 80% 的学生继续升入初中三、四年级学习。初中毕业生中,约有 44% 进入二年制技术学校,毕业后可以做技术工人;约有 18% 进入三年制的技术高中,毕业后既可以升学也可以就业;只有 30% 进入三年制普通高中;另有少量学生经过短期训练直接就业。这就是目前法国中等教育结构的大概状况。

法国是资本主义国家,不可能完全做到有计划地培养人才,也不负责解决毕业生的就业问题。这是社会制度给他们带来的不可克服的矛盾。罗马尼亚是社会主义国家,加上全国劳动力不足,他们在培养人才的计划方面就做得较好。

罗马尼亚的中小学分为普通教育和中等教育两个阶段。普通教育年限为 8 年(6—14 岁),前四年相当于我国小学水平,后四年相当于我国初中水平。中等教育 4 年(15—18 岁),相当于我国高中水平。罗马尼亚为了适应国民经济发展的需要,从 1973 年起将高中阶段全部改为专业教育。这样就使教育结构同生产劳动紧密结合了起来。他们的高中阶段有两种类型的学校。(1)分科高中,分为工业(占 72.3％)、农林(占 10.4％)、经济和行政管理(占 3.4％)、卫生(占 1.6％)、师范(占 1.3％)、数理(占 7.4％)、自然科学(占 1.3％)、文史(占 1.7％)、艺术(占 0.6％)9 大类。这几类学校的学生所学的文化科学知识是相同的,但根据不同的专业,还要分别学习有关的专业知识和技能,毕业后除一部分人考入高等学校以外,其余全部由国家分配工作。在 9 大类分科中学中,看来数理中学主要承担为高等学校输送人才的任务,约有 80％以上毕业生升学,其余各类则约有 60％以上直接参加工作。(2)职业学校,学制一年到一年半,主要学习工农业等实际知识和技能。据罗马尼亚教育部介绍,1978—1979 学年度,全国初中毕业生中,44％进入分科高中,42％进入职业学校,14％直接就业。

随着中等教育结构的改革,罗马尼亚对教育的领导体制也作了相应的改变。罗马尼亚大国民议会通过的新教育法规定:分科高中除少量数理、文史、师范等学校由教育部门主管外,其余大量的工业、农林、经济、卫生等高中和职业学校,均实行有关业务部门和教育部门双重领导。业务部门负责配备学校所需的专业教师和技师,负责学校的经费开支(由国家教育预算调拨加上业务部门的补充),装备校办工厂、实验室和专用教室,保证学生实习场所,并负责分配毕业后不升学的学生就业等。

领导体制的改革,保证了教育同生产劳动的充分结合和同国民经济发展的密切配合。既然培养具有现代化生产知识和技能的新工人的任务,已从工厂企业转到教育部门,那么,办教育不光是教育部门的事,也应当是各有关部门的事。离开了哪一方,教育都是搞不好的。

据罗马尼亚教育部介绍,全国要办哪几类技术学校,每类要招多少学生,学校办在哪里,都是首先有有关经济部门提出,再由教育部统一平衡,订出计划,经国家批准后双方共同负责贯彻执行。离开了有关经济部门,单靠教育部门是订不好这个培养人的计划的。

所以,我国如果要改革中等教育结构,单靠教育部门独家考虑是搞不好的,一定要同有关用人单位密切配合,共同制订计划,并且要实行双重领导,分工合作,从领导体制、学制、教学内容到教学方法,真正做到教育与生产劳动相结合。教育的周期很长,即使今年下半年就着手于改革结构,人才出来至少也要在三四年之后。所以我们在考察过程中,看看人家的做法,对照国内中等教育结构如此单一的情况,深深感到我国中等教育的结构现状,再也不应该继续下去了,非改不行,非立即着手研究不行,晚了就会耽误四个现代化。

《上海教育》1979 年第 4 期。

抓住主要环节　提高教学质量

——赴法、罗考察普通教育随笔之二

　　法、罗两国学校的教学工作，从我们所参观的近 30 所中小学来看，除个别正在试点的学校外，无论是组织形式，还是教学手段和方法，基本上都采用传统的方式，黑板和粉笔仍然是最基本的教学工具。

　　我们在法国只看到一所学校试验视听教学，这就是巴黎近郊的侣米埃公学。这所学校招收 11—14 岁的少年儿童入学，创办于 1965 年，校舍的布局，就是按照视听教学的要求设计的。它采用梅花瓣的形式，即中间有一个活动室，活动室周围有 5 个小教室，每班只 24 人。全校用闭路电视进行教学，有辅导老师在教室里进行辅导。全校可同时播放七套节目，设备确实是十分先进的。但是即使这样，黑板和粉笔仍然是基本的工具，并没有被淘汰。法国教育部对于全部采用视听教学的手段进行教学，采取积极而谨慎的态度，已经试验了 10 年，仍未推广。当我们问为什么不推广时，法国教育部负责人回答，他们花不起这么多的钱。实际上这不是答案的全部内容，也不是实质性的答案。后来我们在访问法国教育资料中心和法国国际儿童教育研究中心的时候，才得到了实质性的回答。他们说，根据他们的经验，视听教学一般适用于初中以前的低年级学生，特别是适用于语言等学科。研究中心的一位研究视听教学有 30 年历史的研究员说，根据他的经验，视听教学＝幻灯机＋录音机＋投影仪。他不赞成完全采用闭路电视的教学手段，认为这种手段是违背教学工作的一种双边活动（即教师与学生有问有答）基本原则的。可见，根本的问题在于法国教育部和法国教育界对采取闭路电视进行教学有不同意见。然而，他们对于运用幻灯机、录音机、投影仪进行教学是十分积极的。这种方式正在大力推广，使用也相当普遍。

就我们所参观的中小学校来看，法、罗两国的教学水平是比较高的，大体上比我们文化大革命前重点中小学的水平略高一点。这就是说，如果不是林彪、"四人帮"的大摧残、大破坏，我国的中小学水平肯定也会在原有基础上进一步提高，是不低的。问题就在于10多年来，人家在改进，在进步，我们却大大倒退了。这就是差距所在。

法、罗两国都很注意办好少数类似我国重点中学那样的质量较高的学校，为高等学校培养高质量的新生。如巴黎的路易十四中学、布加勒斯特的米哈依数理中学、锡比乌的拉则数理中学等，都是历史悠久，办得较好的学校。这些学校在提高质量方面主要抓了以下几个环节。

一是选择并任命一个熟悉业务、有实践经验的校长，让他有责有权地负责领导全校的工作。校长一般都兼课。我们参观学校，几乎都是校长一个人陪同并介绍。对我们提出的各方面的问题，他都能作出满意的回答。可以明显地看出，他们对学校工作的每一个部门和每一个环节都很熟悉。校容美观整洁，校风良好，教室和仪器设备保管得十分良好，工作井然有序，反映出这些学校的领导和管理水平是相当高的。

二是在师资队伍的培养、进修、考核、晋级、淘汰等方面有一整套的制度。他们对师资的要求十分严格，不仅要求教师对所任学科有较丰富的专业知识，而且要求教师在教育学、心理学和教学法上要有一定的素养。法国的师范学校每周30节课中，上述3门课要占17节。他们的中小学教师大学或师范学校毕业后，还要通过国家考试，才能获得教师证书。罗马尼亚教育部的领导人说，师资是所有因素中最主要的一环，他们规定中小学教师大学或师范毕业后都要经过3年的见习期，然后经过国家考试，才能成为正式教师。以后，教师每晋一级，都须经过一次严格的国家考试。正因为这样，我们所参观过的学校，师资队伍都相当整齐。罗马尼亚拉则尔数理中学51名教师中，一级教师就有31人，二级教师有17人，其余均为正式教师；法国一所农村中学的53名教师中，持国家证书的有20人，持地方证书的24人。

两国都十分重视教师进修工作。法国的"教育资料中心"给我们留下了深刻的印象。这个"中心"共有工作人员5000人，以巴黎为中心，下面有25个地区中心，60 个省中心，形成一个全国教育资料中心网。他们的主要任务是按照教学大纲为教师编写、制作和提供教学参考资料、教学影片和幻灯片。据介绍，他们要分析大约 1800 多种杂志中有关教学方面的文章，编成 70 种分析卡片、索引和摘要，发给中小学，供教师查阅，还要编写大量教学参考资料，印成期刊、小册子或丛书，发给教师参考。视听教学的软件，单去年一年，他们就编制了 16 毫米电影片、录像、电影复制片 210 部，教学短片 65 部，幻灯片 60 套。可见他们的工作量之大。因此，他们深受法国中小学教师的欢迎。我们代表团的同志都很羡慕他们有这样的资料机构，认为我国也完全应该在不久的将来把这样的机构建立起来，为教师提供大量的教学参考资料。

三是两国都很重视教材编写工作，不断更新教学内容。我们初步翻阅了他们的大纲和教材，看到许多科学上的最新成就已在教材中得到反映。例如，法国的中学数学教材内容，有些是建立在现代数学的思想，如集合、向量、映射基础上的，立足点较高。罗马尼亚教育部部长格娣娅同志接见代表团的时候，用了整整两个小时的时间，向我们介绍了她亲自抓教材编写的经验。她说，她两年来从早到晚顾不上休息，就是抓教学大纲制订和教材编写。他们的大纲要根据世界新水平不断修订。

四是不断充实、更新教学设备。无论法国，还是罗马尼亚，凡是我们参观的中小学，教学设备都较好，实验仪器都较完备。特别是法国的路易十四中学。这所学校一共有 1600 名左右的学生，却拥有物理、化学实验室各 4 间，生物实验室 2 间，语言实验室 2 间，目前还在不断充实和更新。校长自豪地向我们介绍，他们最近购置仪器的费用，几乎可以新建一所中学。罗马尼亚中学除理、化、生和语言实验室外，一般还有政治、历史、地理和专业课的专用教室，陈列各有关学科的资料、图表、模型，便于随时查看。我们特别有感触的是他们的这些仪器都保管得极好，有的看上去已经使用了几十年甚至上百年，依然在发挥作用。对照我国中小学，本来仪器设备就不够充实，在"四人帮"的破坏下，还被大批砸烂，想想实在痛心。

五是他们十分重视改进教学方法。上面已经说了，他们两国在培训师资的时候，就把教育学、心理学、教学法列为重要内容。在教学方法上，他们十分强调因材施教，强调个别指导，强调启发学生的思维，重视发展学生的智力和培养学生的自学能力。法国中小学的考试制度是很严格的,逐级淘汰很厉害。

这两个国家在提高教学质量方面,看来主要是抓住了以上 5 个环节,每个环节都抓得很紧、很扎实,收到了较好的效果。

看了他们的做法,我们都有这样的感觉,就是这些我们都懂,也会,是有经验的,新中国成立以后的前 17 年我们就是这么干的,粉碎"四人帮"后抓的也是这几条,其中并没有特别新奇的做法,没有什么窍门。问题在于我们抓得不够紧,不够扎实。教育工作的特点一是长期性,不能求速效;二是综合性,不能单打一;三是稳定性,不能打乱秩序。搞教育不能看风向,赶浪头,学时髦,搞形式主义,不能形而上学,忽而肯定一切,忽而又否定一切,搞一阵风,不能东张西望,到处打听"行情",押宝猜题,把学校办成资产阶级的交易所。除了"四人帮"的破坏以外,我们吃这方面的亏也是不少的。路易十四中学的校长在我们问他当校长的经验时,他说他主要有四个字:谨慎、果断。一种方法,自己没有证明它是有效的之前,不论别人吹得如何,他持谨慎态度;而一旦证明有效,他就果断地加以采用。这是颇有道理的。

抓住这五个主要环节,不论在法国、罗马尼亚,还是我们自己的经验,都证明是有效的。我们只要采取切实措施,抓住不放,抓得紧,抓得扎实,就一定能把我们的中小学教育搞好,并且赶上和超过世界先进水平。这都是不难做到的,完全可以充满信心。

《上海教育》1979 年第 5 期。

环境　传统　特色

——赴法、罗考察普通教育随笔之三

回国后，很多同志问我，除了预定的两个重点考察内容以外，法、罗两国的中小学还有哪些方面，特别是提高教育质量的问题上还有哪些是我们感兴趣，给我们留下较深印象的？我初步想了想，在参观的几十所学校中，下面三点是我颇为欣赏的。

优美的学习环境　良好的学习条件

记得文化大革命前，我凭自己几十年教育工作的体会，曾在一所小学说过：一所学校究竟办得好不好，教育质量高不高，当然不是从表象上能够判断的，这要调查研究；但是，如果这所学校的整个环境十分整洁、优美，窗明几净，井井有条，学生上课时聚精会神，下课时欢腾活跃，那么至少可以判定这所学校不会差到哪里去。这段话后来遭到了批判，被说成是修正主义的办学标准。现在看，我的这段话不能说讲得全面，但被扣上修正主义的帽子，则未免滑稽。难道社会主义学校的环境应当是越脏、越乱、越单调、越破烂越好吗？

这次到国外一看，无论是资本主义的法国还是社会主义的罗马尼亚，凡是我们所参观的学校，从幼儿园到中小学，无不具有这样一些共同特点。这就更加加深了我的看法。用"四人帮"的腔调来说，颇有点"死不改悔"的味道。

法国几乎所有被参观过的学校，校内环境都十分整洁、美观，窗明几净，色彩协调，看上去十分舒服。且不说校园，就是走廊上，办公室、教室、实验室的窗台上，也都整齐地布置着盆花，墙上挂着吊兰或是其他藤科植物。虽然我们参观时正值严冬，但仍然是鲜花盛开，绿叶如茵。墙壁上一般都挂着科学家、发明家、民族英雄等的画像、照片、浮雕像，或是反映他们锦绣河山的油画，等等。当然，作为资本主义国家，他们也有一些我们所看不惯或者看不懂的东西，但多数都有一定的教育意义。

罗马尼亚也是如此，只是比法国更为健康，更注意教育意义。

他们所有的幼儿园几乎都布置、装饰、打扮得同花园一样，而且有许许多多的玩具和各种动物模型，墙上画着彩色的童话故事。不要说儿童，就是我们这些老头儿到了这样的环境里，也颇有返老还童、流连忘返之感。对照我们，幼儿园里只有几张小桌小椅，难怪不少幼儿常常是又哭又闹不肯去了。我曾对一个负责幼儿教育的同志开玩笑，说我们的幼儿园像修道院。想不到她说得更彻底："不是修道院，而是看守所。"

这样做仅仅是为了好看吗？我认为不是。这里充满着教育的因素。在这样的环境里学习、生活，可以提高学习效果，可以陶冶性情，可以培养文明行为和爱好清洁卫生的习惯，还可以培养审美观念。在这样的环境里，谁还能不因随地吐痰、乱抛纸屑果壳或是随意攀折花木、到处乱涂乱画而感到羞耻呢？

他们学校的普通教室里，也布置得很好，很有生活气息和教育意义。小学教室的后面或角落里，总是陈列着许多动、植物和矿石标本，都是学生自己采集、制作和收集的，有的还饲养着一些昆虫或小动物。上面都标着名称和用途，等等。这些都是学生精心设计、精心布置的，像一个小小的博物馆。儿童除了课本以外，在教室里就可以获得不少知识。这对开阔学生的眼界，丰富他们的知识，启发他们的思维，培养他们的兴趣爱好，肯定会起很好的作用。法国不少小学除了教室以外，还有一些活动室，里面除了陈列一些图书画册外，有的还放着幻灯机、小电影机。学生可以到资料室借用幻灯片和电影片，自己放，自己看。这些幻灯片和电影片都是结合教材的，有助于理解、加深或扩大教学内容，也有助于培养学生的自学能力。

至于学科的专用教室、实验室、图书馆，则更是如此。这里就不再提了。

要提高学生的学习质量，单凭教科书是不够的。学校应从各方面来考虑，采取有效措施。我认为法、罗两国学校里的这些把校园布置得充满文化氛围的做法，是值得借鉴的。

这样做要花很多钱吗？也不尽然。据他们介绍，这些东西大都是师生自己动手收集和创制的，不少是利用校办工厂的生产能力设计制作的，有的则是学生家长或校友协助搞起来的，而且经常变换、更新，逐步充实起来。有的学校还有这样的传统，即学生毕业时，或是个人，或是小组，或是班级，要为学校留下一点有意义的作品。我们看到的这些作品，多数是有用的教具、模型，实际充实了学校的设备。所以，我们只要动脑筋，也是不难做到的。应当让我们的学生也有一个优美的学习环境和良好的学习条件。

珍惜学校荣誉　发扬优良传统

法、罗两国的每一所学校，都为自己曾培养出卓越的人物而自豪。法国路易十四中学的校长，如数家珍似的向我们介绍他们的学生中出现过雨果、狄德罗、米兰等著名人物；罗马尼亚锡比乌的拉则尔数理中学校长告诉我们，世界上第一架飞机的发明和制作者之一的吴拉意哥德，是这所学校的毕业生，世界著名的学者拉则尔曾在这里活动过。

法国有一定历史的学校，正对大门的走廊墙壁上，一般都挂着两块铜牌，分别记载着第一次世界大战和第二次世界大战期间这所学校为国牺牲的教师和学生的姓名和事迹，让学生永远铭记这些校友的光荣事迹。走廊上，不少学校还挂着许多曾经为学校争得荣誉或在某一方面有突出成就的教师和学生的照片、雕像或姓名，并附有他们的光荣事迹。

罗马尼亚有的学校还有专门的校史陈列室，里面有优秀教师和优秀学生的事迹简介，陈列着不少他们的著作。罗马尼亚的学校还有这样的制度：学生毕业后10年，要在事先规定好的日子里返校，向母校和老师汇报自己的10年是怎么度过的，是为祖国和人民作出了卓越的贡献，还是庸庸碌碌一事无成。就是说，学生虽然毕业了，还得对培养过他的学校和老师负责；反过来，学校和老师也是在对自己学校出去的学生负责。

罗马尼亚学校的少先队队部更是布置得十分有教育意义，队旗、队鼓、队号陈列得十分整齐，历年来少先队获得的奖状、奖旗、奖品、奖章，优秀辅导员、优秀队员的名单、先进事迹都布置得很醒目。走进队室，一种少先队员的光荣感和自豪感就会油然而生。这一切都起着深刻的教育作用。

文化大革命前,我们的中小学历来都很重视革命传统教育,也十分珍惜自己学校的光荣历史,为自己学校能向各条战线输送优秀人才而自豪,并以他们的先进事迹教育在校学生向他们学习。有的学校有校史陈列室,有的学校也规定每年有校友返校日,请优秀的校友回母校作报告。当时少先队这方面的工作也搞得很出色,很有成绩。可是这一切统统都被林彪、"四人帮"破坏了。最近,我到一所小学看他们的少先队队室,里面除了挂着毛主席的照片外,墙上只贴了几张招贴画,许多可以陈列出来的有教育意义的东西,不是被锁在柜子里,就是被凌乱地搁在一边。为什么不动动脑筋把这些有教育意义的东西很好地陈列出来呢?这样,学生到学校学习,既不知道自己学校有什么光荣的历史,也不知道自己学校出过哪些优秀的教师和学生,既没有光荣感也没有责任感,一旦毕业离校,就如"嫁出去的女儿泼出去的水",同母校毫不相干。师生之间视同陌路之人。这样的教育比封建的、资本主义的教育还不如。一个连对自己学习、生活过的集体都缺乏责任感的人,怎么可能要求他对祖国对人民有责任感呢?而没有责任感的人,是什么事情也不可能做好的。

加强对学生的政治思想教育,途径是很多的,而启发学生珍惜学校荣誉,发扬优良传统,则是一个十分重要、十分有效的方法。

培养良好的校风

教育是一门培养人的科学,虽在不同的国家,但有一些共同规律,一些基本的做法、基本的环节是差不多的。但是,每所学校由于历史不同、条件不同、领导思想和工作方法不同、教师队伍不同、学生来源不同、设备条件不同,等等,会逐渐形成各自不同的特色和风格。这种特色和风格形成之后,会成为一种无形的力量,潜移默化,影响学生的成长,甚至会影响学生今后的一生。有人把这种无形的力量称为校风。事实上校风二字并不能概括其全部内容。

法国路易十四中学校长德欧凡尔先生回答如何提高教学质量时说,提高教学质量,"不完全靠教学方法,要靠良好的校风"。据介绍,他们学校强调培养学生的责任心,要学生自己管理自己。学校给学生以自由,不干预学生的活动,又要求学生尊重别人的自由,不干扰"邻居",同时教育学生热爱工作和学习,启发学生有勤奋学习和获得大量知识的愿望,树立必胜的信念。在这种教育的长期熏陶下,学校形成了勤奋好学和有礼貌的校风。据说,学校"没有禁令,没有惩罚",8年来没有处分过一个学生。在这种校风的影响下,一个新生入学后只要3个月左右的时间,就能适应学校的学习环境,个别原来抽烟的也不抽了。法国是资本主义国家,以"自由"相标榜,以"自治"为幌子。实际上,完全没有纪律约束的学校是没有的。他说8年来没有处分过任何一个学生,可能是真的,但至少有一条,在8年前校风未形成时是处分过学生的。这种介绍是否夸大,我们没有深入了解,不敢肯定。但校风一旦形成,就会产生一种强大的力量,这在我们自己的经验中也是可以找到的。

校风不能自然形成,是要悉心培养的。中国共产党有优良的党风,是毛泽东思想长期哺育的结果。

在我们的国家里,教育方针是统一的,办学的指导思想也是统一的,基本的校风也应当是一致的。这同法国那样的资本主义国家不同。即使如此,每个学校仍然可以有不同的特色,有不同的风格。这同我们的人民解放军一样,他们有共同的军风,可区别于世界上其他国家的任何军队,但是每个部队又有它特有的战斗作风。这是完全允许的。每个部队都十分珍惜这种特有的战斗作风,悉心维护,代代相传。我们的学校也完全应该这样做。

《上海教育》1979 年第 6 期。

访法归来有感

今年一月间,我在巴黎的一所叫 Paul Valery 的中学听了一堂中文课,有颇多的感想。

这堂课是应法方的恳切邀请而去听的。原来约定的听课时间是下午 4 时,但是我们在另一所学校参观时,主人异常热情的接待把时间耽搁了。到达这所学校已是下午 5 点多钟,巴黎街道上已经华灯齐放了。我们以为时间早过,课是听不成了,准备去道个歉,表示遗憾。谁知到了学校,其他班级的学生已放学,而这个班级的学生还在教室里等候着。我们一进教室,课就开始了。这堂课只是教几个单词,内容简单,教法也较朴实,就是教师讲清词义后,师生反复朗读,或叫学生到黑板上默写。整堂课基本上没有用法语。教师是一位约 30 多岁的妇女,叫杜凡尔夫人。她自称没有到过中国,中文是在东南亚学会的,因而有些字发音不那么准确,特别是讲话的语音、语调更不准确。可是她教得是那么认真,那么充满激情,全班学生也都兴致勃勃、聚精会神地跟着高声朗读。整节课师生的活动既紧张又有秩序。

我们深有所感的并不在于这堂课上得怎么样,而在于课后同学生的谈话。我们问了好多学生,问他们为什么要学中文? 当然也有个别人的回答是颇为差劲的,说他所以学中文是因为好奇。绝大多数学生的回答是:中国是一个世界大国,有 9 亿人口,现在又在加快步伐进行四个现代化的建设,肯定在不久的将来会成为一个世界上最先进也最富强的国家。这样,谁要想在这个世界上生活、工作,不同中国人打交道是不可能的。而要同中国人打交道,就非学会中文不可。据他们介绍,现在法国好多学校都开设了中文课,念中文的学生越来越多。

在国外看到人家如此热心、如此认真地学习中文,回观国内,中国人学自己的文字却问题不少，甚至是到现在似乎还没有找到一条学习中文的规律。这不能不使人产生深深的感慨。

扳扳指头，在中小学的各科教学中，研究讨论得最多，被批评指责得最多，被人引作笑料的事情也最多的，恐怕要算语文学科了。确定一门学科的目的任务时，别的学科都似乎很简单，没有什么大的争论，独独语文，从 1958 年以后，就掀起过两场文道之争的大讨论。为什么数学学科没有什么"数道之争"，物理学科没有什么"物道之争"，体育学科也没有什么"体道之争"？难道这些学科就没有思想教育的任务吗？数、理、化等自然学科，至少要进行辩证唯物主义的教育，这也是思想教育嘛，为什么不争论一番呢？当然，语文学科中思想教育的内容要更广泛一些，更突出一些，但是再广泛、再突出，语文学科总归是语文学科，它的首要任务是教学生正确、熟练地掌握祖国的语言文字，要求学生通过学习，达到能识字，能看书，能写东西的目标。这是今后从事任何工作必须掌握的最最基本的工具。这同数学学科要让学生能识数，能运算是一样的道理。这也可以说是语文学科的政治任务。

如果有人说，不要把数学课教成政治课，当然只能使人发笑，因为这是无的放矢。但是某些语文课中离开字、词、句、篇的教学而空谈政治的情况，却不是个别的。有人仅仅说了一句不要把语文课上成政治课，就罪该万死，帽子棍子一齐飞来，批个没完没了。"四人帮"在上海的余党，干脆在有的小学里取消语文学科，搞了个非驴非马的所谓"政文课"，可谓最最革命，最最突出政治了。可是到头来，娃娃们读了几年书，斗大的字还识不到一筐，甚至中学毕业了还要请人扫盲，成为今古奇闻。这个教训应该说是够深刻了。人们常说反面教员的作用往往是有钱难以买到的，我们怎样来接受这个教训呢？

中国文字是很难学的，这点我们应当承认。但是我们还应该承认：中国人学习中文也是最有经验的。且不说中国几千年的历史上曾经有过司马迁、韩愈、曹雪芹，一直到鲁迅、郭沫若等这样的运用文字的巨匠。他们的作品写得如此之好，如此之美妙，可能有他们的天才因素或其他条件，为一般人所莫及，可以另当别论。但是只要认真、踏实地学习，用上五六年，最多十来年的时间，达到粗通文字的水平，是绝大多数人可以做得到的，也是为事实所早已证明了的。

既然如此，为什么问题还如此之多，教学效果还如此不能令人满意呢？原因究竟何在呢？

我认为，要搞好语文教学，一要批判极左思潮，二要批判形而上学，把自己的思想从这两个错误东西的禁锢中解放出来，发扬求实的精神，探索教学规律。就是说，要按照语文学科本身的要求，大胆放手地、实事求是地在教学中把一篇篇课文的字、词、句、篇讲正确，讲清楚，再给学生一点语法、修辞、逻辑的知识，熟读多练，扎扎实实，朴朴素素，注重实效，让学生学懂、学会、记牢、能用，不加"胡椒面"，更不画蛇添足，不图课堂教学形式上的花哨和热闹。这样日积月累，总能摸索出一套有效的经验和办法。

这样，我就不信学不好语文。

可以预见，今后将会有更多的外国人学习中文，学好中文。他们将会慢慢地摸索出一条学习中文的规律。作为中国人，难道将来在学习祖国语言文字的问题上，还要向外国人学习，也需要来一个"引进"吗？

《语文学习》1979 年第 1 期。

美国教育掠影

最近有机会去美国考察教育,从纽约、华盛顿到旧金山,从威斯康星州到亚利桑那州,东南西北,兜了一大圈。除了听取美国一些教育组织的介绍,看了大中小幼技术等 16 所学校,参观了工厂、商店、博物馆、图书馆、纪念馆、动物园、植物园,参加了美国人的一些社会活动外,还在一个美国中学教师家里住了两天,尽管是走马看花,倒也丰富多采。

去美国之前,看了一些有关美国教育的资料,也听过一些同志的介绍,知道美国的教育较活,有特色,但基础教育质量不高。他们 1983 年发表的一份有名的调查报告,标题就叫作《国家在危险之中——教育改革势在必行》。报告列举了大量调查材料,揭示了美国的基础教育是如何成问题,以及问题的严重程度。另有一份材料说美国之所以经济发达,科学技术先进,靠的是引进人才。材料指出,单从 1946 年到 1972 年,美国就引进高级专门人才 24 万。

美国的教育,特别是基础教育真的这么糟吗?美国的人才就是靠引进的吗?我是带着这么一些问题去美国考察的。我不大相信美国的基础教育真的是一无是处,也不大相信美国的专门人才主要是靠收买引进。我们出国考察应主要了解人家的长处,了解对我们有用的东西,当然也可了解他们存在的问题,那是为了引为教训,注意避免。

美国的基础教育有些什么长处呢?

一、强烈的爱国主义

一踏上美国国土,我的第一个突出印象是那里到处飘扬着国旗。无论是机关、学校、公共场所、商店,甚至有的家门口,到处都挂着星条旗。办公室里、教室内也总是插着一面国旗。这等于处处在提醒你：这里是美国，是美国的国土。

一次我们应邀去参加一个叫作"男人俱乐部"的聚餐会。这是一个据说在美国有相当广泛性的不太严密的社会团体，主要成员是社会上一些上流人物。他们定期举行聚餐，开展交际活动。那次活动参加人数不少，大约有一二百人。当我们同他们一起坐定下来准备用餐的时候，主席敲了几下放在桌上的小钟，人们忽地都站了起来，面对国旗，右手放在上胸前，神情严肃，口中念念有词地低声朗读起来。接着大家又齐声唱起了"上帝保佑美国"的歌曲。事后我问美国友人，才知道朗读的是誓言，大意是说美国是最民主、最自由的国家，大家要爱护这个国家，爱护国旗，等等。

另一次，我们被邀请参加了一次威斯康星州的全州教师大会。会议开始时也是那么一个仪式。以后，在学校里看到学生集会也是这样。

美国十分重视纪念对国家有突出贡献的人物。华盛顿、杰克逊、林肯等当然不用说。就是其他有卓越贡献的人也未被遗忘。美国国会大厦里面矗立着许多这些历史著名人物的塑像，最近塑的是黑人领袖马丁·路德·金。据介绍，美国每一个州都可以在国会大厅内树一位本州内对国家最有贡献的杰出人物的塑像，供游人瞻仰。塑谁的像要经过州议会讨论，还要经国会讨论。这些塑像个个栩栩如生，令人起敬。公园内也是这样，矗立着许多人物塑像，还有碑文。在纽约自由女神像的对岸，一所据说过去关押从非洲贩运来的黑人的房子前面，就有由几个黑人组成的塑像，是纪念当年开发美洲时黑人的悲惨遭遇与功勋的。

美国的历史不长，开国不过200多年，但对历史文物保护得很好，包括百年前一所农村单班小学的校舍，当时农民住的低矮小屋，都保护得好好的，供人参观。

我给美国人讲了一个故事。几年前我在江西，一位农民送给我一个青铜制造的小牧童。我送给博物馆一位朋友去鉴定，说如果有价值，就送给博物馆；如无价值就还给我。过了一段时间，朋友将它还给了我，说这是唐代的东西，没有什么价值。我对美国人说，唐代距今已1000年，我们的博物馆认为没有价值，而你们把200年前甚至100年前的东西都当作宝贝。他们睁大了眼睛看着我。

也许是我们的历史实在太久了，千把年又算得了什么?! 可是我想，我们如果不重视历史，像"文革"中所做的那样，不断地批判、否定历史人物，在历史人物的脸上抹黑（"文革"期间破坏的文物之多，可以说超过历次战争的灾难），那么最后也要被历史所抛弃。

美国的历史很短，土著人极少，大多数都是世界各国的移民，而且移民还在源源不断地、大批地涌入。怎么使这些人团结在一起呢？美国有关组织的负责人接待我们时特别指出："我们非常注意国家观念与公民意识的培养。"美国进行爱国主义教育的情况，引起了我深深的思考。

二、学校有特色，教师有特点，学生有特长

针对我国传统教育片面强调共性，强调平均发展，全国一种教育制度、一种教学计划、一套教材，甚至教学方法上也搞统一，样样一刀切，事事同步化等不合理、不科学的情况，几年前我们曾经提出要通过改革，做到学校办学有特色，每个教师教学有自己的特点，而学生则应有特长。但是积重难返，改也难。这次到了美国，的确是看到了特色、特长与特点。

我们去采访全美各州教育主要官员理事会（联邦政府教育部基本上不管中小学教育，而这个相当于我国各省市教育厅局长组织的理事会，起着相当重要的协调、交流作用）时，向他们索取美国中小学的教学计划、教学大纲。他们没有满足我们的要求。因为他们自己也不知道美国的中小学有多少种教学计划与大纲。一位州的教育委员会主任（相当于我们的教育厅局长）非常幽默地说，我怕你们的行李要超重。他说他上任时也曾向下属要过这方面的材料，结果拉来了一卡车。他告诉我们真正决定采取何种教学计划与大纲的是学区，而美国有一万六七千个学区。当然，教学计划与大纲不会有一二万种，很多可能是大同小异的，但可见其多。到学校看看，的确是各有特色。

在纽约，我们被安排去参观斯达维申中学。这是一所有 80 多年历史的学校，毕业生中曾有 4 人获得诺贝尔奖，因此颇有点名气。这所学校以数学学科见长。据校长介绍，这所学校的必修科只有 4 门，即阅读、数学、社会科学、自然科学，称为核心学科，选修科有 30 多门；学生的课外活动组织有 80 多个，学生自办的报纸有 25 种。美国人认为这样做的好处在于不仅可以培养学生的兴趣，发展学生的个性特长，而且有助于学生认识自己的价值与潜在的能力。这所学校的课堂教学

确有它的特色。上课时学生可以自由进出，有人在认真听课，有人不听，好多女学生嘴里嚼着口香糖。校长陪我们也自由进去出来，随便叫一个学生站起来同我们谈话，教师毫不受干扰，他讲他的，我们讲我们的。真正是"茶馆式"的教学。我问校长，上课时学生随便走出课堂到走廊上去游荡，学校怎么不管？校长说，他之所以走出课堂，是因为他觉得老师讲的内容他不感兴趣，不感兴趣了，你硬把他赶进课堂有什么意思？我们又问：怎么调动学生的学习积极性？他的回答更妙，说学生进这所学校本来就有积极性，用不着调动。据介绍，每年报考这所学校的学生有 12000 人，而学校只录取 800 名。这所学校的办学思想是学校尽量为学生提供学习、发展的条件，而能否发展，如何发展，发展到什么水平，主要靠学生自身。

我们也看到一所把学生管得很死的学校。为了怕学生在课间胡闹出事，他们安排课表时把两节课之间的休息时间缩短为 4 分钟，只够学生从这个教室走到那个教室（学生无固定教室，每节课后都要调教室）。学校在每条走廊里都安了监视器，校长坐在办公室里，从电视屏幕上可以看到每条走廊上的动静。学校里的正副校长、教务主任等领导人身上都挂着步话机，好像警察一样。但学校的教学质量不高，几年前合格率只有 40%，现在总算到了 60% 以上。

可惜我们这次没有去参观私立学校。据说，美国的私立学校管理极严，教师的水平也高，因而教学质量一般都超过公立学校。

我们走访威斯康星大学的教育学院时，代表团中有人问，在美国的学校中，哪一个流派的教育思想影响最大？他们回答："一所学校的教育思想是校长决定的，进了课堂，教育思想是教师决定的。"意思是不存在哪个流派影响最大的问题。当然也不存在政府用行政手段或其他方式推广某一种学派的教育思想、教育内容和教学方法的问题。在这种情况下，学校之间，学生之间，质量差别就很大。一些学生的个性和才智得到了较充分发展，而另一些数量相当大的学校和学生则质量不高，甚至很差。

还值得一提的，是他们在考试评分标准上掌握的一个原则。学生如果完全按教科书上或老师讲的回答，即使完全答对了，也只给及格分，只有答案上有自己的见解时，才给优秀分。另外据美国中学校长委员会的一位负责人介绍，他们目前正在研究评论式的教学方法，目的也是反对和防止那种死记硬背、死扣课本的做法。应当承认：我们所看到的课堂教学，气氛是比较活跃的，教师的讲解也是富有启发性的。

三、提供了很多的学习机会

据介绍，美国教育的指导思想或原则，有这么 8 个字：民主、自由、机会、效益。民主、自由和效益比较容易理解。机会是什么意思？开始我很不理解。从学校到社会走了一大圈，对"机会"二字才有了一点认识。

美国的学生如果要学习，机会确是很多的，不限于学校。众多的纪念馆、博物馆、艺术馆、图书馆，甚至动物园、植物园，处处都为你提供学习的机会与学习的材料。

我们参观了美国国会图书馆。那是一所藏书量很大的世界最大图书馆之一。据说我国"文革"期间出版的乱七八糟的各种小报，他们都收藏得相当齐全。一位领导同志过去告诉我，他在这所图书馆考察时，他们还找出了当时造反派批斗他时所印发的那份专刊。这个图书馆全天开放，学生可以进去阅读，借书，索取资料。一位我国留学生告诉我们，他就是这里的常客，常常一泡就是一整天。

至于那些博物馆、艺术馆，等等，都是全天免费开放。特别令我们感兴趣的是那个宇航馆。里面从第一个气球到最新的航天飞机、登月器，等等，全部是实物复制品，还有录像、电影，可以索取资料。它也是免费全天开放。学生进了这些地方，会有极大的求知兴趣，能扩大视野，增长知识。

最有意思的是一次主人硬邀我们去动物园看看。去了以后碰到的一件事引起了我的思考。动物园的布置大体与我国差不多，种类也不比我国动物园多一些。不少馆进馆时可以去领一张纸片。主人硬是给我领了一张。一看，上面有好多道关于这个馆内陈列的许多动物的提问，孩子们可以边看边填写答案。主人陪着我一边看，一边议，一边填写，出门时叫我把答案交给管理人员。管理人员看了一看，笑着说"OK"，并取出 5 个苹果作为奖品给了我。那时我简直如同孩子一样高兴。这不是寓学习知识于游乐之中吗？

这些设施和措施，我们为什么不能搞呢？只是没有人去关心与考虑罢了。这使我对"机会"二字有所理解。只要你肯学习，美国随处都会给你机会，而不限于学校。

当然，美国教育上存在的问题确实很多，也很大。如，在自由的口号下，相当多的学生不愿学习。他们告诉我们，全国中学毕业生不合格的达 25％，有的州高达 50％。每年大约有 200 万文盲、半文盲流向社会。学生犯罪率也相当高。据告，酗酒、吸毒的中学生占总数的 5％—10％，大约每年有 100 万女学生怀孕。对此，他们还说这是每个人的自由，学校只能劝说、引导。另外，由于教师待遇低于其他行业，优秀教师流失的数字也相当大。

针对这些严重问题，他们也在想办法解决。例如，他们也在搞国家、州、县三级统测；也在争取提高教师待遇，等等。但就我们接触到的情况看，收效并不大。总之，正如他们常说的那样，要了解美国的教育，就得了解他们的文化背景与社会背景，解决美国的教育问题，也不能就教育论教育。

《上海教育》1987 年第 3 期。

美国普通教育观感

1987年，我们作为中国教育国际交流协会的代表去美国考察。我们的兴趣着重在了解美国的普通教育。我们看了一些学校，从幼儿园到大学，共看了15所学校。其中多数是中小学及幼儿园。特别是看了许多学校以外的各种机构，如博物馆、纪念馆、艺术馆，等等，并同美国的许多团体进行接触，包括官方的、非官方的、半官方的，从他们那里了解了一些情况。看了以后，了解到美国教育的一些观念同我们不一样，感到教育改革这个课题，的确是一个世界性的课题。美国也面临着教育改革这个重大课题。他们改革的目标是很清楚的，就是适应新技术革命的挑战。改革的具体内容同我们不一样。因为任何一个国家，他的教育是历史、政治、经济、社会的产物，总是同这个国家的历史、政治、经济、社会相适应的，要改革，就要改革同这些不相适应的方面。所以，美国的教育有他们自己的特点，只能作为我们的参考。

我觉得教育改革首先是观念的改革，也就是教育思想的改革。我们明确提出要改变陈腐的传统的教育思想，美国也从这方面着手，如改变人才观、基础观、教育观，将小教育改为大教育，改变传统教育模式，等等。这些观念的变化是首要的。观念不改变，具体措施就失去了指导思想。

在美国，走马观花地考察下来，我印象比较突出的在下列五个方面。

第一个感受是教育"活"。这比我们从资料上掌握的还要"活"。美国联邦政府是不管普教的，普教权在各个州。事实上各个州的权也不大，真正的权是在学区。全国有1.6万个学区，两亿人口，平均两万人一个学区。政府中有一个半官方的管普教的组织：美国各州教育行政主要官员理事会。它实际上相当于各教育厅局长理事会。美国教育最大的特点是什么？是最最不中央化，也就是最最不统一。当我们向该理事会的办事机构要一套美国中学的教学计划和大纲时,该机构人员回答:你拿得回去吗? 一卡车都装不了。1.6万个学区有多少套教学计划和大纲? 我们到学校看了以后,才知道各学区各学校的教学计划是五花八门,不统一的。

我在一所学校参观,并与学生共进午餐。这所学校即使是上课时间,走廊上到处是学生走来走去。我就问校长:"上课了,学生为什么还走来走去? 校方难道不管吗?"校长说:"学生如对这堂课没有兴趣,他就出来了。"我又问:"那你怎么调动学生的学习积极性呢?"校长回答:"如果有积极性,那本来就有,用不着我调动;如果没有积极性,我也无法调动。"因此,美国中学的课堂纪律是较松的。我们听了好多课。在教室里,学生都围着老师坐,每班只有20来个学生,上课形式像我们的小组讨论。有的学生思想很集中,但也有一些学生在吃口香糖与谈天。我们去了十几个教室,都是这个状况。正因为这样,我发现美国的大面积教育质量很成问题。据美国主管教育的负责人给我介绍,全国初中毕业生的合格率平均是60%—70%,有的州一半学生是不合格的。所以,美国现在的问题是如何大面积提高教育质量,这是他们很伤脑筋的一个问题。但他们也的确出人才,因为有这么多的选修课,高材生还可以到大学去听课,不像我们中学和大学截然分开。这的确为学生成才创造了很好的条件。另外,美国的教师都是大学毕业,从学历和文化水平来说是没有问题的。大学毕业要经过1—2年的教师训练才有资格当小学教师。小学、中学、大学教师的待遇是没有区别的。总的来说,美国教师的工资待遇低于企业职工。正由于这样,优秀的知识分子不愿当教师,特别是理科教师,都到工厂企业去了。

第二个感受是社会为学生成才创造了条件。在美国,艺术馆、博物馆、图书馆等都免费向学生开放,最高法院、国会,学生也可以进去看,植物园、动物园都不用买票,有专门人员接待辅导学生,有专门让学生活动的房间。所到之处,包括很小的州,都有动物园、植物园等。美国的很多地方都考虑到对学生的教育,他们是大教育观念。社会在想方设法为学生创造条件,扩大学生的知识领域,使学生尽快成才。

第三个感受是爱国主义教育抓得紧。用他们自己的话讲,就是培养国家观念和公民意识。一到美国，我们看到到处是美国国旗。我们现在挂国旗的地方很少。美国所有的地方，包括校长办公室都有国旗。所有的会议，正式的或非正式的，第一个节目就是自发地站起来，面对国旗宣誓，然后是唱国歌。大家都大声地唱，很雄壮。另外，所到之处都给我们介绍双语教学，即双重语言教学。因为美国是一个多民族的国家，移民很多，都讲本民族的语言，不利于国家的统一。进行双语教学，就是所有的人必须学会讲英语。在小学、初中阶段，是双语，到了高中以上，就全是英语，这是保证国家统一的一个很大措施。

第四个感受是依法办教育。美国的法多如牛毛，大家都按法办事。校长聘用教师要依法办事，处分学生也要依法办事。如果学校的走廊上有香蕉皮，学生滑了一跤，家长可以控告校长，校长就要赔钱。因为校长没有把学生保护好。因为受到法律制约，学校里很干净，没有纸屑。我们曾问校长：你的自主权大不大？校长答：自主权很大又不大，要按法办事。州的教育总督管法。他觉得某一个方面需要立法，就起草一个法，经议会正式通过，就生效了。不像我们这里个人发号施令。在那里，个人不能发号施令，只能通过法来管学校。我们到了两个州的教育局，总监给我们介绍了他的工作。这比我们的局长好当多了。我们现在校长难当，局长也难当，会议多，矛盾多。他们当然也有矛盾，有矛盾怎么办？通过立法来解决。

第五个感受是教育经费。美国的中央法律规定：每个中学生一年的教育经费不得少于 3800 美元。后来我们到几个州去调查，多数都超过 3800 美元，最多的是华盛顿州，每年每个学生是 6000 美元。我回北京后，问了国家教委领导，我国每个中学生一年的教育经费是多少？回答是 100 元人民币。所以，美国校长的日子是好过的，不像我们的校长要一天到晚去搞钱。美国有赌场，但从赌场收来的税中，50％用来办教育。市长的主要精力是收了钱以后，拿出其中的相当部分来办教育，教育办不好是他的责任。

总之，美国是一个移民国家，特别注重爱国主义教育，社会也为学生成才创造了良好的条件。他们教育方面的一些经验，有待于我们去探索和研究。

《中学教育》1987 年第 1 期。

日本是怎样解决师资问题的

1985 年 11 月，我参加中国教育国际交流协会的专题考察小组，前往日本考察师资问题。在日本活动了 16 天，访问了东京、大阪、京都、神户、奈良等城市的 9 所大学：两所综合大学的教育学部、两所教育大学、一所短期大学、一所大学的函授部、一所外国语学院、一所艺术大学、一所进修中心（日本综合大学的教育学部相当于我国过去综合大学里的师范学院，教育大学相当于我国的师范大学，短期大学相当于我国的师专）。此外，我们还参观了几所幼儿园、小学、中学和职业学校，同日本文部省、大阪府教育委员会、京都市科教委员会的有关官员进行了座谈，听取了他们的介绍，索取了不少有关的资料。

这次考察的重点是日本战后对师资培养工作所作的改革。

经济的腾飞，技术的竞争，对国民素质要求的提高，义务教育延长到 9 年，都对日本的教育提出了新的要求，相应地也对师资培养工作提出了新的要求。为此，他们采取了一些重大的改革措施，主要有以下几个方面。

一、提高师资的学历层次　培养师资高等教育化

实施九年制义务教育后，为了提高师资质量，日本将原来培养幼儿园和小学教师的中等师范全部升格为高等师范，从幼儿园开始，所有师资都由高等师范培养。日本政府还于 1978 年新建兵库、上越两所教育大学，1981 年新建鸣门教育大学。这三所大学的任务是培养中小学教师，使之达到硕士水平，同时接受在职教师研修，使他们也达到硕士水平。据介绍，目前日本高中教师中有硕士学位的约占 4.8％，他们认为这个比例太低。新建这三所教育大学，就是他们改变这种状况，提高教师水平的一个战略措施，很值得我们注意。

二、师资培养制度从封闭式改为开放式

战前，日本完全由中等师范、高等师范培养师资，为封闭式，战后改为由教育大学、综合大学、短期大学等多种渠道培养师资，为开放式。

目前日本培养师资的学校有三类：

1. 教育大学、学艺大学（这类学校多由原中等师范学校合并或升格而成）和综合大学的教育学部，可以授予高中、初中、幼儿园和特殊教育教师资格；

2. 综合大学的其他学部，可授予学完规定教育课程的学生高中和初中教师资格，但不能授予小学、幼儿园、特殊教育教师资格；

3. 设有教育课程的私立大学、短期大学和通信教育部（函授学部）。

日本政府规定，基础教育的师资一律由大学培养。所有大学毕业生只要读完文部省规定的教育课程，并取得相当的学分，再经过考试合格，都可以获得合格证。其中教育大学、学艺大学、综合大学的教育学部是培养师资的主要基地。教育大学、学艺大学更注重教育的全面训练，侧重培养初中和小学教师，综合大学教育学部比较注重专业知识的教育，侧重培养高中教师。

短期大学学制为两年，主要培养幼儿园教师。

通信教育部相当于我国的函授学校，面向全社会招生。培养教师的办法与四年制大学一样。如果四年没有学完应学的课程，可以延长年限，但最长不能超过八年。这类函授学校在全日本共有 12 所。

多种形式、多种途径培养教师的制度，使教师来源有了可靠的保证。不过，我们也了解到，他们也存在两个带有社会性的问题：一是政府对教育大学的投资比其他大学少；二是教育大学的招生质量比综合大学低。

近年来，日本由于出生人数减少，出现了教师过剩的现象。据文部省介绍，每年取得教师合格证的有 15 万人左右，但当年能被吸收当教师的仅 20％。根据这一情况，日本政府决定，大学毕业生取得教师合格证以后，还要经录用考试合格，才能被正式聘用。

三、建立颁发教师合格证制度

日本 1947 年颁布了《教师资格许可法》。根据这个法律，大学毕业生必须修完所规定的课程和学分，经考试合格，由教育委员会颁发教师合格证，才有当教师的资格。现行教师合格证分三种：一级教师合格证，二级教师合格证，临时教师合格证。临时合格证只适用于地方，一、二级合格证可在全国通用。

类别	研究院或专攻一年毕业	大学毕业	短期大学毕业	高中毕业
小学教师		一级教师合格证	二级教师合格证	临时教师合格证
初中教师		一级教师合格证	二级教师合格证	临时教师合格证
高中教师	一级教师合格证	二级教师合格证	临时教师合格证	
幼儿园教师		一级教师合格证	二级教师合格证	临时教师合格证
特殊教育教师		一级教师合格证	二级教师合格证	临时教师合格证
盲聋、特殊教育学校教师	一级教师合格证 二级教师合格证	必须取得小学、初中、高中或幼儿园教师合格证，特殊教育专门科目满 20 学分，二级满 10 学分		临时教师合格证

合格证的种类和教师取得合格证的资格见上表。

初中以上教师可以获得两种以上教师合格证。

日本对教师的学历要求和修满教育课程的学分要求很严格，具体规定如下：

合格证的种类 / 学历和学分标准		学历和修满基础课程所需学分	修满专业课程所需学分	修满教育课程所需学分
小学教师	一级教师合格证	学士学位	16	32
	二级教师合格证	两年以上大学毕业，修满 62 学分	8	22

（续表）

合格证的种类	学历和学分标准	学历和修满基础课程所需学分	修满专业课程所需学分	修满教育课程所需学分
初中教师	一级教师合格证	学士学位	甲 40 乙 32	14
	二级教师合格证	两年以上大学毕业，修满62学分	甲 20 乙 16	10
高中教师	一级教师合格证	硕士学位或专攻一年以上毕业，修满30学分	甲 62 乙 52	14
	二级教师合格证	学士学位	甲 40 乙 32	14
幼儿园教师	一级教师合格证	学士学位	16	28
	二级教师合格证	两年以上大学毕业，修满62学分	8	18

表中所列甲类课程指社会科学、自然科学、技术科学、家政等学科，乙类课程指语文、数学、外语等基础学科。

日本还规定了教师提升的办法，凡执教一定的年限，并修完规定的课程和学分，教师的级别可由临时教师合格证提升为二级教师合格证，二级教师合格证提升为一级教师合格证。

具体规定见下表。

据介绍，日本全国共有996所大学和短期大学，其中839所可以发教师合格证，占学校总数的84%。在839所学校中，可以发小学和幼儿园教师合格证的只有339所。改革之前，全国只有64所教育大学或综合大学的教育部培养师资。

教师类别	提升后的级别	现有级别	执教年限	修完课程的最低学分
小学教师	一级教师合格证	二级教师合格证	5年	45
	二级教师合格证	临时教师合格证	6年	45

（续表）

教师类别	提升后的级别	现有级别	执教年限	修完课程的最低学分
初中教师	一级教师合格证	二级教师合格证	5 年	45
	二级教师合格证	临时教师合格证	6 年	45
高中教师	一级教师合格证	二级教师合格证	3 年	15
	二级教师合格证	临时教师合格证	5 年	45
幼儿园教师	一级教师合格证	二级教师合格证	5 年	45
	二级教师合格证	临时教师合格证	6 年	45

社会上的人士如果要取得教师资格,必须经文部省指定的大学审定。这类教师在全国 100 万教师中,仅占 3%。

日本采用教师合格证的措施已用法律形式固定下来,全国各级学校均按此办理。这样就有了合格教师的统一标准,实现了师资培养制度化,从而保证了师资队伍的质量。其不足之处是,大学毕业生一旦取得教师合格证并且通过录用考试当上教师之后,就成了终身制,其弊端也是明显的。

四、在职教师培训

日本既重视新师资的培养,也重视在职教师的继续提高。大阪府教育委员会的领导人告诉我们:教育委员会要做好两件事,一是培养新师资,二是继续培养在职教师。

日本培训在职教师有很多途径。

1. 如前所述,新办的兵库、上越、鸣门教育大学培训在职教师,使他们达到硕士水平。

2. 文部省每年分批组织教师在筑波大学短期学习,以提高教师的素质与能力。

3. 地方教育委员会举办教师进修讲座,内容主要是更新知识,也讲授道德教育、学生指导、课外活动、人权教育、学校管理等。如大阪府计划在一年之内对全府 55.3% 的初中、小学教师和 80.4% 的高中教师进行培训。大阪市建立了一个教育中心,主要任务是培训在职教师,计划在一年内组织 6 万人听讲座,平均每个教师听讲 3 次。

4. 地方教育委员会与各大学合作，共同组织教师研修。大学接受教师旁听课程。

5. 组织教师到国外考察进修。日本每年约有 3500 人到国外考察。

在职教师进修的要求分不同的层次。例如，对新教师，是按研究生的方向培训；对有 15 年以上教龄的教师，主要进行专科培训和研究如何培养学生，等等。培训都是有计划地进行的。

五、提高教师的地位和待遇

据介绍，日本从战前到战后的一段时间，即 1960 年以前，教师的待遇是不高的，给人们的形象是清正廉洁。由于日本有尊敬教师的传统，所以教师的社会地位是高的。

据 1960 年调查，在 13 类职业中，教师的工资排在第 11 位，与同学历的人比，是私人企业职工的 50％—60％。1972 年以后，政府采取了很多措施来提高教师的待遇。

1972 年，国家法令规定教师待遇提高 4％。

1974 年，国家制定《为保证和提高学校教育水平，确保义务教育诸学校的教职员人才的特别措施法》（简称《人才确保法》），规定教师工资比其他行业工作人员高 25％。

1978 年，国家又通过《工资给予法》，规定教师工资比同学历同年资的公务人员高两级。比如，原先有 20 年教龄的教师，工资低于政府的科长，现在则高于副处长；一个中学校长的工资，与司局级干部相当。

日本的工资制度还规定，教师只要不是请假过多，或有其他问题，一般情况下，每年涨一次工资。当然，这种同步增长工资的办法也带来一些消极作用，即不能鼓励先进。

日本有一种企业办的育英会组织，为大学生提供奖学金。大学毕业后从事其他行业工作的人都必须偿还这笔钱，如果当了教师就可以不偿还。

日本还规定，幼儿园、小学、初中、高中、大学教师的工资，只有级别和教学年限的差别,而无等级的差别,是平等的。男女教师也是平等的。

教师退休时的待遇也比其他行业略高一些。

除法定工资以外,还有各种补贴和津贴,如抚养费、交通费、义务教育特别补贴。公立学校教师还有公费医疗、退休金、养老金。女教师有产假。另外,教师在寒暑假可以旅游,可优先租用价格低廉的房子,还有机会公费出国进修,等等。

但这些都是同公务人员比,若与企业部门比,教师的待遇还是低的。因此,在日本,教师这个职业也并不是最有吸引力的。每年所以有那么多的人取得教师合格证,许多人并不是真正想当教师,而是多一个资格就多一份资本,找工作的机会就多一些。所以,表面上看来,日本教师职业很热门,实际上,教师中,特别是青年教师中存在的主要问题是缺乏当教师的热情。文部省的官员说,这是他们在考虑教育改革、提高教育质量时要研究和解决的问题之一。

《师范教育》1986 年第 12 期。

面向全社会　办好教育报

首先祝贺《湖南教育报》出版。

所以要祝贺，第一是因为教育这个关系到国家民族兴亡盛衰与子孙万代幸福的大业，虽然已被定为社会主义建设的战略重点，"百年大计，教育为本"的思想已被越来越多的人所接受，但是人们认识这一点的时间毕竟还不太久，它还没有真正深入人心，人们还没有真正以此指导自己的行动。不少人还只是停留在口头上、文件中。我们还要宣传，还要大声疾呼。

第二是教育能否兴国，能否成为立国之本，还要看我们办的是怎样的教育。如果办教育的指导思想不对头，像当前普遍存在的单纯以升学为目的，或是只着眼于培养少数尖子而忽视提高整个民族素质，是兴不了国的。就是说，并不是什么教育都能兴国，搞得不好，教育也可以误国。这并非危言耸听，而是有历史教训的。我们不仅要通过报纸的宣传，进一步唤醒广大干部与群众来重视教育，关心教育，支持教育；还要通过报纸的宣传，来指导他们如何正确地办好教育，参与教育，监督教育。

正因为如此，我认为这份报纸的读者对象，不能只限于在教育战线工作的人，还应该包括家长，包括各级干部，包括广大群众，就是说，要面向全社会。现在全国的教育报刊并不太少，但面向全社会的却不多见。《湖南教育报》能否带个头？

湖南是人才辈出的地方。在我国，一个省的范围内出这么多出类拔萃的人才，是很少见的。这恐怕同湖南历史上一贯重视教育有关，也同自岳麓书院起就一贯倡导"经世致用"的教育思想有关。我认为这里面必然有许多极为宝贵、极为丰富的经验可以总结。对此，《湖南教育报》有义不容辞的宣传责任。

　　总之,《湖南教育报》应当办好,也一定可以办好,这就是我作为一个老教育工作者在报纸创刊时的祝贺与期待。

1992 年 1 月 11 日《湖南教育报》。

两点希望

教研室要办个刊物，约我写点小文章。小文章就得开门见山，不要转弯抹角，讲大道理。考虑之后，想讲两个观点，也可以说是两点希望。

第一，要为教研工作正名，把刊物办成真正的教研刊物。近年来，教研工作有个不大好的名声，说是名为教研，实为"考"研。教研室被称为"考"研室，专门研究如何应对考试。什么试题分析，解题窍门，模拟试题，等等，一切离不开一个"题"字。一些教研刊物成了试题汇编，在片面追求升学率的恶浪中起推波助澜作用。据说这样做才受读者欢迎，也才有经济效益。可是苦了孩子，扭曲了教育方向，误了大事。这道理不必多说，其实大家心里都明白。问题在要下决心改过来，把刊物真正办成教研刊物，为教研正名。

至于什么叫教研，什么叫"考"研，大家心里也明白，用不着注释。上海的教研工作有较深厚的基础与丰富的经验，而且思想活跃，能人众多。只要决心一下，方向一转，好文章不会少，刊物也可以办出特色，在"考"研之风盛行的时候会使人一新耳目。

第二，要在当前深化教改中做促进派，不做保守派，更不要做促退派。所谓促进，不仅是要站在后面推，更是要站在教改的前沿，像火车头一样拉。当前教育改革已经深化到了课程、教材以及教学方法这个核心领域。之所以说是核心领域，是因为培养目标主要是通过它来实现的。几十年来，我国中小学的课程、教材全部由中央制定，全国统一于一个模式，地方与学校无权改动。人们称之为划一主义。正因为如此，过去地方与学校对此甚少研究，从理论到实践都缺少经验。现在教育部从国情出发，总结了过去的经验教训，改变了这种划一主义的做法，提出可以"一纲多本"甚至"多纲多本"，课程、教材可以因地制宜，鼓励各地在中央宏观指导下自编教材。我国中小学的课程、教材将出现地方化、多样化的新局面。这就向各地提出了必须研究课程、教材的新任务。尤其是上海，在这方面已迈出了一大步。在新课程方案、新教材的试行过程中，必然会出现不少新情况、不少新问题。怎么认识？怎样解决？刊物可以展开讨论、争鸣与交流，起促进作用。我觉得真正的实验工作还刚刚开始，实验可能比编书更困难，决不能掉以轻心。

关于教学方法的改革，过去做得比较多，比较有经验，但是也有不少新问题。例如过去只强调"双基"，这些年我们提出了发展智力、培养能力的要求；过去只强调发挥教师的主导作用，这些年我们提出了发挥学生主体作用的问题，等等。这都是教学工作中指导思想上的非常重要的变化，都应当在教学方法，包括课堂教学的组织形式中体现出来。这仍然是一篇需要改写的大文章。

举一个小例子，前些日子陪同两位日本教授参观学校，也听了一些课。课后他们提出了一个问题：听观摩课的老师为什么都坐在后排而不坐在前面？既然学生是主体，听课时当然主要应观察学生，而不是看教师的表演。好像看戏一样，应该看演员而不是看导演。

把课堂教学中的教师与学生比作导演与演员，不一定确切，但也有一定道理。听课时只着眼于教师的表演，把学生放在陪衬的地位，总不能说是正确的吧。而真正体现学生的主体地位，不对传统教学模式进行改革恐怕是难以实现的。

总之，课程、教材、教法都有待于改革的深化。

刊物不办则已，既然办了，就一定要认真把它办好，办出水平，办出特色。

《上海教学研究》1992 年第 1 期。

改革者的足迹

《中学教育》杂志这本专辑反映的是上海普教战线教育改革的一个侧面，一个小小的侧面。

我常听到兄弟省市的同志赞誉上海，说上海的教育思想比较活跃，上海的教改搞得不错。其实他们所看到的大都是正在坚持改革的、为数不是太多的这一部分学校。据我们前不久对三个区两个县的调查，真正在坚持改革的学校，仅占这5个区县全部中小学的 1/10。这少数学校能不能代表上海？说能，那只是 1/10，1/10 怎么可以代表全部？说不能，这 1/10 的学校正代表着上海普教改革与发展的方向。

教育改革是一种潮流，是大势所趋。目前条件还不具备、一时不易起步的学校，或还在犹豫不决、还在观望的学校，或迟或早总是要走上改革的道路的。上海要振兴，不抓教育不行，教育不改革也不行，而且是早改早主动，晚改就要被动。改革是一个势在必行的问题。

上海的教改开始于十一届三中全会之后不久，起步是不算晚的。1979 年，我们就提出了教学工作要改变传统的只抓"双基"的指导思想，发展和培养智能的问题；以后又提出要研究新时期的培养目标，树立新的人才观与新的基础观，用新的人才观、基础观来指导教育改革的问题；我个人还提出过教育工作要实现四个转变的设想，即从封闭式转变为开放式，从划一化、同步化转变成多样化、灵活化，从信息灌输式转成信息处理式，从单一信息渠道转变成两个渠道并重或并行，从而逐步创建新的教育体系，等等。

此外，我们对德育、体育、美育也都分别提出过一些改革的设想。例如，德育不仅要重视医治文革对年轻一代造成的创伤，注意开放、搞活等政策所产生的新的环境与条件,还要研究文革以前学校思想教育的经验与教训(那时的思想教育也不是完美无缺的);体育不能只重视竞技的培养,要全面增强学生体质,把让学生今后能健康工作 50 年作为目标;美育不仅要培养学生的审美观念、陶冶学生的情操,而且要发展儿童的智力。

我们是社会主义国家,最终目标是实现共产主义。因此,我们的教育改革必须坚持四项基本原则,坚持两个文明一齐抓的原则,必须研究马克思的教育思想,用它来作为改革的根本指导思想。马克思的教育思想内容十分丰富,过去不少教育专家发表过很多论著。但有一点,过去的论著似乎还没有重视,而这一点却是最主要的,甚至可以说是马克思教育思想的核心。这一点是什么呢? 我认为就是马恩关于要让每个人的聪明才智得到充分、自由、全面发展的思想。这个思想,《共产党宣言》就提出来了。《宣言》中提出了人尽其才和各尽所能的观点,但人们过去只是从使用的角度来理解,而不是从教育培养的角度来考虑。共产主义社会不仅要使每个社会成员都能贡献其全部才能,而且要培养和发展每个人的才能,创造一种能使人的才能得到充分、自由、全面发展的环境和条件。《宣言》还明白地讲过"每个人的自由发展是一切人的自由发展的条件"。这个观点,马恩在以后的不少论著中都论述过。例如《德意志意识形态》《共产主义原理》《哲学手稿》,等等。马恩说过共产主义社会是使每个人的才能得到充分、自由、全面发展的"唯一的社会"。这是马恩的教育理想。现在不是共产主义社会,还不可能全部实现这个理想。但是,我们是不是应当把它作为教育改革的指导思想,并争取逐步实现呢? 我认为是应当的,也是可以有所作为的。譬如,可以研究一下目前的教育体系中,哪些有利于发展学生的才能,要加以保留与发展;哪些不利于学生充分、自由、全面发展,应逐步加以改革,并探索其中的规律。

1984 年,小平同志作了"教育要面向现代化,面向世界,面向未来"的题词。我们意识到这不是一般的题词,而是新时期教育的根本指导思想。我们曾经为此召开过多次大、中、小型不等的学习讨论会,领会题词的深刻含义,总结研究几年来教育改革的进程与今后努力的方向,使改革的步伐迈得更为坚定。《中共中央关于教育体制改革的决定》公布后,上海又一次掀起学习和改革的热潮,端正教育思想,彻底改革陈腐的传统教育思想已成为大家通过改革力求实现的目标。原教育部同意自 1985 年起上海高考由自己命题,这又为上海普教的改革进一步创造了有利条件。

总之,上海普教战线的改革就是这么一步一步走过来的。

还要补充一点,对上海的教改,我们一贯主张在统一指导思想与注意科学性的前提下,各校、各区县可以从各自的不同条件、认识水平出发,采取不同模式与不同的突破口,可以进行不同层次的改革探索。我们提倡百花齐放,百家争鸣,不强求一律,但不搞大轰大嗡,不搞运动,不施加压力,不规定硬性指标,只是鼓励、引导、启发自觉。这一点也可能是相当多的学校到目前为止还没有改革的原因之一。我们认为教育是一门科学,对科学必须采取科学的态度,性急是没有用的。弄得不好,反而会坏事,这是过去有教训的。

教改没有现成的模式与现成的经验,不能指望可以一帆风顺。就整体来说,改革既是势在必行,也是必胜的。但就局部或一段时间来说,我们必须有成功或失败两种精神准备。人们都说现在是教育的春天,但即使是春天,也免不了有"刮风"的天气,东南西北风都会发生。有时候,指责与赞扬会同时向你袭来,正如有人说的是"红灯绿灯一齐亮",使你不知道是该停止还是该继续前进。这时候特别需要冷静与坚定,抱定成功不必在我,而我要为成功作贡献的宗旨,坚持走改革者之路,为教育的大业留下足迹。

《中学教育》1986 年第 11 期。

祝《上海教育》创刊 30 周年

《上海教育》创刊 30 年了。

无论从人类文化发展史看,还是仅仅从教育发展史看,30 年不过是历史的瞬间。但是就我们中国来说,就我国的教育事业来说,或者再缩小到就上海的教育事业来说,这 30 年历史的内容是太丰富了。在这期间,上海教育事业的主旋律,是一曲气势磅礴、威武雄壮的英雄交响曲,但其中也穿插过富有幻想的华彩乐章,也出现过哀怨低沉的"二泉映月"。一句话,那是很不平凡的 30 年,是充满激情而又交织着痛苦的 30 年,因而也是值得深深回味的 30 年。《上海教育》这本小小的地方教育刊物,就记录了这部大型交响乐中几个跳跃着的音符。

30 年来,上海的教育工作者作过各种各样的改革和探索。作为根本的指导思想,我们念念不忘的始终是想在中国这块土地上,极大地发展教育事业,极大地提高整个民族的素质,最终创建有中国特色的社会主义教育体系,使有悠久文化历史传统的中华民族焕发出新的光辉。上海作为中国最大的城市,一个文化教育最发达的城市,要对时代负责,应该作出自己的贡献。只是由于种种主客观原因,我们走了一些曲折的路程,30 年中既干了大量的好事,也干了不少错事与蠢事,以致未能达到预期的理想境地。

未竟之志必须完成。《上海教育》在以后的教育交响乐的演奏中应当也可以成为一个号手。在纪念《上海教育》创刊 30 周年之际,作为一个从 40 年代起从事教育并同《上海教育》有较深关系的老人,我寄予她深切的期望。

《上海教育》要在更新教育观念,发展教育思想,推动教育改革上下功夫。对教育工作的领导首先是对教育思想的领导,教育改革首先是教育观念的更新,这是大家都十分熟悉的。近年来,不少传统观念已被打破,教育思想有了很大的发展。《上海教育》在其中起过不少积极作用,但是还不够,还很不够。希望今后要认真地组织这方面的稿子,每期至少有一两篇能给人以启发的好文章,以引起读者的思考,要给人以点石成金的"手指"而不是现成的"金子"。一句话,就是要出思想。

《上海教育》要在贯彻"双百"方针,繁荣教育科学,推动教育科研上下功夫。教育是一门科学,一门神秘深奥的科学,至今还有许多领域未被认识。30 年来,我们之所以在干了大量好事的同时,又干了不少错事与蠢事,重要原因之一,就在于不重视教育科学,违背规律。"双百"方针是发展与繁荣一切科学的唯一正确的方针,教育科研的深入也不例外。《上海教育》过去在这方面做了一些事,但也很不够,今后要在这方面下功夫,为学术争鸣与教育科研提供阵地,有目的、有计划地组织一些课题,进行民主的、自由的、平心静气的讨论。

《上海教育》还要在鼓励与提倡教改实验上下功夫。教育是一门实践性很强的科学。实践出真知。我们过去总以为真知只能出在上头,所以只是一味宣传上面的思想或符合上面精神的观点,而较少宣传实践中得来的观点,特别是与上面不同的、带有一些新意的观点,也较少鼓励人们开展多种实验,常常是匆匆地用一种模式去统一别人。须知,教育实验是十分艰辛的,特别需要精心的扶植与热情的支持。在这方面,《上海教育》应当成为他们的积极支持者,为他们摇旗呐喊。

《上海教育》还要在扩大作者队伍与服务对象上下功夫。时代的发展已使教育成为全社会的事业,因此,教育刊物也应当成为全社会的刊物。无论作者,还是读者,都不应当只限于教育工作者。《上海教育》应当开创一个新的局面,扩大作者队伍,组织各方面的人为教育写稿;也要扩大读者队伍,让全社会所有关心下一代的人都来阅读这本刊物。要这样,刊物从内容到形式都要进行一些重大的改革。

除上述四点外,我希望《上海教育》在扩大信息量上也应下点功夫。

人云"三十而立",我真诚地希望《上海教育》真正能在中国这块大地上站立起来。

《上海教育》1988 年第 5 期。

喜阅《青少年犯罪问题》专刊的一点想法

上海市教育学会、华东政法学院青少年犯罪研究所和上海市工读教育研究会联合举办的"青少年学生违法犯罪预测和早期预防、控制讲座",内容充实,联系实际,受到普遍赞赏。大家希望能将稿件整理成册,供学习参考。《青少年犯罪问题》据此编辑出版这本专刊。这是一件大好事,可以引起教育部门以及社会各方对这一特殊领域的重视,进一步加强对它的科研工作,促进我们的事业发展。

新中国成立以来,我们有一个今天看起来是相当天真的认识,就是认为社会主义社会应当纯而又纯,生活在社会主义社会的孩子们,应当个个像花朵,人人是天使,他们成长的道路,应当是笔直又笔直。如果某些孩子身上出现了问题,而且不是一般性质的问题,往往不是惊慌失措,企图用简单的办法,急于求成,就是怪这怪那(主要是怪旧社会遗留的影响与资产阶级腐朽思想的侵袭),而不愿冷静地、客观地再从自身寻找原因。似乎只要这些外部原因消除,这类令人头疼的事情就不会再困扰我们了。

其实,事情远非我们所想的那么简单。

首先是人们对社会主义的认识。社会主义本身是否就那么纯而又纯?是否只要一脚踏进社会主义,我们的社会就会像那些"洗洁精"制造商所宣传的那样,一经漂洗,就立刻变得洁白清净,尘埃不染?它是否需要一个漫长的动态的发展过程?十三大确立的社会主义初级阶段的理论,使我们从根本上纠正了上述天真认识,为我们提供了重新研究问题的理论基础。

其次是人对自身的认识。谁都知道,人是从动物演变来的。经过亿万年的进化,人的确已经取得了无与伦比的卓越成就,并自诩为万物之灵。这的确是不容怀疑的。但是,我们还必须认识,人不论怎么"灵",仍然是万物中的一物,或多或少,或自觉或不自觉,还保留着动物的某些本性。著名的英国动物学家莫利斯说:"尽管人类博学多才,可他仍然是一种没有体毛的猿类;尽管他获取了高尚的动机,可是他并未丢掉自己更为土气而悠久的动机。……他岁月悠悠的冲动伴随他又有数百万年的时间,而他新近获得的冲动至多不过才数千年之久。而且,他如果想挣脱整个进化史中积累的生物遗传,那是没有希望迅速办到的。"这段话也许说得有些过分,或者是不大好听。但是接触到有些青少年缺乏教养,行为粗野时,我们就不能不想到这正是动物性在他们身上的反映。不要以为人生下来就一定是人,生活在狼群中的婴孩长大了不是成了狼孩吗? 即使是生活在社会主义的条件下,如果没有正确的教育,人也不会自发地成长为一个有理想有道德的人。长期以来我们尽管天天接触学生,但对人的本性、人的本质特征,以及他的成长规律,研究得很少。我想作为一个教育工作者,在任何情况下,对所有孩子,哪怕是已经误入歧途的孩子,都要满怀深情地寄予厚望,希望他们健康成长,并深信只要教育得当,他们一定会健康成长。问题是单凭主观愿望是不够的,还得加上科学的态度、方法、理论。这就是我看到这期专刊特别高兴的原因。愿这一期专刊在这方面树立一个良好的开端。

《青少年犯罪问题》1988 年第 2 期。

珍惜好日月　发奋勤读书

《中学语文》为同学们编辑出版了一期暑期学生专辑,这是一件大好事。暑假期间,赤日炎炎,如果同平时一样,仍然采取排好课表,集体上课等比较呆板的形式进行学习,效果往往不好。所以国家规定了放暑假的制度,让同学分散进行休整和活动。但是这不等于说暑假里就不能学习,就只能是乘乘风凉,睡睡懒觉,或是到马路上逛逛,在弄堂口站站,在百无聊赖中把日子打发过去。

同学们可能都会唱《金梭和银梭》这支歌,这是一首很有意义的歌曲。歌词说:"太阳、太阳像一把金梭,月亮、月亮像一把银梭,交给你也交给我,看谁织出最美的生活。……金梭和银梭,日夜在穿梭,时光如流水,督促你和我,年轻人,别消磨,珍惜今天好日月,好日月。……金梭和银梭,匆匆眼前过,光阴快似箭,提醒你和我,年轻人,快发奋,黄金时代莫错过,莫错过。"

一个暑假,从七月初到八月底,前后长达两个月,占全年时间的1/6。这段时间,学校放假了,可"金梭和银梭"并没有放假,也没有放慢步伐,而是照样"日夜在穿梭",照样去"督促你和我",希望我们"快发奋","别消磨"。

当然,经过一个学期紧张的学习,休息一下,松弛一下,完全是必要的。成年累月地把弦绷得紧紧的,学习效果也不会好,不过总不能把整个暑假全部在无意义的生活中消磨掉。所以,我们每年都要提出这样一个口号:"过一个愉快而有意义的暑假。"既要过得愉快,又要过得有意义。

教育部门、团队组织以及社会各方面总是要为同学们创造条件,开展各种各样的活动,例如举办夏令营、组织社会调查和野外考察,举办各种竞赛以及各种社会服务活动,等等。这些活动,不仅可以使紧张的学习生活得到调剂,而且能够开阔思路,增长知识,发展智力,提高能力,实际上是一种更有意义的、更全面的学习与锻炼。

当然，暑假漫长，参加上述活动只能用去其中一部分时间，总不能天天有活动吧！那么其余的更多的时间应当用于什么呢？我认为最好的办法是读书，读各种有益的书。

现在，我国单是出版发行的报纸、杂志就有 2800 多种，其中适宜中学生看的也不少。再加上适宜中学生看的图书，数量就更大了，简直是一个无穷无尽的知识宝库。

同学们大概也知道，目前世界正处于"知识爆炸"的时代，新的知识似泉涌般地出现，造成了人类有史以来规模最大、范围最广的知识更新的局面。要掌握知识，光靠学校里规定的几本教科书是远远不够的，必须抓住一切机会广泛阅读各种书籍，做到博览群书。平时由于学习负担重，能用于看课外书籍的时间不多，暑期就是一个难得的机会。教科书是国家统一规定的，是人人必读的最基本的书籍，很难完全照顾到每个人的特点、兴趣和爱好，很难满足每个人的需求，总而言之，不能由你自己选择。暑期里的读书就不一样，可以由你自己选择，是自主的，也是自由的；在内容与要求上没有统一规格，没有限制，你可以充分发展聪明智慧，充分满足自己的要求；再一点，教科书是相对稳定的，往往来不及反映最新发展的知识，而报刊杂志却可以及时传播最新的信息，让你及时了解世界上科学技术的最新成就。所以说读书好处多得很。

对于每一个渴望自己能成才的人来说，暑假的确是一个难得的"黄金"时期，决不会让它轻轻地滑过去的。古人说"士别三日，当刮目相看"。暑假期间差不多有 20 个"三日"，到开学那一天，同学们再见面的时候，是否会对你刮目相看？就看你是否充分利用这个时间来学习了。

《中学语文》1984 年第 1 期。

致应届高中毕业生的一封信

应届高中毕业班同学们：

5月9日《青年报》刊登了《不能再走我女儿那条路——一位家长的话》这篇文章。作为一个教育工作者，读了实在感到心情沉痛。一个经过党和人民10年培养的要求上进的高中学生，竟然在毕业临考前夕走上了绝路，有谁不惋惜万分呢！

什么原因使这位同学如此轻生呢？看来主要是两个方面的原因：一个是担心今年考不上大学没有前途，一个是经受不了社会和家庭的压力。如果在她感到苦闷彷徨、悲观失望的时候，有人能加以正确的指点和引导，帮助她认清前途，她完全可能会正确对待，重新振作起精神来。

前途不决定于一次考试

每一个中学毕业生都在关心自己的前途，都想为自己的未来画一幅最美好的图画。但是，一个人的前途怎么会决定于一次考试，决定于上不上大学呢？现在实行的高校考试制度总的说是好的，但并不完善，一次考试不一定能反映出一个人的真实水平，考场上的偶然失误也是常有的事。好马也有失蹄的时候。至于一个人能否成才，能否有所作为，关键在于他是否有远大的理想、坚定的意志和顽强的精神。有的同学如果立志深造，下定决心要上全日制大学，那么当年考不上，可总结教训，抓紧自学，明年再考，明年考不上，后年还可再争取。从上海的情况看，今年高中毕业生数量较多而大学招生数较少，被录取的机会是要少一些。但是，由于计划生育奏效，中等教育结构改革，本市从1982年起，高中毕业生的人数将要大幅度减少，不再是10万20万，而是只有几万了。同时，由于生产的发展，国家建设的需要,大学招生数逐年增加,升学考试的情况就不会像今天这么紧张,录取的机会将会增加,迟一二年上大学也并不晚。

为人民服务前途广阔

退一步说,即使你最终都没有考上大学,那也没有关系。在我国,党和政府为青年们提供的学习机会是很多的,你完全可以通过业余高等学校或是自学,达到深造的目的。俗话说,有志者,事竟成。你们现在才十七八岁,来日方长。美好的前途正等待着你们去争取,你们有什么悲观失望的理由呢?爱迪生、高尔基上的就是"社会大学",不是同样取得了伟大的成就吗?

如果不准备升学,那就准备就业。那也同样有着广阔的前途。在我们这个社会主义制度的国家里,一个人只要有一颗为人民服务的心,认真工作,钻研业务,同样可以成为某一行的专家,受到人民尊敬。这种例子多得很,报上几乎天天有这方面的报道。

要正确对待舆论压力

对于青年的就业,党和政府还是非常关怀的。即使在目前国家还处在十分困难的情况下,仅上海一个地方,去年一年就安排了 40 万人。这是很不容易的。当然,安排要有一个过程,可能要待业一段时间,这应当有思想准备。当你考不上大学,或是暂时待业在家,难免有人会议论。怎么办? 如果是一些出于关心而埋怨责怪的话,就作为一种鼓励和鞭策;如果是冷嘲热讽,就不理他,犯不着同这种见识短的人一般见识。重要的是自己要坚定,能正确对待,能经得起困难的考验,并且能抓紧时间学习,为今后的就业创造更好的条件。

也许有人会说,说说容易做做难,因为你自己不是处在这个境地,说大话、说空话、说风凉话是方便的。所以,我还得讲一点自己过去的经历。我初中毕业后,因为家境困难,读不起书,当了一年小学教师,以后读了师范学校,毕业后也有一段时间找不到工作,一直到 25 岁时才上大学,尝过失学、失业的味道,听过别人的议论。那时还是旧社会,对青年谁也不关心。这同今天祖国四化在望,党和政府十分关怀青年的情况完全不同。我们有什么理由因为暂时的困难,或一时的挫折而垂头丧气,感到前途渺茫呢?

我们的口号应当是"一颗红心,两种准备,志在四方,献身四化",核心是献身四化。有了献身四化的决心,就会产生一往无前的勇气,任何艰难险阻都不会影响自己前进的步伐。现在,你们离毕业只有两个月了,时间宝贵,要定下心来,排除不必要的烦恼,抓紧学习。但也不要太紧张,不要被"题海"搞得头昏脑涨,甚至弄垮了身体。千万不能因为前途问题背上沉重的包袱,搞得神经紧张,胡思乱想。这样对学习和身体都是不利的。

愿同学们心情开朗,精神愉快,积极向上,努力学习,以更好的成绩迎接祖国的挑选。

1980 年 5 月 16 日《青年报》。

教育科研的重大成果——《教育大辞典》

"七五"期间国家教育科研重点项目《教育大辞典》，经全国 1000 多位专家、学者 5 年时间的艰辛工作，已由上海教育出版社出版，与广大教育工作者见面了。我有幸作为这一巨大工程的倡议者与策划者之一，由衷地感到欣慰。

我国教育历史之悠久，内容之丰富，是世界少有的。新中国成立后，我国教育对祖国的文化传统，去其糟粕，取其精华；继承了中国共产党领导下的革命根据地所创造的特有经验；根据我国国情，又有了许多新的创造与发展。所有这些内容，我国过去编写的工具书中，很少有所反映，或表达得不正确、不全面。旧中国也出版过两本较大型的教育辞书，即二三十年代由中华书局和商务印书馆编写出版的《中国教育辞典》和《教育大辞书》。它们距离今天已年代太久，内容大都比较陈旧，而且收的词目不过两三千条，内容显得单薄。

十一届三中全会以来，我国教育科研队伍有了很大发展，水平也有很大的提高，改革开放以来，获取和收集国外教育信息的工作也很有成绩，可以进行比较研究。加上前面提到的我国有大量特有的、十分丰富的资料，编写一部立足本国、面向世界的教育百科辞典，条件是具备的。

这部《教育大辞典》是一部包括教育学、教育心理学、教育哲学、教育经济学、教育社会学、教育边缘学科、教育技术学等 25 个分册的"教育大百科"，合订成 12 个分卷。我国教育部门的理论工作者和实际工作者终于有一本自己编写的工具书了。

1990 年 9 月 20 日《中国教育报》。

把《中学生文库》编得富有时代气息

培养人才的奠基工作,重点是抓基础教育,特别是初中阶段很重要,所以我主张文库的对象主要是初中学生。现在专家、学者都愿写普教读物,普通教育就大有希望了。一本好书的作用是无可估量的。

现在的小学生到大学毕业是 2000 年,我们出版物要面向未来,就应考虑为21 世纪的建设人才做什么准备,打什么基础。从这个标准出发,文库应该给学生以广阔的天地,可以多层次、多样化。课外活动是课堂教学的补充、延伸,这个提法从教育思想上说,没有脱离旧框框,似乎是从封建主义走向半开放,仅将小脚放大,是不行的。

我们要面向世界,就应该让学生了解世界经济情况的发展,比如第二次世界大战后日本为什么发展很快? 新加坡、韩国又是怎么一回事? 第三世界怎么在发展? 等等。这些方面都可以搞一些选题。

国内经济发展情况也要介绍。学生有这方面的知识和思想准备,就会有抱负有理想。可以写的题材很多,如长江三角洲、沿海地带建设是 21 世纪发展的重点,我国发展经济带战略性的设想,等等。为什么过去五口通商的城市发展起来了,而别的地方不发展? 为什么解放前上海在经济等各方面超过香港、东京,现在倒不如这些地方? 要写好这类书,应该像某些经济学家作形势报告一样,思想解放一些,从历史教训谈起,再介绍现状和未来。这样就很有味。

组织中学生进行考察,是加强第二课堂的一项措施,上海比较重视,投资不少。有的中学生参加了地理考察活动,决心从事地质专业。航海、天文、生物等都要搞考察。这方面可写出很多生动活泼的东西,学生会喜欢看的,作用很大。

　　总的来说，设计这套《中学生文库》规划，指导思想要解放，视野要开阔，要打破陈旧观念的束缚。这样，文库才能充满新意、具有时代气息，做到"三个面向"。

1985 年 11 月 24 日《教育书讯》。

教师节有感

教师节将到了，报社同志要我写篇短文。教育这一行，我已经干了半个多世纪，什么甜酸苦辣都尝过，碰到自己的节日，总不会没有所感吧，所以就答应了。可是，提起笔来却又不知从何说起，整整想了两天，稿纸撕掉好几张，就是写不出。

谈谈社会应当如何尊师重教吧，马上就想到这些年来这方面的话已经谈得够多的了。"百年大计，教育为本"，"教育兴国"，"教育兴市"，以及要使教师工作成为受人尊敬、令人羡慕的职业，等等，说得何等正确、透彻、深刻！我还能说出比这些更好的话吗？

说这些话只是停留在口头上、文件里，并没有真正落实，因而批评、指责一番，发一通牢骚。这不应该，因为这与事实不符。近年来，我常有机会到全国各地去走走。从沿海开放地区到西北、西南边陲，从人口稠密的大城市到原始森林的小村寨，几乎跑遍了大半个中国，亲眼目睹了党的十一届三中全会以来所发生的深刻变化。到处都在发展，经济建设是如此，教育也是如此。把教育放在重要的战略地位不完全是一句空话，在不少地方已是看得见摸得着的正在变革着的事实。

说对教育重视得还不够，教师的地位和待遇提高得还不快，教育的困境还远未摆脱，这也是事实。但对此要作具体分析，不能笼统地加以批评、指责。首先是原来的教育基础确实太差了，改善需要时间。单单要解决学校的"一无两有"问题就得多少钱？其次是国家建设千头万绪，百废待兴，而国力有限。总不能别的什么都不管，只顾教育这一头吧！第三，在我的接触中，的确有一部分人，包括领导干部，他们对教育重要性的认识问题还没有真正解决，或者只是口头上说教育重要。中国如此之大，干部如此之多，要求他们都一步达到同样的认识是不可能的。认识有先后是正常的事，不能以此来否定全局。对那些认识尚未到位的同志，也不该简单地"扣帽子""打棍子"。人们坐的位子不同,思考的路子就会有差异。俗话说:"屁股指挥脑袋",也有一定道理。你说教育重要,他说难道吃饭、住房、交通就次要?你说教育关系到千家万户,他说扫马路、倒马桶就不涉及千家万户?你说教育关系到子孙后代,他说我今天火烧眉毛的问题还没有解决,子孙后代的事情哪有工夫去考虑?这样争论下去没完没了,不是个办法,所以只能多做宣传,多做工作。同爱国不分先后一样,认识也不分先后。哪一天认识到,我们就要欢迎。因此,从这个角度,我也没有什么新鲜话可说。

外部的事情不谈,就谈谈教育内部吧。我们这支队伍总体是好的,这没有问题。我曾在一次有高层领导参加的会上说,全国各条战线当然是解放军这支队伍最好,最过硬,最受人爱戴,所以全国要学解放军。除此以外,我看就要数中小学教师这支队伍了。他们是那样的勤奋工作,廉洁奉公,坚持对青少年进行品德教育和四项基本原则教育,为社会主义宏伟事业精心培养接班人。特别是"老、少、山、边"地区的小学老师,真如鲁迅说的,他们吃的是草,挤出来的是奶。我每次去他们那里,此情此景真使我感动得要掉眼泪。可是,这支队伍也不是没有问题。据各方面反映,这支队伍的素质在下降:老的骨干教师成批离退;一些水平高,有路子的教师外流;优秀的中学毕业生不愿报考师范;还有一些人,业务水平低下,思想品德不足为人师表。许多同志忧心忡忡,担心这样下去怎么办?

教师这个职业在我国之所以历来受人尊敬,是因为教师承担着传道、授业的重任。要传道,自身就得有道;要授业,自己的业就要精。若是道不高,业不精,怎么会获得社会的尊敬呢?人必自重,才能被别人所看重,人必自尊,才能获得别人的尊敬。且不说古人,就看看近代的教育家徐特立、蔡元培、竺可桢、陶行知和陈鹤琴等。他们之所以受人尊敬,就是这个道理。陶行知不留外洋回故土,不当教授办中小学,"捧着一颗心来,不带半根草去",一心为人民,一心为教育,何等的高尚!而这几年,在扭曲了的商品经济观念影响下,教育也商品化了。拿多少钱干多少活,只要能创收,毫不顾惜师道尊严,这类事情还少吗?既然你把自己放在商品架上,别人也就把你当商品来看待了;对商品,当然谈不上什么尊敬不尊敬。

世界上有两类富翁:一类是物质上的,一类是精神上的。陶行知大概属于精神上的"万元户"、物质上的"困难户",所以令人敬佩,也令人羡慕。去年我去温州考察,参观了一个发了大财的个体户家庭。新建的四层"洋房",八大间加上几小间,室内布置够得上豪华级。可是,我上上下下,里里外外观察,没有看到一本书,除了挂历之外,也没有见到一张纸。对这个家,我称之为物质上的"万元户"、精神上的"赤贫户"。可能有人会羡慕它,但不见得会有人尊敬它。

能做到物质与精神双丰收当然好,但"此事古难全"。我翻阅古今中外历史,得出这样的结论:当教师的永远发不了财。日本教师的待遇在世界上是属于最高的。可是,日本文部省的官员对我说,在日本的 13 个主要行业中,教师的待遇排行 11。美国就更不用说了。他们也在大声疾呼:优秀教师流失得太多了。教育工作者成不了物质上的富翁,却可以成为精神上的富翁。在这个问题上我是早就死了心的,不管别人如何暴富,生活如何阔气,我是决不眼红的,因为眼红也没有用,徒然使自己动肝火。前年,我曾想拜托书法家为我写个条幅,准备写上我自己胡诌的四句话:"知足常乐,自得其乐,苦中寻乐,老有所乐",争取多活几年,做个"四乐"老人。这里讲的知足,当然是指物质上的知足;对于事业,我是永不知足的。

这么一说,可能会引起误会,以为我不主张提高教师待遇,是主张"体脑倒挂"的。绝对不是这样。多少年来,我也参与了为提高教师待遇而奔走呼号的队伍,有会必叫,因为现在的状况实在太不合理了。但我也有一个"度"。这个"度"就是要让教师有一个小康的生活水平,有一个安定的可以工作与休息的"窝",不能让做教师的太委屈。上面那一大段话是对我们自己讲的。我们对自己要有一个唯物主义的认识。我赞成在我们内部开展一个学习陶行知的活动,以提高自己的素养,来获得社会的尊敬与羡慕。

这就是我的教师节有感。

1990 年 9 月 8 日《解放日报》。

伟大的理想——"缔造未来"

——纪念宋庆龄诞辰 100 周年

宋庆龄是伟大的爱国主义者,同时也是伟大的国际主义者。一生中,她始终执着地关注中国的命运、世界的命运、人类的前途。她热切地希望中国、世界、人类都有一个美好的未来。这个未来的社会里,没有剥削,没有压迫,没有强权,也没有战争。

但是,美好的未来不会自动从天上掉下来,需要人们去努力争取。为此崇高的目标,人类中的先进分子提出过各种各样的方案,进行过不屈不挠的斗争,前赴后继,可歌可泣。宋庆龄,作为一位伟大的政治家,发出了"缔造未来"的呼吁。

正是基于这一点,她始终如一地把满腔的热爱与期待的目光,倾注在千百万少年儿童的身上,关心他们的苦难与欢乐、学习与思想、生活与健康,关心他们的今天与明天。她关心每一个少年儿童,尤其是那些陷入苦难的少年儿童。

旧教育制度总是追随各种趋势,教育少年儿童要适应今天的社会,而不是教育他们去缔造明天。宋庆龄却提出要"缔造未来",不仅仅是为了某一个或几个少年儿童,而是为了全人类。这是何等的有远见,这是何等博大的胸怀。

人人都会说少年儿童是我们的明天,但是真正重视并努力实践的人究竟有多少?更多的人是对"今天"感兴趣,包括一些身负重任的领导人。他们能花大力气抓经济建设,却不肯分一些精力去关心少年儿童教育;或者也注意抓教育,但只关心高等教育,不关心基础教育。因为抓经济建设、抓高等教育可以较快地在"今天"收效,而基础教育需要多得多的时间才能见效,那是属于"明天"的事。邓小平同志讲:"现在小学一年级的娃娃,经过十几年的学校教育,将成为开创 21 世纪大业的生力军。"所以,"忽视教育的领导者,是缺乏远见的、不成熟的领导者,就领导不了现代化建设。"这是对这些同志的批评。

同小平同志高瞻远瞩一样,宋庆龄如此全身心地、执着地关心少年儿童,不是出于一般的慈母之心。她是以政治家的眼光来看待这一事业的,为的就是"缔造未来"。

现在世界即将跨入 21 世纪,人们正在研究与分析人类将面临哪些挑战,应采取哪些对策。一些有眼光的政治家、科学家已开始把注意力集中到对少年儿童的教育上,研究面对 21 世纪的挑战,如何重新确定教育的方向?年轻人必须学习和掌握的知识、技能、能力和价值观是什么?如何指导年轻人对待高科技时代的来临和生态环境的恶化?如何帮助他们理解进行国际合作、文化交流和处理好人际关系的意义?如何教育他们在增强对本国本民族的感情的同时,发展对其他国家和民族的感情,增进对不同文化、信仰、价值观的理解与尊重,等等。

联合国教科文组织曾建议把"学会关心"作为 21 世纪的教育的指导思想。他们认为,当前和未来人类所面临的种种挑战,包括政治的、经济的、科学技术的、生态环境的,既复杂又严峻,都已远远超出个人的范围,甚至一国的范围。所有这一切,都迫使我们去重新检讨人类的生存和生活方式,不能不考虑倡导一种"全球合作精神"。教育是面向未来的事业,负有培养未来一代又一代新人具有应对这些挑战的责任感、意志、信心、素质和能力的使命,要教育他们关心这些全球性问题,使他们从只关心自我的小圈子里跳出来,"关心社会和国家的经济、生态利益","关心全球的生活条件","关心他人","关心家庭、朋友和同行","关心其他物种","关心真理、知识和学习",也"关心自己和自己的健康",等等。

我认为"学会关心"这个思想,同宋庆龄早就提出、一贯倡导并身体力行的主张是符合的。可以说,宋庆龄的思想正在走向世界。

1993 年 1 月 27 日是宋庆龄诞辰 100 周年纪念日。我们在怀念这位伟大人物的同时,要学习她的思想,宣传她的思想;在大力加强经济建设的同时,要加强精神文明建设,特别要教育少年儿童,使他们了解中国,了解世界,了解人类,了解在"缔造未来"的伟大使命中自己应该承担的责任。

宋庆龄有一个最大的愿望,就是要把"最宝贵的东西给予儿童"。今天,什么对儿童是最宝贵的?我认为,现在我国已经使亿万少年儿童免受饥饿、失学之苦,在这样的情况下,对儿童最宝贵的东西莫过于改革教育,使他们树立起缔造未来的理想、信念、勇气,教给他们实际才能,使他们在进入社会的时候不至于因准备不足而手足无措。

1992 年 10 月

《心系儿童　缔造未来——宋庆龄儿童教育思想和实践研讨会文集》,1993年 1 月。中国福利会上海宋庆龄基金会编。

学陶有感

——为纪念陶行知诞生 100 周年而作

　　我不是陶门弟子,然而我是陶行知的崇拜者,崇拜他的为人,也崇拜他的思想。可以说,我之所以走上教育工作岗位,主要就是受陶行知的影响。在以后的长期工作中,无论是我的教育思想,还是我的教育实践,从中都可以找出一些陶行知教育思想影响的痕迹。50 年代批判陶行知的教育思想,我思想上是不通的,只是在当时的条件下,怎么不通也只能闷在心里。好在我从来没有打过陶行知的旗号,所以不表态也无人找我麻烦。党的十一届三中全会以后,在为陶行知正式恢复名誉以前,全国酝酿成立陶行知教育思想研究会,我也是积极分子,并且参加了在陶行知家乡开的第一次预备会。

　　恢复陶行知的名誉,成立陶研会,组织陶行知教育思想研究,等等,都完全是应该的。我总认为,每个人的生命都有终结之日,一个干部也有下台之时,唯独事业与真理是长存的。正确的有益的思想,不会因提出这个思想的人死去而消失,更不会因他受批判而完结,不管这个人有没有做官与官做得多大。中国近百年来,当过教育部长的人可能数以百计,可是其中的绝大多数早已被人们遗忘,而陶行知却永远留在人们心中。陶行知是我国近现代教育史上的一块丰碑。他的思想、他的实践,至今还没有人能超过。外国人中还有因专门研究陶行知教育思想而获得博士学位的。作为陶行知的故乡,怎么能不研究呢!雨过天晴,这些问题都已解决。现在对陶行知教育思想的研究,已不限于陶研会的成员,不限于少数专家,不是关在书斋里作纯学术讨论(这些无疑也是必要的),已发展为一个广泛的群众性的学陶活动:学习陶行知提倡的师德,也学习陶行知的教育思想。这是一个重大的发展。根据我的记忆,不要说在陶行知生前,就是在他去世以后,从来没有过由领导部门号召、组织、领导的群众性的学陶活动。甚至可以说，新中国成立以后，领导部门除了曾经大张旗鼓地组织学习凯洛夫《教育学》以外，就没有组织过学习某一位教育家的教育思想。这是第一次。

这样做对不对呢？有没有必要呢？我认为是对的，是十分必要的，非常有针对性，非常有现实意义。

在"一切向钱看"的思想严重侵蚀这支负有神圣使命的教师队伍时，我们多么需要有陶行知所倡导并身体力行的"捧着一颗心来，不带半根草去"的献身精神！

在普遍满足于口号、标语，而不一定真干、实干，相当多的人满足于讲那些被人们挖苦的"正确的废话"，而不解决实际问题时，我们多么需要陶行知所倡导并身体力行的"千教万教，教人求真；千学万学，学做真人"的求真务实精神！

在与当前只崇尚书本知识，轻视实践，重视课堂，轻视课外，一切为了升学的办学模式作斗争时，学一点陶行知主张的"教、学、做合一"的教育思想，恐怕也是大有好处的。

陶行知一生所表现出来的永不停顿的改革精神与进取精神、创造精神，不正是我们当前迫切需要的吗？

等等，等等。

当然，时代不同了，学陶也不能搞教条主义。在中国共产党领导下，中国已经"换了人间"，早已不是陶行知当年所处的社会条件了，我们所追求的目标与他也有着很大的区别。

譬如说，陶行知曾有过一个理想，就是"要筹集 100 万元资金，征集 100 万位同志，创办 100 万所学校，改造 100 万个乡村"。现在，九年制义务教育正在全国范围内实施。国家投入的资金何止 100 万！征集的教师、创办的学校、正在改造的乡村，又何止 100 万！

前些时候，联合国儿童基金会在上海召开基本教育与国家发展——中国和印度的历史经验国际研讨会。从会上提供的材料看同样是 40 年的时间（新中国成立与印度独立都是 40 余年），同样是人口众多的发展中国家（中国超过 11 亿，印度超过 8 亿），同样有悠久的历史与优良的文化传统，但基础教育的发展，我国明显地优于印度。其根本原因就在于两国的政治制度不同。这显示了社会主义制度的无比优越性。

近年来,我国在农村开展的以"燎原计划"为中心的教育改革运动,已大大超过陶行知当年倡导的"科学下嫁"活动。我国目前正在进行的农村教育改革,同样受到联合国教科文组织的肯定与许多外国官员、专家的交口称赞。前不久在山东召开的国际研讨会,向全世界特别是第三世界推广了我国的经验。

从根本上说,我们当前正在努力奋斗、艰苦探索的是创建有中国特色的社会主义的现代化教育体系。这一点,比当年陶行知倡导并希望创建的教育体系,不说性质上有何区别,至少要深刻得多,也广阔得多。所以,今天学陶,只能学习、吸取、继承,并根据新的历史条件加以改革、发展,不能完全照搬。过去有人称孔子是"圣之时者",就是说孔子的思想是随着时代的演变而演变的。孔子是否真是如此,我没有研究。但陶行知倒确确实实是个"时者",他的教育主张总是随着社会的发展与形势的变化而发展、变化,最实事求是,从实际出发。他 20 年代提倡平民教育,30 年代提出"国难教育",抗日战争开始后提出"战时教育",抗战胜利后提出"民主教育"。如果陶行知活到现在,可以断言,他一定也会赞成并积极参加创建适合我国国情的社会主义教育体系的宏伟事业,来迎接面临的和平演变与新技术革命两个挑战,进一步发展他的教育思想,决不会墨守成规,一成不变。

陶行知是一个伟大的教育思想家,也是一位伟大的教育实践家、改革家。我们学陶,要学习他的教育思想,更要学习他的爱国精神、实践精神与改革精神,因为"一个实际行动,胜过一打宣言"。最糟糕的是热闹一阵子之后,一切照旧,或者只在口头上说说而不付诸行动。但愿不要出现这个局面。

1991 年 10 月《解放日报》。

实践　创造　献身

——为陈鹤琴先生塑像建墓有感

上海是我国中西文化交汇、结合得最早的城市，也是最早冲破封建教育体系，建立近代教育制度的地方。在这块土地上为陈鹤琴先生塑像建墓，让人们永远纪念他，是非常合适的，也是完全应该的。这对于正在从事艰苦卓绝的创造性劳动的所有教育工作者，无疑是极大的鼓舞。这件事告诉人们：凡是一辈子为人民做好事的人，人民是不会忘记他的！

陈鹤琴先生是我国现代最著名的教育家之一，同陶行知先生一样，是我国近代教育的开拓者，尤其是他对儿童教育事业从理论到实践所取得的成就，在我国可以说至今还没有人能超过他。他坚持反对陈腐的传统教育，完全赞同陶行知先生对传统教育弊端的深刻抨击，认为这是一种"教死书、死教书、教书死；读死书、死读书、读书死"的死教育，从而提出了"活教育"的理论。他大胆吸收西方现代教育中的先进思想，但坚持反对照抄照搬，认为抄袭西洋做法"不切合中华民族性，不适合中国国情"。他说："我们的小孩子不是美国的小孩子，我们的历史，我们的环境，我们的国情都与美国不同"，"应当处处以适应本国国情为主体，这样才能充分适应社会的需要"。这些主张在今天听起来，仍然令人感到亲切入耳，有十分深刻的现实意义。现在不少学校和教师不正是在片面追求升学率的压力下，依然在干着"把活人教死"的蠢事，甚至有过之而无不及吗？

陈先生的更为可贵之处在于他不是关在象牙之塔里搞学院式的研究，而是不停顿地进行改革的实验。他一生中创办了南京鼓楼幼稚园、江西幼儿师范、上海女子师范、国立幼儿专科学校，等等，带领教师开展教育科学研究。所以，他不仅是一位有卓越建树的教育理论家，也是在我国教育事业的发展中作出重大贡献的教育事业家、实践家。在陈先生的身上，我们可以看到理论与实践的生动结合。这对于我国当前正在艰苦探索创建有中国特色的社会主义教育体系的广大教育工作者，无疑也是一个值得学习的榜样。

陈先生为中国的教育事业奋斗 60 年，为造福儿童、培养人才、改造社会、创造未来鞠躬尽瘁，献出了全部心血，实践了他"一切为儿童，一切为教育，一切为四化"的宏愿。人不能没有物质生活上的追求，搞四化的目标之一，就是要让人民能过更加富裕的物质生活，能同世界发达国家的人民一样，享受到人类创造的物质财富，但是追求物质生活只能是做人的一个方面，除了这方面之外，作为一个真正的人，还应当有精神生活方面的追求。因为人毕竟不能只是一个"经济动物"。而在这一点上，陈鹤琴先生提出的三个"一切"的精神，他在艰苦环境中的创业精神，他一生的全身心的实践，更是值得我们好好学习的。

我在 30 年代刚开始参加教育工作时，就接触到陈先生的作品，十分仰慕，只是无缘拜识，直接受其教益。1946 年下半年，我来上海工作。第一学期到一所当时由我们地下党创办的中学——省吾中学任教时，才第一次认识陈先生，并在他的领导下工作。因为他当时兼任这所中学的校长。尽管他来校的时间不多，但他作为一个著名教育家、一个造诣很深的学者的风范，至今仍给我留下深刻的印象。

建墓塑像是对陈先生的一种崇敬的怀念形式，但是我们不能停留在这一步，更为重要的是要学习陈先生的实践精神、创造精神和献身精神。因为目前我们实在太需要这种精神，太需要有成千上万像陈先生那样的教育家了。

1989 年 1 月 13 日《文汇报》。

生命不息　战斗不止

　　董纯才同志离开我们已经一年了,但他的教育思想、他的工作精神,仍活在人们的心中。

　　在我的回忆中,新中国成立以后,担任过我国普通教育战线领导人的不少,然而像董纯才同志那样影响之大、时间之长的,可以说是绝无仅有。

　　1952年以前,董纯才同志虽然还没有到中央工作,但他主持创造的东北地区教育经验,已经在全国广为传播。据我的记忆,当时上海对旧教育的接管改造,很多是借鉴东北的经验的。一本当时出版的《东北教育》杂志,在上海不少中小学干部中,被视为工作的指南。他被调到中央教育部以后,学校管理体制与干部、师资培训制度的建立,教材建设与教学方法的改革,教育实验工作的开展,教育科研工作的开创,直到以后中小学工作条例的制订,乃至整个普教事业的发展,无一不凝聚着董纯才同志的心血,无一不是在他的主持或参与下奠定基础的。粉碎“四人帮”以后,董纯才同志已过古稀之年,仍然为教育战线的拨乱反正、深化改革奔走操劳,发挥余热。我想,把董纯才同志称为新中国普通教育事业的重要开拓者与奠基人之一,是不算过分的。

　　董纯才同志给我们的印象,与其说是一个高级的领导干部,倒不如说是一位学者、长者。他正派、求实、高尚、朴素、平易近人、谦虚谨慎,总之,他的学识与为人,都令人尊敬。在他面前发表意见,可以没有顾虑,可以畅所欲言。

　　最令人感动并使人受到教育的是他对党的教育事业的忠诚,以及他执着追求的工作精神。他年轻时就师从陶行知先生,以后又长期从事党的教育工作,有高深的理论素养,又有极其丰富的实践经验,但是他仍然孜孜不倦地追求,直至呼吸停止。真可谓是生命不息,战斗不止。

我与董纯才同志第一次认识,记得是在 1954 年。当时我在上海一所中学任校长,教育部召开部分中学校长会议,通知我去北京参加。会议的主题是讨论如何结合中国实际,学习苏联经验,进行教学改革,提高教育质量。董纯才同志亲自主持会议,自始至终认真听取来自第一线工作的同志的发言,并亲自作了总结。之后,虽然也多次在全国性的会议上见到他,不过都是大型会议,他在台上,我在台下,没有直接交谈的机会。其中有一次,记得是 1958 年,中央召开全国文教书记会议,我跟随当时分管上海教育的刘季平同志参加了这次会议。有的同志在会上对教育部学习苏联经验和凯洛夫的《教育学》提出了批评,董纯才同志在大会上作了说明和自我批评。我当时对苏联经验也是深信不疑的,而且在实践中觉得这本教育学并非一无是处,对于我国普通教育的改革,对于建立统一而严密的教学管理制度,对于改进课堂教学,对于提高师资水平与教育质量,都起了积极的作用。所以,我认为照搬虽然不好,但也不应全盘否定,认为批评有点过了头,因而内心很替董纯才同志不平,觉得董纯才同志自我批评是在委曲求全,是在顾全大局。

对于 50 年代学习苏联教育经验这件事,要采取历史唯物主义的态度。当时这样做有其必然性,而且成绩多于缺点。新中国成立以来,人们公认我国教育有三个最好的时期,50 年代就是其中一次,也是第一次。我国现在各条战线正在起巨大作用的大批骨干力量,正是在那个时期打下扎实基础的。实践是检验真理的唯一标准。既然历史已经证明那一段时间是建国后教育史上最好的时期之一,而那一时期的教育又是学习借鉴苏联教育经验后建设与改革的,二者不可分,那么,怎么能说这一时期成绩很大而工作是错误的呢?依我今天的认识,当时学习苏联教育经验,如果区分缺点与成绩,至少应该是三七开,缺点是三分而成绩占七分。当然,并不是说今天我们仍然要回到 50 年代去,更不是说今天仍然要强调学习凯洛夫主编的《教育学》,这里是讲历史,而不是讲现在。

董纯才同志与我直接接触是在粉碎"四人帮"以后的拨乱反正时期,是在他已经过了古稀之年的晚年。1982 年前后,他多次来上海调查,每次来都是先打电话给我,要我为他作好安排。每次他来,总是把日程排得满满的,深入学校,与干部、教师谈话,还深入课堂听课,找学生座谈。记得有一次是调查育才中学教改的实际情况。活动结束时，他还亲自对全校教师做了一场调查总结报告。由于年老体弱，他讲话声音很低，坐在稍后一点的教师听不清。我劝他讲得短一点，有什么看法我们可以转达，但他还是那么认真地把话讲完。

当时，上海郊县的教育改革已经开始。上海县友爱中学面向农村，为农村建设服务的改革，南汇县大团乡的三教统筹改革，都已经取得了初步成果。董老听了十分高兴，坚持要亲自下去看一看，看了以后，对改革的方向给予充分肯定，使那里的干部、教师受到很大鼓舞。

当时，董老的身体确实已经相当衰弱。最使我紧张的是有一次他来上海，一天早晨我去他的住处接他，他若无其事地告诉我：昨晚心绞痛，现在好了。我听后真是吓了一大跳，这样的高龄，半夜发生心绞痛，又没有人同房陪伴，多危险。我劝他今天好好休息，不要去学校了，但他坚持说，已经约好的活动不应改变，还是去了学校。那次陪同他来上海的是一位很年轻的女同志，只能安排住在另一个房间，晚上无法照顾。所以第二年北京来电话说董老还要来上海调查，要我安排时，我就提了个意见，一定要安排一位年龄稍大一点的男同志陪同前来，便于照顾。董老这种鞠躬尽瘁、一心为教育事业的精神，的确令人崇敬。

董纯才同志已经永远地离开我们了，留给我们的是他的思想、他的精神，以及他呕心沥血参与开创的新中国的普教事业。我常想，人都会死，干部也会换届，唯有思想与事业是永存的。纪念董纯才同志的最好办法，是继承他的遗志，像他一样全身心地投入到当前正在进行着的深化教育改革的洪流中去。

《董纯才纪念文集》，教育科学出版社 1992 年版。

读林汉达同志《向传统教育挑战》一书有感

端正教育思想，按教育规律办事，培养适应时代需求的人才，这已成为当前各级领导、社会各界人士，特别是教育界的同志们所普遍关心的重大问题。中央主要领导同志前不久也提出要把这些问题讲讲透。如何才能讲透？从哪些方面来讲透？尽管发表的文章已不少，但总嫌不透，特别是从教育科学的角度来讲，总觉得讲得还比较泛，还没有深入下去。

最近，原之江大学的校友向我推荐了一本林汉达同志编著的《向传统教育挑战》一书。看了之后，觉得它仿佛就是针对当前讨论的问题而写的。这本书尽管出版于 1941 年，离开现在已经有 40 多年了，但所提出的问题，很有现实意义，对于端正教育思想、探索教育规律的讨论，很有价值。

这里不妨先引用韦悫同志为这本书写的序言中的一大段话："世界上没有一个国家的教育，比中国的教育，更为传统的了。我们的教育有中国的传统，还加上西洋的传统，这样就成为双料的传统教育了。传统教育，在内容方面，特别注意保存固有的意识形态与生活方式，在方法方面，只致力于把前代的学术、思想与制度传给后代。因为守旧的迷信与偏见不能打破，我们过去和现在的教育改革不能彻底，教育就没有进步。""前进的教育认为教育的主要机能是生活的改造，就是，天天革新，天天求进步，使生活更能满足人们的需要，更能合乎人们的理想。因为如此，所以决不能沿用传统式的教学法。而林汉达同志的这本书，正是攻击传统式的教学法"，用"生动的笔调，深刻的见解和透彻的讨论，揭露传统式教育法的缺点"。其中有些话好像也是为今天写的。韦悫同志认为这是一本"破天荒的著作"，"一部极有价值的著作"。

为什么说 1941 年的著作还有很大的现实意义？为什么说它还十分有利于今

天端正教育思想,探索教育规律的深入讨论? 只要看一看林汉达同志在书中提出的,或者说是揭露的问题,就可以明白。

书中提出,教学指导思想上有几种"急需破除的迷信"。

1. 形式训练说。这种理论认为教育的使命在训练各种独立的官能(如记忆的官能),学习成绩的好坏是以训练官能的成效为标准的,而学习的内容是否适应生活的需要倒在其次,即教学工作重在训练形式而非学科内容。如,要学生背书,目的在训练其记忆力,而不在他是否理解文章的内容。

2. 学习迁移说。这种理论认为学会了一种内容,这种能力便可"迁移"到学习其他类似的材料上去。如文言文学好了,白话文自然也通了,大楷写好了,小楷一定也好了,等等,可以一通百通。

3. 练习律与联结说。这种理论认为教学的任务是尽量提供刺激,让学生反复练习,练习愈多,"联结"就愈强,而不重视学习的理解与推理等。

尽管新中国成立以后,很少有人接触过这些学说,也不一定知道这些教育心理学上的名词,但在实际工作中把这些作为指导思想的情况还存在,有的还很突出。当前的满堂灌,学生负担过重、作业过多,死记硬背、考试频繁,不都同它们有关吗?

《向传统教育挑战》一书对上述理论作了较透彻的分析批判。我认为林汉达同志编著的、于40多年前出版的《向传统教育挑战》一书,今天看来还是很有现实意义的。这说明传统思想的厉害,也说明林汉达同志在那时就提出这样先进的、革命的教育思想,是何等的难能可贵! 而我们中间那些至今还在迷恋陈腐的传统教育思想、不愿改革的同志,如果有机会能读一下这本书,是应当感到惭愧的。

当然,这本书毕竟是40年前写的,40年来教育科学有了很大的发展,因此里面的有些内容,特别是一些事例,今天看来难免有陈旧的感觉。但是,我们要学习的是书中的一些基本理论,以及林汉达同志的改革精神。如果能稍作修改,补充些新的内容,联系当前的教育实际,把问题讲得更透彻一些,加以修订重版,那么它对于当前端正教育思想,彻底改革陈腐的传统教育,反对片面追求升学率,都是大有好处的。对此我是非常赞成的,因为直到今天,这样的教育论著实在太少了。

《之江之友》(纪念林汉达先生特刊)1987年第6期。

领导、长者和老师

——怀念伯韬同志

伯韬同志给我留下的印象是永远难以忘怀的。他既是领导，又是长者和老师。他那严于律己，胸襟坦率，态度真诚，诲人不倦的精神，令人感到可亲可敬可佩。

解放以后，我曾两度在伯韬同志的直接领导下工作。一次是 1949 年 5 月底，大约是上海解放后的第四天，组织上通知我到当时的市政教育处向伯韬同志报到，听候分配工作。在机关学习和工作了一个月之后，和段力佩同志一起被派去接管当时的缉椝中学（现在的市东中学）。当时我对于如何接管，应当执行哪些方针、政策，以及接管以后如何有步骤地改造旧学校，等等，可以说是一窍不通，只是凭着一股热情去工作。以后完全是在伯韬同志的亲切关怀与具体细微的指导下，一面学习，一面工作，才使工作得以顺利开展。在伯韬同志 1954 年离开上海的时候，这所被国民党严密控制的学校，经过改造，已经初步建设成为一所社会主义性质的新型中学了。

第二次是在 1964 年，我被调到中央教育科学研究所当研究员。伯韬同志是研究所的所长，我又在他的直接领导之下工作。我长期在基层工作，以后搞了几年的机关行政工作，对科研工作又是一窍不通，连如何确定科研专题，如何制订科研计划，如何着手进行研究等都不懂。伯韬同志找我就上述问题作了详细谈话，指出，教育科研一定要从中国的实际出发，在中国教育的实际工作中提出问题，以马列主义、毛泽东思想为指导思想，作出自己的结论，不要从本本出发，从抽象的概念出发，不要只是解说书上的东西、现成的东西，也不要满足于已有的经验，要探索新领域，提出新见解，解决新问题。还指出，毛泽东思想是指导思想，不要教条地孤立地摘引个别词句。对于研究方法,他十分强调要搞调查研究,要蹲点,要深入实际掌握第一手资料。在他的指示与同意下,1965年上半年,我带了一个小组到南京师范学院附中蹲点,在学生宿舍里,一住半年,同学校领导与教师共同战斗,研究教改问题,很有收获。蹲点期间,伯韬同志还曾亲自来南京检查,听取我们的汇报,并进一步作了指导。可惜没有多久,"文化大革命"开始了,伯韬同志遭到批判,我的科研课题也中断了。三中全会以后,我才有机会重新开始并且在更大的范围内进行探索伯韬同志留给我的这许多教导,至今还在指导着我的工作。

粉碎"四人帮"后,我多次去北京开会。每次去伯韬同志家探望,他总是不厌其烦地问这问那,并且总是毫无保留地发表自己的意见,十分关心上海的教育事业,关心教育科学研究工作的进展情况。这种对党的教育事业无限忠诚,对教育工作高度负责的崇高精神,每次都使我深受感动,深受教育,久久难忘,成为鞭策我不断探索具有中国特色的社会主义教育规律的很大的力量。

伯韬同志毕生从事无产阶级的教育事业,真正做到了鞠躬尽瘁,死而后已。现在他离开我们已有一年多了。他的事业,他的理想,每个接受过他领导和教诲的学生,都应当继承下来,继续前进!

《上海教育》1982年第5期。

关于中学语文教学的几个问题

——在全国中学语文教学研究会上的发言

关于文道之争的来龙去脉及其实质

上海从 1959 年初公开在报上开展语文学科的目的任务之争，即所谓的文道之争以来，一争就是 20 年，至今似乎还停不下来。

我曾在《语文学习》第四期上写过一篇短文，声明不再参加文道之争。当时，我认为这个问题在"文化大革命"前基本上已经解决，并已写入全日制中学语文教学大纲（草案），是大家基本同意的。更何况，"文化大革命"这一场浩劫进一步从反面教育了我们，加深和坚定了我们对"文化大革命"前所作结论的认识。我认为现在更不应该争了，应该解放思想，实事求是，以实践是检验真理的唯一标准为指导思想，放手搞好语文教学。现在看来，对上述认识还得作点补充。因为"文化大革命"前这个问题实际上并未真正解决，在当时的政治条件下也不可能完全解决。为了真正搞清语文教学的目的任务，提高语文教学的质量，有必要回顾一下文道之争的由来，争论的背景及其争论的实质。

从我们上海的情况来说，1957 年之前并没有什么文道之争。那么，当时的语文教学难道就是单纯传授语文知识而不注意思想教育吗？当然不是。那时，我们不仅十分注意思想教育，而且思想教育的内容相当广泛，路子很宽。立场观点的教育，知、情、意和真、善、美教育也都很注意，效果也很好。但从 1957 年下半年起，开展"教育大革命"，强调突出政治，头脑开始发热了。在这样的政治气候下，当时市教育局发了一个通知，要求语文课精简原来的课程，补充政治论文，并通过报刊发表文章，发动群众对原有教材实行"砍、换、补"。结果，不少中学干脆丢掉原来课本,全部以毛主席著作和《红旗》社论为教材。这样,不仅削弱了语文训练,而且思想教育的路子越走越窄。其特点:一是抹煞了语文的个性,二是把政治理解得十分狭隘,到后来思想教育只限于阶级斗争一条。于是,有人就提出了语文学科的目的任务究竟是什么的问题,所谓的"文道之争"也就开始了。经过争论,到 1959 年 6 月,市教育局为了进一步贯彻党的教育方针,曾在一个文件中对中学语文教学的目的任务作了明确规定,认为语文教学就是"使学生正确、熟练地掌握和运用祖国的语言文字,培养与提高学生的阅读和表达能力,并通过教学内容的教育与感染,培养学生具有正确的观点、健康的思想感情和高尚的品质"。教育局的负责同志在报告中也指出:"目前忽视语文知识教学的现象必须纠正。"

但是,当时整个的政治形势是在不断批右,反映到语文学科则是片面突出政治,而且,课堂上离开主题,任意发挥,"阳春面加浇头"的情况和把政治搞得狭隘化的倾向并没有停止。于是,又出现了第二次文道之争。当时《文汇报》开辟了"怎样教好语文课"的专栏,两个月内收到稿件二三百篇。大家各抒己见,争论不休。针对这种情况,市教育局再次发出《对当前中小学语文教学的几点意见》的通知,除了重申上述中小学语文教学的要求以外,还特别指出"语文教学贯彻政治思想教育,在于把课文本身的主题思想讲清楚","把文内突出的人物、主要的事实、先进的思想交代清楚,把课文中的词语、文法讲清楚","文章好,好在哪里,要注意什么,最后,使学生获得清楚的概念"。从这里可以看出,《通知》的观点是明确的,语文教师可从中懂得该怎么上课了。但对怎样选编教材的问题仍然没有触及,因为当时的教材是全国统编的。

同年,华东局宣传部一位负责同志在一次讲话中提到了教材,而且第一次点出了问题的实质。他说,"现在是把语文课教成了政治课","现在的语文教材是政治课本,大概第一篇选了毛主席的文章就算政治挂帅了",并指出,"'宁缺毋错'",忽视政治是错误,忽视语文是缺点,这种说法是"'左'的情绪"。

由此可见,"文道之争"的发生,实际上是对当时已经产生的"左"的思潮的一场斗争,是对"左"的影响的一种纠正。

但是,由于当时整个社会"左"的问题没有解决,并越来越"左",因此"文道之争"不可能得到完全解决。不断地批这批那,竟然批到学生头上。我们上海就出现过一场批判学生的一篇作文《茉莉花》的事件。"文化大革命"开始,语文更是首当其冲,是受灾最重的学科。终于,一些学生手持高中文凭,竟然目不识丁。这真是千古奇闻。"四人帮"的极左,使"文化大革命"变成了"大革文化命"。

因此,我认为"文道之争"不是问题的实质。试问,谁反对语文课进行思想政治教育呢?谁认为语文课不要进行语文的基础知识教学呢?谁不承认语文学科是基本工具学科呢?今天,粉碎了"四人帮",批判了极"左"路线,语文教学的目的任务非常明确,没有必要再开展文道之争,如果要提,应该提进一步肃清极左思想的影响和极左路线的流毒。我认为,肃清了极左路线的流毒,以实践是检验真理的唯一标准为指导思想来处理语文教学的目的任务,语文教学的春天就来到了。

此外,我认为,研究语文学科的目的任务时,仅仅肯定语文学科是一门基础工具学科这一点,还是不够的。因为这样很容易被理解为语文学科仅仅是为其他学科服务的,容易使人产生开路——铺路——让路的思想,没有更高的要求,没有雄心壮志。我认为"四化"固然特别需要培养理工医农等各方面的建设人才,语文学科要为学生打好基础,但是,"四化"也十分需要文科(包括哲学、社会科学等)方面的人才。中学阶段也要为培养这些人才打基础。对这些人来说,要求就应该更高一些,甚至在中学阶段就可以让他们初露锋芒。因此,我认为语文学科的目的任务中,还得考虑这么一条:要为发现和培养一批文科人才,一批有才华的作家,一批卓越的思想家、艺术家等作出努力,为他们打好基础。

关于语文教材的"序"的问题

"循序渐进",这是大家所公认的一条教学工作的基本原则。要循序渐进,首先就要有一个"序",要有"序"可循。什么学科都有个"序",独独语文没有明确的"序"。同样一篇文章,可以选进初中课本,也可以选进高中课本,甚至可以放进小学课本。这点上,小学还比较好一些,字、词、句、篇,大体上还有个比较明确的培养目标,所以效果一般都比较好。我看了一些小学生作文,文章不长,几百个字,大都写得比较通顺。到中学就不行了。语文教学仿佛失去了前进的目标和具体前进的路子。事实也证明,许多学生文字上的混乱,往往是从初中阶段开始的。这是值得研究的一个问题。

鲁迅曾在《做古文和做好人的秘诀》一文中说过:"从前教我们作文的先生,并不传授什么《马氏文通》,《文章作法》之流,一天到晚,只是读,做,读,做;做得不好,又读,又做。他却决不说坏处在哪里,作文要怎样。一条暗胡同,一任你自己去摸索,走得通与否,大家听天由命。但偶然之间,也会不知怎么一来,——真是'偶然之间'而且'不知怎么一来',——卷子上的文章,居然被涂改的少下去,留下的,而且有密圈的处所多起来了。于是学生满心欢喜,就照这样——真是自己也莫名其妙,不过是'照这样'——做下去,年深月久之后,先生就不再删改你的文章了,只在篇末批些'有书有笔,不蔓不枝'之类,到这时候,即可以算作'通'。"鲁迅当然是终于走出了这条"暗胡同"的,但是要知道,有多少人始终没有走出这条暗胡同啊!现在的学生,要学习的课程比过去多得多,内容也深得多,还要德智体全面发展,能够花在语文学科上的时间不多。因此,必须在总结前人学习语文的经验和教训的基础上,经过试验,搞出一个明明白白的语文教材的"序"来,为"暗胡同"装上电灯,决不能再让我们的孩子去花这么多的时间在"暗胡同"中摸索了。

1956—1957年期间,采用汉语、文学分科的办法是一次解决"序"的尝试。但显然是由于政治上的原因,来不及总结经验教训,也来不及作些改进,这次尝试很快就停止了。之后,上海曾经努力搞过语文学习的分年级要求,力求明确每学期的教学要求和培养目标,这又是一次有益的试验,可惜也没有试到底,在"文化大革命"中给冲掉了。现在应该有条件来解决这个问题了。非常希望我们广大的中学教师能就这个问题作一番调查研究,提出一个或几个方案来进行试验。方案可以有几个,可以不同,可以争鸣,最后也不一定统一,不妨有几种不同路子的教材。中国这么大,语文教材何必"定于一"呢?但都得有一个自己的"序",这是应该做到的。

关于加强"双基"和发展智力的问题

长期以来,我们十分强调语文教学的"双基"(基础知识和基本技能)落实问题。这当然是对的。但是,我认为,仅仅注意"双基"是不够的。要提高语文教学的质量,培养出优秀人才,还得十分注意观察能力、思维能力(包括形象思维和逻辑思维)、想象能力的培养。这都是学生智力发展的内容和要求。

　　加强"双基"和发展能力,有着密切的联系。前者是后者的基础,没有丰富的知识就谈不上智力的发展。《论语》里有一句话:"学而不思则罔,思而不学则殆。"就是说明"思"与"学"两者不能偏废。在《三国演义》里,诸葛亮和周瑜都是了不起的人物,但从"借东风"一场戏中可以看出诸葛亮的基础知识要比周瑜多些。他们在要用火攻战胜曹操这一点上是想到一起来了,但诸葛亮懂得天文,懂得"天气预报",知道三天后要刮东风,还会起雾,而周瑜不知道。所以诸葛亮就显得比周瑜高明。有了丰富的知识,并不一定就有高度的智慧。我们需要的是既有广博的知识,又智慧超群的有才能的人。教育方针规定要培养的是德、智、体全面发展的人,而不是德、"知"、体全面发展。长期以来,我们往往把智和知等同起来,我们的课堂教学,一般都失之于机械呆板,严密有余而生动不足。越是负责的教师,越是在课前严密设计一节课的教法。讲什么,问什么,板书怎么写,学生练习什么,等等,一分一秒都作了安排,上课时就"按既定方针办",照准备好的上到底,学生是不大有插嘴、提问和思考的余地的。这样,往往把学生爆发出来的智慧的火花扑灭了。一个学生批评现在的教学工作是记忆力用得过多,思维力用得过少,说得相当中肯。在教学方法上,正因为强调"双基",我们总结出了精讲多练的好经验,但从培养学生的才能,发展学生智力的要求来看,是很不够的,因为没有强调一个"思"字。一堂真正的好课,还应该启发学生"多思""勤思",发展他们的思维力。我建议,把"精讲多练"这句话改成:精讲、勤思、多练。

　　《未来世界》这部美国电影,同志们可能都看过了。在这部电影里,成群的机器人从事各种复杂的劳动,简直是真假难分。但是,只要它身上没有装好某种"程序",这件事情它就不会干。在地球上,人永远是万物之灵。灵就灵在人有智慧。如果我们的教学工作只强调"双基",只求把知识和技能装在学生的脑子里,那就只能像在机器人身上安装"程序"一样,学生也可以从事一些复杂的劳动,但是他不会有创造性的劳动,不会有所突破,有所发明。因此,为了为实现"四化"培养一大批出色的人才,赶超世界先进水平,我们的语文教学在强调"双基"的同时,一定要注意发展学生的智力。本学期,我们对部分有经验的教师提出了这方面的要求。经过3个多月的实践、探索,取得了可喜的进展,课堂教学的固定程式有所突破,学生思想显得特别活跃。

从现在看，上海中小学教育、教学工作总的来说还处于整顿、恢复阶段，无数的困难和无限的希望交织在一起。但是这个阶段很快就会过去，小学毕业生的质量一年比一年好。作为中学语文教师，必须考虑怎样接过这一批又一批的小学毕业生，使他们在中学阶段学得更好。形势要求我们要抓紧语文教学的研究工作。我相信，我们能在总结经验教训的基础上，把这个似乎是老、大、难的问题解决好。

(上海)《语文教学研究》1979 年第 1 期。

一定要使语文教学有序可循

中小学语文教学的 30 年,是探索规律的 30 年。30 年中,有过各种各样的争论,也有过各种各样的试验。

争论或试验集中起来主要是围绕 3 个问题:一个是语文学科的性质和目的任务问题,一个是语文教材的体系问题,再一个是语文教学的方法问题。

第一个问题应该说在"文化大革命"前已经取得了基本一致的结论,即中小学的语文学科是一门基础工具学科,主要目的是通过中小学阶段的教学,使学生正确、熟练地掌握祖国的语言文字,能读会写,能理解,会运用。这是任何人从事任何工作所必需的。在所谓文道之争最热闹的时候,对于这一点,争论的双方似乎也没有太大的分歧。曾经先后出现过的把语文课上成政治课,或者上成文学课,这是大家都认为应当反对的错误倾向。

如果不是"四人帮"极左路线的破坏干扰,重新而且是变本加厉地搞乱人们的思想,语文学科的性质和目的任务问题已基本解决。现在,"四人帮"又从反面教育了人们,使我们更加肯定和加深对这个问题的认识。所以,一年前我就对一些同志说过:如果再有人热衷于文道之争,那么我宣布不再参加。正如有的同志所说的,我挂了免战牌。

第三个问题即中小学语文课的教学方法问题,经过 30 年的不断探索实践,也已积累了较丰富的经验,涌现了不少优秀的语文教师。他(她)们的经验各有自己的特点,各有自己的长处和短处。1963 年,我曾经试图对此作一些综合分析,并且写了一篇题为《明确认识,改进工作,进一步提高中学语文教学质量》的文章,发表在当年 8 月份的《上海教育》上,8 月 12 日的《文汇报》也同时刊登过。在时隔 16 年后的今天,我重新把自己的文章拿出来看了一下,尽管文章某些方面的论述还不那么准确和恰当,但其中的基本观点,以及大声疾呼要克服语文教学在方法上存在的形式主义、公式化的现象等,我至今仍然是坚持的,没有太多的改变。我仍然主张教学方法可以有不同的特点,可以百花齐放,百家争鸣,各种流派可以同时并存,一切让实践来检验。不搞"唯上""唯书""唯名(名家)",不要强求定于一尊。

我认为今天需要着重讨论和研究的是第二个问题,即教材的体系问题。我觉得几十年甚至几百年来,我国在语文教材的编写上,始终走的是文选的路子,也就是继承了《昭明文选》《古文观止》的路子。仅仅在 1956—1957 年期间试过一下汉语、文学分科,冲破了传统的做法,但也很快就停止了。

"循序渐进"是大家所公认的一条教学工作基本原则。要循序渐进,就要有一个"序",要有"序"可循。什么学科都有个"序",独独语文没有明确的"序"。小学还好些,以识字为主,字、词、句、篇,大体还有个培养目标。所以小学语文教学的效果一般都较好("四人帮"统治时期出现的小学毕业学生还是文盲半文盲的现象又当别论)。中学就不行了。到了初中阶段,语文教学仿佛是失去了前进的具体方向和具体的"攻击"目标,这个"仗"就没法打了。事实也证明,许多学生文字上的混乱,往往是从初中阶段开始的。我认为这个现象很值得重视,值得作为一个科研题目,花一点力气调查研究一番,从中找出一点带规律性的东西,有针对性地加以改进。

这个"序"的问题,应该在教材体系中体现出来,编写教材时解决。这不是教学方法的问题,主要是制订语文大纲和编写教材者的责任,不是广大教师的责任。

记得鲁迅在回答别人问他是怎样学会写文章的时候曾说过这样一段话,大意是说他开始写作文的时候,老师在他的作文上改得较多,以后渐渐改得少了。再以后,老师在他作文中的某些句子旁边加圈表示赞赏,渐渐圈圈也多了,于是文章就写得通顺、写得好了。他把练习作文比作走一条暗胡同,很长的时间是在摸索,慢慢地看到一点亮光,最后终于走出了这条暗胡同。至于到底是怎么走通的,他自己也说不清楚,只能得出这样一个结论:"文章应该怎样做,我说不出来,因为自己的作文,是由于多看和练习,此外并无心得或方法的。"(《致赖少麒》)鲁迅先生是运用祖国语言文字的大师。他不仅完全走出了这条暗胡同,而且走得如此之好,如此之美妙,如此之高超。但是要知道,有多少人始终没有走出这条暗胡同啊!更何况现在学生要学的课程甚多,要德、智、体全面发展,负担不能过重。因此,我们必须在总结前人的经验和教训的基础上,经过试验,搞出一个明明白白的语文教材的"序"来,决不能再让我们的孩子花这么多时间在暗胡同中摸索了。

汉语、文学分科是从外国"引进"的办法,不失为一次尝试。我认为它的可取之处就在于编了一本汉语课本。这样毕竟有了一个初步的"序",尽管这个"序"是多么不成熟。当然,那次的"引进"工作,确实也存在"照搬"的毛病。毛病主要在于除汉语之外,又搞了一门文学。文学课本是按照文学史的体系来编写的,而中小学学生学习语文的目的,主要在于今后能够阅读和写作各种文体的文章,不仅是文学作品。中、小学生中的多数今后不会是文学家。"不要把语文课教成文学课"的口号,正是大家通过实践得出的共同教训和共同认识。我认为照搬的教训主要是这一点。

综合 30 年来的经验教训,我认为目前大家应该把注意力集中到研究语文教材如何编写的问题上来,通过广泛的讨论和试验,逐步解决语文学科的"序"的问题,使中小学的语文教学有"序"可循。这要从汉字、汉语的特点出发,研究学习汉字的规律。大家都知道,汉字同西方的拼音文字是两个完全不同的文字体系。我们不能照搬人家的办法。如果这样,我们既解决了语文学科的性质、目的和任务问题,又在教学法上有了丰富的经验,再有一本有"序"可循的教材,中小学的语文学科就不再是鲁迅时代的暗胡同,不再使大家大伤脑筋,也就可以多快好省地提高教学质量了。

我曾经有过一个设想:在小学阶段之后(也可以从小学三、四年级开始),语文教材可以搞两个本子,一本是讲以字、词、句、篇为主,以语、修、逻、文为副的基本知识和基本规律的,使人有"序"可循;另一本是以记叙文为主选有各种体裁范文的文选,使人有榜样可学。如果每周开五到六节语文课,可以用两节课学前者,三到四节课学后者。如能将两者合起来编一套语文课本,那当然更好。如果这样做,我认为到初中阶段,让学生基本上掌握语文这个工具,是完全可能的。究竟这个想法对不对头,还可讨论,最后必须由实践来检验。再说,即使大家都同意这样做,从制订大纲到编出教材,至少得几年。就目前来说,还应该十分强调认真钻研和使用好统编新教材。

作文批改不能一刀切

如何批改学生的作文,教师如何通过批改真正有效地指导学生写作,提高他们的写作水平? 这是语文教学中的一个老问题。

过去我虽然先后担任过小学和中学的语文教师,也曾为批改作文的问题伤过脑筋,但最后并没有理出个头绪。那时候,教两个班级的语文,两周一次作文,平均每星期要批改 50 篇左右。照一般的速度,每小时只能批改 4 篇。按此推算,每天花在批改作文上的时间约两个小时。长年累月,案桌上总是高高的一大叠。好容易清除完了,第二批又来了。愚公移山,可以挖一点少一点,而语文教师,尽管天天"挖山不止",面前总是"重峦叠嶂"依旧。要是碰上几本文理十分不通的作文,那就更伤脑筋。仿佛像理发师碰上难剃的头,不知从何下手,半小时还改不好一本;有时候简直想干脆全盘推倒,自己动手替他另写一篇。如果能允许这么做,肯定要省力得多。而这样的作文,每次总要遇上几篇,实在头痛。

头痛还在其次,更伤脑筋的是费尽心血批改了,效果往往不明显。详改、略改、面改、学生间互相改,眉批、总批,课堂评讲等方式方法都试过,哪一种效果更好些? 也很难说。结论好像是几种方法都没有用,也都有用,但不能说哪一种最好。应该因题、因对象、因每次写作教学的具体要求而采取不同的批改方法。不能一刀切,也不能一概而论。总之,我的体会是批改作文要遵循两条原则:一是必须从上面说的实际出发,二是必须使学生受到教益,要看实效。

以后自己不上课了,作为学校领导或教育行政部门的干部,有时也看看学生的作文本子,检查检查老师批改的情况。由于有了上面说的一点点亲身的经历和极不成熟的体会,知道不能光从老师在本本上批改的多少,来判断一个教师的水平,以及是否真正负责。我完全同意大家在讨论中得出的结论,即"满篇见红"并不一定好。

一般地说，应当承认，批改得多的教师工作态度总是比较认真的，用心是好的，问题在教学方法不一定得法，效果也不一定好，更不能充分代表一个教师的教学水平。例如有的教师教学水平很高，教学效果也很好，他所教的学生作文都写得比较通顺，一般无需大改。这样，学生作文本子上见"红"的地方就不多。我们能由此得出结论，说这个教师工作不负责任，教学水平不高吗？

也有另外一种教师，教学水平很低，工作又不负责任，批改作文马马虎虎，见"红"的地方也不多。从表面看，两者都是见"红"不多，却属于两种完全不同的情况。

再有一种情况，有的教师在搞批改作文的改革试验。他一边在学生作文本子上标一些规定的符号，指出这里有问题，是什么样的问题；一边自己认真做好批改笔记，在讲评课上认真讲评，启发学生思考，要求学生自己去修改订正。这样作文本上见"红"也不多，教师是在讲评上狠下功夫。这样的教师我也见过。似乎效果比较好。作为领导，对于教师这样或那样的科学试验，首先应当采取鼓励和支持的态度，要求教师认真试验，认真总结，改进工作。不能泼冷水，也不能轻率作结论。

总之，我的意见还是一句老话：具体情况具体分析；简单从事，必然导致工作上的失误。

听说，有的领导在教师评级评薪时，展览、检查教师批改的作文本，光看谁的红笔多。谁红笔多得分就多，按分数排队，决定谁升级，谁不升级。我没有碰到过这样的情况，不晓得是否真有其事，也可能有些夸张。如果是真的，大概这位领导既是十分的外行，又不虚心听听内行人的话。否则，怎么会闹出这样的笑话呢？我想，这样的领导即使有，也是极其个别的，缺乏代表性。

还想再说一层意思，就是我觉得写作教学仅仅是语文教学中的一个环节，作文批改又仅仅是写作教学中的一个环节。环节与环节之间是紧密联系的，应当一环扣一环，环环扣紧，不能孤立地只抓其中一个环节。看一个教师的水平与负责态度，也应当看全面，看工作的全过程，不能只看其中某一环。提高学生的写作水平，培养他们的书面表达能力，要通过语文教学的全过程，才能达到目的。从课堂教学到课外阅读,从培养观察能力到培养思维能力,从写作前的具体指导到写作后的批改、评讲,等等,都得下功夫。只孤立地抓住批改一环,是远远不够的,也是不行的。我甚至觉得就写作前的指导与写作后的批改相比,前者可能更为重要一些。因为加强写作前的指导,把工作做在前面,总要比事后补救,效果要好一些。这应该是容易理解的。

《中学语文教学》1982 年第 3 期。

从"外空探索"作文比赛想到的

这次以"外空探索"为题材的作文比赛，是一次很有意义的活动。它对于纠正目前学生中有的重理轻文、有的重文轻理的偏科状况，对于改进只重视课本知识，不重视课外阅读或课外活动，知识面比较狭窄的状况，是一次有力的推动。这次活动从发动到写作，时间极短，准备极不充分，学生参加比赛全靠平时的基础。我看了各区县选送上来的 100 多篇作文，绝大多数写得很好，文字通顺，科学性、思想性也大都可以。在短短的时间里能取得这样的成绩，应当承认是十分可喜的。这从一个侧面证明，经过 5 年多时间的整顿、恢复，我们的教育工作是有成绩的；我们的青少年一代，已掌握一定的最新的科学知识，并且有理想，有抱负。只要朝这个方向继续努力，今后一定是大有希望，一定可以大有作为的。

大多数文章中，也暴露了不少问题。其中比较突出的，也是比较共同的问题是思想境界不高，想象力不够丰富，缺少一点敢说敢想的精神。

可能是受西方宣传的影响，大多数文章的主题是围绕着目前地球上存在的三大问题：能源枯竭，空气污染，人口爆炸来写的。因为地球上目前确实存在这些大问题。于是联想几十年、几百年之后，地球，这个人类的摇篮似乎要毁灭了，至少是难以再居住下去了，这样就要另找出路。而"外空探索"的目的，就是希望找到一个适宜于人类生活的理想的星球，以至干脆丢掉地球，来一个全人类的"乔迁"；或者发现了某一个星球上有取之不尽的能源，可以源源不断地运到地球上来，解决能源问题，使人类得以继续生存和发展，等等。这种寄希望于"天上"而不是立足于"人间"的想法，同古代人寻找"西方极乐世界"的思想境界是多么相似！

我是不相信西方某些宣传家们"杞人忧天"式的论调的。能源、污染、人口三大问题在若干时间里确实会存在于地球上，确实在困扰着人们的思想，对此，人们应当引起重视。但是我不相信,地球会毁灭于这三害,人类会毁灭于这三害。因为我更相信人类的智慧,相信人类的力量,相信在今后几十年或稍多一些时间内,人类会凭自己的聪明才智去战胜三害,使自己生活得比现在更好。我是一个乐观主义者,我认为我们应当乐观。

现在的中小学生,长大之后,有一些人一定会参加到"外空探索"者的行列中去,并且作出卓越的贡献。到外空探索为了解决什么问题呢?这就首先要有高的境界,不能跟在人家的屁股后面转。既是"探索",不妨带有一定的幻想成分。中国人不是在几百年前就幻想过一个筋斗翻出十万八千里吗?这不是有点想得出奇吗?为什么几百年后中国孩子就不应该有更奇特的想法呢?

不能说这次学生们写的文章没有幻想色彩,或是构思不奇妙,不是的。就我看过的 100 多篇文章,都带有一定的幻想成分,有的构思也相当奇妙,问题在于立意不高,基调偏低。因此,从上海学生写的这些文章看,我们难以"出线",难以被选送到联合国的国际比赛中去。

这里就联想到一个问题,就是这几年中,小学的语文教学似乎在"文"字上下的功夫较多,而且似乎有点失之于繁琐;而在"道"的问题上就显得重视不足,即在如何通过语文教学提高学生的思想水平、精神境界等方面,下的功夫不够。语文教学上的文道关系已几经讨论、争辩,在认识上应当已经基本统一,即一定要文道统一,既重文又重道。所以三年前我曾经说过,文道问题不要再争论了,如果有人再挑起论争,我就挂免战牌,不再参加。但认识解决了,不等于实际工作也解决好了。一个时期出现重文轻道或是重道轻文的情况,是完全可能发生的。这就需要我们从具体情况出发,进行合乎实际的调节。从这次作文比赛所暴露出来的问题来看,目前似乎应当强调一下"道"的问题了。

《语文学习》1982 年第 5 期。

真实自然　言之有物

——6篇中学生作文读后

　　这是从上海经济区（十城市）中学生作文竞赛的上万篇作品中选出来准备在本刊发表的6篇文章。编辑部送来让我先看一看，并且要我看了以后写一点感想，说是怎么想就怎么写，长短不拘。要求不高，条件宽厚，可对我来说仍然是一个难题，因为我已好久不接触学生的作文，甚至已好久不大直接接触中学生了，偶尔看几篇作文，自然很难说到点子上。

　　但是盛情难却，只好答应试试。好在文章都不长，文字也都通顺，很容易地一口气就能通读一遍。于是我认真地通读了三次。读后一个突出的感觉是：文章尽管内容不同，体裁与风格各异，但有一个共同的特点，就是没有多年来学生作文中常见的、令人厌恶的八股气，没有假话、大话、空话，也没有套话；没有华丽的辞藻与空泛的描写；更不是看了第一段就可以猜测到文章的结尾，看了第一篇就可以大体知道其余几篇作文的内容。作品真实、自然、质朴、流畅，言之有物，言之成理，因而给人以一种清新之感。

　　我一向反对文章中的八股气，更厌恶假、大、空，因为它不仅害文，而且害人，会把青少年引向浮夸、虚伪，贻害无穷。可是在那个"非常时代"里，在那样的学术空气或政治空气中，你反对也好，厌恶也好，它始终是一种难以治疗的顽症。现在我终于看到了变化，不仅看到了文风的变化，更重要的是看到了一批能观察、善思考、讲真话的新人在成长。这是最最令人高兴的。虽然我没有看到这次应征的全部文章，难以判断这6篇作品有多大代表性，但是有了6篇，就会有60篇、600篇、6000篇，就会形成一种新风。编辑部的同志把这6篇挑出来加以发表，说明我们的编辑同志、我们的老师是想用它们作为一种评价标准，作为一种引导，而学生是需要引导的。

　　过去我们评价韩愈的时候，说他有一个很大的贡献，叫作"文起八代之衰"。现在也应当有人出来做做这件工作，而且应当从中小学抓起，以形成一种新的文风。这也不仅仅是为了改变文风，更是为了培养人。

　　以上就是我读了这 6 篇作文后的一点感想。

《语文学习》1985 年第 5 期。

把培养阅读能力放在头等重要的位置上

教育部门的同志在议论新技术革命的挑战,研究对策的时候,十分自然地提出要加强和重视数、理、化、生等自然学科,要开设微电脑等新兴学科,但是很少将语文学科同新技术革命联系起来,议论语文学科应当如何迎接挑战。包括语文教师和语文刊物在内,也很少有人议论,很少有这方面的文章,显得有些沉寂。

我认为这种沉寂应当打破。

大家都知道,新技术革命带来的一个后果是知识更新的速度加快与知识量迅猛增加;在这种情况下,光靠在学校里学到的知识是远远不够的。有人作过统计,一个人从小学到大学,即使把课程、大纲、教材内规定的知识全部学到手,也只是今后要用到的知识的 20％或 25％。这个百分比是否非常科学,是否每个专业都一样,是否永远不会变化,我没有作过科学分析。但是我相信这个道理,一个人工作中所需要的大部分知识,要到工作岗位上去再学习。随着新技术革命的发展,这个情况将越来越突出。这是一个必然发生的大趋势。

在这种情况下,越来越多的人已开始认识到,学校教育的任务,不能只满足于教给学生们多少知识,而是要为他们今后的自学奠定基础,要教他们自学的方法。正如有人说的,今后可能不会再有不识字的文盲,但是可能会有许多不会自学的"学盲"。因此,从现在起,教育工作者的一个重要任务,就是要像过去扫除文盲一样,去扫除"学盲"。

培养自学能力是所有学科的共同任务,语文科要承担特别重要的责任。这个道理是显而易见的。因为自学能力中,最重要的一条就是阅读能力,阅读的速度与阅读的效益在极大程度上决定了一个人自学能力的高低,而培养阅读能力正是语文学科的任务。

长期以来,语文学科中,虽然是培养阅读能力与培养写作能力同时并提,但实际工作上总是偏重于培养写作能力。好像某一个时期还提过"语文教学要以写作为中心"的口号。可能有人认为语文水平的高低,归根到底要反映在写作水平上。其实这个看法是很不全面的。写作能力当然很重要,阅读能力同样也很重要,甚至可以说更重要。因为并不是学到的每一种知识、每一种本领都一定要把它写出来,也不是人人每天都要写作的,而阅读能力却是学习任何东西都不可缺少,也几乎是人人每天都离不开的,除非你不学习。我这样说并不是想提一个语文教学要以阅读为中心的口号。任何口号都容易使事物简单化,后果不一定会好。但是为了适应新技术革命的需要,为了纠正实际工作中存在的不重视培养阅读能力的倾向,把这个问题强调一下,我认为是十分必要的。

培养阅读能力,有许多工作要做。例如,在教学过程中要尽量让学生博览群书,而不是只扣住几篇课文,要培养学生对读书的浓厚兴趣与读书的良好习惯,要培养他们提高阅读的速度以及运用工具书、参考书的能力,培养学生边读边思、迅速抓住要领、吸取其中有用东西的能力,等等。培养阅读能力,还涉及教学方法的改革。那种一讲到底、满堂灌的方法,是无论如何也培养不出学生的阅读能力的。

总之,指导思想上的变化必然要引起教学工作的一系列变革,这正是当前改革语文教学应当做的工作。

(西安)《中学语文教学参考》1985 年第 4 期。

时代对阅读提出了新的要求

现在,有人对"人类面临'知识爆炸'的新课题"这样的提法表示异议,认为知识岂有"爆炸"的可能,这是耸人听闻之说。这里,我们不想参加知识是不是会"爆炸"的争论。如果说"爆炸"只是形容急骤增长的势头,那么即使夸大一些,也未尝不可。它可以使我们清醒地正视当今世界的现实。

面对这样迅速发展的形势,语文教学怎么办? 有没有一个适应的问题? 字词句篇、语修逻文"八字方针"是 50 年代提出来的。随着时代发展,育才中学"读读议议,讲讲练练"一套经验应运而生……总之,几十年来,我们有很多经验。这些经验的总结和运用,都曾对课堂教学改革起了推动作用,作出了贡献。即使到今天,其中不少内容仍需我们作为宝贵的财富加以整理、研究和使用。近些年来,我们的同行们看到社会的大趋势,为了适应它的发展,提出了不少方案,想出了许多办法,探讨、研究的气氛空前活跃。看起来,人们的注意力大体集中在这几点上:重视培养学生的自学能力;理出语文学习科学的序列;加强有目的有计划的训练。此外,还有主张以写作为中心来进行教学的,等等。不管持什么主张,采用什么方法或强调哪个侧面,大家都有一个共同的追求:使学生学有兴趣,学有所得。

语文教学现状所呈现出来的问题是相当复杂的,但有一个共同的表现,就是:语文学科本身的天地特别大,可是实施起来,常常显得囿于一角,使人感觉它的地盘是那么地狭小! 细细想起来,恐怕很多问题都是由此而生。在这样狭小的地盘里自然演不出"威武雄壮"的"剧"来。因此,老师感到苦恼,学生更觉憋闷。如果我们要确定某一种"法",或者建立某一个"体系",即要研究语文教学的前途的话,那么首先就应对这个反常的表现加以认真的研究。本文见教于同行们的,主要意思就在于改革这种不正常的状况,让孩子们从憋闷的、狭小的一隅返回到语文广阔的天地里去。这才是语文学科的光明前途！这里所说的"天地"主要是指书报刊，"返回"去，就是要学生多读书。作家刘宾雁参加第四次作协代表大会，见文艺界形势变化甚快，感情激动，在1984年12月29日的日记里写道："我恨不得放弃一切，钻到山洞里读完我办公室地上那20箱书。"刘宾雁是一个有才华的作家，写了不少好书，肚子里也装了不少"书"。由于有时代的紧迫感，他感觉"干渴"，需要"泉水"滋润。我们的学生何尝不"干渴"！因为是学生，一下子要他们读20箱书，似不现实。那么，能不能几年里读10箱书？如还不行，读一箱书行不行？千方百计让孩子们想读书，有书读，不仅读社会科学的书，还要读自然科学、哲学的书。有条件的，要让他们多看几种报，多读几类期刊。图书馆、阅览室要成为他们都想去又能去的乐园。

在我们的想法里，语文当然包括字、词、句、篇诸项知识的落实。这个落实是在老师指导下，学生通过自己的阅读实践去完成的。就拿坚持以写作为中心进行教学的同志来说，他们在处理读和写的关系时，要学生阅读的数量一般都要大大超过其他同志，这是很能说明问题的。同时，今天的教育是为了孩子们的未来。他们即将涉足的社会是"信息社会"，尤其需要办事的速度、成功的效率。对飞速发展的形势，他们应有较强的应变本领。因此，获取、汇集和处理信息就成了建设四化必不可少的能力。从这个实际需要看，我们对"阅读"在语文教学中的地位就不能不有一个新的认识了。简单说来，就是从浩繁的信息里快速获取自己所需的部分，或立即处理运用，或储藏。很明显，在这个过程中，首先要有相当大的阅读面和相当高的阅读速度。没有这两点，后面的一切都不可能进行。从信息的获取到信息的处理，都对"阅读"吸收能力有要求。如此看来，从使用的价值或使用的频率等各方面衡量，阅读能力更为四化建设所必备。因此，这不能不引起我们特别的重视。

从孩子们这方面看，要他们多读一点书，似乎问题倒不很大。惜乎缺时、缺书，于是他们只能缩在"语文的角落"里，渐渐地"干枯"起来。大家都在提改革方案，我们也不甘寂寞。我们想，一方面要让学生能真正走进第二"课堂"，跳进那个知识的海洋；另一方面又能让语文教师抽出一只手来，把阅读指导的工作做在实处。比如，课本里的内容，一部分由老师作重点辅导，另一部分干脆放给学生，由他们用老师教给的方法自己读。这样，课文照样学得完，时间也可多出一部分。假使每班每周多出两节课，那么学生可以走出课堂，到图书馆、阅览室去读书看报；老师教两个班的，一周可空出三四个课时，要做的事很多：读书看报，准备学生质疑，准备辅导讲座，组织文学社团活动，等等。这也不是什么"新花样"了。

此外，还可在教材上动脑筋。比如到了高中阶段，是否能让学生读一套与初中不同的教材。这套教材不妨厚一点，丰富一点，在编写方法上来一个改变，把平时老师讲解的有关内容，压缩一下，编写成文字，附在书上，让学生自己去读。教师每周安排二三节课组织学生质疑、商讨、辩论，或干脆让学生上台发表"高论"，编写刊物。

至于怎样扩大阅读面，办法最多的还是教师和学生本身。目前最需要的是有一批改革的"大本营"和肯吃苦的"志愿军"；愿做"大本营"的学校敢于为"志愿军"战士开绿灯，让他们大胆放手地进行试验，给他们机动的时间，再给他们提供活动的"天地"（没有的，则要创造），充分利用现有的图书报刊，按四个现代化对人才的要求。从捕捉、获取、汇集和处理信息的高度，开展课外阅读活动。在阅读过程中，将最有实用价值的摘记、笔记、检索、做卡片、分类、整理、判断、评论等一系列基本技能一起带动起来，及时把学生的体会、方法、疑问引进第一课堂，使第一课堂教学有明确的针对性，具有新的活力。

《语文学习》1985 年第 5 期。

要博览群书

新长征的号角在吹响，做一个有理想、有知识的人，已成为人们的共同愿望。

要有知识就得学习。在学校上学的学生当然要首先学好课本里规定的内容。因为这些知识是老一辈的人经过几十年甚至上百年的实践，经过精心研究和选择编写出来的，是无论做什么工作的人都需要掌握的基础知识和基本技能，是基础的基础。当然这些基础知识的内容、范围、深浅、多少并不是永远不变的，还会不断进行调整。

但是，光有课本知识还不够。要造房子，特别是要造高楼大厦，基础当然要越厚越好，越宽越好。古人说：学无止境。就是说学习知识是没有尽头的。如果只是读好课本里的内容，即使得了 100 分，也不能说就算学到顶了。所以，学生在学习期间除了必须学好课本以外，还得努力多看一些课外书，做到博览群书。书看得越多，知识就越丰富，懂得的东西就越多，对今后的工作和今后的发展就越好。

有的同学说，现在学校里规定的学习内容已经很多，负担已经很重，哪有时间再看别的书籍呢？当然，现在课本中的内容，有的看来过深过难，有待改进；有的学校，有的老师布置作业过多，这是不好的，也要改进。另外，时间这个东西看起来是有限度的，一天 24 小时，每星期 7 天，不会因为你努力，多增加一小时。但是，时间又是可以由自己掌握的，只要有心，可以利用的空隙是很多的，就看你会不会利用。

知识之间是互相联系，互相渗透的，可以举一反三，触类旁通。多看课外书，知识面宽了，懂得的东西多了，上课时就容易听得懂，容易理解，学习起来就会容易一些，就可以节省时间。对于这一点我自己是很有体会的。我从小爱看课外书，在小学的时候，就看了好多课外书。那时候，课外书没有现在多，特别是关于自然科学知识的书更少，所以我主要是看小说，而且大部分是古代的小说。在小学阶段我差不多把《水浒》《三国演义》《红楼梦》以及什么《唐宫二十朝》《明宫十六朝》《隋唐演义》《济公传》之类的书都看了，《聊斋志异》不知看了多少遍。

凡是那时能借到的书，我都想翻一翻。进了初中，我才主要看近代的作品，鲁迅的、茅盾的、巴金的，也有外国的。我特别爱看邹韬奋的著作。图书馆里我是常客。到了初中三年级时，学校索性连图书馆的管理工作也让我参加了。由我开一些书单，学校去购买。由于书看得多，我有了写作的欲望，初中二年级时就写了不像样的诗歌、小说，向报纸投稿。

书看得多，知识面宽了，学习功课方便多了。我考试经常获得好分数，老师也很喜欢我。所以阅读课外书不但不会影响学习，还会促进学习，这是我的经验之谈。

现在学习的条件比我那时不知要好多少倍。文艺的、自然科学的、社会科学的书籍，还有报纸、杂志，何止成千上万，看也看不完。希望大家在学好功课的同时，要挤出时间多看点课外书。俗话说，开卷有益。有时候随便翻翻，看看目录也会受启发，长知识。现在的中学生是 21 世纪的人，他们的大部分时间将在 21 世纪生活。21 世纪的科学技术将比现在发展多少倍，谁也难以预料，人们应掌握的知识要比现在多多少倍，也是谁也难以预料的。我们有责任教育他们更加勤奋地学习。

1981 年 1 月 14 日《少年报》。

关于看书

我说不上是什么名流,只不过是一个从教已超过半个世纪的普普通通的教育工作者。所以,要我来介绍平时喜欢看点什么书,近期在看点什么书,是没有多大意义的。不过有一点倒是事实,我从上小学识字开始就十分喜欢看书。这可能是受了家庭环境的影响。我家大概也可以算是个书香门第,家里藏书颇多,这就培养了我爱好看书的习惯。一天不看书,就会觉得若有所失;手边拿不到一本书,也觉得少了一个知心的朋友;白天实在没有时间,临睡前非得找本书来看一会,睡觉才觉得舒坦。

我书看得很杂,不全是看教育方面的书,古今中外,大人看的、儿童看的,都要翻一翻。有兴趣、有意义的看得仔细点,甚至多看几遍。无兴趣、无意义的就稍稍浏览一下。这样,我成了一个似乎什么都知道一点,又什么都知道得不深不透,经不起别人追问,杂而不专的人。正因为如此,我上面就说了,要我来介绍看点什么书是没有什么意义的。

从我自己来说,我对看书乐此不疲。我觉得这么做有三点好处:一是可以打开思路,增长知识;二是以后要用的时候,知道可以从哪本书里找到有关资料,用我的话说,就是可以熟悉门牌号码;三是我认为教育这个东西,同社会的任何方面都有联系,如果只熟悉教育方面的知识而不知其他,就教育想教育,工作一定搞不好,甚至会迷失方向,加上教育的对象是人,人是各种各样的,有各自的长处或短处、各自的爱好与憎恶,如果教育者的知识很窄,怎么能教育好学生呢?

就讲近期吧,我接触过的书也不少。教育方面的当然多一些,如《苏联关于教育思想的论争》(教育科学出版社出版),等等;与教育关系不太直接的,也接触了好多本,如尼克松的《1999 不战而胜》、汤因比和池田大作合写的《展望 21 世纪》,

等等。我对后一本书特别有兴趣，常常放在手边翻翻看看。汤因比是英国著名的历史学家，池田大作是日本著名的学者，也是著名的社会活动家，这本书是他们两人的对话录，由我国国际文化出版公司翻译出版。书的内容极为广泛，涉及人类社会与当今世界许多引人注目的问题，其中还谈了中国在未来世界中的作用。当然，他们的许多观点，我们不尽赞同，但对开阔思路，深入研究我们自己的问题，包括教育的对策，还是有一定参考价值的。我还自己订阅许多种报纸杂志。我特别喜欢看三联书店出版的《读书》，觉得其中不少文章能给人以启示。

我认为什么书都可以看，但要有自己的头脑，要学会思考，这是至关重要的。

1990 年 1 月 20 日《上海教育报》。

对当前中学语文教学改革的几点看法

　　长期来，对于中国人学自己的语言文字至今没有找到一条科学的、合乎规律的方法，我一直感到十分遗憾，总希望有更多人来探索，来实验，尽快地解决这个问题，为"暗胡同"装上明灯。因为是试验，所以，一不限于一种方案，要百花齐放，百家争鸣；二积极支持，争取成功，不怕挫折，也允许失败；三要采取科学态度，重视来自各方面的意见，重视资料的积累，重视数据，讲求实效，这是我对一切改革，包括语文教学改革试验的基本态度。

　　讲语文改革，离不开教育整体改革的大局，所以，本文分三个部分：一、时代对教育提出的新任务；二、时代对语文教学的新要求，这部分也只是对新中国成立以来语文教学几个主要指导思想提出一些意见与可供思考的问题；三、关键问题在于提高教师的素质。

一、时代对教育提出的新任务

　　研究语文教学，离不开教育这个总课题，而教育离不开时代，离不开时代对教育提出的要求。

　　现在我们面临的是怎样一个时代呢？

　　1. 就我国来说，党的十一届三中全会以后，全国工作重点转移，摒弃了以阶级斗争为纲的口号，把经济建设作为一切工作的重点，同心协力发展经济，开创社会主义建设的新局面，或者叫作第二次革命、新的长征。为此，中央采取了一系列重大的方针政策，如对外开放，对内搞活；采取实事求是的思想路线，形成一个宽松、和谐、信任、谅解的政治环境，鼓励人民讲真话，鼓励创新；从农村开始的改革已发展到城市，等等。这是大家都知道的。

2. 世界性的新技术革命的挑战，科技的重大突破，由此带来的信息爆炸，知识更新与信息传递渠道的发展，等等，这也是大家都已经知道的。

这样一个时代，为教育带来了什么新的任务或新的问题呢？

最突出、最主要的是要求教育培养出能适应能驾驭这样一些新情况、具有新的素质的人。所以，中央要求我们教育战线的同志要彻底改变陈腐的传统教育思想、教育内容和教学方法，确立新的培养目标。

应当说，党的十一届三中全会以来，我国教育战线许多新的观点、主张、设想，和在这些思想指导下进行的这样那样的改革，说到底都是由此引起的。例如：

1. 教学上不满足于"加强基础"的要求，提出发展智力，培养能力，提高素质，包括培养创造才能；

2. 讨论、研究新的素质的内涵，新的培养目标，新的教育方针，等等；

3. 重新研究马克思、恩格斯教育思想；

4. 重视对人脑功能的研究；

5. 对传统教育以及新中国成立以来我国的教育体系进行反思，提出要彻底改变陈腐的传统教育思想、教育内容和教学方法，包括思想政治教育，开展对传统教育思想利弊的讨论；

6. 研究新的教学体系的建立问题，如我提出的教育要实现四个转变的设想，即从封闭式到开放式；从单一、划一化转变为灵活多样；从信息灌输式转变为信息处理式；从单一信息渠道转变为两个渠道并重。

可能还有别的课题。总之，当前提出的各种观点、主张、方案，从根本上说，都是时代变化引起的。

讨论语文教学，我认为不能离开这个宏观，离开时代的新要求，离开要求实现的总的战略目标。

二、时代对语文教学的新要求

语文学科在培养新一代的素质中是怎样一个地位，应当发挥怎样的作用？语文教学的观念、指导思想以及教育内容与教学方法要发生怎样的变化？这是每一个从事中学语文教学工作的同志应当思考的问题。

语文是一门十分重要的基础学科，这一点是永远不会改变的。在教育改革的潮流中，不少国家都在研究学科的设置与改革问题，有些新的学科开设了，有些学科合并了，有些学科的难度降低了，有些学科被改为选修了，等等。但有一点是共同的，即对语文学科，都主张要加强，要给予更大的重视，赋予更多的要求，要求尽可能早地让学生学好语言文字。因为语言文字是信息的主要载体，在信息化的社会中，是太重要了。

下面就语文教学指导思想上的改革，或者说是语文教学观念上的发展等问题说几点个人的看法。

1. 过去教学工作只提要重视"双基"，即基础知识与基本技能。落实到语文教学，我在"文革"以前提过所谓的"八字方针"，即字、词、句、篇、语、修、逻、文，认为要打好这八个方面的基础，培养这八个方面的技能。这对不对呢？我认为是对的，今天仍然是重要的。但是今天在加强基础知识与基本技能的同时，还要发展智能与提高素质的问题，因此，这八字方针就显得不够了。八字方针没有包含培养与发展智能的问题。智力的主要内容是思维能力，而思维离不开语言和文字。当然，音乐、舞蹈、绘画、雕塑也是一种语言，也能发展思维与表达思维。音乐不仅能传递思想感情，还有深刻的思想内容，甚至比语言文字更深刻、更丰富。柴科夫斯基甚至说："当语言不能表达某种情感时，更雄辩的语言——音乐就'全副武装地登台了'。"爱因斯坦在 1921 年的一次学术报告终了时，拿出小提琴演奏了一曲，用来表达他的学术报告中难以用语言表达的内容。有人甚至称音乐是最能表达信息的"国际语"。外国人如果听人朗诵白居易的《琵琶行》，可能会听得莫名其妙，而如果让他听《琵琶行》的曲子，就会引起他思想上与内心的共鸣。但是不管怎么说，语言文字是最主要的最通用的思维工具，它的重要性是什么都代替不了的。人们可以不懂音乐，不会搞音乐，但一天也不能离开语言。

所以，发展智力，培养能力，语文学科的基础作用就更为突出了。不要以为现在面临新技术革命的挑战，以后是科学技术更为重要，语文学科可以削弱了。如果这样看问题，就大错特错了。人的智力发展，初中以前可以说是最佳年龄阶段。如何通过语文教学发展学生的智力，这是一个崭新的课题，应当着重研究一下，不要停留在所谓"八字方针"上。现在语文教学似乎有一个通病，就是繁琐，主次不分,轻重不分,篇篇求全,把一篇课文搞得支离破碎,令人兴趣索然,加上教师讲得过多,实际上是抑制了学生智力的发展。这可能是语文教学收效不大的一个重要原因。而这,同过去提出的所谓语文教学"八字方针"有关,特别是对语法的要求,显然是偏高、偏难的。这一点只是感觉,没有进一步研究,提出来向大家请教。

从只抓"双基"到发展智能,在认识上是一个飞跃,一个重大突破。有人讲只抓基础知识、基本技能与在重视"双基"的同时更加注意发展智能,是新旧教育思想的分水岭。这可能不十分确切,但也不无道理。认识上去了,实际教学工作如何跟上,这是目前语文教学正在探索的问题。希望能在不太长的时间里,创造出这方面的系统经验。

2. 过去曾有人提出语文教学以写作为中心的口号。对这个口号,过去就有争论,这不去管它。面对信息化的时代,这个口号作为语文教学的指导思想对不对呢? 我认为同上面讲的"双基"一样,也是不妥当的。现在,新的知识如泉涌般出现,造成了人类有史以来规模最大、范围最广、更新最快的局面。有人研究,世界上第一种科学期刊出现于1660年,1750年发展到10种,1800年100种,1850年1000种,1900年10000种,1930年10万种。我国每年出版的书刊是不算多的,但这几年也发展极快。据统计,目前我国出版报纸300多种,期刊4000多种,每年出版的新书有4万多种。有人统计,每年世界上的新发明有三四百万次之多。这么大的信息量向人们涌来,简直同钱塘江的潮水一般,何止万卷书? 这还不包括信息量更大的以微电子技术为基础的信息渠道所传递的信息。不理睬不行,全部都看也不可能,但总要力争多看一些。阅读的时候,光有速度不行,走马看花,浮光掠影,等于不看,必须要有这样的本领,就是在快速阅读的时候,还能从中选择吸收主要的、有用的信息,剔除次要的、过时的、无用的信息,即有选择与处理信息的能力。这个本领主要应通过语文教学来培养。而目前,语文教学中似乎对此还未重视。有的人虽也注意阅读能力的培养,但往往是指导学生如何仔细品味,欣赏,细磨慢嚼,精雕细刻,是在培养文人雅士与应试式秀才,而不重视信息激增的新情况与时间的流逝。这种能力当然也要,但只有这种能力,就适应不了信息时代的需要。在信息时代,时间的确同生命一样重要。人类的知识有65%来自视觉,主要是通过阅读。所以,我认为时代对语文教学提出的新要求,就是要十分重视阅读能力的培养与锻炼,这是学生今后不论从事什么工作都终身受益的,是基础的基础。

从发展思维的要求来看,阅读是同伟人、专家、学者交流思想,对发展思维大有好处。但正如叔本华说的:"读书者只是走别人的思想路线,而写作才是走自己的思想路线。"从培养思维能力的角度看,写作似乎更为重要一些。

除阅读能力以外,还有一个口头表达即语言能力的培养问题。语言能力甚至比写作能力更为重要。因为在今天开放的社会,社交能力极为重要。社交离不开讲话,无论对内对外交流都离不开语言能力。总不能像过去那样,什么都事先写好稿子,到时去念吧!过去我们对此重视不足,提以写作为中心,没有包括口头表达能力,所以以写作为中心似乎更为不足了。

3. 过去提文道统一,为此还曾开展过一场大讨论。粉碎"四人帮"后,我曾在全国中学语文教学研究会的成立大会上讲过一个观点,即那一场争论是因语文教学受"左"的影响,把语文课教成政治课引起的。文道统一,历来就是这样,没有什么可以争的。这个认识从多数同志来说已经基本解决,接下来是贯彻落实的问题,在认识上就不要再争了。现在为什么又提这个问题呢?就是因为过去讲的"道",主要是指政治思想教育。在那个以阶级斗争为纲的年代,一讲道,就是指政治,也就是阶级斗争。党的十一届三中全会以后,我们已抛弃了以阶级斗争为纲的口号,提出了两个文明建设一起抓的新任务。语文学科在两个文明建设,特别是精神文明建设中应该承担什么责任呢?中国是一个文明古国,被称为礼仪之邦。文化与道德融为一体,叫作道德文章。道的概念是十分广泛的,不仅包括政治信仰的内容,还包括思想信念、思维模式、伦理道德、行为规范、价值观念等许多方面。新中国成立以后,我们把道的概念愈弄愈狭,最后只剩下以阶级斗争为纲一项。我认为对此应当进行反思,对道的概念要重新加以认识,思想要从狭隘的观念中解放出来。最近,学术界正在讨论我国的传统文化问题,报纸杂志上发表的文章不少,上海还举行过文化发展战略讨论会,国内许多学者、专家都参加了,发表了不少富有启迪作用的言论。作为中学语文教学工作者,我认为应当十分关心这一场大讨论,贯彻文道统一的教学工作指导思想,充分发挥语文教学在精神文明建设中的特有作用。

过去由于"道"的概念十分狭隘，所以教材选编上有问题。有些很好的范文，思想也很健康，由于不符合那个狭隘的"道"的观念，不突出政治，因而不被选用。这方面也要作相应的研究与改进。

4. 过去提过让学生在初中阶段以前过语文关的设想。由于信息化社会的到来，儿童接受信息的渠道多了，接受社会信息的时间提早了，信息面广了，量也多了，因此智力发展提前了，这是事实；由于脑科学的发展，心理学家提出了早期开发智力的新课题，认为提高语言能力，儿童期是最佳期。因此，让学生初中以前过语言关的设想应该是更有可能了。如何开辟与发展语文教学的信息渠道？用我的话来说，是如何发展第二课堂、第二渠道，将教学从封闭式发展成开放式，来促进这个任务的完成。这也是一个新课题。

5. 我提过要为语文学习的"暗胡同"装上明灯，即探索学习语文的科学规律与科学方法。由于指导思想变化，这个考虑，思路应扩大，避免繁琐哲学。我觉得语文教学可以有基本规律，但突破点不一定相同，可以百花齐放。我们应当有一个宽松的气氛，即使对近几年来涌现出来的优秀教师的经验，也可以议论与争鸣。

凡此种种，都对语文教学提出了新的问题、新的任务与新的要求。改革，首先是观念的改革，指导思想的改革。当前中学语文教学要改变哪些观念呢？上面提出的问题可供参考，或者说，大家可以从中得出一些启示。

应当充分肯定党的十一届三中全会以来中学语文教学的成绩。我认为其中一个最大的变化是打破了八股调，打破了假、大、空，眼界与视野开阔了，思维活跃了，反映在作文上，题材也多样化了。我看过一些好的作文，是"文革"中甚至"文革"前所没有的。可以说一代新的文风在形成与发展之中。这是十分可喜的，大有文起八代之衰的气象。当然，这也不能估计过高，文风不实的问题还是存在的。

文风要改变，但仅仅文风改变是不够的，我们的思路还应该开得更大一些，更广阔一些，改革的步子要更大一些，试验的方案也要多一些，要多种流派并存，不要有门户之见。

这样，并不是说过去的观点错了，几年来语文教学改革的路子错了，只是说过去的认识不够，过去改革的路子还不够宽，题材也多限于文学方面，不重视应用，不够广泛，步子还不够大，仅仅是开了一个头。尽管这个头是开得好的，对的，但像一台戏,序幕毕竟只是序幕,还不是正剧。现在要求认识要进一步扩大与发展,工作也要在原有基础上有新的发展与进步。

三、关键问题在于提高教师的素质

尽管这几年提出了学生为主体的问题,但谁也没有主张放任自流,谁也没有否定教师在教学工作中的主导作用。学校消亡论与教师消亡论,世界上有,但多数人并不赞同。

教师的问题,一是教育思想问题,这在上面已经说了,教育思想要端正,要发展;二是本身的素养问题,这是当前最大的一个问题。在全国几百万中学教师中,语文教师恐怕比例最大。这支队伍怎么样? 我没有作过调查。总的说来恐怕是素质不高,相当一部分人甚至基本功也没有过关。目前学生大面积语文水平不高,受到社会指责,根本原因也在这里。这支队伍承担原有的任务已经显得十分吃力,何况现在又提出了新的更高的要求。所以,教师的提高是当前的一个首要任务。科学技术可以有偿转让,教学水平是无法转让的,是花钱也买不到的。只有通过进修,提高教师的素养,才能真正解决问题。现在教案满天飞,课堂实录到处印,试题也很多,似乎在搞技术转让。研讨会,交流会当然也可起提高素质的作用,但更主要的还要靠抓经常性的进修工作,要扎扎实实地抓,老老实实地抓,坚持五年十年。我们同教育水平较高的国家比,差距主要也在这里。这是今后我们工作的重点。

《语文学习》1986 年第 10 期。

一本实实在在的教育学

——《赵宪初教育文集》序

在当前社会各方面开始重视基础教育，教育内部正在端正教育思想，深化教育改革的时候，宪初同志文集的出版，是很有意义的，也是令人高兴的事。

宪初同志在基础教育这块园地辛勤耕耘了数十年，德高望重，经验丰富，桃李满天下，是一位名副其实的我国普通教育专家。

据我在长期接触中的了解，他的工作、他的作风，乃至他的为人，用一个字可以概括，这就是一个"实"字。干实事，讲实话，实事求是，从实际出发，勇于实践，善于解决实际问题，等等，等等，总之，是离不开一个"实"字。他数十年如一日，不论什么场合，不论什么问题，不管地位变化，风云变幻，也不论人前人后，干的都是实事，讲的都是实话，都是经过自己的实践检验，都是在经验中概括出来又面对实际的实在话。讲话如此，他的文章也是如此，没有套话、空话、废话，也不人云亦云，始终保持了这种实实在在的个性与风格。

但是，如果以为他说的仅仅是凭一己的经验，那也不是。我们在他的文章中可以发现，他还善于吸收新的观点、新的思想与新的信息，而且能恰当地融进自己的经验之中，用自己的话把它说出来。所以，他的每次讲话，每篇文章，都不是老调重弹，而是常有新意。这一点，对于一位年近八旬，实践经验异常丰富，容易趋于保守或容易固执己见的老同志来说，确是难能可贵的。之所以能如此，其中一个重要的原因，就是很实在。

他的文章言简意赅，朴实无华，往往一句话、一段文字就能切中时弊，而且含义深刻，富有哲理。

这本文集是他数十年教书育人的心血的结晶，是一本实实在在的教育学，一本教育工作者的指导书。读了它,有助于我们懂得如何当好一名校长,领导好一所学校;懂得如何当好一名教师,上好一堂课;如何管好一个班级,教育好一个学生。我还认为,就是家长,也应该读读这些文章,从中获得教育孩子的启示。

宪初同志指名要我为这本文集作序,这其实是不合适的。因为照常理,作序的人在社会地位、学术成就上都应当比作者高一些,而我怎么能同宪初同志比呢?所以,写这篇文章的时候确实有点诚惶诚恐。现在只能作为这本文集的第一个读者,写了上述初步的体会,当然是很肤浅的。再回到开头的那一段话,愿这本文集的出版,能推动当前正在进行的端正教育思想,深化教育改革的工作。

《赵宪初教育文集》,上海教育出版社 1991 年版。

《学校管理学概论》序

近年来,关于学校管理方面的专著出版了不少。也许是偏见,说实在话,我是不大喜欢用"管理"两个字的。因为学校工作的对象是人,而不是物。人是有思想的,思想既千差万别,又不断发展变化,单靠管是管不住的。常言道,管得了一个人的身,却管不住一个人的心。对思想,只能靠说服、启发、引导、循循善诱,以理服人。这些都不是管理的问题。有一句名言,叫作对学校工作的领导首先是教育思想的领导。这是不少国内外优秀校长的经验之谈,说的也就是这个道理。

所以,我总觉得与其叫学校管理,还不如叫学校领导。领导者,既要领,又要导,是站在被领导者的前面,率领大家向着一个共同目标前进;而管理者居于群众之上,不是站在群众的中间,地位、作用、要求是不完全一样的。好比是带兵打仗,一个喊的是"同志们,跟我上!",自己带头冲锋,另一个喊的却是"士兵们,冲上去!",自己站在后面。

我国近现代教育史上,涌现过不少成功的校长。蔡元培、陶行知、陈鹤琴、竺可桢,等等,都是其中的佼佼者。总结他们的经验,最突出的恐怕在于他们都是学术上、事业上的带头人,既能以身作则,又善于做思想工作,带领全校师生同心同德、同甘共苦、团结一致、开拓前进。今天,在改革开放、世界风云变幻、各种思潮纷呈的年代,如何使大家保持清醒头脑,坚持社会主义方向?在教育经费严重不足,教师待遇偏低,办学条件十分困难的条件下,又如何使大家同心协力办好学校?面对这些问题,思想领导就尤其显得重要。当然,学校工作千头万绪,的确也有个管理问题,但首先是领导,其次才是管理。

有人说,管理就包含领导的意思。这样说当然也可以,但我总觉得有点勉强。如果说管理中包含领导的意思,倒不如说领导中包含着管理更有道理一些,至少是侧重点不同。所以,最好的提法是"学校领导与管理",把二者都写上,明明白白,不会引起误解。

现在,作为一门科学,或是写成一本专著,都叫作学校管理学,没有叫作学校领导学或学校领导与管理学的。约定俗成,只好如此。但是我希望无论写书或是当校长的,重点应当放在领导二字上,而不是放在管理二字上。那种热衷于制订各种条条框框,搞繁琐哲学,管头管脚而不管"心"的领导,是不可能把学校办好的。

另外,讲管理,当然是讲科学管理,即按教育工作的客观规律来管理学校。这当然是很对的。过去强调外行领导内行,干了不少蠢事。这些教训应当永远记取。然而我又觉得在领导方法上,如果仅仅讲科学管理,也还是不够的,还可讲一点领导艺术与感情因素。有些事情从科学规律上讲是正确的,可是由于缺少了一点领导艺术,或缺少了一点领导人与被领导人之间的感情因素,事情也常常办不好,甚至办不成。所以,我把科学管理、领导艺术、感情因素称为领导工作的三要素。三者缺一不可。

看了孙灿成同志主编的这本《学校管理学概论》,我觉得我上面说的这些认识,它都有所体现,因而我是比较满意的。所以,我愿为之作序,并愿向广大担任学校领导工作的同志推荐。

这本书还有一个特点,就是每章之后,都提出了一两个值得思考的"案例"。这些案例都来源于现实生活,是当前校长们常常碰到的实际问题,会使人产生一种亲切感。思考并回答这些问题,就有助于我们加深对理论的理解。这比仅仅讲道理实在得多。毛泽东同志曾经把理论比作为"矢",把实际问题比作为"的",这本书既给了读者以"矢",又为读者设置了"的",使读者可以运用学到的"矢",去射实际生活中的"的",学习更有实效。

现在我国正在为实现社会主义现代化的目标而努力,同时又面临着国际经济竞争、世界新技术革命与国际反动势力妄图在我国搞和平演变的挑战,在这中间,基础教育承担着沉重的战略任务。为此,提高学校领导干部的政治素质与业务素质,提高他们的领导水平,就显得更加迫切。愿这本书的出版,能对此作出贡献。

《学校管理学概论》,人民教育出版社 1993 年版。

沿着正确的道路前进

——《学校主动发展》序言

北海中学将他们的经验概括成两句话，叫作"向管理要质量，向科研要质量"，这是很对的。应该说这两句话不是他们的创造，而是近年来不少地区、不少学校在实践中共同得出的结论。北海中学的可贵之处，在于他们能将这两句话真正付诸实行，而不是停留在口头上。真抓实干，持之以恒，终于开花结果。

能真正做到真抓实干，而且持之以恒，确实不易；能从领导班子到全体教师，上下一致、齐心合力地干更不容易。这里面的学问恐怕仅仅用科学管理四个字是概括不了的。科学管理当然很重要。一些学校之所以没有走上办学的正轨，以致质量低下，得不到社会的信任，追究其原因，不少是由于管理不善出了毛病，学校松松散散，职责不清，无法可依，执法不严，工作自然搞不好。所以，向管理要质量这句话是有道理的。

但是就领导工作来说，我认为仅仅靠管理是不行的。根据我的体会，领导方法应该有三个方面的要求：一是科学管理；二是领导艺术；三是建立领导与被领导之间的情感与信任。我把它称为领导方法的三要素。

一个好的领导者，在领导方法上一定要同时注意科学、艺术、情感三者，仅仅抓住其中一条还是不太够的。我没有去过北海中学，但通过书面材料及一些同志的介绍，感觉到他们的经验中，在领导方法上除了科学管理之外，恐怕还有别的好东西，所以才能上下一致、齐心合力。至于是不是我上面说的三要素，就不知道了。

要办好一所学校，提高教育质量，归根到底要靠教育科研。因为教育是一门科学，而且是一门十分深奥的科学，有着自身的客观规律。掌握了规律，质量就能提高,而且能不断提高;违背了规律,花最大的力气也不会奏效,或者是事倍功半。所以,高明的领导总是会领导教师去学习教育理论,组织教师参加教育科学研究,将实践中获得的经验上升为规律性的东西,上升为理论,在全校形成一种浓厚的科研气氛与学术气氛,鼓励教师在教育科研方面不断进取,并争取在教育科研的成就中实现人生的价值。我认为这才是最高水平的领导。

管理与科研都重要,而科研更重要。北海中学在这两方面都抓住了,因此能在较短的时间内从一所后进的学校变成先进的学校。

现在他们把总结出来的经验汇编成册,准备出版,要我为这本书写篇序言,这就引发了我上面这些感想。希望北海中学能沿着这条正确的道路继续坚持走下去,取得更大的成绩。因为办学水平与教育质量都是没有止境的,山外还有山,天外还有天。

《学校主动发展》,学苑出版社 1993 年版。

《愉快教育》序

　　愉快教育是一种创造。当前由于普遍存在着种种不正确、不合理、不科学的教育观念、教育内容、教育方法，教育走进了一个误区，教师与学生陷入十分苦恼的境地。面对这种状况，愉快教育无疑为人们提供了一个启示，指出了一条出路。"山穷水复疑无路，柳暗花明又一村"，它的确使人有这样一种感觉。

　　要研究什么叫愉快教育，首先要研究什么叫愉快，怎样才能愉快，以及我们希望与追求的是什么样的愉快，要把这些问题搞清楚。不然，愉快教育也同样会走进另一个误区。

　　对什么是愉快，怎样才能愉快，人们的理解是不一样的。平常，不少人总是把愉快同轻松联系在一起，轻松愉快似乎已成为一个不可分的词。能否把愉快教育称之为轻松教育呢？人们也常常把愉快同随心所欲、无拘无束，生理、心理都没有负担，想干什么就干什么，想怎么干就怎么干等联系在一起，甚至有人把它同吃喝玩乐联系在一起。能否把愉快教育同这些联系起来呢？我想大概是不应该这样去想的吧！

　　现在我们一些同志却正是把愉快教育简单地只同减轻学生课业负担联系在一起，以为愉快教育就是为了减轻学生课业。我觉得如果是这样，那是把愉快教育的意义看得太轻了，太简单了，也有点偏了。上面谈到如果搞得不好，愉快教育可能会走进另一个误区，根据也就在这里。

　　我认为首先要把什么是愉快，怎样才能愉快，以及我们所希望与追求的是什么样的愉快等问题搞清楚，要把愉快教育的本质意义搞清楚。

　　学习是一种劳动，而且是艰苦的劳动，从本质上讲，不可能是轻轻松松、舒舒服服的。古今中外，经过艰苦劳动而成才的故事，多得无法计数，鼓励人们刻苦钻研的格言也多得无法计数,却找不到一个不经过自己的努力,不需要流汗水而成才的人。轻轻松松、舒舒服服、无拘无束,那只能出懒汉,出败家子。这就同我们办教育的目的背道而驰了。

世界上有高尚的愉快,也有低级庸俗的愉快。高尚的愉快是那种为了实现自己所追求的崇高目标,经过千磨万砺,最后获得成功时的精神享受。目标越崇高,付出的辛劳越多,成功时获得的愉快也最大、最持久。科学家经过千百次的实验、千百次的失败,最后成功了,那种愉快是难以用语言形容的。作家、企业家、艺术家、教育家、运动员、革命家,哪一行、哪一个不是这样呢?就是一个农民、一个工匠,也何尝不是这样呢?

学习也是一种愉快的劳动。因为通过学习,可以学到许许多多新鲜的知识,可以不断地加深对奥秘无穷的自然界和人类社会的认识,使自己的聪明才智得到发展。还有什么劳动能比学习更愉快呢!

作为一个教育工作者、一个校长、一个教师,决不应把学校的课堂搞得松松垮垮,使学生毫无负担,而要从小培养学生艰苦学习的习惯和能承受艰苦磨炼的心理素质。不然就是误人子弟,也误国误民。

愉快不仅有高尚与低下之分,还有个人与集体之分。有的人只追求个人的愉快而置集体于不顾,甚至把自己的愉快建立在别人的痛苦之上。我们需要的是集体的愉快,不赞成只追求个人的愉快。

愉快还有一时与持久之分。我们希望的是争取持久的愉快。且标越高尚,所付出的辛劳越多,最后获得的愉快也最大、最持久,一般也常常为大家所分享。所以,如果把愉快教育仅仅看作是减轻负担,让孩子们轻松一些,那不是太低、太浅薄了吗?

不过,现在的中小学生,的确也太苦恼了。他们的负担确实太重、太多了些,已经到了无法承受的地步。一年级孩子的书包就有六七斤重。难怪有这么一个六七岁的孩子要去问他的奶奶:“我到哪一天可以退休了?”实在是太苦了。减轻学生过重的负担确实也是需要解决的问题。

问题是要研究一下孩子们苦恼的是什么,负担过重又重在哪里。据我了解,负担过重大概是在以下几个方面:一是现行的课程、教材中,有的难度与深度是大了些,超出了孩子们的接受能力;二是孩子学习目的不明确,提不起兴趣,完全是奉命学习,被动学习,缺乏自身的动力;三是教学方法不对头,教师只重灌输,重记忆,不重思考,机械地教,学生机械地学;四是门门功课都是高要求,要学好,学生不爱学的也一定要他学得很好,喜欢学的却又不让他多学一点,忽视他们的个性特长;五是考试频繁,学生疲于应付;六是生活单调,缺乏调节;七是只重书本知识,忽视实践活动;八是师生关系不协调,教师只会管、卡、压,不注意启发诱导,不让孩子成为学习的主人。其中最主要的是学生学习目的不明确、教师忽视学生个性发展这两条。要知道,只要孩子自己认识了学习的目的,有了兴趣,即使学习的内容多一点,负担稍重一点,他也不会感到苦恼的。那种无目的的机械学习,哪怕不是太多,也会引起疲劳与厌倦。大人如此,小孩更是如此。

如果从这个意义上来讲减轻学生过重的负担,让他们的童年过得愉快一些,丰富多采一些,甚至轻松一些,那么,愉快教育是有道理的。

愉快教育要真正深入下去,一是要有理论指导,二是要从整体上考虑,要形成一个体系,而不仅仅在方法上下功夫。这样,愉快教育才能站住脚跟,持久下去,才能越搞越好,越搞越完善。

谈到理论指导,毛泽东同志早就说过,要让孩子们生动、活泼、主动地发展;马克思和恩格斯在他们的著作中,也多次提出要让每个人的个性得到充分、自由、全面的发展。愉快教育的意义,就在于体现了革命导师们的这些教育思想。这才是愉快教育的本质特征。我们要好好领会一下生动、活泼、主动以及充分、自由、全面这几个词的深刻含义,并且在实践中努力探索。

《愉快教育》,华东师范大学出版社1992年版。

写在《小学生智力发展初探》前面

长期以来,由于受苏联凯洛夫教育思想的影响,在中小学教学工作上,我们总是把加强基础知识的教学和基本技能技巧的训练,即所谓"双基",作为主要的甚至是唯一的指导思想。在这样的指导思想下进行教学工作,学生的聪明才智很容易被忽视,被压抑。而且,用技能技巧来概括学生所应当具备的诸方面的能力,例如发现问题,提出假设,分析验证,综合推理,作出结论等等的能力,也是很不确切,很不全面的。

在总结经验教训和学习国外先进经验的基础上,我们终于认识到了这个缺陷。两年前,我们就提出了"加强基础,发展智力,培养能力"的要求,并且发动和组织力量,让理论工作者和实际工作者结合起来,在部分学校中进行教学改革的试验。本书所收集的18篇文章,就是两年来试验的部分成果。

所以命之为"初探",并非故作谦虚。因为要真正反映教学改革的成果,需要一个较长的周期,要经过反复验证,这才是科学的态度。两年的时间,只能称之为"初";没有经过验证,只能称之为"探"。这是实事求是的态度。

我认为所以要整理出版这本书的原因有三:

一、尽管是初探,但是确已初见成效,尝到了甜头,相信坚持做下去是可以出成果的,反映了我们的信心和决心;

二、既是科学试验,就应当把每一步的成效整理记录在案,并且编印成册,便于积累资料,今后可作更系统的研究;

三、也是更重要的一点,是希望通过整理出版,能引起更多人的兴趣,更多人的关心,有更多的人来从事此项试验,逐渐形成一个群众性的试验活动。

发展和培养智能的问题,确实还存在着许多不清楚或不十分清楚的东西。首先是人的智能的潜力究竟有多大？据说人脑有 15 亿个脑神经细胞，可以储藏约 50 亿本书的知识量。这是美国麻省理工学院的一份报告中说的。到底有多少可靠性，不知道。反正觉得脑子的潜力大得很，用不着担心"爆炸"就是了。应不应当也研究一下这个问题呢？

其次是知识、智力、能力这三者到底是个什么关系？一般说几句似乎也可以。例如说三者有联系，也有区别。有联系但又不是必然的，否则为什么有的人装了一肚子的书，却并不见得那么聪颖，那么能干？到底应当怎样做才能使三者相得益彰？其中又有什么规律可循？

又譬如有人说，人的各种智力有它的最佳发展时期。日本宫城明泉学院的外国语早期研究委员会在一篇文章中说：小孩有一张学习语言的生理时间表，即有一段时间是最适合小孩学习语言的。在这段时期内，小孩可以学习任何语言，甚至还可以同时学习数种语言。但人们往往另外搞一张时间表，在最适合学习语言的年龄过去之后，才让儿童去学习语言，结果是事倍功半。还有人说：如不抓住有利时机，学习语言方面的智力就会消失，就会枯死。如果他们说的合乎客观实际，那么这张"时间表"究竟是怎么样的呢？学习语言如此，别的方面呢？如果把它搞清楚了，那该多好！

再譬如：什么样的环境，什么样的条件最适合人的智力发展呢？松松垮垮、听其自然当然不好，抓得太紧了似乎也未必一定好。有些人说：只要创造一个适合学生特点的机会，成绩中等或低下的学生也会展露其才华。他们指责现在不少学校把学生压得太重，管得过死，使之终日提心吊胆，慌作一团，从生活到精神总是处于高度紧张的状态，结果是压抑了学生智能的发展。一位苏联学者甚至说：每一道禁令或限制，都会影响学生智力的发展。这些议论对不对呢？

以上说的是共性，每个学生的智能差别也很大，还有其个性。就一个学生来说，全智全能的人固然不多，全部低智低能的人也是很少的。怎么去发现每一个人的长处和短处，来一个扬长避短呢？

如此等等，都有待于我们去进一步研究和探讨，进一步去试验、实践。只有这样，我们才能弄清其中的奥秘，得出自己的科学结论，使我们的教学工作更符合规律，收到事半功倍的效果。

在我国，经过 30 年的曲折道路，人们终于认识到教育是一门科学，各地教育界的同行们，解放思想，采取科学的态度，放手进行教学改革的试验，这是很为可喜的。在这本书即将问世的时候，我愿意向广大读者推荐。希望能引起更多的教育工作者来参加发展智力问题的研究，编写出更多更好的关于这方面的专门著作，让我们伟大祖国亿万儿童的智慧之花开得更加鲜艳，更加灿烂。

《小学生智力发展初探》，上海教育出版社 1981 年版。

办好教育为人民

——《燎原计划经验与案例》序

通过开展燎原计划来推动我国农村教育的发展与改革,是我国教育发展史上的一大创举。过去,陶行知提出过"科学下嫁"的口号,黄炎培提倡过去农村发展职业教育,梁漱溟、晏阳初也进行过农村教育的实验。可是在当时的政治背景与社会制度下,他们的做法不可能完全实现。现在我们的燎原计划的目标与内容,在深度与广度上也是他们难以相比的。正因为如此,燎原计划一经提出,立即得到全国的响应,受到亿万农民的欢迎。短短几年时间,燎原计划本身业已形成燎原之势,有了迅猛的发展。

我把燎原计划看成是我国农村教育改革的重点,是因为以下几点。

一、党的十一届三中全会确定了全国工作重点的转移,从以阶级斗争为中心转移到以经济建设为中心。教育怎么转? 曾有人提出转到以教学为中心,对不对呢? 又对又不对。说对,是学校工作当然应以教学为中心,不能成天搞政治运动,必须以教学为中心,这是对的;说不对,是因为还没有转到根本。我们要问:教学又是为什么? 教学可以为了升学,像现在不少学校片面追求升学率,不是也在抓教学吗? 转对了没有呢? 没有。教学并不一定能促进经济的发展,还要看是什么教学,要看教什么与学什么,学了又是为什么,这才是问题的实质。燎原计划提出:通过发展和改革农村教育,大面积提高劳动者的文化技术素质,增强农村吸收运用科学技术的能力,促进农村经济、社会的发展,适应广大农民发展生产,劳动致富,渴望人才的要求。也就是说,教育不仅要从政治运动中转出来,还要从升学教育中转出来,转到以经济建设为中心,这才是真正的转移。

二、农村教育的改革,涉及领导管理体制,涉及教育结构、教育内容、课程设置、教材编写、教学方法以及评估制度等一系列问题。改革是全面而系统的。那么,这些方面的改革总得有一个根本的指导思想,有一个更为本质的核心问题。这个根本的指导思想与核心又是什么呢?我认为应当是使教育真正为农村的建设与发展服务,也就是燎原计划提出的任务。

三、当前我们科技部门正在农村开展星火计划,农业部门正在开展丰收计划。由于历史的原因,我国农村科技力量十分薄弱,农民文化素质不高,许多科技成果得不到推广,而学校遍布全国,一直到村。通过燎原计划,学校可以成为培养科技力量与提高农民政治素质、文化科技素质的基地,成为推广农业科技的纽带与中转站,处于十分重要的、不可缺少的中介地位。星火计划、燎原计划、丰收计划的配套实施,将使我国农村开始腾飞,最终实现现代化。

燎原计划的实施,要因地制宜,不能一刀切;燎原计划的内容,也要不断发展与提高,不能停留在一个水平上。有些地区开始时只要抓好一些初级技术的推广,就能满足农村发展的需要,以后就要进一步发展、提高,总不能老是停留在果树修枝、地膜覆盖等水平上。有些企业家有一句经验之谈,说抓企业的发展,必须是"手里抓一个,心里想一个,眼睛再看一个"。我看实施燎原计划也必须这样,常干常新,不断发展,干这一步就得想下一步。

我们讲农业,是讲大农业,包括农、林、牧、副、渔,也包括二、三产业,包括物质文明与精神文明;我们讲农村,是讲大农村,包括中小城镇。农村改革实际上是包括占我国人口80%以上地区的改革,内容是异常丰富的。例如,我们现在提经、科、教统筹结合,这是对的,但我总觉得还不够,似乎还应加一个"文"字。要经、科、教、文四者统筹结合。现在,有些地区、有些农民是富起来了,富起来之后怎么办?有些地区不是已经出现赌博盛行,迷信活动猖獗,死人的坟墓修得比活人住宅还要好等现象了吗?可见农民的文化生活是个大问题。我曾经参观过一些地区、一些富起来了的农民家庭,发现他们室内装饰富丽堂皇,现代化设施应有尽有,甚至超过我在美国、日本看到过的教授家庭;可是走遍所有房间,没有发现一本书,甚至没有发现一张纸,除了墙上的挂历。我曾说这是物质生活上的"万元户",精神生活上的赤贫户。这种状况难道就是现代化了吗?所以,还得抓个"文"字,抓一抓社区文化建设与家庭文化建设,而且要一开始就抓,不能等富了再抓。

这本册子里收集了不少上海郊县实施燎原计划的经验与案例，内容涉及方方面面，反映了上海目前的发展水平，能给人以启发。如果按照我上面的想法，那么它还是不够的。那就再努力吧！

现在有两句流行的话，叫作"依靠人民办教育，办好教育为人民"。这实际是两篇大文章，或者说是一篇文章的上下篇。作为教育部门的同志，要努力写好第二篇文章，使教育真正为人民。

《燎原计划经验与案例》，上海燎原计划办公室 1991 年编。

《农村教育改革探索》序

众所周知,中国是一个农业大国。古代,推动中国历史前进的一个重要因素,是农民起义;近现代,中国革命的成功,是采取了在农村建立革命根据地,以农村包围城市,最后夺取城市,解放全中国的方针;十一届三中全会以后的改革,又是首先从农村开始,取得成功以后再推向城市的。可以说,农村的一切影响着甚至决定着中国的一切。所以,不了解农村就等于不了解中国。农村不富,中国就没有富;农村没有现代化,中国就没有现代化。

我们是在上海工作。上海是个特大城市,是大城市小农村,完全是大城市的特点。我们平时考虑工作不能离开这个特点。但是我们又是在中国的城市,所以不能离开中国这个农业大国的大环境。农村的一举一动、一上一下,都同我们息息相关。因此,十一届三中全会以后不久,当全国第一个探索农村政策的实践在安徽滁县地区取得经验的消息传来,我们很快就组织考察小组去当地了解与研究这场改革将会给我国的教育带来哪些新情况与新问题。教育总是同政治、经济等的发展变化相联系并为之服务的。经济变了,教育能不考虑吗?

以后,上海郊县的改革也开始了。我们除随时密切注视改革的进程,经常下乡了解以外,几乎每年都要组织一两次大型的农村调查,不仅到上海郊县,有时还跨出本市范围,到农村改革发展较快较好的苏南地区去参观访问。

我们每次调查、考察,主要不是看教育内部,而是着重了解农村社会、经济的变化,已经或将要对教育提出什么要求;是从经济发展的宏观看教育,从社会变革的大气候看教育,而不是就教育论教育。

这种调查、考察活动,与其说是去服务,倒不如说是去学习,去更新观念,去拜师。

事实也的确是这样。这些年来，教育上的不少改革措施，是农民首先提出来的。这可以说是我们近年来教育新思想的一个重要源泉。例如：是上海奉贤县四团乡一位叫张仁刚的大队（当时还叫大队）支部书记启发我们必须把所有学校办好，把所有学生教好，而不能只着眼于培养少数学生，只着眼于升学率。他当时的原话大意是这样说的：他们大队每年出生的孩子大约 20 名左右，其中今后能升上大学、中专等，要离开农村的不过四五人，剩下的都将留在大队，成为大队的接班人。学校只着力于培养那些能升学的四五人，其他就不大管了。这样一来，"正品"去了，留下"次品"。大队近年办了一些工厂、养鸡场、养猪场，他们辛辛苦苦创的业，让"次品"来接班，怎么放心得了？另外，现在都是独生子女，一家一个。学校讲百分比，能教好 99% 就不得了了，就可以自豪了。可是那个 1%，落到哪个家庭都成了 100%。这个家以后就完了。这一点办教育的人考虑过没有？

这一段话，对我们的震动太大了。就这样，我们产生了必须把所有学校都办好，把所有学生都教育好的思想，提出了全面贯彻教育方针，办好所有学校，教好全体学生的口号，并以此来指导全市的教育工作。

三教统筹或四教统筹的思想是南汇县大团镇与崇明县竖河乡的干部提出来的。我们开了现场会，用这个思想来指导各县教育工作。三加一与初中三年级分叉等新思想，实行普通教育与职业技术教育互相渗透的新学制，也是上海几个乡的干部首先提出来的。实践证明，它们非常受群众的欢迎，现在已得到国家教委的正式认可，并在全国推广。

还可以举出不少例子。在开始那一段时间里，我们几乎每年都召开一次农村教育工作会议，讨论如何赶上迅猛发展的农村社会、经济的新步伐，传播新经验、介绍新做法。

如果说过去的土地革命是我国农村的第一次觉醒，那么十一届三中全会以后随着社会、经济的变革而来的农村教育的改革与发展，的确可以称为中国农村的第二次觉醒。农民从来没有像现在这样认识到教育与发展经济、振兴农村关系密切，从来没有像现在这样认识到教育与每个家庭的前途与命运相关联，送子女受教育不仅仅是希望子女跳出农门，更是为了建设家乡，发展农村。

在农村教育的发展与改革过程中，上海教育界涌现了一批热心研究农村教育的积极分子。他们奔走在农村教育的第一线,调查研究,奔走呼号,参加试验,推动实践,培养了一个又一个典型,写出了一篇又一篇论文,为上海的教育事业作出了巨大的贡献。

现在他们选择了其中的一部分论文,加以编辑出版。这记录了他们多年来辛勤劳动的成果,将会推动农村教育的进一步发展。相信这本书的出版,将受到从事农村教育工作的同志的欢迎。我还认为在城市工作的教育工作者,读一读这些论文,也会受到很大的启发,因为教育是有很多共性的。

《农村教育改革探索》,上海市农村教育研究会1991年编。

重视家庭教育　　改进家庭教育

——《家庭教育百题问答》序

　　俗话说：可怜天下父母心。做父母的谁不爱自己的子女？高尔基说，爱子女连母鸡都会。这大概是所有动物都有的本能吧。然而人类毕竟不同于母鸡。人类关心子女，不仅仅在于保护子女健康成长，也不仅仅停留在子女的幼年阶段，而且关心其教育，关心其一辈子，要"望子成龙"。

　　当然，希望是一回事，希望能否实现又是一回事。因为怎样教育才能使子女成"龙"，是一门十分复杂的学问。多少教育家可以写出一本又一本的教育专著，教育出一批又一批的优秀学生，可未必能教育好自己的子女。这大概同医生看病一样，为别人看病容易，为家里人看病就比较难。我父亲是医生，在当地还小有名气，可是他几乎很少给家里人看病。家里人有病了，他宁可去请别人。其中原因可能是对家里人多了一个私字，夹杂了感情因素，看问题就不客观，用药就不准。教育子女也是这样。由于爱之过切，有的父母对子女百依百顺，成为溺爱；有的父母则对子女期望值过高，要求过于苛刻，近乎冷酷。总之，私字障目，违背了教育规律，结果事与愿违。尤其是现在，绝大多数家里都是独生子女，"小太阳"只一个，"行星"一大群围着转，即所谓"四二一综合征"，问题就更多了。所以，父母学一点教子之道，是非常必要的。

　　自从人类社会出现了分工，社会上有了学校、有了教师之后，人们总是把教育年轻一代的责任全部推给学校，家庭与社会顶多是配合配合，起点辅助作用。其实家庭教育作用是很大的，有其父必有其子这句话，还是有相当道理的。不说别的，单讲一点，就是一个人在成长过程中，学校、老师都可以调换，而且一定会调换。一个人绝不可能从小学到大学就只有一个老师，在一所学校。社会环境有时也可以选择,户口一迁,环境就变。古代就有孟母三迁的故事。而父母是一辈子都不会换的,是子女的终生的老师。即使子女也成了父母,只要老人健在,其影响也还是存在的。

在我国历史上,重视家教的好例子是很多很多的。岳飞的母亲就十分重视从小对岳飞进行爱国主义教育,还在岳飞的背上刻上“精忠报国”四个字,要他铭记在心。这在我国历史上传为美谈。戚继光父亲的家教也是历史上有名的。可惜近几十年来我们已不大宣传这些事了,教科书里也不选用了,以致年轻的朋友们都已不大知道。其实,针对当前国际风云变幻,和平演变与反和平演变斗争尖锐,而社会上又出现出国热、崇洋思想抬头的情况,讲讲这些历史故事,还是必要的,是有好处的。另外,如清初学者朱伯庐的“教子家训”(又名朱子治家格言),过去也流传甚广。“黎明即起,洒扫庭除”,我到现在还能背几句,因为小时候我家的小厅里也挂着这个格言的条幅,天天照面,印象极深。当然,这里面有许多封建道德的内容,不能照搬,但似乎也不应全盘否定。要小孩早晨起来,扫扫地,做点家务劳动,有什么不好?

我们常常把人才二字连在一起,作为一个词。我觉得把人与才分开来讲可能更好一些,因为人与才不一定是统一的。有的人是“人”又有才,有的人是“人”但缺才,也有的人很有才,但却不是“人”或不像“人”。汪精卫据说很有才华,可他能算一个“人”吗? 社会上不是常常用“衣冠禽兽”四个字来评论少数道德堕落的人吗? 我认为无论学校还是家庭教育,首先要着眼于教育孩子成“人”,然后才谈得上培养他成才。讲句过头的话,如果不能成“人”,我宁可他无才,可以少干些坏事。可现在有的家长不是这样,一味着眼于其成才而忽视教育其成“人”,这么做后果是不会好的。

成“人”有个标准。在我国,在当前,我认为起码有四个方面的要求,第一是要他成为一个文明的人,以区别于野蛮的人,区别于动物,这就要讲礼貌,讲谦让,讲关心别人,等等;第二是要他成为一个现代的人,以区别于古代的人,这就要有民主的观念、法制的观念、效率的观念,等等;第三是要他成为一个中国人,以区别于外国人,这就要讲爱我中华,不能崇洋卖国;第四是要他成为一个社会主义的人,这就要讲坚持四项基本原则,等等。这四条缺一不可。当然每一条的具体要求,有不同层次。同样是文明的人，文明程度有所不同；同样是爱国，爱国的程度也有不同。但最最基本的要求，应当是人人都要做到的。

这些要求，不论是用灌输的办法、感化的办法、熏陶的办法、训练的办法，还是用示范的办法，都要从小进行教育，而且要持之以恒，注重实践。在所有这些方面，家庭教育是可以起到难以替代的作用的。

至于成才问题，当然也重要。这对家庭、对社会、对国家都很重要。我认为才能有大有小，只要教育得法，人人都可成才，都可以在不同层次上成为有用之材。不过要注意人是有个性的，又有聪明与迟钝的不同，有爱好与特长的差别；有人少年得志，有人大器晚成；神童极少，全才也不多。所以更要懂得因材施教之道，懂一点教育的规律。这样，教育才有效果。

《家庭教育百题问答》中的问题，大都是从孩子成长中发生的一些麻烦事提出来的。它告诉家长如何正确对待、处理这些麻烦事。这是好的。因为孩子在成长过程中，发生一些麻烦事是十分自然的，是正常的，如果一点淘气的事也不发生，一点错事也没有做，那倒奇怪了。西方人说小孩子犯错误是上帝允许的，也就是这个意思。愿这本书的出版，有助于改进我们的家庭教育。

《家庭教育百题问答》，中国工人出版社 1991 年版。

《绍兴市教育志》序

《绍兴市教育志》的出版,体现了"盛世修志"这句名言。

在中国,无论你走到哪里,只要一谈及绍兴,几乎都会得到众口一词的赞美与羡慕:"绍兴,这是个出人才的地方!"事实上,绍兴确是物华天宝,人杰地灵,自古以来不知出过多少名人。

据史料记载,自宋代迄清,出在绍兴府的状元、探花、榜眼(所谓"三鼎甲")共42人,其中状元24人;进士1914人。这在全国各州府是少有的。进入近现代,更是名人辈出。蔡元培、鲁迅、刘大白、马寅初、邵力子、竺可桢、陈鹤琴、范文澜、陈建功、胡愈之、罗家伦、朱自清、钱三强、赵忠尧,等等,都是世界著名的学者。还有不少著名的革命家,如徐锡麟、秋瑾、陶成章、宣中华、张秋人,等等;受中国人民最大尊敬的周恩来总理祖籍也是绍兴。

为什么绍兴能如此人才辈出,独领风骚? 对这样一个似乎特殊的社会现象该怎样解释?

绍兴是山清水秀的鱼米之乡,这是上天赐予的客观存在的自然环境。但天下拥有名山大川、秀丽风光之地甚多,为何人才相对没有这么集中而且长盛不衰? 造物主为何独钟情于绍兴? 这恐怕要进一步从人的自身寻找答案。

绍兴人自古以来就有重视教育的传统。越王勾践提出"十年生聚、十年教训"的兴邦强国之策,似可以理解为今天我们在宣传的"百年大计,教育为本"之意,而且他说的是大教育,是群众性的教育,全民教育。

绍兴人之重视教育,已积久而成为强大的社会风气,形成一种地区性的小气候。记得在我幼年的时候,母亲就经常嘱咐我要好好读书。说我父亲临终时只交代一句话:"无论家里怎么困难,也得让孩子上学。如果不读书,等于绝种。"我父亲是个乡间医生,尚且把送孩子上学看得如此神圣,可见民风之一斑。正是这种植根于民间的重视教育的风气,这种地区性的小气候,产生了超越时空的巨大作用,使绍兴境内古代书院和学塾设置相当普遍,并较早出现近现代学校和教育新事物,从而孕育出一代又一代人才济济的绍兴人,历久而不衰。

《绍兴市教育志》用大量翔实的史料,反映了这个绍兴特有的社会现象与历史现象,反映了绍兴自古以来教育事业发端、发展与变迁的事实。作为志书,只记述事实,不加评论,但我仍然认为这是一部教科书,是一部值得绍兴人和非绍兴人好好阅读的教材。相信读了之后一定会受到很大的教益,很大的鼓舞,从而更加自觉地重视教育。绍兴要进一步发展,绍兴要进一步振兴,绍兴要出更多的人才,基础仍然只能是教育。

我有幸作为一个绍兴人,并有幸作为《绍兴市教育志》首批读者之一,谨发表如上感受,算是读后的一点心得。

《绍兴市教育志》,上海教育出版社 1994 年版。

《班级教育的理论与方法》序言

自 16 世纪欧洲出现班级教育形式,17 世纪捷克教育家夸美纽斯倡导分班教育以来,班级一直是学校教学工作的基本组织形式,是学校的基层单位。班级教育的好坏,直接影响学校的教育质量。正因为这样,人们非常强调要搞好班级的育人工作,特别要求作为班级组织者、领导者和主要教育者的班主任努力做好自己的工作,为此出版了不少有关班主任工作的书籍。但是,以整个班级作为对象,就教育中的重要理论和实际问题进行全面系统研究的专著还不多。据我所知,王炳仁同志主编的《班级教育的理论与方法》,属于这方面的第一本著作。我由衷地欢迎它问世,非常乐意将它推荐给广大中小学老师与所有关心和研究班级教育的朋友。

毛泽东早就深刻地指出:"对于马克思主义的理论,要能够精通它、应用它,精通的目的全在于应用。如果你能应用马克思列宁主义的观点,说明一个两个实际问题,那就要受到称赞,就算有了几分成绩。被你说明的东西越多,越普遍,越深刻,你的成绩就越大。"(《整顿党的作风》)我以为,我们进行教育理论研究,目的是推动教育的改革和发展,应该深入教育实践,发现并回答教育实践中的各种重大实际问题。我们的教育论著如果能够从理论与实践的结合上说明教育实际问题,能够有助于教育改革的深化,推动教育事业健康发展,就应该受到称赞,就算有了成绩。这本《班级教育的理论与方法》的优点,就在于它能够立足现实,面向未来,满腔热情地研究当今中小学班级教育中迫切需要解决的问题,对这些问题作了理论上的说明,并就如何解决好这些问题进行实际操作上的指导,读来使人耳目一新。这是很值得提倡的。

本书不搞脱离实际的纯"理论"研究,而是致力于回答班级教育中的重大实际问题,所以针对性强,很有时代特色。以班级德育部分为例,对班级德育的一般原理进行扼要的阐述后,安排了班级行为规范教育和道德责任感教育、班级爱国主义教育、班级人生观教育、班级自觉纪律教育、班级性道德教育等专节,这样处理,既反映了社会对中小学生的品德要求,也符合儿童、青少年品德形成、发展的规律,又适应他们自身健康发展的需要,并且切中了当前中小学班级教育中的几个热点问题。又如,本书把班级良好个性品质的培养列为专章,也是很有时代特色的。本书的作者们考虑到 21 世纪对我国新一代社会主义公民的素质要求,总结了一些中小学培养学生良好个性品质的经验,并大胆提出了自己的见解,表现出可贵的探索精神。此外,把班级学习指导、班级中学生的自我教育作为专章,详细地加以论述,体现了现代教育理论把学生视为教学教育过程主体的观点,同样很有针对性和时代气息。

在强调要研究和解决实际问题的同时,毛泽东还十分重视大力吸收外国进步的文化,作为自己文化食粮的原料;强调要吸收我国古代文化中民主性的精华,作为发展新文化,提高民族自尊心的必要条件;同时更强调接近作为革命文化无限丰富源泉的人民大众,虚心向他们学习。因为"群众是真正的英雄,而我们自己则往往是幼稚可笑的"。(《"农村调查"的序言和跋》)我的体会,所有这些,对于教育理论研究也是非常适用的。只有这样做,才有可能更好地解决实际教育工作中的问题,才能使教育理论得以发展。这本书的又一重要特色,就是作者们能够以科学的态度对待古今中外的优秀研究成果,特别是能够虚心地向广大实际教育工作者学习,认真总结新中国成立以来,重点是改革开放十余年来,我国广大中小学班级教育工作者所创造的成功经验,因此材料充实,内容丰富,亲切感人。尤其可贵的是,作者们不满足于对他人研究成果的综述,以及对实际教育工作者成功经验的概括,还在此基础上深入地研究探索,融入自己的智慧和心血,才写出这本既有浓郁学术气息,又能指导实际工作的专著,从而使自己的观点和主张既继承前人,又发展前人,既源于教育实践,又高于教育实践,给人以新的启发。

当然,还是毛泽东说得好,人类总得不断地总结经验,有所发现,有所发明,有所创造,有所前进。停止的论点、悲观的论点、无所作为和骄傲自满的论点,都是错误的。学术研究也不例外。我希望广大教育科学工作者们,继续在马列主义毛泽东思想和邓小平建设有中国特色社会主义理论的指导下,坚持理论和实际相结合的原则,潜心重大教育理论和实际问题的研究,贡献更多更好教育研究方面的力作。

《班级教育的理论与方法》,浙江教育出版社1994年版。

愿大家都来关心中学生活

——《中学生活导论》序

许多教育家常常把研究的重点放在小学阶段与小学以前的幼儿时期,有的还要再提前一点,一直上溯到母亲怀孕期间,研究所谓"胎教"问题。并不是说这些都不应研究,或是不重要。而是说相比之下,似乎对中学阶段的学生的研究,在重视程度上要差一点。其实,一个人在成长的过程中,无论生理、心理的发展变化,要数中学阶段最大、最剧烈。在这个阶段里,他们的生活是如此丰富多彩,如此变化多端,如此波涛起伏。这一步跨得好,跨得对,人生就成功了一半。如果把人生比作在长江中航行的船只,中学阶段有点像过三峡。通过了这一段,就可以进入平原,直奔大海。所以有人把初中时期称为人生道路上的危险期,把 14 岁左右称为危险的年龄。我则是把中学阶段看作是一个人的第二次诞生。每个人的第一次诞生是无法选择,也无能为力的;而第二次诞生既可以选择,又可以有所作为,其中决定的因素是教育工作。

正因为如此,中学阶段的教育更应当引起学校、家长与社会的重视,也更应当引起专家们的注意。

这不只是某一个人或某几个人的问题。在我国,正在中学上学的人总数是在 6000 万以上吧! 是整整的一代人! 就是这一代人,在 10 年 20 年 30 年之后,都要陆续走上工作岗位。那时候,国家和民族的命运就将不可避免地要掌握在他们的手里。他们中间会出党和国家领导人;出部长、司令员;出经理、厂长;出专家、教授;也出工人和农民。不管我们愿意不愿意,反正各行各业、各条战线、各个层次的接班人,都得在他们中间产生,而不会有别的来源与别的选择。

曾经有作家写过一部电视连续剧,内容就是反映这一群人的学习与生活、欢乐与烦恼。剧本的名字就叫《寻找太阳部落》，把正在中学阶段生活的几千万人称为一个部落，是一个像正在升起的太阳一样的部落，他们将照耀未来的世界。

现在，全世界都在议论即将来临的 21 世纪。21 世纪的中国如何，很大程度上就要看现在的中学生如何。

有这样认识的不只是我们，世界上所有有头脑的人都已认识到这一点。他们说，争夺未来的世界大战已经开始。这是一场不流血的战争，战场就在今天中小学的课堂里。

怎样使正在中学里上学的这一代人健康成长？怎样帮助他们正确地走上人生道路并安然渡过惊涛骇浪？怎样使他们尽早地意识到自己未来的责任？又怎样发现他们、培养他们，发展他们？等等，等等。总之，无论从家庭出发，还是从国家、民族的利益出发，我们都要有紧迫感，对它们进行研究。

随着九年制义务教育的实施，中学阶段的初中与高中还得分开研究，因为二者的任务有一些不同。初中阶段属于义务教育的范畴，属于普及性质，是人人都要接受的教育。其任务是培养与提高公民的素质。初中阶段更多要同小学阶段联系起来通盘安排，其任务只有一个，即培养合格公民。所以有不少同志就不赞成双重任务的提法。普通高中不属于义务教育范畴，不是人人都必须接受的教育。其任务同初中阶段有所不同。这是要注意的。

基于上面的一些想法，当施修华同志把他和他的几位同事写的《中学生活导论》这本书稿送到我家，要求我为这本书写一篇序言的时候，我就不自量力地接受了下来。我觉得这些年出版的教育书籍不少，而研究中学教育规律的专著似乎是太少了，因而它是值得欢迎的。冒着摄氏 35 度的高温，我翻阅了全书，认为作者是花了不少心血的。它对于正在从事中学教育的教育工作者，对于有孩子在中学上学的家长，都有一定的参考价值。自然，世界上不大有尽善尽美的书。书中有些内容或有些观点，可能会引起一些不同意见，或者是批评的意见，这都是正常的。

愿这本书的出版，能引来更多的人研究中学生活，特别是研究当代中学生的生活。

《中学生活导论》，百家出版社 1992 年版。

不断前进，永远前进

——《成长的足迹》序

读完了这本小册子，内心感到无比的欣慰。作为一个长期从事教育工作的人来说，没有什么别的能比得上看到青少年学生茁壮成长更为高兴的事了。

不是有人担心我们医治不好"四人帮"造成的年轻一代心灵上的创伤吗？不是有人忧虑年轻一代抵御不了西方腐朽思想的侵袭吗？不是有人曾妄言我们的年轻一代是什么"迷惘的一代"吗？这本小册子就是有力的驳斥与回答。

请看，我们的年轻一代是在怎样想的。

"由于各种思潮的影响，社会上有人叹息、摇头，转而追求各种实惠的生活，也有的人悲观、失望，一心想出国，以求他途；而我感到：青年人是祖国的明天，国家兴亡，人人有责，把祖国建设得繁荣昌盛，要靠我们的双手，这个任务已经历史地落在我们的肩上。

"人人都有生命，但这非人人都懂得生命的意义。没有生命，固然说不上事业；但没有事业的成功，就失去了生命的意义。生命是短暂的，事业是长存的。从这个意义上来说，事业又胜于生命。

"对我们这些生长于中华大地的青年来讲，这个极好的目标就是使我们的民族振兴，国家强盛。人们常说青年是时代的标志，那么，青年人就必须自觉地时刻把握时代的脉搏。

"党的十一届三中全会号召全国各族人民同心同德，共绘祖国四化蓝图，在这样的情况下，我们每一个爱国青年谁的心中没有'振兴中华'的呼声！

"作为一个新时代的社会主义国家的青年，不仅要有过去科学家们的那种对本民族、对世界极端负责的精神，更要有为人类最美好的事业——共产主义事业奋斗的决心。

"要做一个对社会有用的人，不仅要有为人民服务的精神，还要有远大的理想、明确的奋斗目标、马克思主义的科学思想指导，才能真正做到对社会、对人类有所贡献。

"我体会到成才要靠党的关怀和优越的社会主义制度，要靠努力奋斗，还要靠永不自满、永远进取的精神……"

这些仅仅是豪言壮语吗？是在那里说大话、假话吗？

不！他们是这样想，也是这样做的。

李楠，年仅16岁，刚读完三年初中，仅花了三个多月的时间就又学完了全部高中课程，考上了清华大学；车晓东，从初二跳到高一，高中三年级时，参加第三十四届中学生数学竞赛和美国中学生数学邀请赛，获得了满分；程沫芝，一个曾经误入歧途的"差生"，变成了市一级的三好学生，用他自己的话来说是"枯木逢春"；周榕，一个原来十分瘦弱的女孩子，经过勤学苦练，终于在射击比赛中打破了两项世界纪录，等等，等等。

正如周榕所说的，"苦练能弥补自己的先天不足，苦练能增强力量，苦练能出成绩，也只有苦练，才能为国争光，才能在世界射击纪录上写下中国人的名字。"仅仅是周榕一个人在这样苦干、实干吗？仅仅是上面所举到的几个青年人在苦干、实干吗？本市五年来共评出市级三好学生2400人，区（县）级三好学生16000余人，校级三好学生70000余人，还有更多的由于名额限制而未被评上的学生。他们都在实干、苦干，一代人都在为准备参加四化建设而发奋学习。

《成长的足迹》，1983年编。

为祖国健康工作 50 年

——《体育》序

在迎接中华人民共和国成立 35 周年的大好形势下，反映学校体育工作的《体育》出版了。《体育》从不同的侧面介绍了三中全会以来上海中小学体育工作的经验。尽管它在广度或深度上都显得还有很多不足之处，许多问题还可以进一步探讨，但是它忠实地记录了广大中小学体育教师为了增强学生体质而不断探索、不断改革所作的努力，字字句句浸透着他们的脑汁与汗水，因而是十分可贵的。

中小学体育工作的主要目的是增强学生的体质。随着教育的普及，每一个人的儿童、少年时期都将在中小学里度过。提高中小学生的体质，意味着提高一代人的体质，提高整个民族的体质，意义是十分深远的。我非常赞成向教育部门和广大体育工作者提出这样一句口号：让学生今后"为祖国健康工作 50 年"。学生离开学校踏上工作岗位。如果是药罐不离手，三天半休，三天病假，成天泡病号，或是只工作了一二十年就衰弱不堪，虽然报国有志，却力不从心，这将是多大的遗憾；而如果能为祖国健康工作 50 年，又将会对祖国、对人类创造多少财富，作出多少贡献啊！因而我认为可以把这句形象生动的话作为广大体育工作者的主要奋斗目标，也作为自己对下一代、对祖国的社会主义建设所应当承担的任务。

为什么说是 50 年呢？我是这样计算的：假定从 20 岁开始工作，到 60 岁退休，共 40 年，再有 10 年发挥余热，不是正好 50 年吗？

增强学生体质，并不是一件简单的事。这是一门学问、一门专门的科学，其中有许多规律还未被我们所认识。例如，我们中华民族绵延数千年而不衰老，今天又在重新焕发青春，一洗"东亚病夫"的耻辱，为全世界所瞩目，被称为是既古老又年轻的民族。这在世界上同我们一样古老的民族中是少有的。这里面难道没有我们民族特有的健身之道值得重视并加以研究吗？这种经验是有的，但往往只在老年人中间传播。我们为什么不把它作为中小学体育教学的内容，让学生从小就掌握呢？

要达到增强体质、保持健康的目的，锻炼当然是十分重要、十分必需的，"生命在于运动"，这是科学的结论。但是，是不是还有别的因素应当同样重视呢？例如保持乐观的情绪，培养开阔的胸怀，以及保持生活的节奏，注意饮食习惯，等等。回答是肯定的，要进行"综合治理"。我认为，在这方面我们中国是有非常丰富的经验的。所以，我们应当把思路再打开一点，视野再放得广阔一点，不仅可以学习外国的先进经验，更要研究我国自己的、本民族的传统经验，要对学生进行健身之道的知识教育，不能搞"竞赛就是一切"。在这方面我们既没有现成的、适合中小学生的教材，更缺乏经验。因此，我们不能满足于已经取得的成绩，应当继续研究，继续探索，继续改革，最终走出一条切合我国国情的、符合科学规律的学校体育教学的新路子。

让我们的学生在离开学校之后，能为祖国的四化建设大业"健康工作 50 年"！

《体育》，上海教育出版社 1984 年版。

教师的益友

——《教师之友》序言

教师在教育事业中的重要地位，是怎么估价都不会过分的，在整个人类文明的传递与发展过程中的作用，也是怎么评价都不会过分的。正因为如此，对教师素质的要求，无论提到怎么高，也都是不会过分的。

现在有一个名称，叫作"合格教师"，或者叫作"达标"。就是规定几方面的要求，制订几条标准，达到了就算合格，就算达到了当教师的标准。其实，这些规定不过是对教师的最最基本，也是最最起码的要求，只是静止的标准。真正要当好一名称职的教师，仅仅具有这么一点水平，是很不够的。如果要成为一名优秀教师，不用说，是差得太远了。更何况时代在进步，科技在发展，知识在更新。符合这些静止的标准，今天也许还可以马马虎虎地对付着当一名教师，明天就可能显得落后了，今天是合格的，明天就可能不合格了。合格与达标应当是动态的，应当是不断提高的。

古今中外的历史经验都证明，只满足于培养合格教师是不行的。所以，世界各国都十分重视教师的进修问题，对教师提出了必须不断学习的要求。要求教师做到老、学到老，永不停步，永不满足，这叫作继续教育。这样做了，才能培养出好教师，教育事业也才有成功的可能。如果只满足于合格与达标，不抓进修，其结果肯定是不会好的。

至于校长和教育部门的所有领导干部，因为是领导者，要有比教师更高的水平，所以，就更应该进修。

教师和教育部门的领导干部需要进修的内容是很多的。教师除了所教学科的专业知识以外，举凡政治、道德、教育理论、文化素养以及组织才能、教学方法，等等，都要学习；领导者还需要学习管理知识、工作方法与有关方针政策。用一句流行的话说,学习内容是全方位的。

进修的途径也是很多的。定期上进修院校脱产进修,不定期地参加各种讲座,当然是重要的途径;更经常也是更重要的进修是靠自己平时挤出时间看书、看报。现在出版的新书多得很,报纸杂志更是成百上千,要抓住一切可用的时间浏览阅读。专业的、非专业的,都要关心,翻翻看看。确实是开卷有益。作为教育工作者,面对千百个兴趣爱好各不相同的学生和他们提出的各色各样的问题。虽然不能成为万能博士,什么问题都能回答,但总是了解得越多越好。博览群书的要求,对教育工作者来说,是不算过分的。另外,看电视,听广播,也是获取信息与知识的一条重要途径。我还认为,只要条件允许,参观、考察,对教师来说,也是重要的进修。就是游山玩水,对教师也是一种进修,不应该批评、指责。社会的沸腾生活,生产第一线的紧张战斗,各地的民情风俗,祖国的山山水水,都可以使有心人开阔视野,打开思路,增长知识,提高素质。古人云,做学问的要读万卷书、行万里路,这是有道理的。

教师当然要不断钻研教材,做到常教常新,每次有新的领会。但教师的进修只限于钻研教材,是不够的;只限于书本知识,也是远远不够的。

当然,教师的工作实在太忙,要挤出进修时间确实是不太容易。因此,我很希望有一本教育百科全书式的工具书,对有关教育方面的一些必备知识加以收集整理,并加以简明扼要的介绍。这本书可以放在床头、案前,随时查阅参考,或者随便翻翻看看。尽管它语焉不详,但我们可以从中获得最基本的知识。这肯定是很有好处的。

现在,这样一本工具书已编写出来了,这是很值得欢迎的。参加这本书编写工作的有大中小幼教师,有教育科研人员,有教育部门的工作人员,这对理论与实践的结合、对科学性与实用性的兼顾极有好处。取名为《教师之友》也是很恰当的。教师们正需要这样一位良师益友。我相信,这本书将会成为广大教师的良师益友。上面讲到教师需要知道的东西是很多的,这本书也许还不能满足大家的需求。那不要紧,书出版之后,还可以在听取诸方面反映的基础上,重版时再补充。事物总是从无到有,从不完备到逐步完备的。

《教师之友》,文汇出版社 1991 年版。

《教师的修养》序

　　这是一本为了迎接新中国成立以来广大教师自己的第一个节日——教师节而专门编写出版的小册子。作者都是教师或曾经做过教育工作的同志,写的是他们的体会,既为言志,也用来自勉。

　　教师既然被美称为人类灵魂的工程师,那么关于做教师的学问,也就可以叫作人类灵魂工程学。它是一门科学与艺术相结合的边缘学科,既如系统工程一样严密,又像诗歌、散文、油画或立体声音乐一样充满深情与灵感。这门学科立足现在,面向未来。它所研究的是如何培养开创、主宰未来的能工巧匠,未来的厂长、经理、工程师、农艺师,未来的科学工作者、医务工作者、教育工作者、外事工作者、军事工作者,未来的党和国家的各级领导人……因此凡是有远见的人,都能充分领会这门学科对于我国的教育事业乃至整个四个现代化的宏伟事业所具有的重要意义。而关于教师修养的研究,正是这门学科中的一个重要组成部分。这本小册子在这方面作了些探索,这是十分可贵的。

　　关于教师的修养,本书从各个方面提出了许多具体的要求。我想似乎也可以用一句话来加以概括,即凡是希望学生做到的,教师都应该努力做到。要学生有理想、有道德、守纪律,教师也应当有理想、有道德、守纪律;要学生勤奋学习,刻苦钻研,教师也应当努力进修,精通业务……而且,这一切要比学生做得更好。总之,言行一致,为人师表,这是教师修养的最高境界。

　　当然,人无完人,教师也不例外。我们强调教师加强自身的修养,目的是使自己成为学生感到可敬可亲的人,成为学生可以学习的实实在在的榜样,并不是要把教师变成谨小慎微、道貌岸然或是没有情趣、没有自己喜怒哀乐的人。

　　新中国成立以来,随着教育事业的发展,教师队伍也有了很大的扩充,已经形成了一支近千万人的队伍。党和政府对这支队伍是十分重视的,特别在解放初期,广大教师和广大劳动人民一样,有着强烈的翻身感,迸发出极大的政治热情。只是到了后来,党内"左"的思想抬头,教师才开始受到不公正的待遇,尤其在十年动乱中,受到了极其严重的冲击。但即使在这种情况下,许多教师仍然始终不渝地坚信党,热爱社会主义祖国,忠于人民的教育事业。他们白天挨批斗,晚上坚持备课。欲教不能,欲罢不忍,看到孩子们学业荒废,忧心如焚,他们潜在的政治热情始终没有熄灭。如今,广大教师投身恢复与整顿教育事业的艰苦工作之中,力图把损失的时间夺回来,又一次迸发出巨大的政治热情。今天,限于国家的财力,教师的物质待遇仍然不高,生活比较清苦,办学条件也比较差。但他们识大体,顾大局,体谅国家的困难,积极工作,正如一句古诗说的"衣带渐宽终不悔,为伊消得人憔悴"啊!几十年的风风雨雨,证明我们这支教师队伍是经得起考验的,是人民群众中最有觉悟的一部分,是一支英雄的队伍。记得几年前赵朴初同志曾满怀激情地谱写了一首歌颂教师的《金缕曲》,词中有言:"不用天边觅,论英雄,教师队里,眼前便是。……"是的,将来的人们一定会给我们的人民教师颁发英雄勋章的。

现在党中央已作出了教育改革的决定。教育的春天已经来到。在庆祝自己节日的时候,我们教师更要认清自己肩上的重任,努力提高自己的修养。愿这本及时出版的小册子,能为广大教师的工作热情起一点加温作用。

《教师的修养》,上海教育出版社 1985 年版。

一部教育诗篇

——《心灵的塑造——〈教师笔记〉荟萃》序言

　　人们都会说教师是人类灵魂工程师,但不一定都知道这些工程师们是怎样在塑造人的"灵魂"的。以为教师的工作无非是上课、批改作业,或者是带着孩子们一起玩,做"孩子王",如此而已。其实,这只是人人都能看得到的表象,事情并不那么简单。

　　"灵魂"这个东西,本来就有点"玄",不大好捉摸。俗话说"知人知面不知心",心也就是指灵魂。知道人的"心"已不容易,何况还要塑造? 孩子们的"心"是否简单一些? 也不一定。一个人降临人世,世间的一切就在影响着他。家庭、环境以及其他种种条件和因素,各人碰到的都不一样,就连双胞胎也不是同一份材料的复印品。一个班级几十个孩子,就有几十个不同的"灵魂",如同树叶子一样,即使在同一棵树上,也不会找到两枚完全相同的叶子。而一个教师,就是要做到了解每个孩子的不同"灵魂",然后因势利导地教育他们,做到因材施教,做到根据每个人的个性特点,发现他的长处,并培养它、发展它,使它逐步完善。

　　《教师笔记》这本小册子,就是我们的灵魂工程师们工作的记录。它生动地告诉我们,这些貌似平凡的巨匠们如何在精心雕琢孩子们的心灵。

　　请看《今天,我醉了》中介绍的李娜和李敏,《约会》中介绍的宋佳琪,《鸟情》中介绍的夏军,《别让妈妈知道》中介绍的倩倩,《一条围巾》中介绍的瞿伟,等等,他们有的是小学生,有的是中学生,可是都有自己的个性,自己的"灵魂",我们的灵魂工程师们就是在理解他(她)们、尊重他(她)们、信任他(她)们的基础上,逐步塑造他(她)们,使他(她)们一步一步走向完善的。

　　请再读一下《我爱"丑小鸭"》这篇短文,你的心灵能不为这个被误认为是低能儿的倾诉所震撼吗？而这仅仅是一个幼儿园的孩子啊！

这是一本充满着哲理，也充满着爱的书。它用一个个短镜头，组成了一卷教育诗篇式的录像带。读者看了定会受到启发。

这也是一本生动的教育学，教师们当然要看。我认为家长们也应该看，社会各方面的人也应该看，看了就知道应该怎样对待孩子，怎样教育孩子。凡是有生育能力的人都会生孩子，至于爱自己的孩子，正如一位名人说过的，就是母鸡也是会的。问题在于如何教育孩子，那可是一门学问，一门科学，并非人人都会。教师的工作之所以值得人们尊敬，就是因为他们不但爱孩子，而且还知道如何教育孩子。

今天，教师的待遇十分菲薄，工作条件也很差，正如鲁迅说的，吃的是草，挤出来的却是牛奶。所以，我希望有更多的教师来写笔记，让社会更加了解教师。

《心灵的塑造——〈教师笔记〉荟萃》，

上海社会科学院出版社 1989 年版。

灵魂工程师的日记

——《爱的心泉》序

人们为什么把教师称为人类灵魂工程师？看了黄静华同志的工作日记，我们就可以明白。我只阅读了日记中的一部分内容，就被她对学生那种深沉的爱心、细致入微的工作打动了。我相信读者读了之后，也会与我有同感的。

按世俗的说法，教师的工作就是教书，学生进学校就是读书。其实这是一种极大的偏见。书，教师当然是要教的，学生也一定是要读的，然而这仅仅是教师工作的一部分，也是学生任务的一部分。学校还有个重要的任务，就是教学生做人。陶行知就说过"千教万教，教人求真，千学万学，学做真人"。读书与做人比较起来，做人更为重要。我曾在一篇文章中说，人才，人才，人与才不一定是统一的。有人是人没有才，有人是人又有才，也有人有才不像人，甚至不是人。与其是人有才不像人，宁可是人没有才，可以少干坏事。不是人的人，才越大，干的坏事也越大。小偷不可怕，大偷才可怕。出个袁世凯、汪精卫式的窃国大盗，那就糟了。这话可能有些挖苦人，但这是真情。翻开历史，这种例子多得很，放眼社会，这样的人物很不少。

黄静华同志的工作日记之所以值得一读，在于它处处体现了主人翁教学生做人的教育思想和她做工作的润物细无声。一桩桩小事、一个个活动，一点没有说教的味道，就这样，全班学生受到了深深的教育，心灵得到了塑造。我真羡慕这一批孩子以及孩子们的家长，能碰上这么一位好老师！真是三生有幸。

我曾为老教育家赵宪初的文集写过序言，也曾为优秀教师毛蓓蕾的文集写过序言，说过他们的文集是真正的教育学。现在为黄静华的工作日记写序言，我还想重复这句话。这又是一本真正的教育学。

愿这本工作日记的问世,能受到大家的欢迎,并且有助于广大教育工作者端正与提高教育思想。

我深信,在广大的教师队伍中,像黄静华这样优秀的教师肯定还有的是。如果他们也能像她这样勤于动笔,把工作中的体会、感受一点一滴写下来,稍加整理,那么就会有更多的好作品出来,推动教育科学的繁荣昌盛。

《爱的心泉》,同济大学出版社1992年版。

一本切合实际需要的书

——《复式教师手册》序

据我所知,新中国成立以来关于复式教学的专著似乎极少,而我国广大地区,主要是农村小学,实行复式教学的比例相当大。谁都知道农村在我国所占的特殊地位。可以讲我国教育的重点在农村,难点也在农村。农村教育没有搞好之前,我不能说中国的教育已经搞好了。随着计划生育的严格实施,独生子女的增多,一个村庄里同龄的孩子数量不多,往往凑不足一个教学班。由于师资、校舍、财力的限制,在今后相当长的时期内,农村小学复式班不仅不会减少,还可能增加。这是我国国情,也符合勤俭办学的精神。因此,搞好复式教学与搞好农村教育乃至搞好整个教育事业关系密切。只要教师具有复式教学的知识与能力,复式教学是完全可以保证质量的。

当然,复式教学有它的难度,确实不大容易掌握好。这一点我是有切身体会的。因为我在高中阶段念的是师范,毕业后当过几年农村小学教师,也教过复式班,两复式、四复式都实践过。上一堂复式班的课,就像演奏交响乐一样,要配合得和谐合拍,简直是科学与艺术的结合,的确很不简单。幸亏那时在中师学了一点关于复式教学的知识,我总算没有出洋相。所以,好几年前我就建议我们的中等师范学校一定要让学生学一点复式教学的知识,特别是面向农村的师范学校。没有经过复式教学训练的在职教师,也应当补补课。正因为我早就有这个愿望,因此,这本书能编写出版,我当然是高兴的,当然是乐意为它写一篇序言的。我认为这是贯彻落实九年制义务教育的需要,也是提高基础教育教学质量的需要。

需要指出的是,使用这本手册,同使用其他教学参考书一样,要有一个科学的态度。因为参考书毕竟是参考书,即使写得再好、再完备,也不可能完全针对各种不同的情况，如不同的对象、不同的条件，等等，况且大纲与教材也还在修订，经常会有变动。所以，如果我们死扣参考书，照抄照搬，自己不动脑筋，以不变应万变，效果一定不会好。使用参考书只能从中得到一些指引、一些启示、一些基本的原则和方法、一些可以参考的资料，等等，教学时一定得从实际出发，结合自己的经验，创造性地灵活地运用参考书。我认为这一点是非常非常重要的。希望在听取读者实践之后的反映后，作者能对这本手册不断修改补充，使之逐步完善。

《复式教师手册》，江苏教育出版社 1989 年版。

为暗胡同装上明灯

——写在《教与写》前面

　　读完本市几位特级教师作文教学经验片断《教与写》的校样，感到由衷的高兴。记得 1979 年在全国中学语文教学研究会的成立大会上，我曾经发了一次言。其中有一段说到循序渐进的"序"的问题。当时我说："什么学科都有个'序'，独独语文没有明确的'序'。"中间还引了鲁迅在《做古文和做好人的秘诀》一文中的一段话。这段话是这样说的："从前教我们作文的先生，并不传授什么《马氏文通》、《文章作法》之流，一天到晚，只是读，做，读，做；做得不好，又读，又做。他却决不说坏处在哪里，作文要怎样。一条暗胡同，一任你自己去摸索，走得通与否，大家听天由命。但偶然之间，也会不知怎么一来——真是'偶然之间'而且'不知怎么一来'，——卷子上的文章，居然被涂改的少下去，留下的，而且有密圈的处所多起来了。于是学生满心欢喜，就照这样——真是自己也莫名其妙，不过是'照这样'——做下去，年深月久之后，先生就不再删改你的文章了，只是在篇末批些'有书有笔，不蔓不枝'之类，到这时候，即可以算作'通'。"从鲁迅提出这个问题到现在，几十年过去了，但作文教学中的"暗胡同"状况，并没有多大的改变。所以我在那次发言中发出"为'暗胡同'装上电灯。决不能让我们的孩子去花这么多的时间在'暗胡同'中摸索了"的呼吁。

　　几年来，不少同志在这方面进行了很多的尝试，但效果并不显著。读了沈蘅仲等五位特级教师写的作文教学经验总结，我眼睛一亮。因为我们终于看到了初步的成果。

　　五位同志的作文教学经验是各有特点的。有的严谨，步步紧扣，有的豪放，纵横驰骋，都有值得我们大家研究学习的丰富内容。这是一面。另一面，五位同志的作文教学,也有不少共同之处,个人体会,有两个共同点是值得着重一提的。

第一,计划性强。从命题、审题,启发思维,立意构思,谋篇布局到遣词造句,都是有目的、有计划地一步步进行具体指导的,充分体现了教师的主导作用。采取教刚学步的小孩走路一样,既不是抱着走,也不是完全放手,放任不管。我认为教师的主导作用,关键在一个"导"字。在整个作文教学过程中,教师的责任就在于有计划、有目的地进行指导或引导,然后放手由学生独立自主地完成写作任务,做到每写一篇都有所得,都有所进步。

沈蘅仲同志用三篇不同论点的《六国论》,以开阔学生的思路,指导他们进行比较、思索,研究和学习文章的论点、结构、层次和写作手法,最后要求学生用自己的观点写出同一问题的议论文。再通过评讲,进行具体指导。

于漪同志是先启发学生进行浮想联翩的想象,再要求学生有鲜明、深刻、新颖的立意,真切、质朴的感情,情景交融的意境,最后指导学生对谋篇布局作精心构思的,等等,还告诉学生要写好文章,应当在平时多观察,勤记录,积累丰富的资料,避免下笔时感到搜索枯肠之苦、捉襟见肘之窘。此外,她还要求学生极其认真地锤炼自己的语言,丰富自己的语汇,学会用多种句式来表达情和意,抓住了作文教学的几个主要环节。

卢元同志举的也是教学写议论文的例子。他先是选取十来篇不同论证方式的范文,让学生学习和掌握写议论文的基本知识。然后对学生提出要求,进行反复的写作训练。每次训练都有一个重点,一次着重解决议论文写作的一个方面的问题,目的性十分明确。最后让学生能比较正确地把握议论文的三个要素——论点、论据、论证,比较像样地表明观点、阐明事理,做到观点和材料的统一。从立"规矩"开始,到成"方圆"结束,步步紧扣。

高润华同志介绍了如何在培养观察能力、分析能力和表达能力这三个方面下功夫,达到提高学生作文水平的经验。

钱梦龙同志把作文教学归纳成摹写、改写、仿作、评析、借鉴、博采这样一条由易到难的"链索"。他认为学生学习写作是一个由单纯的摹仿到逐步摆脱摹仿而进入创造的"历练"的过程,教师应当沿着这样的"链索"作具体指导。

我不能说哪一种教学方法更好一些,哪一种"序"更合理些,只能说是各有千秋,因为这都是他们的经验之谈。我看读者不妨学着试试,让实践后的实际效果来作结论。

第二,重视智能的培养。作文教学要重视遣词造句、谋篇布局等写作方法的指导,这是毫无疑义的,也是所有语文教师所共知的。五位特级教师的经验中对此也有不少的论述。但是我觉得他们经验的可贵之处并不在这里,而是在于他们都一致强调,要十分重视启发思维,开阔思路,培养学生的观察能力和分析能力的工作。我认为写作水平是语文学科中知识、智力、能力的集中反映。写作不单是一个方法问题,它首先决定于思想水平的高低,思维能力的强弱,知识领域的宽窄,以及观察能力、分析能力的高下,等等。要提高学生的写作水平,首先得在上述诸方面下功夫。先要有思想、有观点,即先要有话想说,有话可说,然后才考虑怎么说才能说得明白、清楚、有条理、精练,说得能打动人,感染人或说服人。所以表达方法总是第二位的。当然,这也是十分重要的。宋代苏辙在《上枢密韩太尉书》中有一段话说得颇有意思。他说:"文者气之所形,……孟子曰:'吾善养吾浩然之气。'今观其文章,宽厚宏博,充乎天地之间,称其气之小大。太史公行天下,周览四海名山大川,与燕、赵间豪俊交游,故其文疏荡,颇有奇气。此二子者,岂尝执笔学为如此之文哉? 其气充乎其中而溢乎其貌,动乎其言而见乎其文,而不自知也。"韩愈在《师说》里也有类似的说法。他说:"彼童子之师,授之书而习其句读者,非吾所谓传其道解其惑者也。"他批评只重视学句读而不重视传道、解惑的做法是"小学而大遗",因而他是不赞成的。

叔本华也认为读书者只是走别人的思想路线,而写作才是走自己的思想路线。读书多的人并不一定能写出好文章,只有思想丰富,有卓越见地的人才能写出好文章。

我们这几位特级教师以他们的丰富实践经验为基础,也得出了相同的结论。

沈蘅仲同志强调在整个作文教学过程中,要"开拓他们的思路,发展他们的智力","要求学生提出自己的观点",还说"学生思路打开以后,思想活跃,各抒己见,必然会发表各种观点,所以讲评时先要从观点上来总结"。

于漪同志说:"语言训练必须和思想认识的提高紧密结合在一起。'意'为主,'辞'为从,意在笔先,辞随意生,只有对客观事物有正确、全面、深刻的认识,只有在思想上十分清晰,语言才会明确、生动、流畅。"

卢元同志说:"议论文的写作,不仅仅是一个表达问题,还得有较高的思想水平,较强的分析辨别能力,较丰富的相关知识作为先决条件。"

高润华同志认为:"不能只注意表达能力的提高而忽视认识能力的培养。"她所教的学生也体会到:"要写好文章,必须动脑思考,在日常生活中勤观察、勤分析,遇事多动脑筋,养成勤于思考的好习惯,那就不但有可写的东西,而且能写出有意义的文章来。"

钱梦龙同志提出的作文教学的"链索",从摹仿开始,最终要求是创造。他说:"创造往往以摹仿为先行,而摹仿又必须以创造为目标。"如果学生的作文老是停留在摹仿的水平上,作文教学就失败了。我们常说:"文贵有新意。"没有创造,哪来新意呢? 所以提高学生的思维能力,培养和发展学生的智力,鼓励创见,才是作文教学中应当着重下功夫的所在。

五位同志的写作教学经验是十分丰富的。他们经验中的共同之处当然还可以再列举几条,例如他们在读写结合方面的经验等,限于篇幅,就不再多说了,留待读者自己去细心钻研吧。

感谢出版社为我们编印了这么一本好书。希望通过它的发行,能有助于中学作文教学的改进,最终有助于中学生写作水平的提高;并且能引起连锁反应,有更多的、有经验的中学语文教师来重视作文教学的经验总结工作。大家共同努力,使作文教学的规律更加清楚,使摸索了千百年的"暗胡同"成为灯光明亮的通衢大道。

《教与写——特级教师作文教学经验片断》,

上海教育出版社 1982 年版。

写在《中学生语文学习咨询》前面

　　编辑同志把这本即将出版的《中学生语文学习咨询》的清样送来,要我为这本书写篇序言。编者告诉我:这本书的读者对象主要是中学生,包括有中学水平的自学青年,也包括中学教师与有孩子在中学里上学的家长。编者还告诉我,这本书不是什么考试指南或什么复习资料之类的书,指导思想在于从根本上帮助中学生懂得怎样学好语文,或者在思想认识上,或者在学习方法上提供咨询。我认为这样的指导思想是好的。以后我浏览了全书,证明了编者的介绍是真实的。

　　现在,复习资料、试题分析之类的书实在出得太多了,而且屡禁屡出,充斥于书店书架,把广大中学生引向猜题、押题、抄题、背题等无休无止的灾难之中,损害了学生的脑子,搞垮了学生的身体,实在是害人不浅!我是怀疑这些书的编者与出版者的用心的。他们至少是有点见利忘义,是在关心学生、提高教育质量的漂亮口号下在中学生头上刮钱。提高学生的语文水平能靠这种办法吗?当然不能。

　　语文,一个是语言,一个是文字,这两个东西实在太重要了。人际之间的交往,主要靠的是语言与文字。古代人的思想、古代人的伟大成就、历史上发生的重大事件,主要靠文字传递给我们;外国人的思想、外国人的伟大成就、外国发生的重大事件,也主要靠语言或文字(通过翻译)传递给我们。我们把语言和文字称为传递信息的载体,而且是一种主要的载体。人们要学习,无论学习什么,学习历史,学习地理,学习数、理、化,学习一切科学技术,一刻也离不开这个载体。所以,我们有时就把中小学的语文学科称为工具学科,或者称为基础学科。当然,这个说法是不完全的,但也有一定的道理。

　　既然语言和文字是一种传递信息的载体,那么在信息越来越发达的被称为"信息时代"的当今时代,语文的重要性就更加突出了,也更加明显了。很难想象,一个不掌握语言文字这个载体的人，在信息化的时代将如何生活！

还有一点，就是对于这个载体，掌握得愈早，可以愈早学习其他知识，开展同别人的交流，有利于自己的成长。中小学是一个关键的阶段。在这个阶段学习好语文，至少有两大有利条件：一是从一个人的智力发展阶段来说，据科学家的研究，这是学习语文的最佳时期，在这个时期学习语文可以事半功倍，错过了这一时期，就可能会事倍功半；二是从学生的负担来说，过了这个阶段，要学习的东西多了，精力就不可能那么集中了。所以，一定要掌握好这个学习语文的最佳时期，切切实实地把语文学好。

语文的能力包括哪些主要内容呢？语言的能力，一是听，要会听；一是说，要会讲。文字的能力，一是读，要会读；一是写，要会写。这就是平常老师说的听、说、读、写。四者都重要，不可缺一。有人在学语文时不重视听的训练，认为只要有耳朵，不是聋子，谁不会听！还要学干什么？其实，会听不会听，能听不能听，在能力上是大不一样的。有人听了半天，就是不得要领，有人一听，就能领会、理解，并且抓住要点。这就要靠训练。说话也是这样，训练不训练大不一样。有人满肚子学问，有满腔的意思要表达，可就像茶壶里煮鸡蛋，倒不出来。一个极简短的发言，有人也要一句一句事先写好稿子去念，叫他即席站起来讲话，就结结巴巴，语无伦次，半天也不知道在说些什么。甚至有的领导干部，水平并不低，就是不会讲话，会上发个言，做个报告，还要秘书代他事先起好草稿，到时候去念一通，有的还念不好。这种情况，今后就难以适应了。

在学习文字方面，过去也有一点问题，就是偏重于写的训练。介绍怎样写文章的书也很多。写当然十分重要，但忽视读的训练是不对的。有人统计，人对外面的信息是通过听觉、视觉、嗅觉、味觉、触觉五个方面的感觉来接受的，其中70%是通过视觉。而视觉信息主要是通过文字来传递的，可见阅读能力的重要。尤其是现在，每天出版的报纸、杂志、新书，何止千千万万，不去阅读就不知道事情，就不能进步，就不能工作，就不能适应。如果阅读能力不强，半天才看一页，看了还不得要领，那怎么行呢？打个比方，阅读好比是进口原材料，写作好比是出口成品，没有进口，这个进出口公司非倒闭不可。

这本小册子对听、说、读、写四个方面都写了，在思想认识和学习方法上提供了咨询。这是好的,符合上面所说的思想。但仔细看来,似乎仍有点过去那种偏颇的痕迹。例如听的训练方面,我大体数了一下,在全书114条中只占三四条;说的训练方面,大约只有10条左右,比例也很小;读的训练方面,似乎偏重于阅读文艺作品,至于怎样阅读报纸、杂志,怎样阅读政论文、评论文,怎样在图书馆这个书的海洋中迅速找到自己所要找的书,怎样在一本厚得像一块砖头一样的巨著中迅速了解全书概貌并找到自己所要的有关资料、论点,等等,提供的咨询就不够充分。一句话,看了以后总觉得有点不满足,似乎编者还没有从传统的语文教学观念中完全摆脱出来,没有从社会实践的需要这个角度再考虑一下。所以,如果以后再版,很希望能作一些补充与调整。

中国的语言(普通话)和文字是世界上使用人数最多的语言文字之一,有10亿以上的人在使用。近年来由于中国国际地位的提高,在改革开放的影响下,学习中国话,学习中文,似乎已开始成为许多国家青少年的学习热点。作为一个中国人,当然应当首先学好它、掌握它,做到得心应手,运用自如。祖国的语言和文字还是我国10多亿人口的凝聚力所在。几千年来中国虽然几经分裂,但每次都很快又走向统一,其中使用统一的语言和文字,以及以这种文字为载体所传递的中华文化,起着相当大的凝聚作用。匈牙利作家巴拉奇·代内什在他的一本著作中有一段话讲得很有意思,这段文章的标题叫作"方块文字的力量"。他说:"识字的中国人都知道方块字的意义,但读出声来,北方人和南方人就大不相同,有时候相差到完全不能听懂的程度。来自不同地方的中国人见面谈话,如果听不懂对方的话,就用手指在空中比划,或者写在手掌上,或划在沙土上。如果没有方块字作桥梁,他们只能是四川人、河南人、广东人,有了方块字,他们才都是中国人,不仅是同一个国家的公民,而且是同一个伟大文化的主人。"他这里讲的语言不相通,当然指的是各地的方言。在普通话逐渐普及的情况下,这种现象将消失。共同的语言和文字,将说明我们不仅都是中国人,而且是同一个伟大文化的主人。中国的语言和文字已经产生,并且必将继续发挥一种无形的力量,使我们的国家保持团结,走向统一。

下功夫在中学阶段学好语文,千万不要错过这个最佳时期。

《中学生语文学习咨询》,上海教育出版社1988年版。

《中学生三面向征文选》序

"三面向"的题词像一声春雷,开始了我国教育发展史上的一个新的历史阶段。从这以后,我国的教育事业,不论是整体的改革,还是局部的改革,不论是宏观的改革,还是微观的改革,都是以"三面向"为根本指导思想;衡量教育、教学工作的得失成败,归根到底也是以是否实现"三面向"、或体现多少"三面向"精神为主要准绳。

从这个意义上讲,《语文新圃》发起的、以"三面向"为内容的征文活动,就显得十分有意义了。它可以启发、引导作文教学的改革走向正确的方向。

近年来中学作文教学发生了深刻的变化,打破了长期以来形成的僵化模式与凝固观念,改变了假、大、空一套的新八股腔调,学生写出了一大批内容丰富、题材广泛、语言生动、言之有物、情感真实的好文章。在这种繁花似锦的好形势下,是不是还需要引导呢?我认为还是需要的,而且是必需的。用什么指导思想来引导?除了"四项基本原则"之外,我认为就是"三面向"。引导学生在写作文的时候,从不同角度,用不同题材,采取不同的表达方式,有真情实感地而不是空洞虚伪地来体现三个面向。"三面向"应当成为当代学生作文的主流。当然,也不要排斥其他不完全体现"三面向"精神的文章。

教育说到底是为了培养人,培养不同的政治制度、不同的社会背景、不同的经济结构与不同的时代所需要的人。在现时代,我国教育的目标,就是要培养出有建设现代化的志气,有建设现代化的真才实学,有开放的意识,有适应国际社会生活的能力,还有适应新技术革命挑战的本领的人。这样,在进入 21 世纪的时候,能同世界上发达国家的接班人比一比高低。面向世界的意义不仅在于引进先进的技术、先进的文化,更在于要像我国运动员一样:冲出亚洲,走向世界!自立于世界民族之林而毫无愧色。

叔本华曾经说过：读书只是走别人的思想路线，写作才是走自己的思想路线，只有经过自己的思想路线把读书得来的知识消化掉，它才会真正变为自己的东西。作文中反映出来的思想内容、精神面貌与表现风格，的确可以在某种程度上反映出一代人的风格与一代人的素质。中国有一种说法，叫作文似其人。我们是常常把文风与人风联系在一起的。

正是在这个意义上，《语文新圃》发起的、以"三面向"为内容的征文活动，其意义远远超出了作文教学本身的作用。

希望这一次规模很大的征文活动，能对中学的语文教学改革，对各科教学的改革，对教育的整体改革，乃至在培养一代新人的方向与指导思想上，起到促进与推动的作用。

祝征文活动取得成功！

《语文新圃》1987 年第 2—3 期。

作文要有新意

——《华东六省一市中学生作文比赛写作讲座》前言

《青年报》社举办的 1982 年中学生作文比赛,已经在华东六省一市的范围内广泛地展开了。报社的同志向我约稿,要我联系 40 多年以前念中学时,参加一份在全国颇有影响的中学生杂志发起的征文比赛并获奖的情况,谈一点对作文比赛的体会。

此题目不好写。因岁月流逝,重新回忆当时的情节是困难的。

记得大概是在 1939 年,抗日战争正进入艰难的相持阶段,大片国土沦丧,人民处于水深火热之中。我当时在浙东一个山沟里的由几所从沦陷区撤退的学校合并而成的联合中学里念书。同学大多数是流亡学生,思想相当复杂,有的低沉,有的高昂,经常议论中国往何处去,个人应当怎么办,大家担心国家和个人的前途,每天报纸或杂志一到,都抢着看。其中我是比较积极的一个。一天我在一份中学生杂志里看到一篇征文启事,题目是《论英雄》。

这个题目对于一个中学生来说,难度是比较大的,但是联系上述时代背景,还是有内容可以说说。于是我决定写一篇去试一试。

开始构思时,我觉得应当独立思考,发表个人的观点,讲一点与众不同的见解,不能人云亦云。在中国历史上,岳飞是大家公认的完美无缺的民族英雄,受到后人的崇敬。在国家存亡危急之秋,人们特别希望能出现岳飞这样的英雄人物来力挽狂澜。我却不完全同意这样的观点。我认为岳飞是一个民族英雄,应当受到崇敬,但并非完美无缺。我当时认为,一个真正的民族英雄,应当把国家民族的利益放在第一位,不能顾个人的一时毁誉,岳飞没有完全做到这一点。在军事上取得节节胜利,可以实现"直捣黄龙"这个全国人民的愿望与民族最高利益的时候,他为了保持个人"忠君"美名,置国家民族的最大利益于不顾,在 12 道金牌的召令下,从前线撤回,终于受奸臣陷害,惨死在风波亭。个人的美名是保全了,宋朝的江山却随着完蛋了。他"精忠报国"的誓言,只实现了一半:精忠是做到了,报国却未实现。我的这篇文章,主要是申述了这样一些观点,结果得了个第二名,这是我意想不到的。

现在看来,这个立论并不十分正确。主要问题在于缺少历史唯物主义的观点,有点苛求于古人。但在当时,我自己认为是有些新意,是动了脑筋的。可能正是因为这一点,我的作文才被评选的先生们选中。他们并不像我这样求全责备。

这次《青年报》举办的中学生作文比赛,规定题目可以自选,但主题思想要能表达时代精神和青春气息,还特别强调要富有新意。这点的确是很重要的。这几年各种作文比赛不少,我也参加过几次评选活动。每次,我总是特别强调这方面的要求。我最反对那种言之无物、人云亦云,没有自己见解的文章。只要有创见,即使不那么全面,也比那些没有创见的文章要好。当然,创见不等于胡说八道,要言之成理,能自圆其说,并力求正确。

报社的同志还告诉我,去年的比赛中,上海的中学发动面不如兄弟省市广泛,应征的文章不如兄弟省市多,文章的水平也不如兄弟省市高。这同我们教育局重视不够有关。希望这一次有所改进。希望广大语文老师能重视这次比赛,发动更多的同学参加,也希望广大青年同学们能踊跃应征,并且积极构思,力求写出有时代气息的,有创见的好文章。

《华东六省一市中学生作文比赛写作讲座》,1982 年编。

《中学生物学课外活动手册》序

当本书的编者告诉我《中学生物学课外活动手册》已经编成,并且即将出版的时候,我不仅感到高兴,而且受到鼓舞。因为我是学校必须为学生开辟第二课堂主张的积极鼓吹者。我曾提出"要改革第一渠道,发展第二渠道,创建两个渠道并重的新的教学体系"的倡议,第二课堂是第二渠道的通俗称呼。所以这本书的出版也是对我观点的支持,并使之具体化。因此,我尽管对生物学科的具体内容研究不多,仅仅懂得一点皮毛,但仍然愿意为之作序,向广大生物教师、科技辅导员、学校领导以及热心教育工作的同志们推荐这本书。

现在的中小学生是跨世纪的人物,他们的主要活动时期是 21 世纪。因此,现在的中小学教育实际上是为他们能在 21 世纪的世界舞台上大显身手作准备。我们应把眼光看得远一点。

邓小平同志提出的教育要面向现代化、面向世界、面向未来,含义就更为全面,更为深刻,是我国整个教育事业的根本指导方针,对其他事业也具有极大的指导意义。邓小平同志的题词是应北京景山学校的请求而作的。景山学校是一所中小学,所以这就更值得我们在中小学工作的同志们深思了。

目前,我国实行的仍然是传统的教育方式。这种教育方式的特点是封闭、单一化和划一化、灌输、渠道单一。这样的教育方式很难培养出 21 世纪需要的人才。所以,按照"三个面向"的指示来改革教育是时代的需要,是形势所迫,势在必行,也符合世界性的潮流。发展第二课堂活动正是其中一个重要的改革措施。

第二课堂,或者用我的话来说,叫作第二渠道,它的内容是多方面的,包括电视、广播、报刊和教科书以外的各种书籍,当然也包括各种课外活动。这个渠道的教育方式是开放式的、多样化的、灵活化的、信息处理式的,因而有很大的优点。

我曾经在一篇文章中列举过它的五大特点。

1. 即时性　它不像教科书那样相对稳定,可以把最新的信息及时传递给学生。这对于培养一代能适应知识更新速度越来越快、新知识层出不穷时代的现代化人才,具有特别重要的意义。

2. 广博性　第二渠道传递的信息是十分广泛的,不受教学大纲,教材的约束,不限于教材的延伸与补充。凡是学生感兴趣、能接受的知识,都可以让学生接触,以扩大他们的知识面,提高他们的知识横向联系能力。这对培养他们的创造才能与应变能力也是极其重要的。

3. 自主性　在第二渠道的活动中,学生的主体作用能得到较好的体现,有利于培养他们自治、自理与自学的能力。

4. 充分性　因为它完全不受教学大纲、教材的约束,不搞标准化、同步化,每个学生可以从他的实际出发,并在他的知识和能力的极限上学习,不断地扩展其极限,因此能真正做到因材施教,有利于早出人才、快出人才。

5. 实践性　特别是课外活动,总是要求学生既动脑又动手,理论与实际相结合,在实践中学习,有利于培养学生的科学态度与科学作风,培养他们的动手能力与实践能力。

上述五个特点对于培养现代人的素质都是至关重要的。因此,第二课堂或第二渠道的意义,已大大超过以前仅仅作为课堂教学的延伸和补充的课外活动。它与培养现代人的总目标紧密相联,同课堂教学的作用同样重要,不是一般性的重要,而是十分重要,不可缺少。

有人担心开辟第二课堂会削弱第一课堂,进而削弱基础。这些同志不懂得,基础不是一成不变的。科学技术发展了,对基础的要求也随之变化,我们要树立新的基础观。及时了解最新信息的能力,广博的知识与知识的横向联系能力,自治、自理、自学的能力,动手能力与实践能力,等等,这是一个现代化人才所必不可少的基础。就是说,开辟第二课堂正是为了更好地为学生打好一个现代化人才所需的新的基础。

有人说,21 世纪将是生物科学的世纪,而且预言,生物科学新的突破,将使世界各个领域都发生重大的变革。如果这个说法正确的话,我认为中学目前对生物学科是太不重视了,应当大大加强,比其他学科更重视开辟第二课堂工作了。

这本手册的作者,大都是长期从事中学生物教学工作的教师,有着丰富的教学经验,而且对开展第二课堂进行了有益的探索,积累了丰富的实践经验;其中有几位作者虽然在高校、科研所和生产单位工作,但对中学教学也有一定的了解,而且能够将生物学理论与生产实际相结合。所以这本书的内容比较全面,比较丰富,也比较切合目前的学校实际,是一般中学都可以采用的。

全书共 143 个生物课外活动项目,其中既有结合教材、补充和扩展教学内容的项目,也有结合农业生产实际,使学生学到从事、发展农村经济的知识和技能的项目,对城市中学适用,对农村中学也是适用的。书中还有约 250 幅插图,可以称得上图文并茂。有了这本手册,对中学生物教学开展第二课堂工作,一定是大有好处的。

当然,从现代生物学的观点看,本书还有一些运用现代化手段的科技项目应当列入而未被列入,这是它的不足之处。希望编者今后能加以补充,也希望读者在运用这本材料的时候,不要使它成为新的框框,而要去发展它、充实它,使它日益完善。

《中学生物学课外活动手册》,上海教育出版社 1986 年版。

《寻求教学中的美》序

这是一本比较系统地探讨教学美的专著，理论结合实际，视野比较开阔，也有一定深度，适合教育行政干部、学校校长、各学科教师以及一切关心教育的人们参阅。

当前，教育改革正在深化，人们都在探索面对各种挑战与即将来临的 21 世纪，人应当具备什么样的素质，以及如何培养，如何教育，如何克服仅仅以升学为培养目标的片面性等问题。这本专著的出版，无疑可以起到启发与推动作用，开拓人们的思路。

在对什么事情都要问一个姓"资"还是姓"社"的年代，"美"被认定属于"资"姓家族，因而成了一个禁区。美学、美育、美化……一切带美字的几乎都在禁谈之列。有人不识时务，在讨论教育方针的时候，提出在德、智、体之外，应该加上一个美字，结果挨批挨斗。曾经有过一段时间，家里不准种花养草，办公室里禁放盆花，几乎达到了"凡美皆批，无丽不禁"的地步。

可是，如同真理批不倒、批不掉一样，美也是批不倒、批不掉的。"爱美之心，人皆有之。"即使在那个谈美色变，人们不分男女老少一律只能穿蓝布大褂的时代，有的女孩子故意把外面的罩衣做得稍稍短一点，让里面的花布袄露出一条边，显示一下青春年华。真是"春色满园关不住，一枝红杏出墙来"。一条花边，既是一个信号，也是一种反抗。

改革开放的浪潮终于冲破人为的樊篱。在教育界，美育得到了承认。然而，也许由于长期的禁锢，研究得太少，也许是乍暖还寒，心有余悸，人们对美育的认识常常带有很大的局限性、片面性与表面性。从理论到实践都有这个问题。例如，一讲美育，往往认为指的就是音乐与美术学科，最多加一门语文，至于数学，那是与美育风马牛不相及的。所以,我曾半开玩笑地说过:现在学校的美育,还处于"初级阶段"。更有甚者,一些庸俗、低级的东西充斥市场,不仅被称为美,而且还贴上"现代化"的标签。这在电影、电视、广告牌、商店的橱窗中,几乎处处可见。

1989年11月,联合国教科文组织在北京召开主题为21世纪面临的挑战与教育对策的国际学术讨论会。会议中谈到,21世纪面临新技术革命的挑战,以及其他挑战,但是第一位的是道德、伦理、价值观的挑战。专家们认为,随着科学技术的发展,经济的发展,人们的生活水平有了极大的改善与提高,可是年轻一代的道德、伦理、价值观不仅没有得到相应的提高,反而下降,越来越糟了。特别在发达国家中,年轻一代越来越以自我为中心,缺乏责任感,没有理想,没有道德,成为"迷惘的一代""垮掉的一代"。这使专家们忧心忡忡。他们说:掌握的手段是先进的,灵魂却是丑恶的,那是人类面临的最大危机。这样的认识,这样的议论,我以为对我们颇有启发。我们不能等三五十年之后,在现代化建设的目标实现之时,再去发现问题,再来反思今天的失误,那就晚了。而这,难道只是德育的任务而与美育无关吗?

最近,碰到一位在日本颇有地位的教育专家。谈到日本教育工作的经验与教训时,他说:日本教育的最大教训是,在专心致力于培养促进科技与经济发展的人才时,只重视知识与技能的教育与智力的开发,忽视人格的培养,导致今天出现这么多的社会问题。

我赞成华声同志在本书中说的一段话:教育是一种塑造人的工作,而代表人的本质的是人格。整体的人格结构不但包括伦理道德结构、知识能力结构,还包括审美心理结构,等等。审美心理结构的形成是不可忽视的,需要以美育为主的实践来承担。如果要补充几句话的话,那就是人格是一个整体,教育也是一个整体,德、智、体、美各育之间总是互相渗透、互相配合的。人为地强调其中的一个方面,忽视另一个方面,对培养人、使人形成完美的人格是不利的。另外,我们一讲到人或人格,就很容易会想到人的阶级性,这当然是对的。但是我总认为,人之成为人,区别于其他动物,除了阶级性之外,应该还有其最基本的共性。这里讲的人和人格,既包括共性,也包括阶级性。

华声同志的著作思路比较开阔,对不少问题有所触及,有的还很有见解,足见他是花了不少工夫的。这些是应当充分肯定的。尽管他有些方面的论述还有不足，或尚有可商榷之处，但在一本不太厚的本子里，要他把所有应该讲的问题都讲深讲透，无懈可击，既是不合情理，也是不可能的。我们不能苛求于一位作者。

《寻求教学中的美》，上海人民出版社 1993 年版。

《创造发明基础》前言

新昌中学是我的母校。我初中阶段的学习生活就是在这里度过的。母校淳朴的校风,老师们的负责精神,都给我留下了深刻的印象。虽然时间已经过了半个多世纪,但回忆起来,此情此景,仍历历在目。饮水思源,母校的培养教育之恩,是终生难忘的。

最近,母校嘱我为本书写几句。我十分乐意写一篇短文,向教育界推荐。

从小培养创造意识与创造才能,本来应该就是培养目标中的一个重要内容。我们讲为学生打好基础,提高学生的素质,使他们全面发展,等等,就应当包括这方面的内容。尤其是在当今科学技术迅猛发展的时代,更应该如此。不然,怎么能做到使年轻一代去适应即将来临的 21 世纪的挑战呢? 又怎么能使我们的国家、民族立足于竞争如此激烈的世界呢?

培养创造意识与创造才能不是可以孤立进行的,它应当贯穿在学校的一切工作之中,贯穿在德、智、体、美、劳各育之中。培养创造才能不仅仅是传授一些创造的技法,还必须使学生有扎实而广博的文化科学知识。仅仅传授一点技法,是成不了大器的。与此相关,我们常说要培养学生具有分析问题和解决问题的能力,这当然是对的。我们不希望学生成为只会死读书,不会应用的书呆子式的人物。但我总觉得这样两句话还不够全面,就是说要会分析问题和解决问题,那么问题又是谁发现、谁提出的呢? 一个有才华的人,并不是在那里等待别人提出问题之后,才去分析与解决。在某种意义上讲,发现问题与提出问题也许比分析问题与解决问题更难,更需要水平,也更需要勇气。甚至可以说,提出问题已经是解决问题的一半。

愿这本书的出版,能推动我国中小学教育更深入的改革。

《创造发明基础》,浙江大学出版社 1990 年版。

《中国工读教育》序

工读教育是有中国特色的社会主义教育体系的一个组成部分。

一些外国朋友或教育专家在参观访问我们的工读学校时，常常会提出这样一些问题：这是什么学校？为什么要办这样的学校？等等。我们说，既然对生理上有缺陷的儿童少年要兴办盲聋哑一类的特殊学校，为什么不应该对心理上有缺陷的孩子兴办另一种特殊学校，对他们进行矫治？既然是学校，当然同其他中小学一样，也进行政治思想教育、文化科学教育、劳动技术教育，等等，同样贯彻全面发展的教育方针，提高学生的素质。心理缺陷矫正之后，学生随时可以转入普通中小学，也可以升学或就业。既然是学校，它当然由教育部门主办。

是不是所有有心理缺陷或行为偏差的儿童少年都要进工读学校？当然不。有一般心理缺陷与行为偏差的，普通的中小学都可以教育，只有那些有特别严重的心理缺陷，已经发展到了行为上有严重偏差，甚至有轻微犯罪行为，危及学校和社会正常秩序，屡教不改，还会影响别的孩子，成为害群之马，如果不采取特殊措施，就可能堕入深渊，一般中小学难以矫治（要承认普通中小学还不能包治百病），需要采取特殊教育措施的儿童少年，经学校或家长提出，教育行政部门与公安机关共同批准，才被送进工读学校。所以，从总体来说，他们只是极少数人。

所谓特殊教育措施，是指工读学校在特别重视思想品德教育，重视心理疏导的前提下采取的强制性或半强制性措施，如一定时间内不准回家，暂时与社会隔离，等等。这是从爱护与特殊保护出发，而不是从惩罚出发。正如有经验的教师说的，他们之所以发生心理偏差，很多是由于缺少爱，缺少一般孩子应该享受的爱，缺少正确的爱。所以对他们要从爱着手，甚至要偏爱。

一段时间的隔离，完全是从爱与保护出发。是爱他们，同时也是为了爱别的孩子,保护别的孩子。在我们国家里,孩子们生活的家庭与社会环境,总的来说是好的,健康向上的。但是社会主义社会从旧社会脱胎而来,旧社会的痕迹并不是一个晚上就能消除干净的,一有机会,就会沉渣泛起;我们又是一个开放的国家,西方的现代生活方式会通过各种渠道向我国渗透。孩子们不是生活在真空里。对有的孩子来说,应该成为其保护者和道德支柱的家庭,本身就处在低级趣味甚至堕落或者是不健全的状态之中;一部分孩子所处的街道和社区,虽不如美国的一些社区那样充满暴力与恐怖,但也不是十分"清净"与健康向上的。而这些对于幼稚无知、充满好奇心而又缺乏分辨是非能力的孩子来说,都是一种危险,特别对那些已经受感染较深的孩子,危险性就更大。他们在学校里,又成为一个"带菌"的人。所以对他们采取一定的隔离措施是完全必要的。正如对待一个患传染病的人一样,隔离并非惩罚。

总之,工读学校是学校,一种特殊学校,而不是少年犯管教所。

也有一些外国朋友喜欢问:他们犯的是什么法?他们之所以提出这样的问题,主要是由于观念上的差异。他们认为只有少年儿童的行为触犯了法,而且到了该受法律惩处的时候,才按法律加以处理,不然只能听其自然。打一个通俗的比喻:等养胖了再杀。我们认为对一些行为已经越轨,到了犯罪的边缘,甚至已经犯罪,但程度比较轻微的未成年人,可惩处也可以不惩处的,尽可能加以预防,尽可能拉他一把,加以挽救,防止他进一步跌进深渊。因为他们是儿童少年,对已经发生的罪错不可能负全部责任。家长有责任,社会有责任,学校也不能全部推卸责任。把处分全部加在儿童少年的身上,是欠公正的。可以说他们也是受害者。而且在他们刚跨上人生道路的第一步,就给他一个严厉的法律惩处,将使他终生留下污点,一辈子不能抬起头来走路。这对他个人,对家庭,对社会有什么好处呢?他们之中的绝大部分人一旦改正了错误,同样可以成为有用之材,而且比没有犯过错误的更有免疫力。中国有句俗话,浪子回头金不换。几十年来从工读学校出去的学生证实了这一点。我们说社会主义教育有很大的优越性,这恐怕可以算作一条。法是要讲的,不过在执法的时候,要具体情况具体分析。

工读学校还有一个功能,就是接受家长与社会的咨询。有的孩子心理与行为发生了偏差,而家长或有关方面又缺少正确的教育方法,工读学校的教师可以提供咨询与指导。工读学校还保护了社会的治安，因此深受社会的欢迎。

工读教育怎么办？对工读学生怎么教育？矫治工作怎么做？有些什么规律？等等，这是一门特殊的学问，一门特殊的教育学。需要认真研究。国家教委把它列为国家社会科学"七五"研究项目中的重要课题，组织力量进行系统深入的研究探索，是十分必要的。现在研究已经有了初步成果，有关人员编写了《中国工读教育》一书。此书内容从工读教育起步、发展，到人们对各种问题的分析讨论，相当详尽。据我了解，这是系统论述工读教育的第一部专著。尽管人们可能会有不同意见，或者它在理论深度上还显得不足，这都不影响它出版的价值。

工读教育今后肯定还要办下去。至少可以预言，在共产主义社会到来之前，工读教育还是需要的。所以，工读教育的科研工作不能到此为止，今后还需要深入。我们要逐步建立起工读教育的理论体系。

《中国工读教育》，上海教育出版社 1992 年版。

《上海普通教育史(1949—1989)》后记

《上海普通教育史(1949—1989)》是上海市社会科学"七五"科研规划重点课题之一。

在接受这一任务时,写此书的困难之大,责任之重,我们就深深感受到了。

新中国成立后,上海普通教育始终在不停顿地改革,不过有时叫改造,有时叫改革,有时叫革命,有时叫大革命。改革的目标与指导思想,随着政治、经济形势的发展和变化在不断调整。不论是学制、教学内容,还是教学方法,上海都进行过各种各样的改革实验。由于主客观的种种原因,也由于社会主义教育没有现成的成功模式可供采用,改革实验只能在不断探索中曲折前进。其中,有基本成功的、有完全成功的,也有失败的,而且往往是成功中包含着某些教训,不成功甚至失败中常常包含着某些积极因素。如何看待这些成功与不成功? 如何评价这中间的经验与教训? 对这许多问题,当时就有争议。至今,人们仍有许多不同的看法。现在要写一本正式的教育史了,我们应该怎么说? 怎么下结论? 这是一大难题。

新中国成立后,毛泽东同志发动过两次教育改革。一次是 1958 年的教育大革命,另一次发端于 1964 年的春节谈话。这两次改革都不能说是成功的。尤其是后一次,紧接着的"文化大革命",正如中共中央在《关于建国以来党的若干历史问题的决议》中所说,它在任何意义上讲,都不能称为革命与社会进步,而是一场灾难。教育则是这场灾难中的重灾区。

其中值得思考的是,毛泽东两次发动教育改革,都是在一般人对教育比较满意,公认为教育质量比较高的时候。而且,他对教育的批判尖锐而辛辣,涉及到教育工作中的许多根本指导思想,而不是枝枝节节的小问题。如果说 1958 年以前学习苏联教育经验还有一个教条主义的问题,那么 1964 年以前正是人们贯彻落实教育工作条例的时候,那时教育秩序走上了正轨,不少同志称之为教育工作的黄金时期。

现在想来,毛泽东同志的教育思想同人们的传统教育观念有着重大的分歧。他的这些思想,无论在 50 年代中期,还是在 60 年代初期,都没有得到很好的贯彻。也许正因为如此,他才与众不同地表达了对教育工作极大的不满?这是我们在编写教育史时应当尽可能多地收集有关资料并加以论述的,可是我们没有做到。原因之一是我们占有的背景资料太少,而且身处地方,收集也不容易;原因之二是限于我们的水平,或者说,我们思想不够解放。我认为这是本书的最大缺陷。

总之,建国后的 40 年中,人们对前 29 年的教育改革,认识不一致的问题较多。就是后 11 年,在邓小平同志建设有中国特色社会主义的理论指导下,教育的发展与改革走上了健康的道路,但也不是没有问题。例如,教育如何适应社会主义市场经济的发展?对此,人们也有种种不同的看法。

这是一。

历史一般要由后人来写,而不宜由当代人执笔。因为不论是事件,还是人物,其是非得失,往往都要经过时间的检验才能鉴别。教育周期长,因素复杂,社会效益滞后,就更是如此了。另还有一说,叫作"当事者迷"。因此,由亲身参与其间的人来写历史,就难免带有感情色彩与主观成分,无论对历史的肯定还是否定,都不容易做到完全客观。而我们编写小组的成员,除了两位较年轻的同志以外,都是40 年全程参与本市普教工作实践,并且一直担任基层或上层领导工作的人,这 40 年的成败得失都有自己的份。因此,我们要写这段历史,就更难做到完全客观了。

这是二。

尽管有难处,我们还是接受了任务,愿意承担起写这段教育史的重任。因为我们看到,当事人写历史也有有利的一面。这就是史料没有散失,人们还记忆犹新,书面档案中有不清楚的地方或论述不完全的问题,可以找当事人了解。这些当事人多数还健在。

在此思想指导下,我们一开始就商定,要采取扬长避短的编写方针,就是力求收全资料,少发表评论,是非曲直,留待后人评说。当然,这是相对而言。因为资料很难真正收齐,特别是不少决策来自中央,我们难以完全搞到其背景材料;作为"史",作者不能不有自己的观点,不然就成资料汇编了。实际情况是,我们搜集了自己所能搜集到的材料,按我们的构思写了此书。对有的史实,虽然我们没有评论,但读者从行文中仍能看出我们倾向性的态度。因此,正如上面所说,我们对这段历史的观点或倾向性的态度是否正确,只能留待读者评说了。

本文从 1983 年开始收集资料,到 1993 年交付出版,整整花了 10 年时间。10 年中,我们翻阅了大量资料,参阅了海内外的有关专著和论文,吸收了其中不少有益的观点,多次召开各种座谈会,登门请教,广泛听取意见,几易其稿,不断修改、补充,直到完稿。在此过程中,段力佩、翁曙冠、缪廉、叶克平、陆善涛、朱觉、钱在森、姚晶、姜拱绅、朱家泽、左淑东、黄葵、杨世昌、张炎林等同志都为本书提出过宝贵意见。值得一提的是华东师大教育史专家张瑞璠教授、张惠芬教授,上海史志学会会长唐振常同志,还有孙寿荣同志,他们在百忙中审阅了全部或部分书稿,并提出了极其重要的修改意见。后期,北京、江苏、浙江、安徽、福建、江西、湖北等省市教育史志编写组的同志和全国教育史志研究会副理事长周玉良同志,参加了本书的审稿会,提出了许多好的建议。

此外,上海市人民政府教育卫生办公室档案室的姚素英同志、上海市教育局档案室的朱美新同志等,不厌其烦,在本书的资料收集和查阅方面,为我们提供了很多方便,给予了大力协助。

对以上各方面同志的热心支持,我们谨在此一并表示真诚的感谢。没有这许多同志的关心与帮助,我们要完成本书的编写任务,是十分困难的。

尽管我们尽了最大的努力,书中还是难免有不周、不当之处。恳切希望教育界的同志、读者,尤其是亲身从这一历史时期过来的老同志,予以批评指正。

还有一点需要说明。本书书名为《上海普通教育史(1949—1989)》。一般来说,普通教育只包括普通中小学教育。但是,本书吸收了幼儿教育、师范教育、特殊教育的内容,甚至还涉及部分中等职业技术教育的内容。因为幼儿教育是普通教育的前期;盲聋哑与工读教育虽有特殊性,但教育内容与中小学一样,属普通文化教育范畴;师范教育是为中小学培养师资的。我们认为,本书以中小学教育为主体,适当涉及上述各类教育,是可以的,甚至是必要的。至于中等职业技术教育,本书只是在涉及中等教育结构改革时提到,所占篇幅不多。我们认为这样有助于人们了解上海中等教育的全貌。这样理解与处理是否妥当,也请读者指正。

《上海普通教育史(1949—1989)》,上海教育出版社 1994 年版。

《普通教育整体改革的实验与研究》前言

　　1987 年初，"普通教育整体改革的实验与研究"课题被列入国家哲学社会科学研究的重点项目。之后，课题组成员着手进行了为期 4 年的艰巨而意义重大的探索。

　　本课题组的 5 个成员单位在多年的教育实践和理论探索中都已具有较好的基础。课程教材研究所在编辑、出版中、小学教科书 30 余年的基础上，对我国九年制义务教育的课程和教材展开深入的、大规模的改革实验研究，编写了一套有特色的新教材。景山学校自 60 年代以来长期坚持教育实验，是我国教育改革的一面旗帜。该校提出的"全面发展打基础，发展特长育人才"已成为学校的特色。上海市实验学校是顺应我国改革开放的潮流而诞生的一所新型学校，不论在教育目标，还是在办学模式方面，都与我国的一般中小学有着显著的不同。学校以早期开发儿童、少年的智力潜力为出发点的整体改革已初见成效。地处深圳经济特区的深圳市实验学校也是一所新学校。她在毗邻港澳的特殊环境下加强对德育的探索是很有价值的。上海市青浦县在前 10 年数学教学改革取得大面积"丰收"的基础上，正将此项成果推向其他学科，依靠教育科研提高教育质量。

　　鉴于此，本课题的设计和实施没有离开各子课题的原来基础而另搞一套。这既不可能，也无必要。因为普通教育整体改革实验本来就不存在标准化的、已经定型的任何理念模式；即使找到一种较好的模式，它也不可能是唯一的。这是一。二，作为理论和实践相结合的研究，主要是寻找普通教育的共同规律。多种模式的实验，有利于从多侧面摸索共同的规律。三、作为科学研究，应该提倡"百花齐放"，特别是在各子课题单位情况截然不同（如理论基础、所处地域、研究力量、主持者的特长，等等）的情况下，"强求一律"反而会"弄巧成拙"。我们提倡各子课题从各自实际出发,有所侧重,有自己的特色。

有各自的特色,不等于说改革实验不需要共同的目标与基本指导思想。在4年的实验研究中,各子课题单位拟定了共同的整体改革目标和基本指导思想,即:坚持普通教育的社会主义方向,坚持四项基本原则,坚持改革开放,以邓小平同志提出的"教育要面向现代化,面向世界,面向未来"为指导思想,从我国实际与所处的地区实际出发,对普通中小学的学制、课程、教材、教学方法、管理体制、评估方法以及德育、智育、体育、美育、劳动教育等,进行整体性研究与改革实验,探索使学生得到健康、和谐、充分发展的普通教育模式,提高学生素质,迎接未来的挑战。

在共同的整体改革目标和基本指导思想的指引下,总课题自1988年5月到1992年6月共召开了8次研讨会。这8次研讨会就大家共同的问题开展讨论,协调步骤,统一认识或求同存异。

第一次研讨会于1988年5月在深圳召开。会议主要就本课题总的指导思想和总目标,研究与实验的重点,近期目标等进行研讨。

第二次研讨会于1988年11月下旬在青浦县举行。中心内容是围绕县教育整体改革的方案及其进展情况,研讨"农村教育主要为当地经济建设服务、兼顾向国家输送人才"的新的办学途径。

第三次研讨会于1989年5月16日至18日在北京举行。会议围绕中小学课程教材改革在普通教育整体改革中的地位和作用问题,研讨中小学培养目标、课程结构、教材体系的关系问题。

第四次研讨会于1989年12月在上海召开。会议的主题是"未来教育与学生素质"。会议就未来社会的预测、教育的相应对策及学生素质培养展开了讨论。

第五次研讨会于1990年5月在深圳举行。研讨会的主题是"德育"。会议分三个阶段进行。首先由课题组成员介绍各自德育工作的经验。接着,代表们就德育的地位与作用、德育内容、德育途径、德育评价、德育研究方法及德育教师队伍的稳定与建设等问题,结合本单位实际进行讨论。最后,课题组成员讨论了课题的进一步研究和成果总结。

第六次研讨会于1990年12月在上海市青浦县召开。会议主要议题有三:1.各课题组成员汇报实验进展情况及"七五"期间实验告一段落之后的中期成果表达形式;2.对已拟就的课题总报告思考提纲初稿逐条进行讨论,以确定课题总报告的内容和表达形式;3.讨论本课题组的"八五"规划和前景。

第七次研讨会于 1991 年 5 月在北京召开。会议主要讨论了总报告(初稿),各子课题汇报了进展情况及成果的表达形式。代表们就该课题在"八五"期间的继续研究和实验问题交换了意见,初步决定继续申请"八五"科研立项。

第八次研讨会于 1991 年 6 月在上海举行。会议主要讨论申报"八五"教育科学重点研究项目的一些问题。

本课题的研究成果鉴定会于 1991 年 12 月在上海召开。专家组的鉴定意见是:

本课题将普通中小学的教育改革作为一项系统工程,探索在经济发达地区基础比较好的学校,通过整体改革,改变办学模式,全面贯彻教育方针,创办高水平、高质量新型学校以及在一个县范围内依靠教育科研大面积提高教育质量的道路。这是我国当前基础教育发展和改革中具有重大现实意义和理论意义的课题。该课题的指导思想和改革的基本思路正确,实验已取得阶段性的初步成果,尤其在理论与实践的结合上闯出了一条切实可行的道路。

经过认真讨论,鉴定组认为,本课题研究的重点不够突出,总体设计不够具体,各子课题之间的联系与配合不够紧密。

经过全面评审,鉴定组对该课题"七五"期间的阶段性成果给予充分肯定,并一致同意通过验收。尤其对该课题组成员克服各种困难,积极创造条件为基础教育改革实验无私奉献的崇高精神给予高度评价。

鉴定组建议该课题认真总结,并围绕"探索 21 世纪我国发达地区和条件比较好的中小学教育模式"这一主题进行研究队伍调整,然后列入"八五"国家级重点课题,继续进行更深入的研究,并提出如下建议:

1. 总课题研究范围应缩小,突出重点,并加强对解决我国当前基础教育中薄弱环节的研究实验;

2. 加强总课题设计的科学性和严谨性,充分发挥总课题组的统一领导和协调作用,对子课题立项、评审时要有一套严格、科学的程序,总课题和子课题均应建立自我评价体系,并加强子课题之间的交流和协作。

　　本书反映本课题进展情况、初步结论和成员的基本认识,对各子课题分别开展的实验与研究也有论述。除本书外,本课题还有三本专著。它们分别是上海实验学校的实验报告《走向未来的学校——中小学校教育模式改革》;上海青浦县的实验报告《奠基工程——一个县的教改经验》;景山学校的实验报告《开拓者的足迹——纪念邓小平同志"三个面向"题词十周年》。三本专著均已列入"教育实验丛书",由人民教育出版社出版。

　　教育是一门实践性很强的科学,检验其正确与否,最终要看社会效益。教育的周期很长,仅4年的改革实验,很难作出十分正确的结论。因此,本书所论述的不少观点与认识,肯定有肤浅的、不完善的与不够成熟的。我们寄希望于专家、学者与同行的批评指正,有待于在实验工作的继续进行中对它加以修改、补充。

　　《普通教育整体改革的实验与研究》,人民教育出版社1994年版。

《奠基工程——一个县的教改经验》序

人们把教育看作是一个国家、一个地区建设和发展的奠基工程。这不仅是一种比喻,而且名副其实。因为任何一个国家的物质文明与精神文明,都离不开这个基础,都是在这个基础上发展起来的;离开这个基础,就谈不到什么文明,更无所谓现代化。所以,把教育看作是现代化大厦的奠基工程,是最恰当也没有了。

青浦经验之可贵,首先在于他们在认识上较早地解决了这个问题。他们较早地认识到青浦的经济发展之所以在上海市所属各县中比较落后,根本原因就在于劳动者的整体素质相对较差,也就是他们的教育相对比较落后。

其次,在于他们觉悟了一个道理:如果教育只抓少数尖子,即通常所说的只抓升学率,那么,即使抓出了成绩,升学率上去了,结果也是培养了一个个"飞鸽",学生考上大学之后都飞走了。这当然是对国家的贡献,也是需要的,可是对当地的建设好处不多。当地建设所依靠的主要力量,正是那些升学无望的学生。所谓劳动者素质的高低,实际上指的也是这一部分学生,他们才是真正起作用的"永久牌"。所以,他们树立了必须大面积提高教育质量,不放弃每一个学生的思想,努力做到既为国家输送人才,又满足当地发展经济的需要。再次,在于他们对教育质量有明确的认识。如果学生脱离社会,脱离实际,缺乏社会责任感,只会应付考试而不会解决实际问题,那么这样的质量是没有用的,至少是不完全的。传统的教学内容、教学方法、评估制度,恰恰存在着这方面的问题,而且情况相当严重。于是他们又树立了必须改革教材、教法,改革课程,改革教育结构等思想,并且着手进行改革的试验。他们从单项改革入手,逐步发展到综合改革,把实现教育的整体优化作为改革的最终目标。

认识是行动的先导。青浦的同志正是由于树立了正确的认识,有了明确的目标,才有了改革的实践,并且有了坚定的意志。从 70 年代末开始,历尽艰难曲折,他们始终不动摇、不松懈,终于取得了丰硕的成果。

还有一点值得一提的,就是青浦教改之所以取得成绩,还在于他们有一支从小到大逐步发展的志愿兵队伍,其核心就是顾泠沅教改小组。青浦的教改就是从他们七八个人开始的。当然,没有领导的支持,他们也是搞不成的。我历来认为,搞改革要依靠"志愿兵"。如果没有"志愿兵",靠"拉壮丁",改革肯定要打败仗。

青浦的教改从 1986 年起,作为一个子课题,被列入国家哲学社会科学"七五"期间的重点课题"普通教育整体改革的实验与研究"之中。这本小册子就是他们这一阶段的科研成果。从 1991 年起,青浦的教改又作为"面向 21 世纪中小学教育模式的研究与实验"的子课题之一,被列入"八五"期间的国家级重点课题。他们在新的起点上,朝着新的更高的目标,又迈上了改革探索的征程。我们期待着他们的成功。

《奠基工程——一个县的教改经验》,人民教育出版社 1994 年版。

图书在版编目（CIP）数据

上海教育丛书：典藏版.综合卷/上海教育丛书编
辑委员会编.—上海：上海教育出版社，2023.8
　ISBN 978-7-5720-2197-8

　Ⅰ.①上… Ⅱ.①上… Ⅲ.①地方教育－基础教育
－教育改革－上海－丛书 Ⅳ.①G639.2-51

　中国国家版本馆CIP数据核字(2023)第234567号

总 策 划　缪宏才
执行策划　刘　芳
统　 筹　公雯雯
责任编辑　谢冬华　尹亚年　孔令会　刘　懿　易英华　陈嘉禾
　　　　　张志筠　公雯雯　张文忠　隋淑光　徐凤娇　王　蕾
整体设计　陆　弦

上海教育丛书典藏版　综合卷
上海教育丛书编辑委员会　编
尹后庆　总主编

出版发行　上海教育出版社有限公司
官　　网　www.seph.com.cn
地　　址　上海市闵行区号景路159弄C座
邮　　编　201101
印　　刷　山东韵杰文化科技有限公司
开　　本　700×1000　1/16　印张 182.25　插页 40
字　　数　2768 千字
版　　次　2024年2月第1版
印　　次　2024年2月第1次印刷
书　　号　ISBN 978-7-5720-2197-8/G·1958
定　　价　1380.00 元（全10册）

如发现质量问题，读者可向本社调换　电话:021-64373213